卖在最高点

（第二版）

李郑伟　著

图书在版编目（CIP）数据

卖在最高点/李郑伟著.—2版.—北京：
地震出版社，2015.5
ISBN 978-7-5028-4565-0

Ⅰ.①卖… Ⅱ.①李… Ⅲ.①股票交易-基本知识
Ⅳ.①F830.91

中国版本图书馆 CIP 数据核字（2015）第 008860 号

地震版　XM3461

卖在最高点（第二版）

李郑伟　著
责任编辑：刘素剑
责任校对：庞亚萍

出版发行　地震出版社
北京市海淀区民族大学南路9号　　邮编：100081
发行部：68423031　68467993　　传真：88421706
门市部：68467991　　　　　　　　传真：68467991
总编室：68462709　68423029　　传真：68455221
证券图书事业部：68426052　68470332
网址：http://www.dzpress.com.cn
E-mail：zqbj68426052@163.com

经销：全国各地新华书店
印刷：廊坊市华北石油华星印务有限公司

版（印）次：2015年5月第二版　2015年5月第一次印刷
开本：787×1092　1/16
字数：347千字
印张：16.75
书号：ISBN 978-7-5028-4565-0/F（5257）
定价：39.80元
版权所有　翻印必究
（图书出现印装问题，本社负责调换）

前 言

FOREWORD

说实在的，卖在最高点多少有点夸张，谁能卖在绝对的最高点？你信吗？反正我是不信。如果说有谁能把握住绝对的最高点，那就是庄家。因为只有庄家才知道哪是设定的最高点，他们掌控了大量的流通筹码，确定最高点应该不是难事。可是对于普通投资者来说，要瞄准这个最高点几乎是不可能完成的事，除非是神仙。因此如果说某某告诉你这只股票会涨到哪个价位，那人不是骗子就是神仙，或者干脆就是神经病。

我们理解的最高点当然不是绝对的最高价，不是行情软件上的那个标注的最高价，而是一个涨势波段的结束点，或者说是上升趋势的转折点。这样理解比较符合炒股的基本原理。对于普通投资者而言，炒股不是抄底，也不是卖在最高点，因为这几乎无法操作。也许你要说有时就是那么精准，那我也敢肯定你是蒙的，巧合而已。散户操盘不是去猜底，也不是准确逃顶，而是有一个掐头去尾的盈利系统。就如吃鱼，没必要连鱼头鱼尾都干掉，把中间那段最肥的部分干掉就非常成功了。股票的"鱼身"才是我们重点关注的地方，那肯定不是绝对的最低点或者最高点。我们理解的"鱼身"应该是一个上升波段的中间主体部分，基本撇开了低位震荡筑底的部分和高位震荡出货的部分。说白了就是趋势明确上行我们就买进，当上升趋势结束的拐点出现时卖出。至此我们可以明确地认定：上升趋势的拐点才是真正的最高点。由于很多个股需要下跌一段后才会出现拐点，这个点位离绝对的最高点有段距离，给人的印象是好像非常不值得一样。这种理解是错误的。因为上升趋势中也经常有回调，如果在股价刚开始回落的时候就出逃，往往会上演骑上黑马半路又下马的悲剧。为了避免这种悲剧，我们只能耐心等待拐点的出现，即便是牺牲部分盈利也是值得的。

最高点或者说拐点的判断是一个综合的东西，一般不能根据单一的信号来确定，只是本书为了叙述的方便而条块分割了。这一点是我们需要特别强调的，很多读者看书就喜欢断章取义，以为有什么百试不爽的绝招，而忽略了把招法放在具体背景下的运用。同样的招法在不同的背景下也需要灵活变通，否则就成了教条主义了。

最高点也是一个相对的概念，具有很强的时间周期，短线的高点未必是中长线的高点，因此需要根据自己的操作习惯来判断最高点。短线投资者不能用长线的方法来判断最高点；反之中长线投资者也不能拿短线的方法来判断最高点。短线投资者由于对于止损点或者止盈点比较敏感，可能在操作中频繁出现最高点，这是可以理解的。相对短线投资者而言，中长线投资者则不需要这样反复折腾，虽然可能因此损失部分盈利，但有得必有失，也不需要斤斤计较。

就盘面而言，判断最高点利用的工具无非是K线、分时线、成交量、平均线和技术指标等。

K线是盘面占据最大部分的东西，也是技术分析之母，因此是我们重点关注的对象。一般来说单根K线分析的意义不大，最好是两根以上的K线组合起来才有较为明确的市场含义，如果是连续的K线组合成的技术形态则更具分析意义。K线分析离不开成交量，这一点不能忽略，两者结合才更能揭示股价涨跌的市场含义。分时线是K线的变形，你也可以转换为一分钟线等，分析价值是一样的。不过分时线更为直观好看，同时也是最具有不确定性的。因此分时线的分析必须放在更大的背景下来进行，通常只有在关键位置的分时线才有重要的分析价值。

股价的平均线通常是用来判断趋势的，具有较长的时间周期。平均线是我们把握波段操作的基础，趋势向上时才有我们操作的机会。平均线本身可以显示波段的拐点，即我们通常所说的平均线拐头，这很好判断。另外K线穿越平均线和平均线交叉都能提示买卖点，方法众多，读者可以仔细阅读本书，认真在实战中体验。趋势线类似于平均线，是显示趋势的最直观的表现。

技术指标最为繁多，也最难掌握。其实我们完全不需要掌握那么多技术指标，很多技术指标都大同小异，可以触类旁通，日常运用只要两三种就可以。与其掌握很多技术指标，不如精通几种，读者可以根据个人喜好选择几种学习，没必要面面俱到。

卖在最高点只是理想状态，我们不能时时指望自己达到理想状态，重要的是我们需

第一节 K线卖点

一、上影线

卖出信号

带上影线的K线是最为常见的K线之一，不过本书要重点讲述的是上影线长度比较长的类型，即上影线至少是实体的一倍以上的K线。对于上影线的理解多种多样，但上影线绝对是出现频率最多的顶部信号，不信你自己去看去统计。其实单凭上影线很难做出多空的判断。上影线可能出现在股价运行的任何一个阶段：上升途中有，下跌途中也有；顶部有，底部也同样有。既然到处都是，一根上影线是无论如何不能用来作为评判顶底的标准的。

那怎么运用上影线来判断顶部呢？这就需要界定上影线出现的背景环境。在大幅上升后，特别是短线快速拉升后，上影线往往是空头现身的标志，投资者需要警惕股价走势反转。如果上影线伴随着成交量的大幅放大，甚至是阶段性的巨量，那很可能是主力出货所为，反转的可能性更大。当然也不一定是大幅拉升后，这要看主力的目标。有时候股价运行到前高附近，由于此处的压力太大，主力无力或者无意再更上层楼，也可能就此试探一下就见顶回落。这种情况在箱体中也经常见，到了箱体的上边时，上影线冲击一下就掉头直下，如果股价随后不能快速突破箱体，上影线就再度成为箱体的高点。

上影线作为卖点在实战中颇难运用，但又确实是最经常出现的见顶信号之一，我们只能更多从整体位置，或者波浪测量、形态测量的角度

目 录
CONTENTS

第1章
K线和K线形态卖点　　1

第一节　K线卖点　3
一、上影线　3

二、下影线　10

三、长阴线　15

四、长阳线　20

五、倾盆大雨　24

六、乌云密布　27

七、穿头破脚　33

八、镊顶　36

九、孕线　40

十、黄昏之星　44

十一、双鸦　47

第二节　K线技术形态卖点　52
一、双头　52

二、三重顶　55

三、头肩顶　58

四、塔形顶　61

五、尖顶　64

六、圆弧顶 67

第2章
趋势卖点 71

第一节　平均线卖点 73

　　一、跌破关键平均线 73

　　二、平均线拐头卖出 77

　　三、平均线死叉 81

　　四、平均线黏合后向下发散 84

　　五、一阴穿多线 88

　　六、平均线死三角 91

第二节　趋势线卖点 95

　　一、跌破上升趋势线 95

　　二、突破后很快跌回下降趋势线之下 99

　　三、反弹到下降趋势线 102

　　四、跌破平行趋势线 104

　　五、假突破平行趋势线 107

第3章
分时图卖点 111

　　一、跌破均价线 113

　　二、反弹到均价线 116

　　三、跌破横盘区间 118

　　四、开盘急拉 121

　　五、一峰比一峰低 124

　　六、跌破前低 126

　　七、跌破前高 129

　　八、放量下跌 131

第4章
技术指标卖点　　135

第一节　MACD 指标卖点　137

　　一、MACD 指标死叉　137

　　二、MACD 指标两线黏合后向下发散　140

　　三、顶背离　142

　　四、MACD 指标下穿 0 轴　145

　　五、MACD 指标拒绝金叉　148

　　六、MACD 红柱缩短　151

第二节　KDJ 指标卖点　154

　　一、KDJ 指标高位死叉　154

　　二、KDJ 指标金叉后快速死叉　156

　　三、KDJ 指标拒绝金叉　159

　　四、KDJ 指标 M 头　162

　　五、KDJ 指标顶背离　165

第三节　RSI 指标卖点　168

　　一、RSI 指标死叉　168

　　二、RSI 指标跌破水平支撑线　171

　　三、RSI 指标跌破上升趋势线　173

　　四、RSI 指标反弹到压力线或者拒绝金叉　176

　　五、RSI 指标 M 头　179

　　六、RSI 指标楔形、三角形等　181

　　七、RSI 指标顶背离　184

第四节　布林线指标卖点　187

　　一、股价突破布林线上轨 3 天　187

　　二、反弹到中轨　190

　　三、喇叭口向外扩张　192

　　四、喇叭口收缩　195

第五节　EXPMA 指标卖点　198

一、EXPMA 指标死叉　198

　　二、EXPMA 指标 12 线反弹到 50 线　200

　　三、EXPMA 指标走平后下行　203

　　四、EXPMA 指标黏合后向下发散　206

第六节　BBI 指标卖点　209

　　一、股价跌破 BBI 指标　209

　　二、BBI 指标掉头下行　212

　　三、BBI 指标 M 头　214

第七节　DMA 指标卖点　217

　　一、DMA 指标死叉　217

　　二、DMA 指标黏合后向下发散　219

　　三、DMA 指标顶背离　222

第八节　TRIX 指标卖点　225

　　一、TRIX 指标死叉　225

　　二、TRIX 指标黏合后向下发散　228

　　三、TRIX 指标两线高位靠拢　230

第九节　EMV 指标卖点　233

　　一、EMV 指标下穿 0 轴　233

　　二、EMV 指标死叉　236

　　三、反弹到 EMV 指标　238

第十节　SAR 指标卖点　241

　　一、跌破 SAR 线　241

　　二、反弹受到 SAR 线压制　243

　　三、SAR 线由上升转为走平　246

第十一节　ROC 指标　249

　　一、ROC 指标快速上升后掉头下行　249

　　二、股价与 ROC 指标顶背离　252

　　三、ROC 指标形成双头、头肩顶或三重顶等　254

第1章 K线和K线形态卖点

卖在最高点

K线是技术分析之母，离开K线一切分析都是无源之水。因此我们判断买卖时机的基础在K线，学习技术分析首先也得读懂K线。

单纯凭一根K线事实上很难做出什么有效判断。任何一种K线都可能发生在任何一个位置，顶部有长阳线，底部也有长阳线，其他K线也如此。但是K线配合股价的位置和成交量等就有了丰富的市场含义，而且这种含义通常比较明确。比如高位的巨量长阳线见顶的可能性就极大，是不折不扣的顶部特征。这可能迥异于我们对长阳线的惯性思维，需要客观对待，而不是先入为主。

单根K线的意义有限，两根K线连在一起就有意义得多。三根、四根K线组合在一起就更具市场意义了。因此能多看几根K线就绝不看单根K线，能看组合形态就绝不看单一形态。这也是为什么市场上技术形态总是能获得更多人青睐的原因，因为它们更可靠。

对K线的分析我们秉承整体分析的宗旨，不罔顾整体环境来主观臆测，不脱离股价位置和成交量来做所谓的纯粹分析，尽量做到综合更多因素来客观分析。

要严格遵守交易纪律，学会果断地止损止盈。其实止损点或者止盈点在某种程度上就是最高点，合理设置止损止盈点，比任何的技术方法都管用。在剧烈震荡的市场中，这一点尤其重要。

人生有起伏，股市有波浪，要成为弄潮儿还需要刻苦学习，希望本书能给读者些许启发。

李郑伟

2011 年盛夏于广州

来研判是否到达目标位置。如果跟目标位置吻合，则就此见顶的可能性大增；相反，在突破初期或上升途中，上影线只是盘中拉升受挫的表现，甚至是主力的洗盘行为，无碍大局。

如图1-1所示，深振业A是市场著名的举牌概念股票（"举牌"意指收购，单一股东或一致行动人在市场上购买一只股票超过该只股票总股本的5%时，要向公众公示），在2010年7月着实火爆了一把，排名当月涨幅榜第一，走势非常凌厉。不过再牛的股票也有见顶的时候，我们来看看它是怎么见顶的。2010年7月29日该股继续高开，盘中剧烈震荡，最后收出一根十字星，上下影线都很长。不过当日股价实际仍是上涨的，这就让人犹豫不决了。当日该股的振幅很大，最后虽然多空平衡，但双方的巨大分歧也显露无遗。特别是当日该股在多空的激烈厮杀中放出巨量，这说明主力已经开始出逃了，后市也许还能走高一点，但风险已经很大了，我们可以逢高出局。该股此后横盘震荡，然后破位下跌，顶部就此形成。

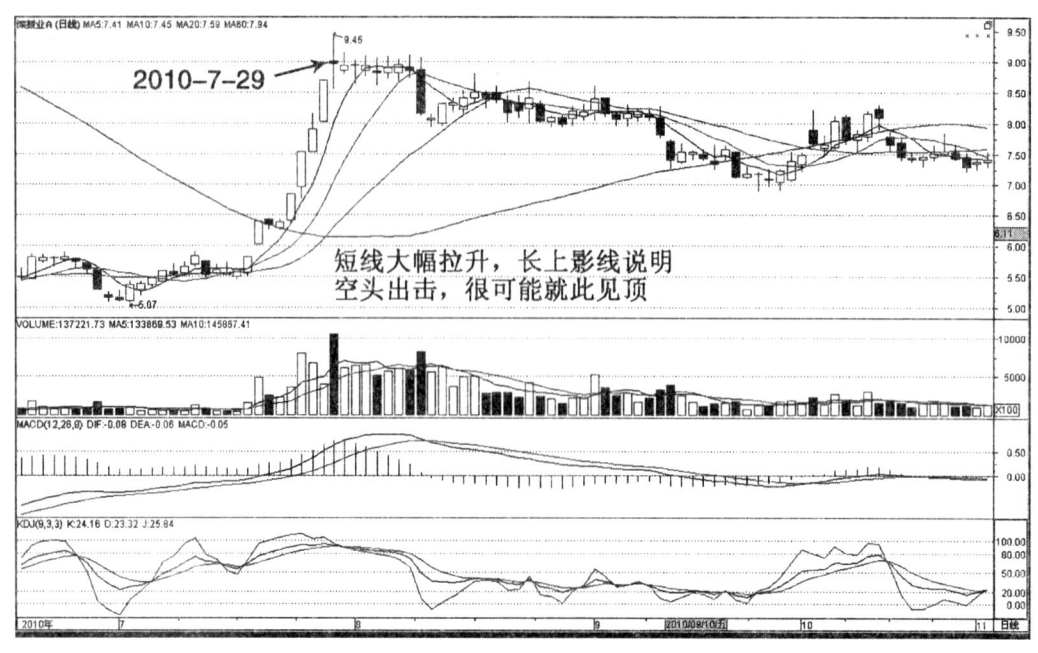

图1-1 深振业A 000006

我们这里关注的只是见顶的那根上影线，下影线这里暂时不讨论。上影线说明什么？说明多头大幅拉高后遭到空头的猛烈反击，如果伴随着成交量的大幅放大，几乎可以肯定是主力出货。该股7月29日这根上影线处于短线大幅拉高的背景下，见顶的可能性更大。

如图1-2所示，深发展A 2011年4月28日收出一根带有较长上影线的小阳线。虽然当日收阳，但是非常不乐观，因为这个位置恰好是前高位置，有较多的套牢盘，也即压力区。上影线说明此处卖盘凶猛，多头在此受到明显打击，以致股价难以逾越前高而回落。既然多头在此怯阵了，股价回落的可能性就很大，此时应该减仓应对，如果后市股价突破前高再补回也不迟。次日该股大幅下挫，跌势基本确认，投资者最好清仓处理，等待股价企稳。

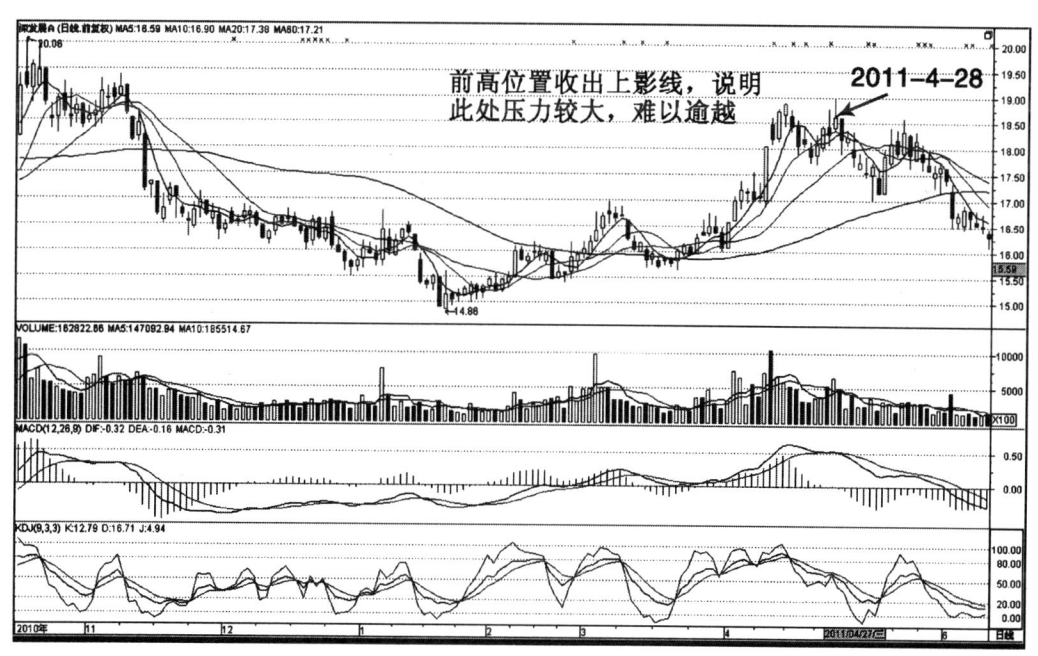

图1-2 深发展A 000001

如图1-3所示，南玻A也是市场著名的题材股，拥有太阳能概念，在2010年的涨幅也是非常壮观的。2010年11月22日该股创出新高，盘中股价成功突破前高，但是最后收阴，留下较长的上影线。股价没有收于前高之上，说明突破失败，甚至有诱多的嫌疑。成交量维持前日的较高水平，主力出货的痕迹比较明显。这种走势我们要特别注意。突破失败说明空头在这里实力非凡，上影线也证明空头的攻击力度很大，把股价生生按回前高之下，多头已经显露退缩迹象，后市不容乐观。该股此后勉强横盘了几天，最后还是选择了向下破位。11月22日这根上影线成为阶段性的大顶，如果我们在当日有足够的警觉，就可以避免后市的下跌。

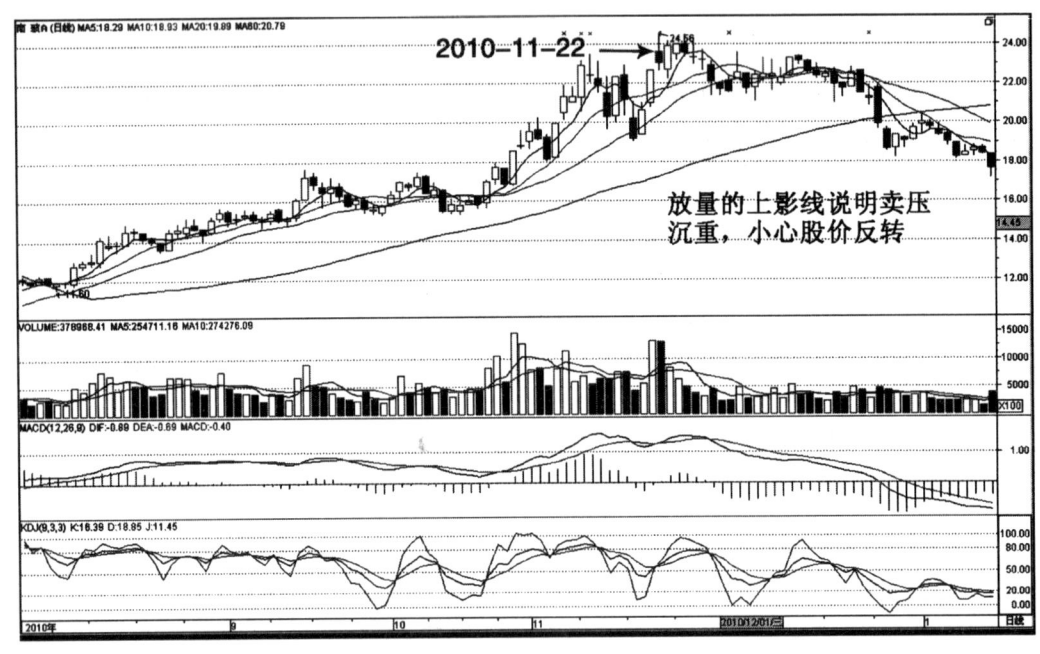

图1-3　南玻A　000012

本例南玻A的上影线也是出现在股价的相对高位，前期涨幅巨大。只是该股走势比较平稳，让人产生了错觉，以为股价后面还可能有加速上升阶段。

下面我们看看该股11月22日的分时图。如图1-4所示，该股当日高开后震荡走高，但缺乏成交量的支持，因此行而不远。午后该股急剧下挫，最后以低于开盘价的价格收盘，全天看起来上午跟下午判若两股，但其实是一脉相承的。上午的震荡上升显然是外强中干，买盘并不踊跃，均价线没有跟随上行，足见做多的情绪并不高，买盘非常勉强，甚至有拉高股价诱买的嫌疑。午后快速下跌则是主力也没了耐心的表现，任由股价自由下坠。全天多头乏力，空头出击也就不需要费什么力了。最后收出较长的上影线，走势疲态尽显。

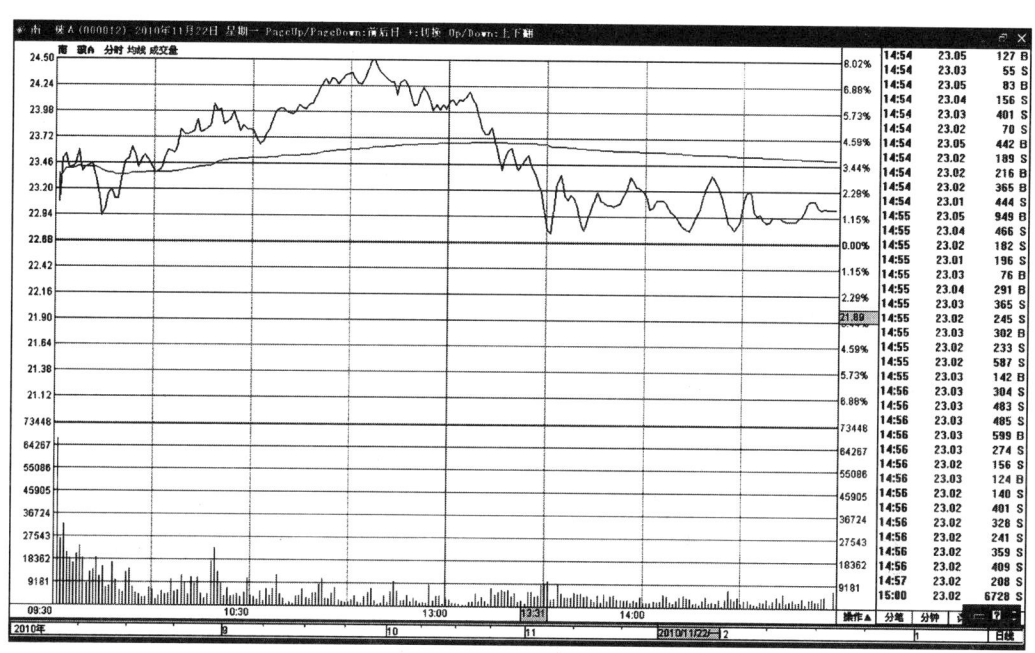

图1-4　南玻A　000012　分时图

当然单看一天的分时图还不足以判断趋势，最终我们还需要回归K线走势和成交量等，分时图只是一方面的参考。

如图1-5所示，四川美丰2011年4月19日收出一根带有较长上影线的阳线，成交量大幅放大，形成阶段性的巨量。这是一个比较危险信号，放量冲高回落说明空头主力出击，多头被迫后退。虽然此时还不能说空头掌控局势，但是空头的力量是不可小视的。巨量换手，主力就此成功脱逃的可能性也很大，特别是股价前期大幅上涨，这时又来到前高附近，在这个重要的压力区走出巨量上影线，我们有理由相信主力再度出逃了。如果你还不放心，可以次日验证一下。该股次日继续走低，疲软态势已经很明确，反转走势基本得到了确认。

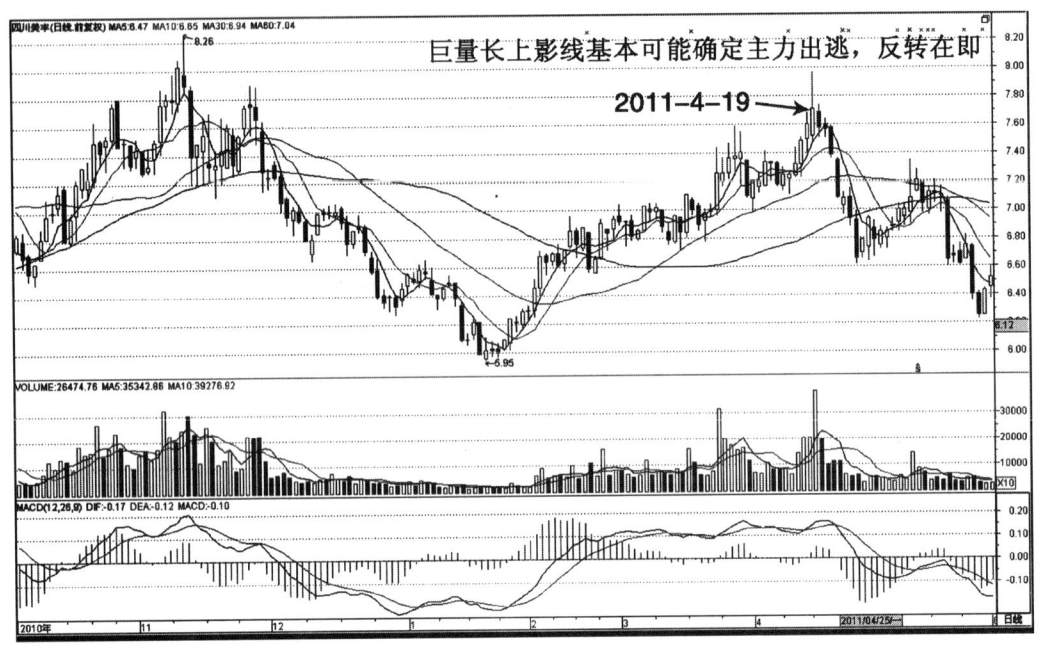

图1-5　四川美丰　000731

本例的上影线出现在前高的价位水平，我们要警惕再度形成头部，最好先出局，待突破前高的压力我们再买回不迟。

如图1-6所示，兴业银行在2011年2月前后维持在一个箱体运行，箱体的上下有一定的空间，对于短线玩家来说应该足够了。2011年2月17日该股收出一根有较长上影线的十字星，股价挑战箱体上边线失败，短线玩家可以出局了。当日只是盘中突破箱体的上边线，收盘回到箱体内部，说明此处的压力较大，空头重兵防守，一时难以化解，那后市很可能回落，继续维持箱体的整理运行。

本例所讲的上影线处于箱体的上边线压力区，当日要防备冲高回落，一旦上影线基本形成，短线玩家需及时出局。另外当日的拉升缺乏量能的支持，做多意愿其实不足，更加增添了冲高回落的可能性。

如图1-7所示，深赤湾A 2011年2月15日收出一根带有长上影线的小阴线，这根上影线是不是顶部信号呢？如果你是一个比较细心的投资者就不会认为这是一个见顶信号。为什么呢？从股价的整体位置看，这根上影线发生在刚突破前高的时候，上升空间可以说已经打开了，没

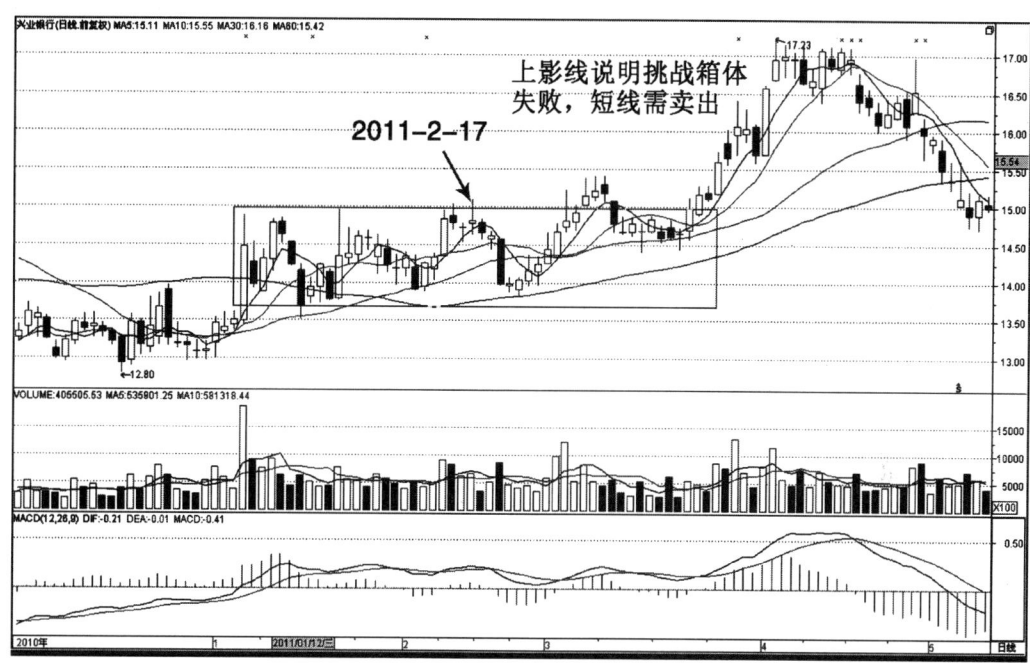

图1-6 兴业银行 601166

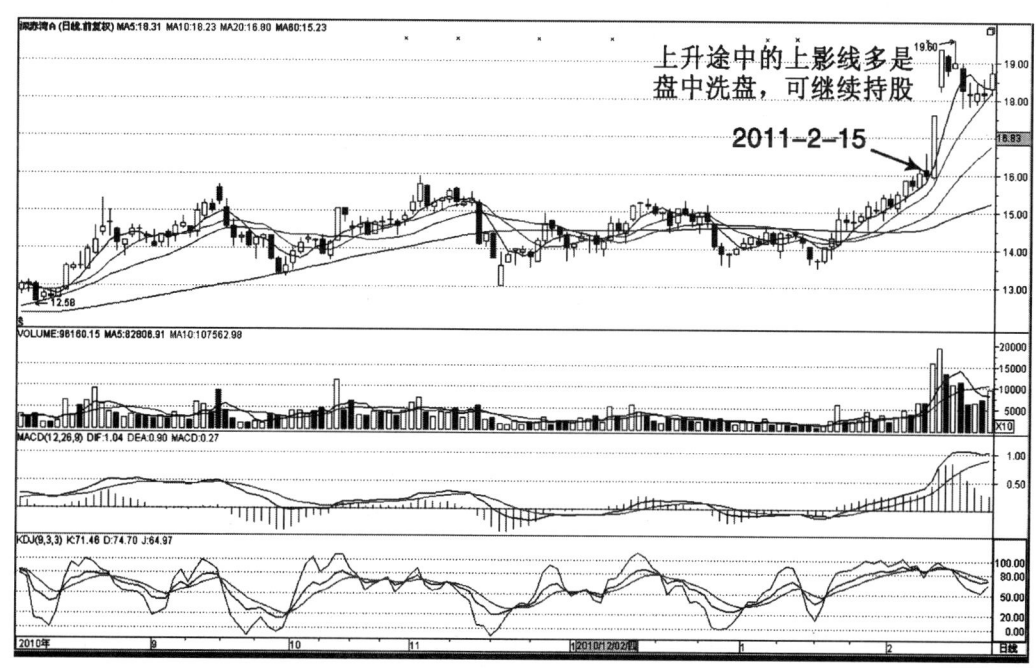

图1-7 深赤湾A 000022

理由就见顶。当然你也可以说是假突破。但是假突破的特征是股价快速跌回前高之下，而这根小阴线的收盘价仍在前高之上，因此还不能说是假突破。另外假突破通常伴随着异常的放量，便于主力出逃，而当时该股的成交量非常平稳，看不出主力出逃的迹象。因此，我们判断这根上影线应该是主力的洗盘行为，可以继续持股观察。万一股价跌回前高之下，则需要当机立断止损。

二、下影线

卖出信号

下影线作为见顶信号出现的频率也是比较高的。下影线本身就代表空头向下攻击，虽然多头最后收复失地，但空头现身就说明不再是单边的上升行情了，后市在空头的继续施压下可能会产生行情的逆转。不过单纯看下影线根本无法判断是否将要见顶，事实上，在拉升途中，下影线只是主力盘中洗盘的伎俩，万万不能被震出去。这样来看，就需要我们对股价的整体背景有个清晰的判断。如果股价整体涨幅已经很大，或者短线快速拉升后，下影线见顶的可能性更大。在前高等压力位附近，或者箱体的上沿，见顶的可能性也很大。有一定技术测量功底的投资者应该知道，到达一定的技术目标位后，下影线更可能是见顶信号。另外就是可以结合成交量来研判，如果成交量异常放大，主力出逃的迹象很明显，后市见顶的可能性就很大。

如图1-8所示，长春高新2010年11月30日高开低走，盘中股价大幅下探，一度触及10日平均线，最后拉回，收出较长的下影线。当日的跌幅只有2个点，通常我们心理上是不太有感觉的，不会有很强烈的触痛。也正是这种麻痹大意可能会导致较大的损失。事实上这根下影线是一个很大的隐患。下影线说明什么？说明空头曾经强力出击，导致股价大幅下挫。虽然当日多头基本收复失地，但这并不表明空头就此罢休。这是空头反攻的苗头,特别是股价高高在上的时候,这种下影线往往是空头的试探性攻击,后面还有大行动。

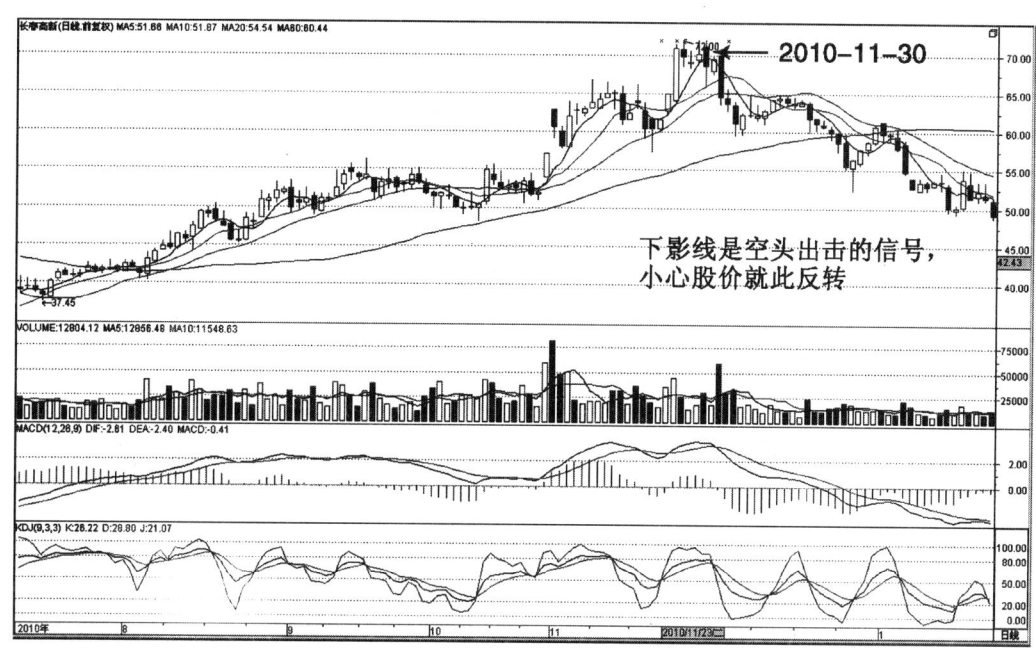

图1-8　长春高新　000661

本例长春高新的这根下影线就是出现在股价大幅拉高之后,后市随时可能反转下跌。这根下影线是一个下探的信号,后市我们需要非常谨慎地对待,一旦情况有异就需要立刻出局。事实上我们在出现下影线的时候就需要部分出来,锁定部分利润。

如图1-9所示,中国宝安2011年2月22日高开低走,盘中股价大幅下探,最后收出一根带有较长下影线的伪阴线,股价实际仍有小幅上涨。虽然股价仍然上涨,但走势已经非常不乐观——盘中空头大肆出击,股价大幅下挫,虽然最后拉回,但空头的实力已经有目共睹,后市隐患比较大。特别是当日的成交量大幅放大,这无疑是主力出逃的表现。如此走势,顶部已经隐约出现。该股此前有一波较快较大的涨幅,股价已经高高在上。前日一根放量长阴线已经显示出主力出货的迹象。可能主力没有出货干净,后市再作势拉高,有诱多的嫌疑。2月22日的长下影线则说明空头再度出击。空头两次出击，虽然暂时被多头抵抗住了，但空头气氛越来越浓，见顶很可能就在眼前，投资者应该减仓应对。次日该股跳空下行，顶部基本成立，此时需要清仓出局了。

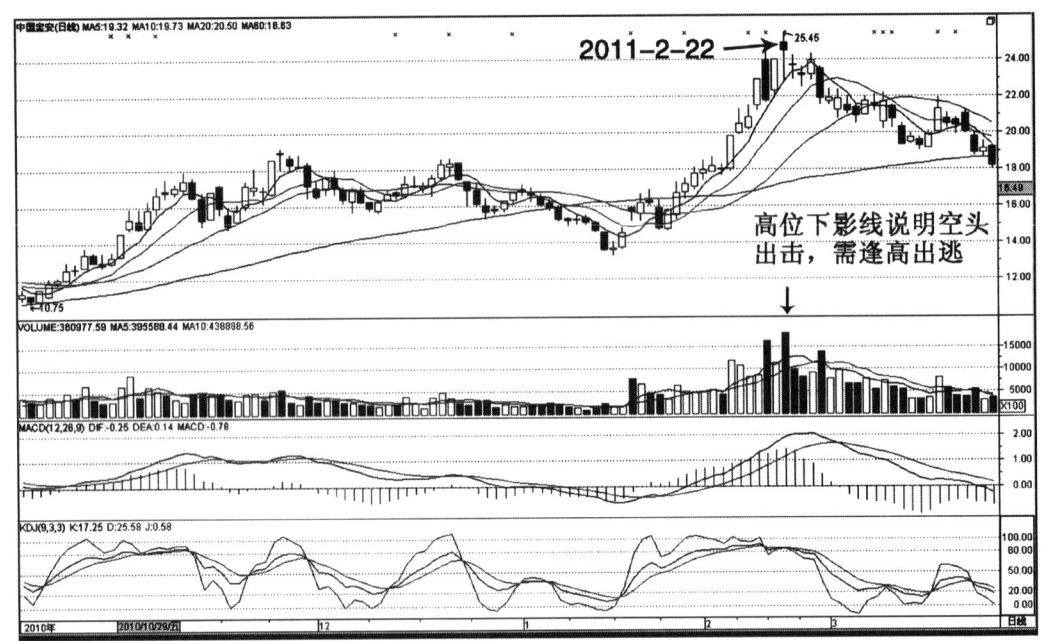

图1-9 中国宝安 000009

下面我们来看看该股的分时图。如图1-10所示，该股当日大幅高开，开盘后剧烈震荡，成交量密集放大，出货态势明显。此后股价逐浪下跌，多头基本没有抵抗，有点树倒猢狲散的意思。下午股价深度下挫后反弹。反弹看似很凌厉，但成交量非常低迷，这种反弹明眼人都知道是怎么回事——虚假拉高作秀也好，超跌反弹也好，都不是真实的做多。

如图1-11所示，国际实业2010年10月19日高开低走，盘中股价大幅下探，甚至跌破了前日收盘价4个点，足见空头凶猛。最后多头勉强把股价拉高，收出一根中阴线，且超长的下影线非常刺眼。虽然当日股价收涨，但空头来势汹汹，投资者至少应该逢高减仓。特别是当日成交量急剧放大，多空分歧明显，后市存在较大的风险。

图 1-10　中国宝安　000009　分时图

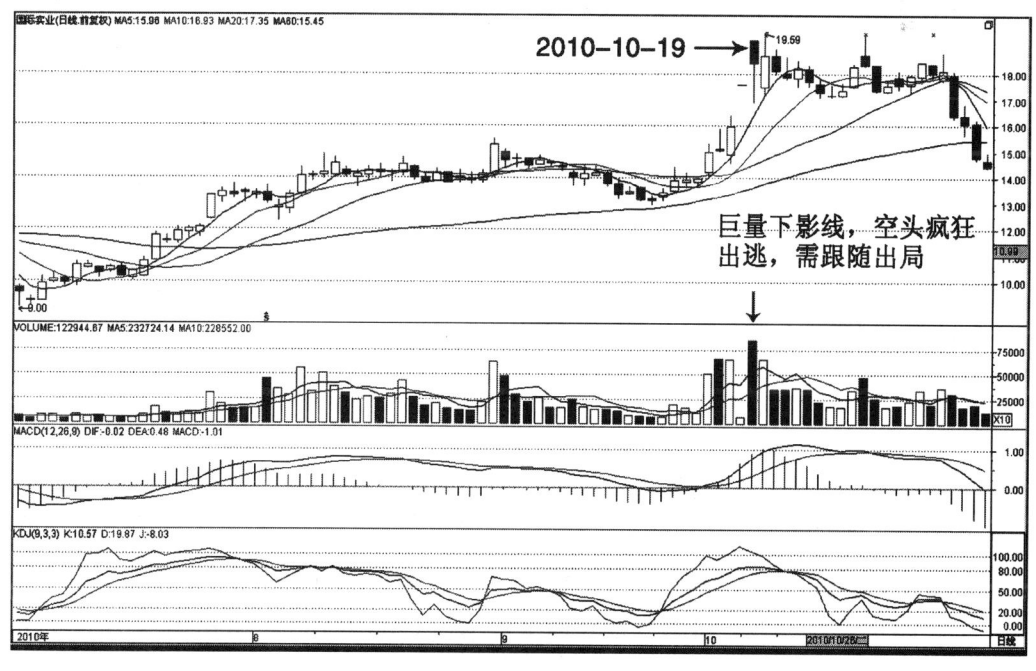

图 1-11　国际实业　000159

我们再来看看当日的分时图,了解一下这根下影线的具体形成过程。如图1-12所示,当日该股事实上在涨停板上开盘,因为开盘后迅速下挫,因此没有留下痕迹。此后股价一路下挫,一直到下午收盘前半小时股价才被异常拉起,有经验的投资者都知道这是主力做盘,可能是想让走势更好看点,也可能是还没出货干净,拉高为第二次出货做准备。总之这种走势不是真正做多的表现,诱多的可能性极大,投资者应该逢高出局。人往往是矛盾的,当股价快速下挫的时候,你可能悲观到极点,而一旦股价绝地反击,快速拉高,你可能又在幻想会再度涨停,以致错过出货的高点。

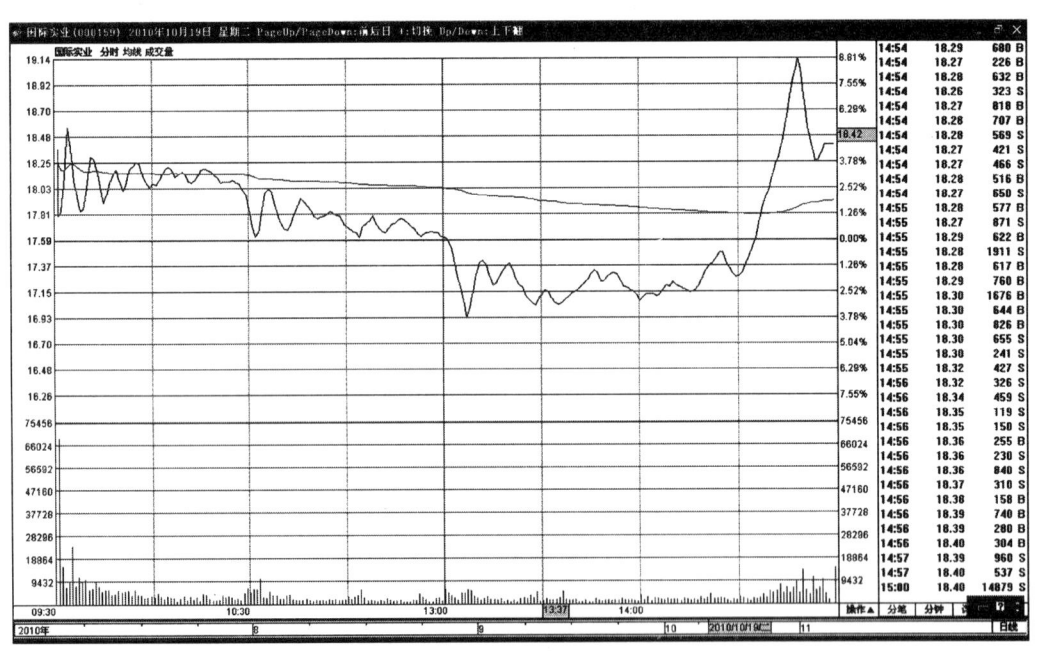

图1-12　国际实业　000159　分时图

如图1-13所示,羚锐制药2011年5月20日收出一根带有很长下影线的小阴线,空头显然占据较大优势。这根下影线应该比较好判断,因为恰好出现在前高位置,再次见顶的可能性极大。下影线代表空头出击,在前高之下出现则更加显现出空头迫不及待想逃跑。虽然尾盘股价拉回,但也一样是做盘的表现,因此我们应该逢高出局,别幻想能突破。及时突破了我们可以再补回，这样安全度高，避免了再度在顶部站岗的风险。

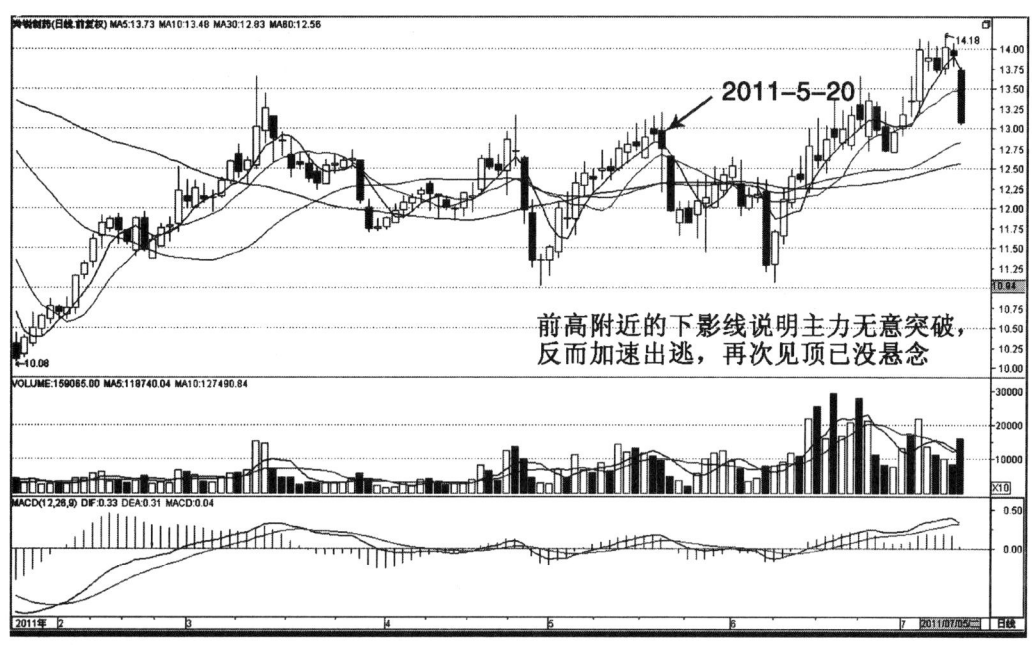

图 1-13　羚锐制药　600285

三、长阴线

🅞 卖出信号

这里我们需要廓清一个概念：什么是长阴线，什么是大阴线？长阴线跟大阴线还是有很大不同的。长阴线只界定开盘价比收盘价高很多，在图形上显示实体很长，但不涉及具体的涨跌幅。有时候股价从涨停板开盘，最后收得比较低，在行情软件上也是显示为实体很长的阴线，但这跟我们平常所说的大阴线不太一样。大阴线不仅实体长，实际的跌幅也很大。这里已经很明确，两者参照的系统不一样。从做空的力度来说，大阴线比某些长阴线更大。我们这里简单地把大阴线归为长阴线的一种。

长阴线是空头大肆出击的表现，这是毫无疑问的。即便是高开低走的长阴线，实际跌幅不大，但也说明空头往下打击的力度很大，多头几乎无力抵抗，盘面上是空头占据优势。但是单纯一根长阴线还是无法判断其为向下反转的信号。我们经常见到上升途中主力通过长阴线凶悍洗盘。这就要求我们结合股价的整体背景来判断。如果涨幅已经很大了，或者是来到重大的压力区，见顶的可能性就极大，我们需要及时出局。另外，若长阴线伴随着成交量异常放大，则很可能是主力慌不择路出货，见顶的可能性更大。

如图1-14所示，广州浪奇2011年1月6日大幅高开，看似要轻松突破前高，没想到盘中风云突变，最后收出一根长阴线。只是当日的跌幅不大，只有0.02元。也许正因为只跌了0.02元，所以很多持股者觉得不痛不痒，甚至认为是主力刻意洗盘。这种先入为主的思维往往害死人，我们更应该客观地分析走势。这个位置非常关键，突破了是一片艳阳天，没有突破则说明此处的压力巨大，很可能形成双头。当日大幅高

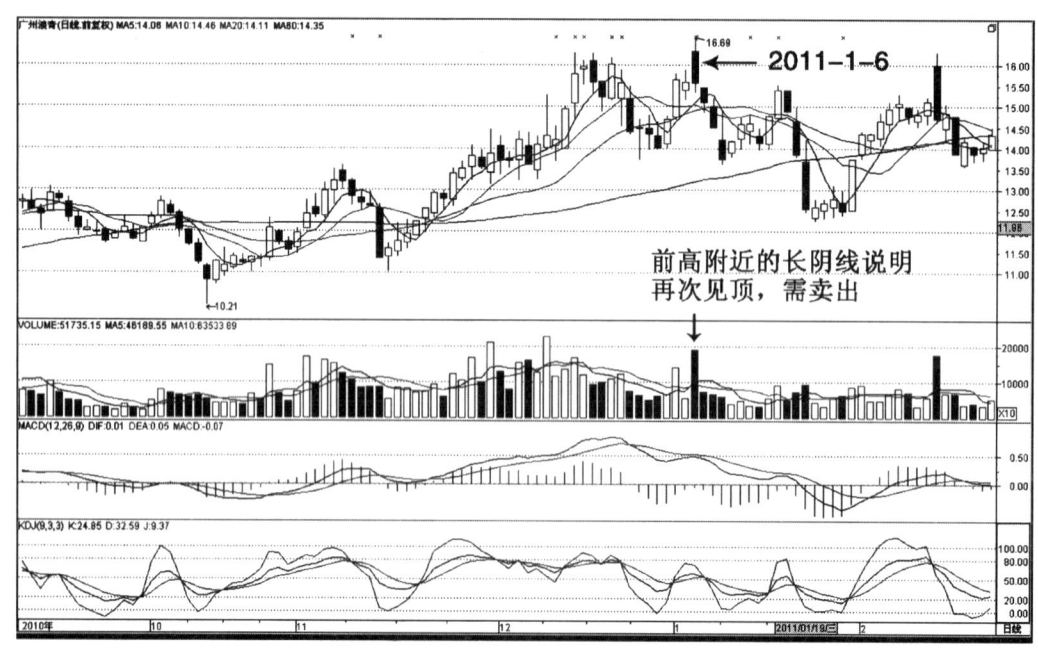

图1-14 广州浪奇 000523

开却收出长阴线，同时成交量急剧放大，这说明什么？显然是主力借拉高出货。我们在盘中就可以做出初步判断，趁早离场。次日该股跳空下跌，果然形成双头走势。这根跌幅不大的长阴线成为阶段性顶点，如果我们能提前做出判断，无疑避免了较大损失。

如图1-15所示，深圳华强2011年3月18日盘中创出阶段性新高，但是最后急转直下，当日收出长阴线，跌幅超过6个点，成交量明显放大。这根放量的长阴线比较好判断，反转的可能性极大，空头基本控制了走势，多头几乎完全放弃了抵抗。从整体看，这个位置也很关键，对应前期的高点，即压力位。冲高失败意味着将再度形成阶段性顶点，我们只能趁早清仓出局。该股后市跌幅巨大。这根长阴线是反转的标志，不难判断，难的是心理上经常有侥幸心理，希望大跌后反弹一点再走。可市场不会因个人意愿发生改变，一旦开始杀跌，经常不给人喘息的机会，于是很多人变成了长期的股东。

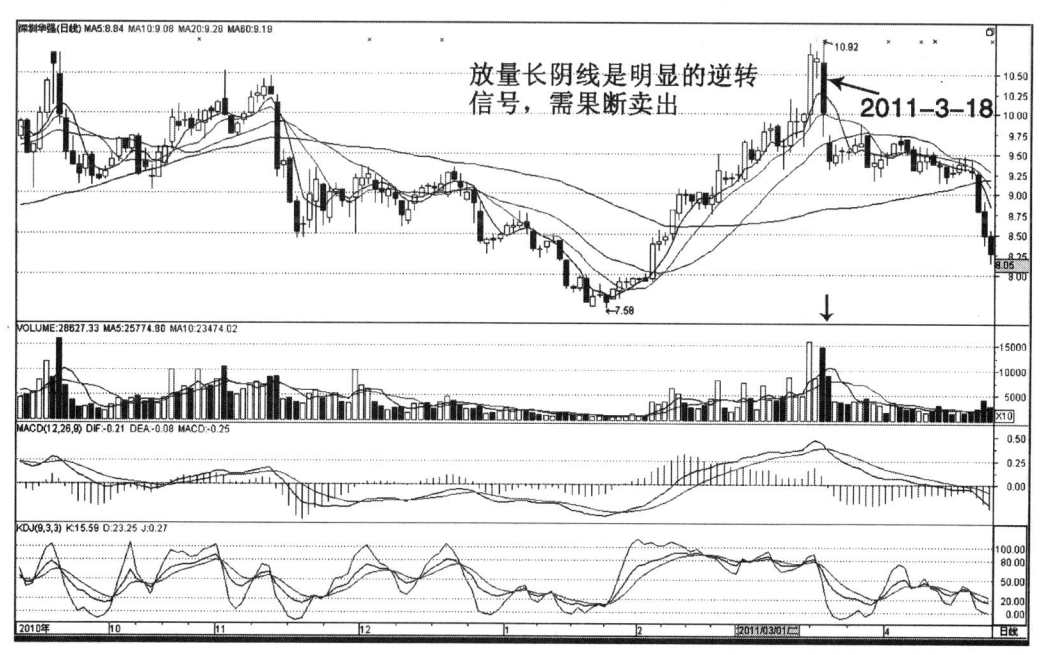

图1-15　深圳华强　000062

我们再来看看这根长阴线是怎么形成的。如图1-16所示，该股当日低开高走,走势还非常稳健,上升的量能也配合较好。可惜好景不长,20分钟后该股跌穿均价线,此后台阶式下跌。到14点后该股开始放量暴跌,成交量密集放大,股价飞快下挫。这种放量暴跌只能说明场内持股者在恐慌出逃,同时也必定是主力所为,因为散户是没法折腾出这么大成交量的。最后该股大幅收低,跌势非常明确,后市继续走低的可能性极大,我们只能逢高出局了。如此我们明白了这根长阴线是放量暴跌的结果,空头强势之极,后市自然不看好。

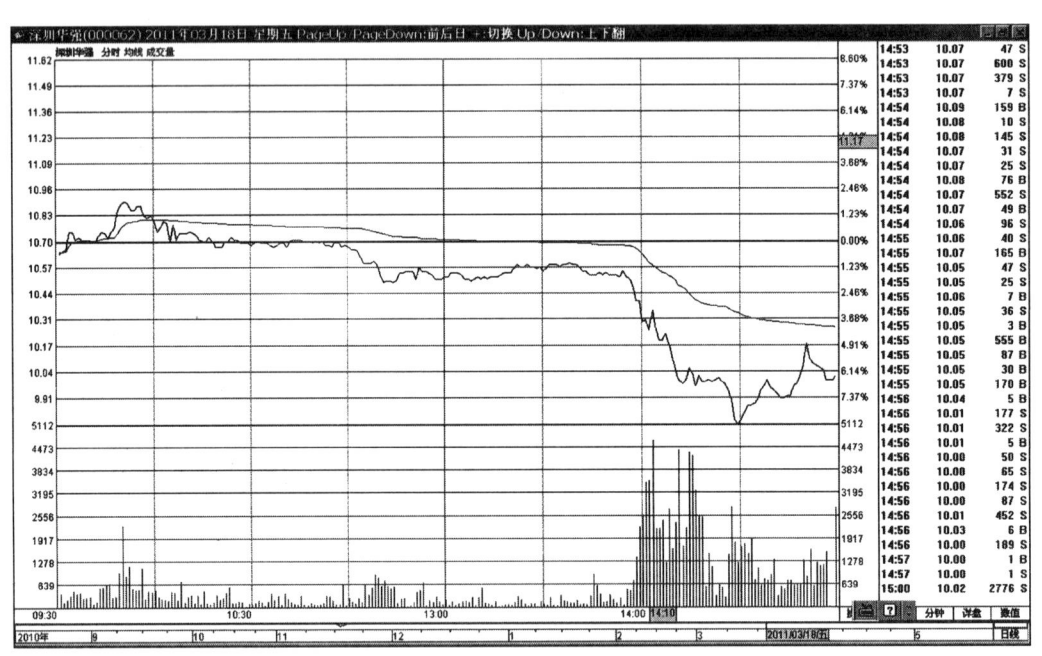

图1-16 深圳华强 000062 分时图

如图1-17所示,农产品2010年11月12日跟随大盘暴跌,当日收出一根长阴线,反转态势明显,投资者必须趁早出局。从整体看,该股前期涨幅不小,然后在高位滞涨,这根长阴线可以说是一个反转的宣言。同时这根长阴线贯穿三根平均线,投资者恐慌出逃的态势非常明显,后市自然是凶险异常。如果你不想扩大损失,还是趁早出局的好。

面对这根长阴线也可能有些投资者还抱有侥幸心理,因为当日大盘暴跌,恐慌有极大的传染性,并不见得是个股真正具备下跌动能。同时

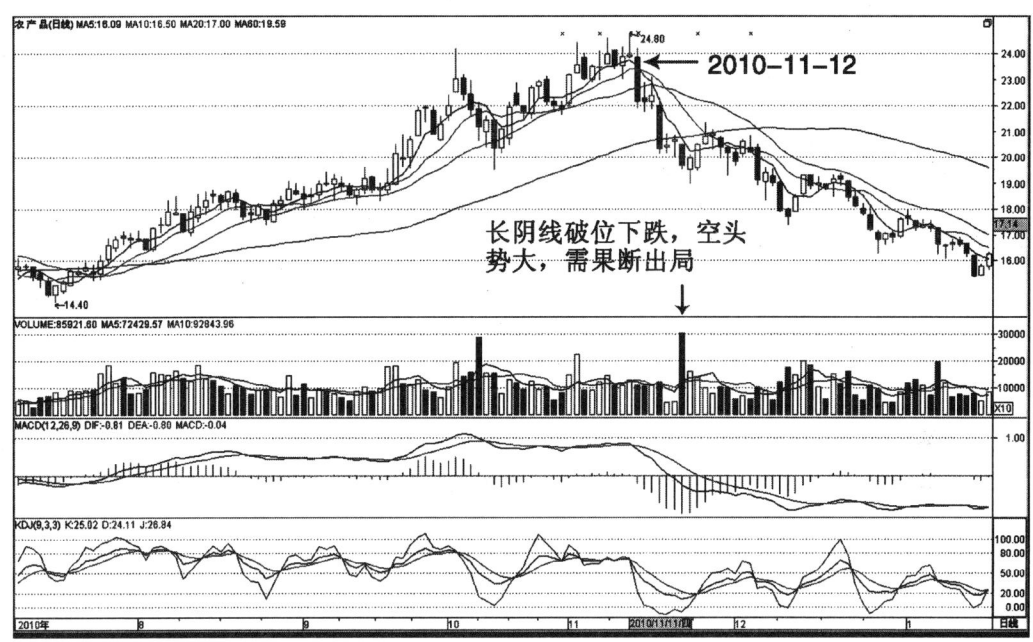

图1-17　农产品　000061

该股此前的成交量一直比较平稳，难说主力已经成功脱逃。但是我们要明白一点，那就是主力的成本通常是很低的，散户无法与之相比。该股过了一个多星期才爆出巨量，即便是那天出逃，主力都应该是获利颇丰。

如图1-18所示，西水股份2010年11月12日跌停收出长阴线。这根长阴线显然是一个卖出信号，因为该长阴线穿越多根平均线，形成一阴穿多线的格局，这是非常恶劣的下跌形态，后市继续下跌的可能性极高。从股价的整体位置来看，该股前期大幅拉高后在高位宽幅震荡，11月12日前该股连续三天在前高之下收出带有上影线的小阴线或小阳线，上攻乏力的表现一览无遗，而这根长阴线只不过是市场再也没有耐心的表现。

当然该股当天跌停有大盘影响的因素。既然跌停就只能等反弹了，该股次日大幅反弹可以趁机出逃。千万别再幻想还能逆转，这种破位长阴线的下杀力通常非常大，绝非一天就能跌到位，后市该股的表现也证明了这一点。

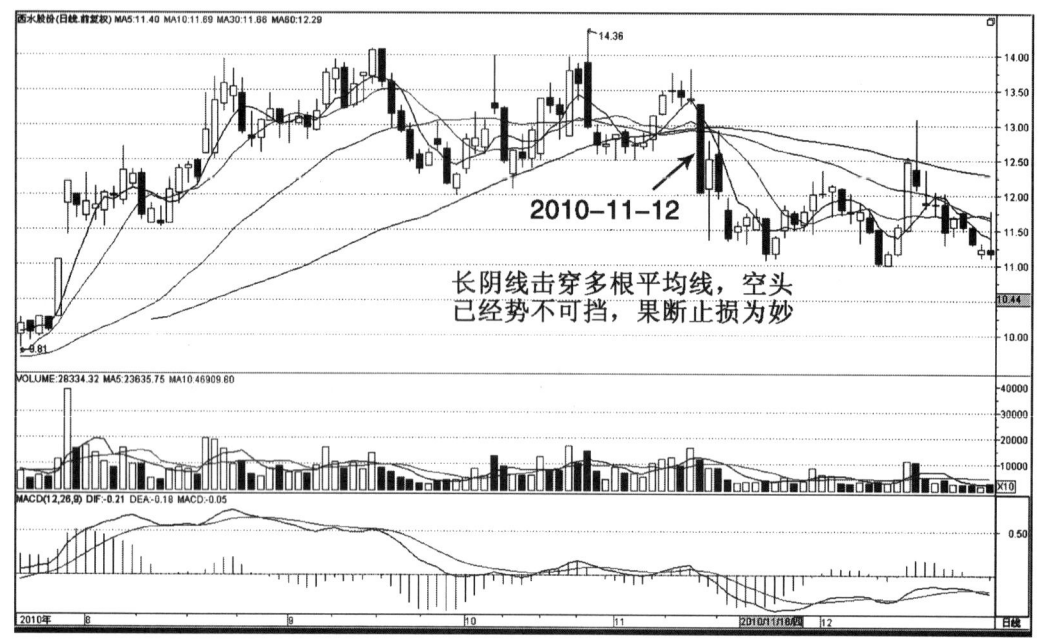

图 1-18　西水股份　600291

四、长阳线

🔵 **卖出信号**

前面说了长阴线的概念界定，这里的长阳线也需要跟大阳线区分开来。长阳线是所有开盘价与收盘价相距比较远的阳线，但实际涨幅不大，甚至涨幅为负数，只要在软件上显示为长度较长的阳线均是长阳线。这包括大阳线、中阳线，还有一些伪阳线。

长阳线从表面看是多头明显优势，我们通常都会据此判断股价后市还会继续上涨而跟进，怎么会成为见顶信号呢？当然，长阳线见顶是有条件的。一般来说，整体涨幅较大，或者短线急升过，此时的大阳线可能是多头力量的最后表现，很快就会见顶回落。另外，在前高附近或者箱体的顶部出现长阳线却没有创出新高，要小心后市反转。再有就是成交量的特征，只要是放巨量，任何时候都要小心。巨量说明多空分歧大，即便收出长阳线也说明多头消耗了太多的能量，后市恐怕难以为继，反转的可能性增大。

长阳线是否见顶，还需要后市的进一步观察，这跟其他信号有些不同，后市如果滞涨或者走软，就要意识到反转开始了。

如图1-19所示，华意压缩2010年4月走势非常强劲，基本沿着5日平均线攀升，短期的涨幅不小。我们看看它是怎么见顶的。4月22日该股大涨，收出大阳线，但是成交量相对前期明显萎缩。这说明市场惜售，但也表明市场追逐的热情明显减弱。此时持股者依然可以持股观望，不过要注意股价随时见顶，因为该股此前的涨幅已经翻倍，持股者随时都可能变成空头，也就是说反转随时发生。次日该股低开低走，涨势停顿，投资者应该减仓。

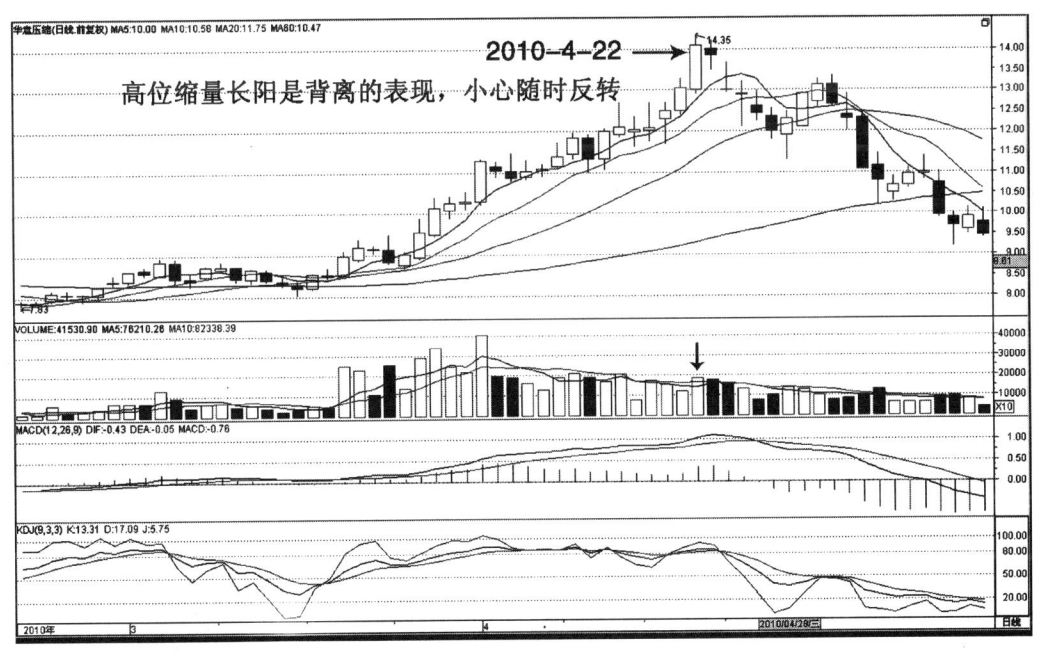

图1-19　华意压缩　000404

本例华意压缩的长阳线成为顶部让人有点始料未及，不过也是有迹可循的，那就是成交量大幅萎缩，追涨意愿明显不强。这种情况下我们要注意，一旦滞涨就需要减仓甚至彻底出局。

如图 1-20 所示，深振业 A 2010 年 12 月 7 日跳空上行，当日强势封涨停，一根长阳线耸立当空。通常情况下封涨停了就可以继续持股，不过次日该股急转直下暴跌，令诸多投资者傻眼。这根涨停长阳线成为阶段性头部也不是没有征兆的。首先是股价快速拉升，来到了前高位置。我们都知道前高是非常重要的压力点，如果不能顺利通过，则可能再次见顶回落。其次是该股当天虽然封住涨停，但成交量成倍放大。这是一个比较危险的信号，说明主力在涨停过程中大量出逃，后市不容乐观。次日一旦股价疲软我们就应判定为阶段性见顶，需立刻出局。

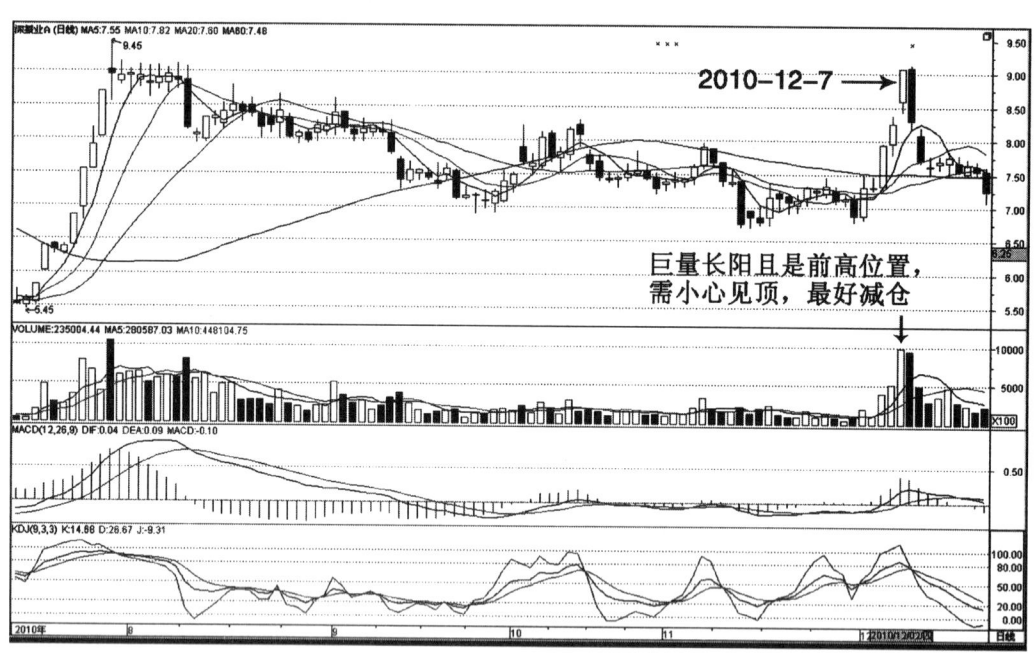

图 1-20　深振业 A　000006

如图 1-21 所示，东方市场 2010 年 11 月 30 日长阳涨停，股价创出阶段性新高，没想到次日该股便掉头直下，后市跌幅巨大。这根涨停长阳可以说蒙骗了很多追涨的投资者。按常规来说，涨停突破前高追进是没错的，但这里显然是掉进了诱多的陷阱里了。事实上当天的成交量是最值得怀疑的地方。此前该股的成交量一直很低迷，交投清淡，唯独 11

月30日这天急剧放量。不要以为放量上涨就是好事，买卖是双方的事，一个巴掌拍不响，买量大也说明卖量也大，也就是说当日主力出货是显然的，因为散户弄不出这么大成交量。这种异常放量值得我们警惕，最好不要在涨停板上追买，即便要买也要等股价回踩，在前高之上站稳才能买进。

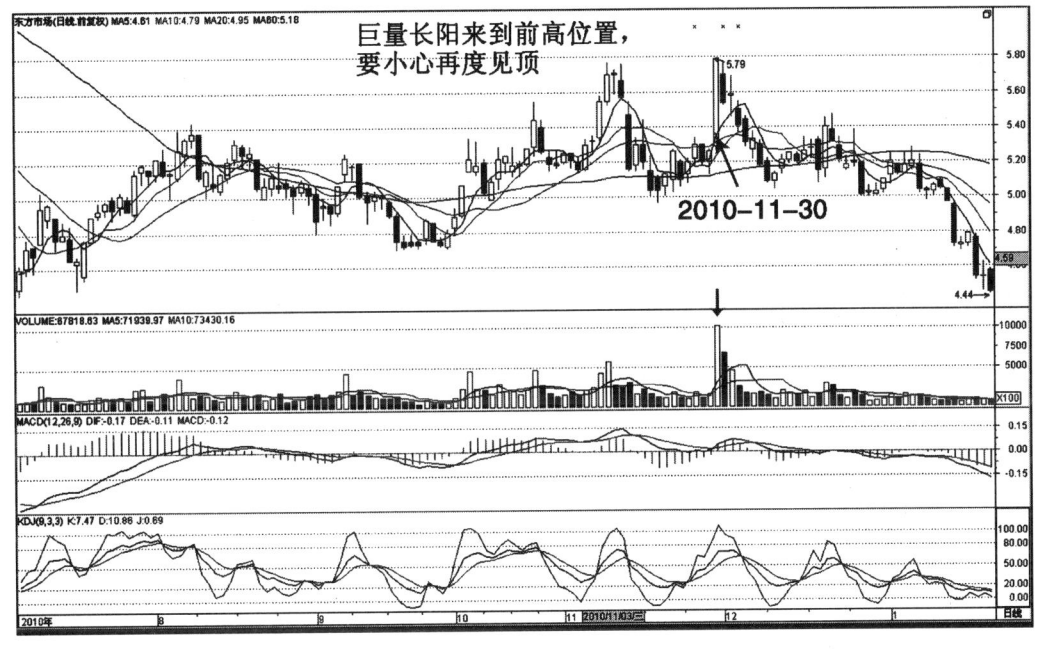

图1-21　东方市场　000301

事实上本例东方市场的长阳涨停在细节上是值得怀疑的。下面我们来看当日的分时图。如图1-22所示，该股当日的走势并不能说明多头很强势，上下震荡的幅度比较大，而涨停也只是最后半小时的突击拉升，有很明显的做盘迹象。这种对倒拉升且封于涨停的做多真实性很值得怀疑，因为在启动的瞬间是无论如何追不上，很可能要到涨停板上排队，次日盈利出逃的可能性大大降低。因此收盘前突击拉升制造出来的长阳线是万万不可追涨的，风险极大。

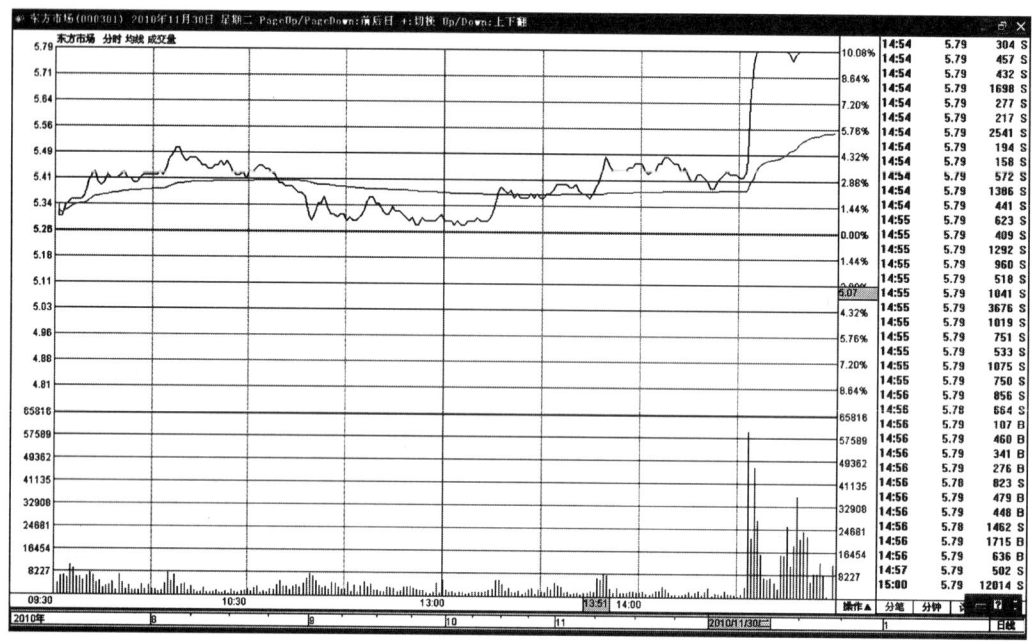

图1-22　东方市场　000301　分时图

五、倾盆大雨

○ **卖出信号**

倾盆大雨是一种形象的说法，K线图上表现为当日一根阳线，次日却低开低走收出一根阴线，收盘价已经在前日阳线的开盘价之下，阴线如果是中大阴线则更标准。这根阴线对于前日买进的人来说无异于倾盆大雨，劈头盖脸，令人晕头转向。这种形态的最大特点就是颠覆了前日的走势，反转基本明确。这种走势把前日买进的投资者一网打尽，几乎不给安全出逃的机会，因此后市走势非常悲观，续跌的可能性极大。

虽然倾盆大雨是空头极度强势的走势形态，但也不排除是主力的暴力洗盘动作，因此需要根据股价的整体背景来研判。如果股价高高在上了，或者短线快速飙升过，这种形态见顶的可能性极大，最好趁早卖出。在前高价位和箱体的上边线附近出现的倾盆大雨，也基本是再次形成顶部的标志。这个形态如果伴随着异常的量能放大,则更加可以断定为顶部形态。

如图1-23所示,韶能股份2010年11月15日剧烈震荡,最后还是收出一根中阳线,基本延续了前日的强劲上升趋势,一般来说还可以继续持股。可是次日该股低开低走,最后跌停,股价走势就此形成反转。低开低走的阴线与前日的阳线组合成倾盆大雨形态,这种形态是典型的空头掌控局势。低开低走已经显示出空头的强势,最后股价收于前日阳线之下更说明多头已经完全放弃了抵抗,前日杀进的投资者全线套牢。这也说明主力做空的凶悍,后市应该还会继续下跌。本例韶能股份后市的走势惨不忍睹,这个倾盆大雨成为多空的分水岭。

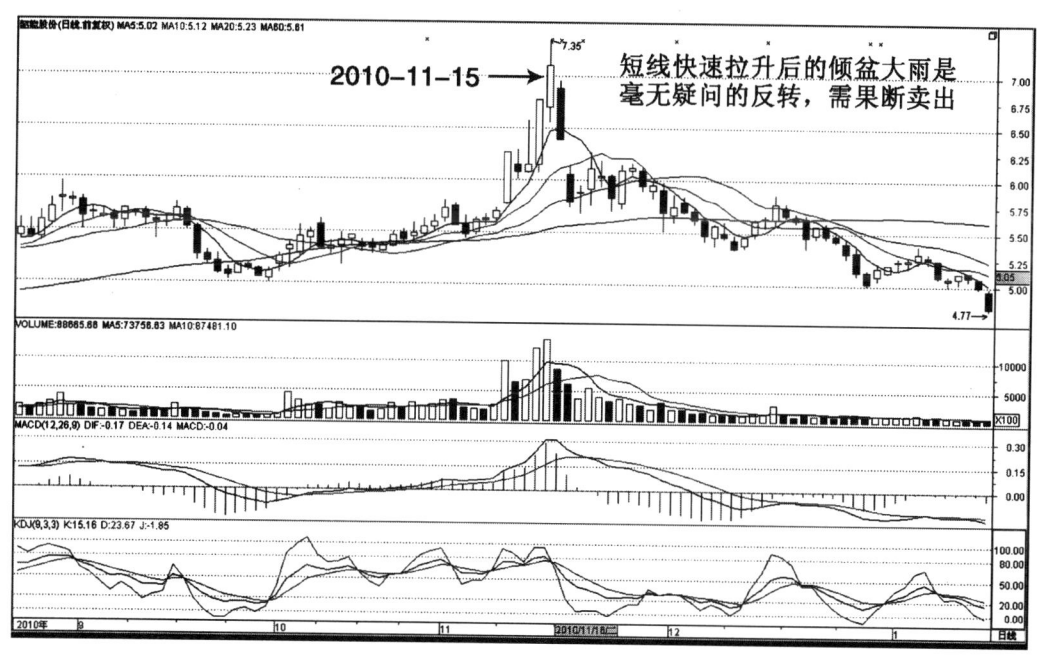

图1-23 韶能股份 000601

如图1-24所示,黔轮胎A 2010年11月10日低开低走收出阴线,与前日阳线形成倾盆大雨的组合形态。前日阳线小幅收涨,且留有较长上影线,空头隐现,隔日的低开阴线则基本确认了空头现身,且攻击力度非常大,多头几乎没有什么抵抗。这说明下跌趋势已经开始了,投资者可以先行减仓。因为股价还没有跌破前高的支撑,暂时可以观望一下。

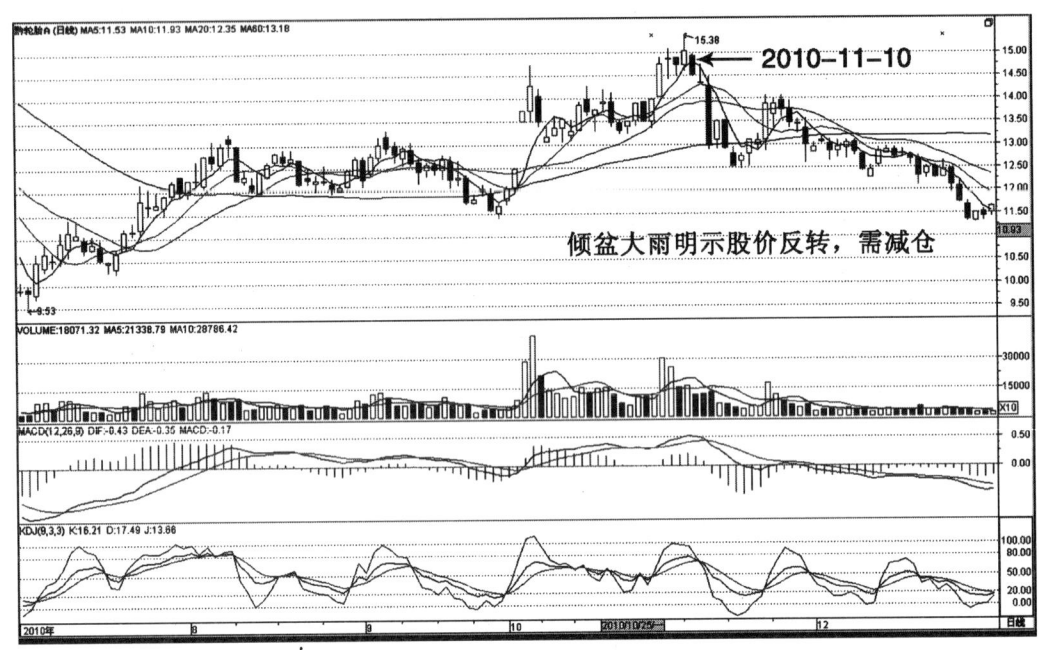

图1-24　黔轮胎A　000589

从股价的整体位置看，不高不低，但当时的大盘非常疲软，投资者预期不能太高，一旦后市大盘恶化，需清仓出局。这个倾盆大雨作为短线卖点是比较合适的，因为已经能确认短线进入空头走势中，5日平均线开始下行也体现出这一点。

如图1-25所示，青岛双星2010年11月16日低开暴跌，当日收出大阴线，与前日阳线形成倾盆大雨的组合图形。前日阳线冲高回落，留下很长的上影线，说明上升受阻，空头开始出击且力量不弱。另外前几天放量拉升，但都留下较长上影线，有放量滞涨的嫌疑。11月16日的大阴线是走势反转的信号。倾盆大雨的组合形成极端的反转态势，逆转速度之快可能让很多投资者反应不过来，以致错过了卖出的机会，但我们要明白趋势一旦逆转就不止这点跌幅，止损是必须的。

从这些倾盆大雨的K线看，阴线为大阴线，下杀力度非常大，多头已经完全放弃了，逆转态势非常明确，投资者除了及时出逃外别无他法。从股价的整体位置看，涨幅已大，另外刚突破前高就跌回去了，显然是诱多的假突破，更促使我们下决心出局。

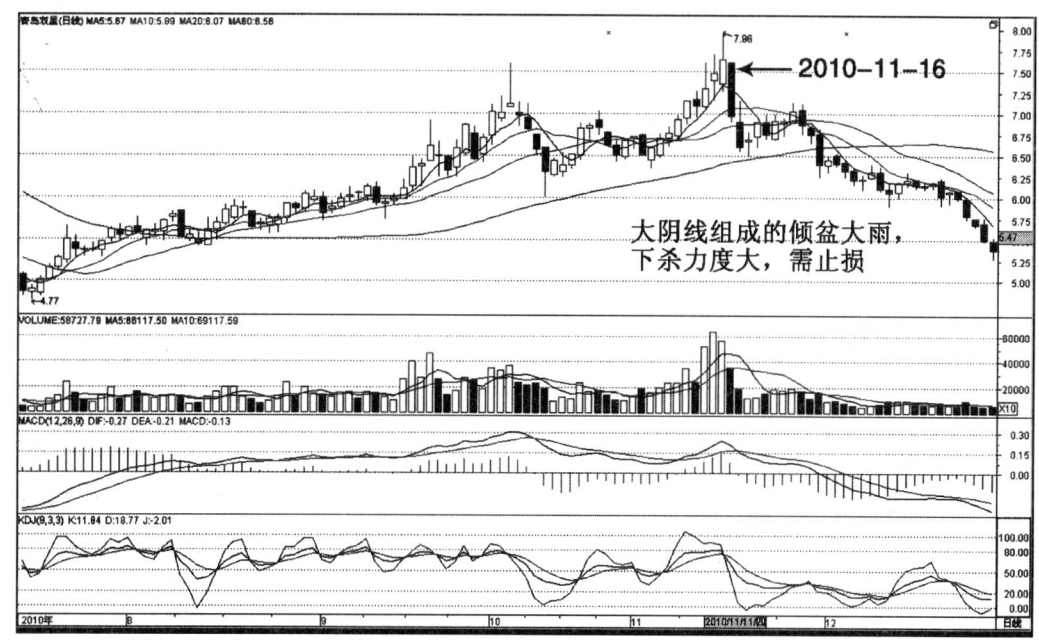

图 1-25　青岛双星　000599

六、乌云密布

○ 卖出信号

乌云密布指股价在前日阳线的基础上高开低走收出阴线，阴线深入到前日阳线实体内部之中，说明空头占据很大优势，将股价大幅打压，后市看空，投资者应逢高减仓。如果阴线出现后的次日股价继续走低则说明跌势已基本确立，短线投资者需清仓出局。

乌云密布没有倾盆大雨那样严重，至少还没下雨，多头的防线还没完全被破。第一道防线是前日阳线的收盘价，这道防线被破后，部分投资者已经处于浮亏状态；第二道防线是前日阳线的开盘价，如果破了就是暴雨了。第二道防线没破至少说明多头还在抵抗，没有放弃，给多头们些许的信心。

乌云密布的向下攻击力度与阴线下探的幅度有关。深入前日阳线的幅度越大，说明空头的攻击力度越大，后市越不看好。如果是带量的攻击则更有杀伤力。

乌云密布作为卖出信号也跟股价的整体位置有关，不能脱离大背景来使用。如果股价本身已经处于明显的高位，或者短线急升过，就此见顶的可能性很大。另外，如果股价处于重要压力位的关口，那么也很可能再次反转下行。

如图1-26所示，安琪酵母2010年12月2日高开低走收出阴线，与前日阳线形成乌云密布的组合图形，只是阴线下探前日阳线的幅度不是很大，三分之一都没达到，暂时还是多头略微占优，投资者可以暂时持股观望。次日跳空走低标志着下跌趋势确立，此时可以离场休息了。

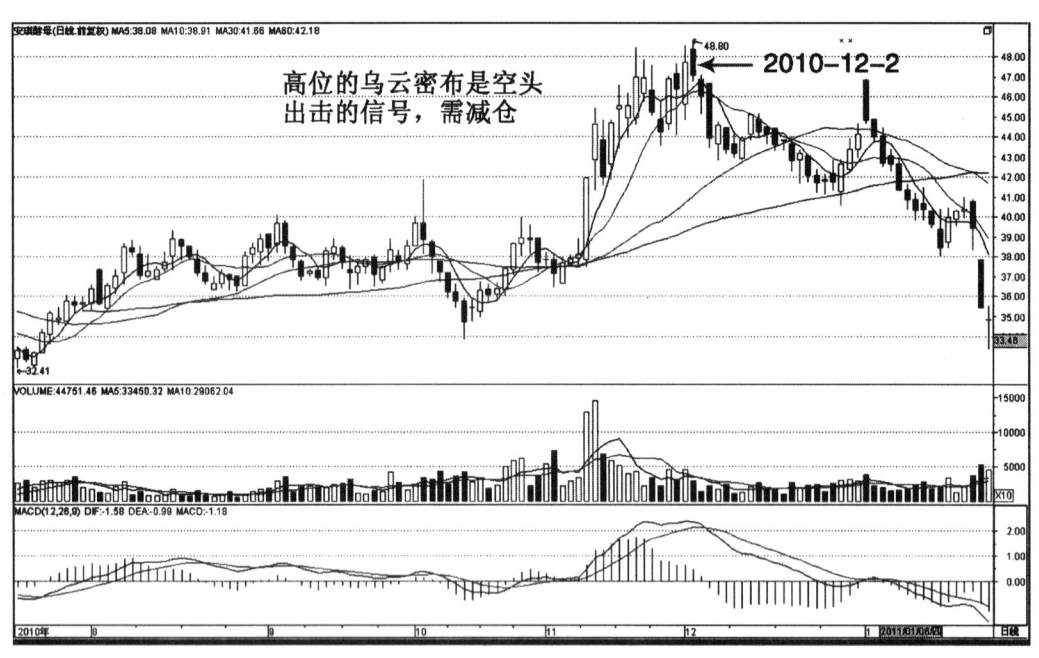

图1-26　安琪酵母　600298

从股价的整体走势看，该股前期已经有滞涨现象，成交量大幅萎缩，做多动能明显不足，我们要小心股价随时反转，而这个乌云密布可以说是一个空头攻击的信号，值得关注。

如图1-27所示，长春燃气2010年11月5日强势涨停并突破整理三角形，看似前途一片光明，可是次日却高开低走收阴，给本来好好的走势蒙上了一片阴影。只是当日下跌幅度不是很大，多头还暂时能抵抗空头的攻击，整体走势没有被破坏。此后几日该股小幅震荡，然后大阴线下杀，逆转正式形成，投资者可以清仓出局了。

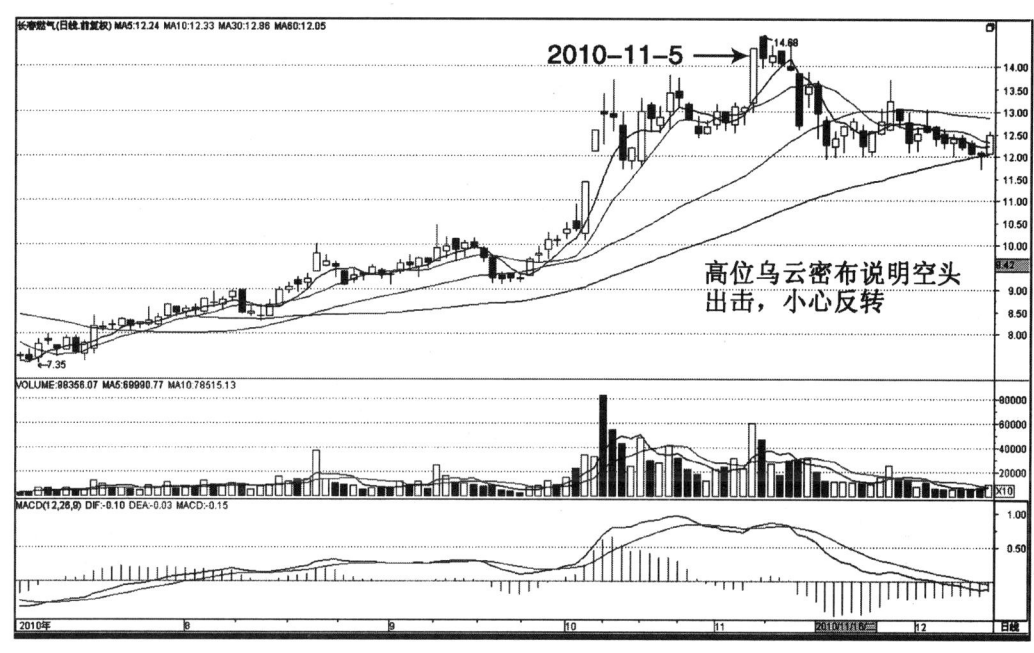

图1-27　长春燃气　600333

本例长春燃气的这个乌云密布因为下杀的力度不够，投资者可以暂时观望，后市跌势确认时则需果断出局。不管如何，这个乌云密布都代表了空头现身，投资者需密切关注，一旦跌势确认则需要及时卖出。

如图1-28所示，澳柯玛2011年4月7日大幅高开，盘中也曾冲高，但最后竟然爆挫，收盘价回到了前日阳线的实体内部。虽然下探的幅度不大，多头还是略占优势，但这里应该结合其他因素综合研判，判定反转态势是否形成。首先，从整体看该股是冲击前高失败，再度形成头部的可能性极大；其次，这根阴线的跌幅虽然不大，但是自上而下的下杀力度非常大，多头显然已经放弃抵抗了，如果多头想继续做多，不会任由股价如此大幅度地下挫，这明显对自己不利；最后，就是长阴线当日对应的成交量巨幅放大，这显然是主力出逃的表现。如此种种，我们再不能以下探的程度为标准来判定空头的力度，走势显而易见已经逆转，后市下跌已是定局，我们可以离场休息了。

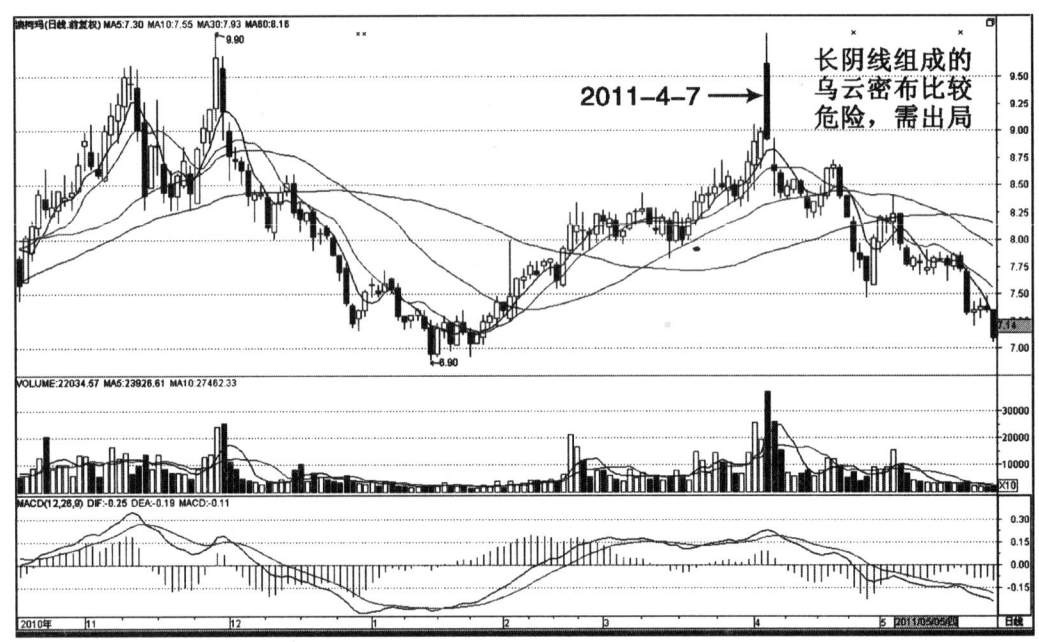

图1-28　澳柯玛　600336

下面我们来看看该股当日的分时走势。如图1-29所示，该股大幅高开，但在巨大卖单的打击下，迅速下挫，呈现直线下坠状态，让追涨的挂单全线中招，然后股价回到前天收盘价上方不远处横盘，几乎没有什么像样的反弹，走势非常疲软。此时就是考验我们止损决心的时候了。有经验的投资者应该会忍痛下决心。

如图1-30所示，天科股份2010年12月14日缩量上涨，有做多动能不足的嫌疑。次日该股高开低走，最后股价已经收于前日阳线实体的一半以下了，显然空头开始占据上风。这个乌云密布的组合图形让短线投资者可以考虑出局了。从整体股价看，该股虽然没有快速飙升过，但整体涨幅已经非常惊人，说它高高在上一点也不为过。既然股价已经处于明显的高位，任何风吹草动都足以让我们决心果断出局保住胜利果

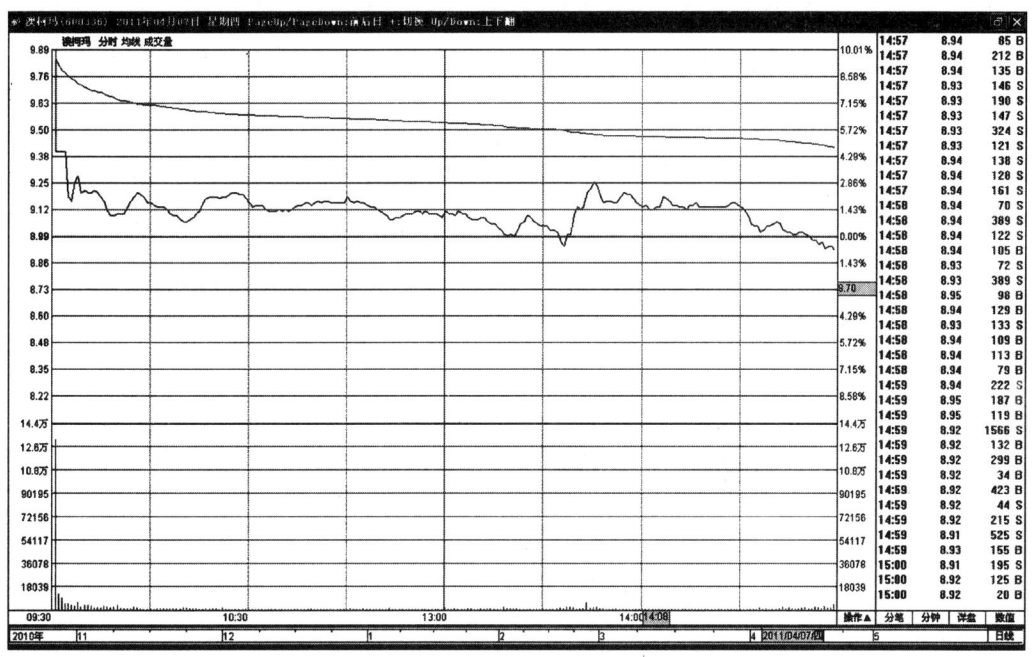

图1-29 澳柯玛 600336 分时图

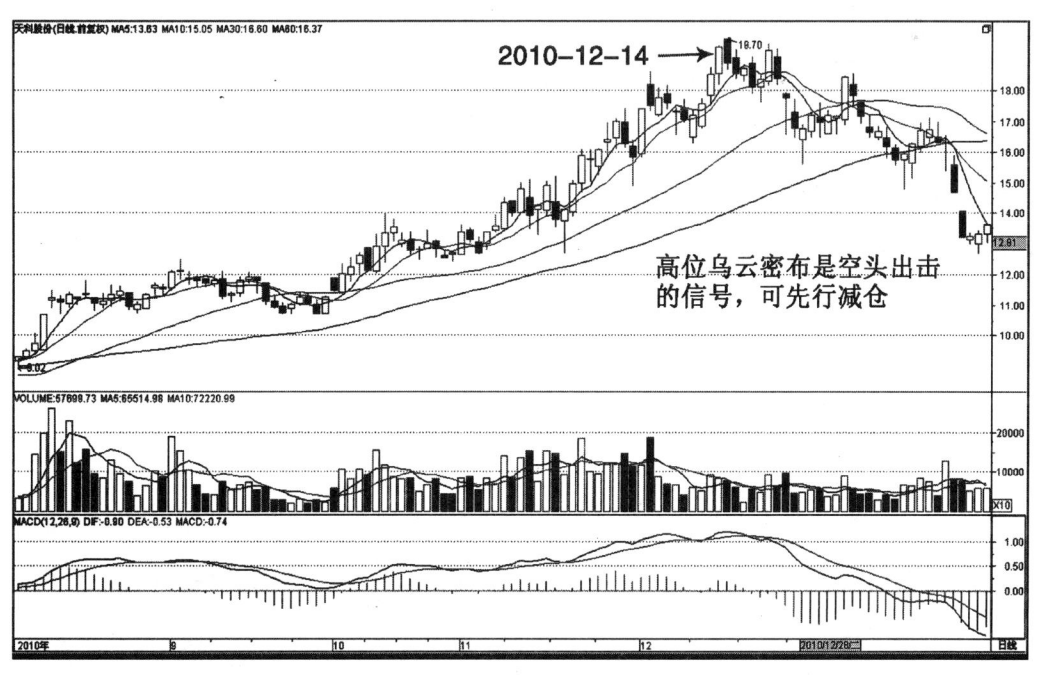

图1-30 天科股份 600378

实。该股此后形成一个双头后大幅下挫,如果我们能在乌云密布的时候就出局岂不快哉?

如图1-31所示,乐普医疗2010年11月25日高开低走,当日收出长阴线,收盘价已经下探至前日阳线实体的三分之二处,这说明空头的下杀力度很大,盘面空头显然占据明显优势,后市不乐观。这个乌云密布的组合是空头强势的类型,主要原因在于收盘价特别低,把前日多头攻下的领地大部分收了回来,后市继续下跌的可能性极大。

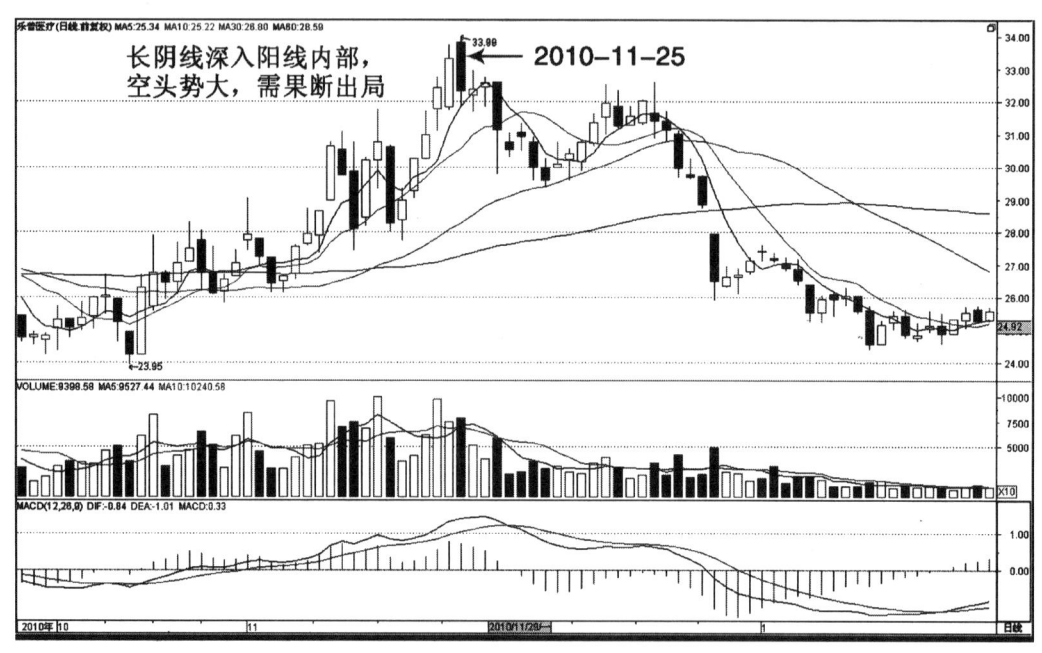

图1-31　乐普医疗　300003

本例乐普医疗从股价的整体位置看,该股的整体涨幅也不小,主力有理由出逃。而这个乌云密布则是空头出击的表现,走势逆转的雏形已经形成,我们只能选择出局。后市该股果然大幅下跌。当然我们不能用后市的表现来反证这个形态的杀伤力,不过至少要有风险意识,达到止盈点就必须出局了。

七、穿头破脚

卖出信号

穿头破脚是两根 K 线的组合，前短后长，后面一根 K 线把前面一根 K 线从头到脚包住，因此叫穿头破脚。不过并非所有的穿头破脚都能作为卖出信号，能作为卖出信号的要求后面这根长 K 线必须是长阴线，如果是长阳线则意义相反了。后面一根 K 线要求是阴线，而前面的短 K 线则没有什么规定，阴线、阳线、十字线均可。

穿头破脚的盘面含义是什么呢？前日走势不重要，重要的是次日的走势。次日高开低走，股价大幅下挫，把前日 K 线全部吞没，说明空头肆无忌惮，多头已经完全放弃了抵抗。这种组合毫无疑问是空头占据绝对优势。不过鉴于很多凶悍的主力也常用这种方式洗盘，因此还是要结合股价的整体背景来研判，否则容易掉进诱空陷阱中。

一般来说，如果股价处于明显的高位，穿头破脚几乎可以肯定是股价反转的信号，需要及时出局。在前高和箱体的上边线附近，穿头破脚也很可能是再度见顶的信号。如果阴线伴随着成交量的放大，则说明主力恐慌性甩卖，后市更加悲观。

如图 1-32 所示，红太阳 2010 年 12 月 7 日高开低走，股价爆挫，最后收出大阴线，把前日阳线全部吞没，形成穿头破脚的组合图形。这种图形毫无疑问是空头占据绝对优势，投资者只能忍痛止损了。从整体位置看，该股恰好处于前高的尴尬位置，而这个穿头破脚无疑宣告了再度形成顶部，后市下跌几乎没什么变数了。该股此后持续下跌，跌幅巨大，显然这一切都肇始于这个穿头破脚。穿头破脚就是空头赤裸裸的攻击态势，而多头也完全放弃抵抗，后市焉有不继续下跌的道理。

如图 1-33 所示，闽福发 A 2010 年 11 月 11 日高开低走，最后收出长阴线，收盘价已经远低于前日阳线的开盘价，两根 K 线形成穿头破脚的形态，这是空头完全占据优势的走势形态，通常是一个比较可靠的卖

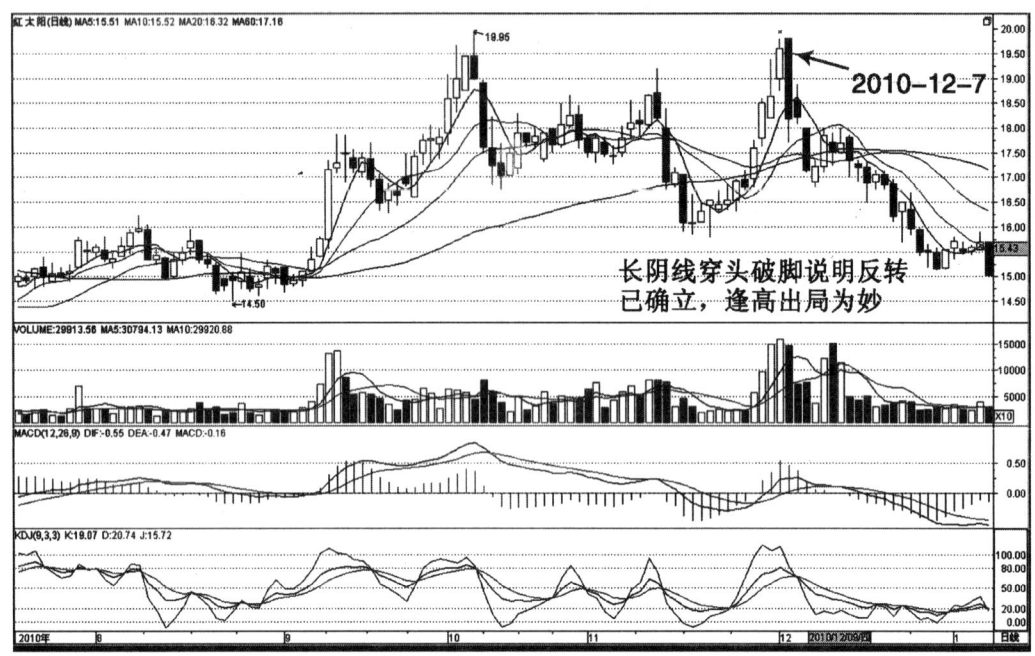

图1-32　红太阳　000525

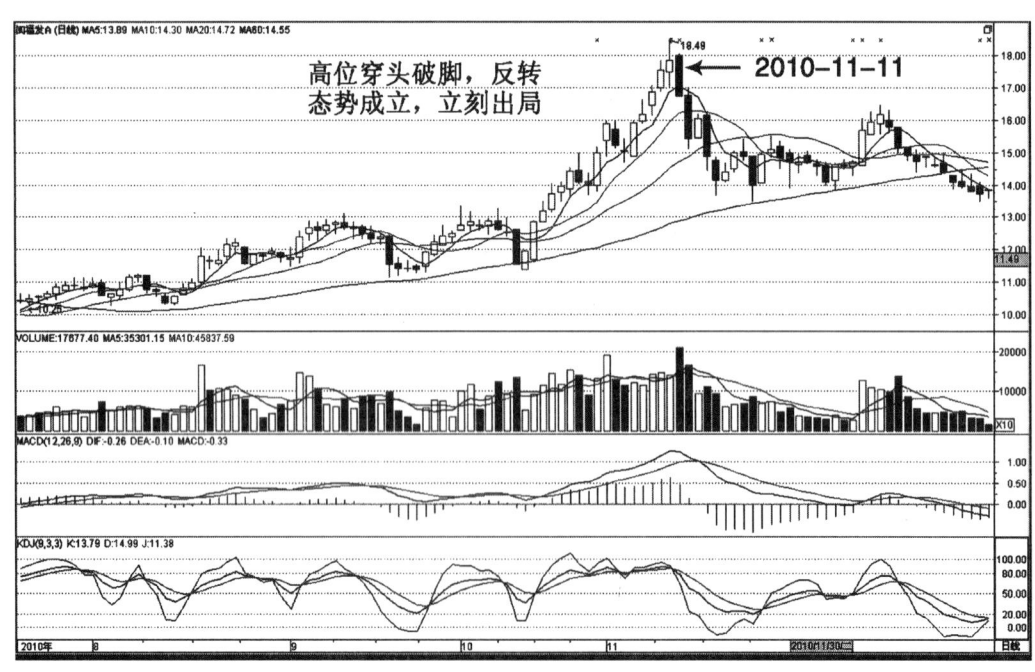

图1-33　闽福发A　000547

点。从整体位置看,这个穿头破脚发生在明显高位,股价短线也快速拉升过。前日的小阳十字星说明多头分歧加大,而这个穿头破脚则是空头用实力表态,多头也顺势放弃抵抗。

本例闽福发 A 的穿头破脚杀伤力比较大,因为阴线下探的幅度非常大,同时伴随着成交量的大幅放大,是阶段性的最高量,主力出逃的迹象非常明显,投资者只能趁早出局了。

如图 1-34 所示,深信泰丰 2010 年 11 月 16 日高开低走,股价大幅下挫,收出长阴线,把前日小阳线全部包裹,形成穿头破脚的组合图形。这样的组合图形显然是空头占据绝对优势,投资者只能选择止损出局。事实上从此股前几日的走势中已经可以看出多空的分歧——上下影线都较长,多空形成暂时平衡的拉锯战。而这个穿头破脚的图形宣告了多空已决出胜负,空头一举把多头击溃,后市进入下跌趋势几乎没什么疑问了。从股价的整体位置看,该股这一波段的涨幅也相当可观,主力有理由出逃。

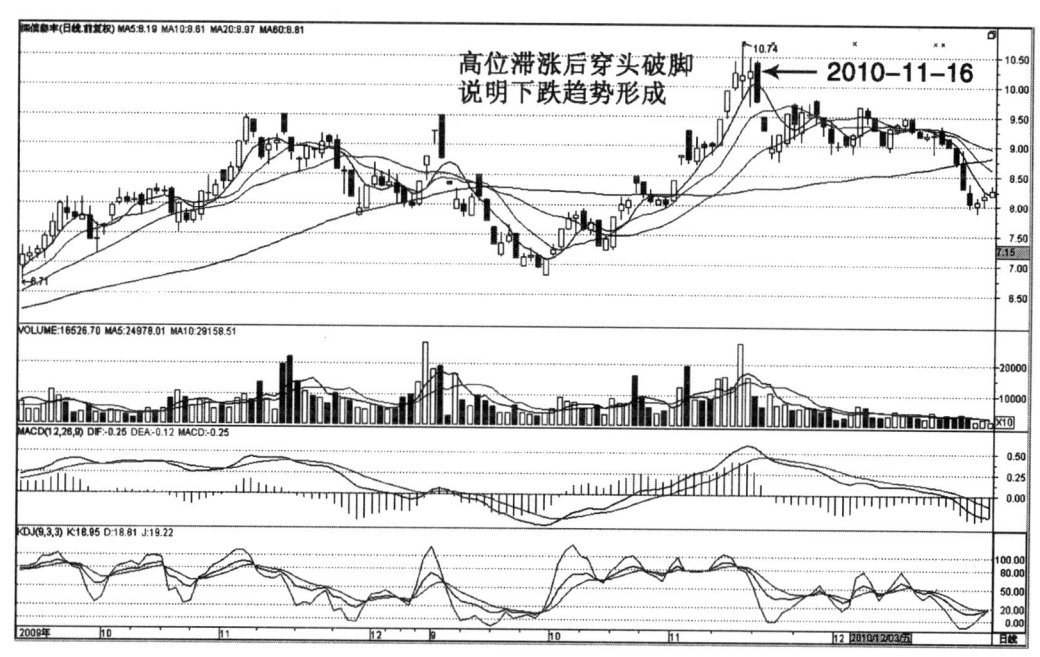

图 1-34　深信泰丰　000034

如图1-35所示，ST国药2011年4月21日高开低走，收盘价明显低于前日阴线的收盘价，两根K线构成穿头破脚的形态。这种两根阴线穿头破脚的组合比较少见，但也是空头明显优势的组合。前日阴线已经是疲软的表现，次日高开低走，多头的反击被无情地扼杀，股价最后大幅下探，足见空头十分强悍。既然空头明显优势，短线投资者就需及时卖出休息了。

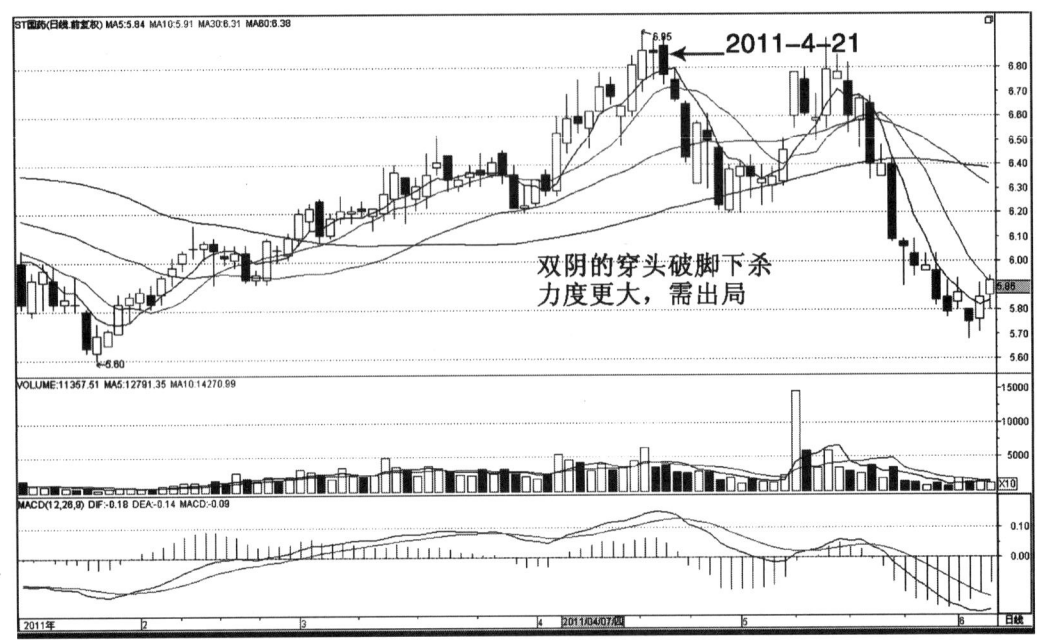

图1-35　ST国药　600421

从整体看，该股虽然绝对涨幅不大，但阶段性涨幅不小，有调整的需要，而这个穿头破脚也正是空头发动攻击的信号，我们最后暂时先回避一下。

八、镊顶

卖出信号

镊顶是一种比较有效的卖出信号，不过要求比较严格。镊顶指什么呢？镊顶指两根 K 线的最高价几乎相同，相差最多不超过 0.03 元。两根 K 线可以是紧邻的，也可以是相隔了几根，但不能相距太远。这种现象说明什么呢？我们可以先思考一个问题，那就是谁能把价格控制得那么严密？自然是主力，只有主力才能把两天的价格控制在一样的价位上。你不要说那是巧合，巧合是有，但毕竟是少数。

镊顶也需要分阴阳。镊顶成为顶部通常是前阳后阴或前阴后阴，如果是前阴后阳则市场含义是相反的。前阳后阴和前阴后阴的镊顶通常是阶段性顶部。这说明后面这根 K 线的走势很关键。前阳后阴的镊顶说明什么呢？前日阳线上涨，但次日平开低走，走势完全逆转，而且最高价控制在相同的价格上，我们有理由相信这是主力在做顶，至少是主力不想让股价突破这个价位，那么后市就此回落的可能性极大。前阴后阴的镊顶走势更为疲软，说明两次冲击都失败，这个价位成为难以逾越的障碍，后市回落的可能性就更大。

当然镊顶也不能离开整体背景来研判，否则就是教条主义了。股价整体涨幅已经比较大的情况下，镊顶成为阶段性顶部的可能性自然更大，如果是刚启动初期，则很可能是主力的洗盘行为，我们要分别对待。

如图 1-36 所示，ST 东海 A 2011 年 4 月 22 日收出中阳线涨停，次日平开，最后跌停，这两根 K 线形成一个标准的镊顶组合。镊顶表明在这个价位有共同的压力，难以逾越。从这个镊顶本身看也是强烈的做空形态，因为第二根 K 线跌幅巨大，把前日的涨幅全部消灭，空头已显露足够的强势。通常股价下探到前日阳线实体的一半处就能体现出走势的疲软，更不用说全部吞没了。

ST 东海 A 从股价的整体位置看，该股短线经过了大幅且快速的拉升，主力有出货的冲动，而这个镊顶则能体现出主力出逃后的崩溃状态，投资者只能跟随出局。

如图 1-37 所示，深圳华强 2010 年 9 月 15 日收出一根带有非常长的下影线的 K 线，当日收涨 2 个点，是一根伪阴线。次日该股低开，盘中股价冲高，到达前日最高价处受阻下挫，最后收出大阴线。两根 K 线最高价相同，典型的镊顶组合。这个镊顶显然是空头强势，阴阴组合本

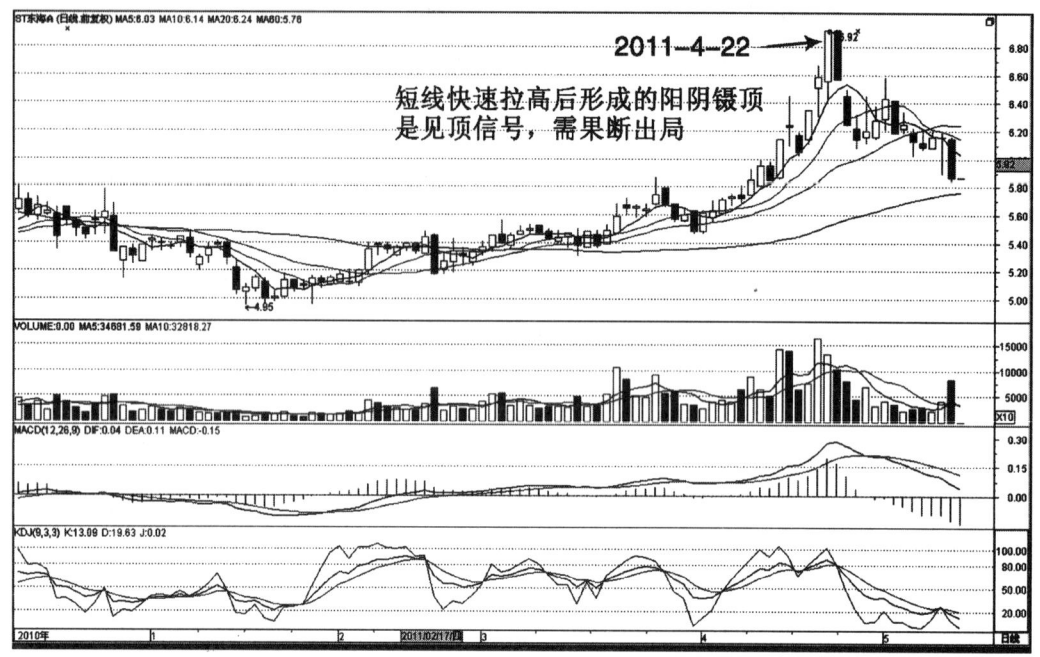

图 1-36　ST 东海 A　000613

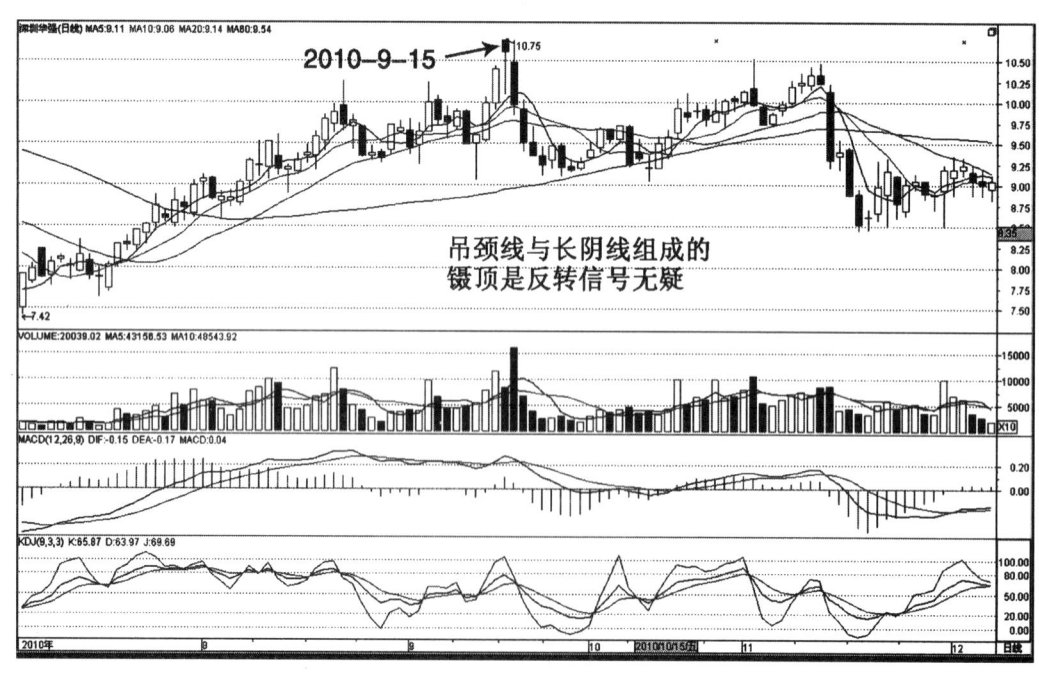

图 1-37　深圳华强　000062

身就是空头占优，第二根阴线更是跌幅巨大的大阴线，因此反转态势比较明显，我们只能趁早出局了。从整体位置看，股价的涨幅不小，主力有出逃的理由。另外这个镊顶加上前面的阳线是一个黄昏之星的组合，反转非常明确。再有一点就是成交量大幅放大，主力出逃态势非常明确，反转几乎毫无疑问了。

如图1-38所示，飞亚达A 2010年11月24日收出大阳线，最高价19.47元，次日股价小幅下挫，最高价19.46元，两天的最高价相差0.01元，可以称得上镊顶。这个镊顶的做空力度不是很足，因为阴线没有下探到前日阳线的实体内部一半的位置。这说明多头的抵抗还是比较强烈，走势还没被完全破坏，投资者可以暂时持股，等待后市变化。该股此后走出一个三重顶后才破位下跌，这也反过来说明前面这个镊顶的做空力度有限，走势比较纠结。

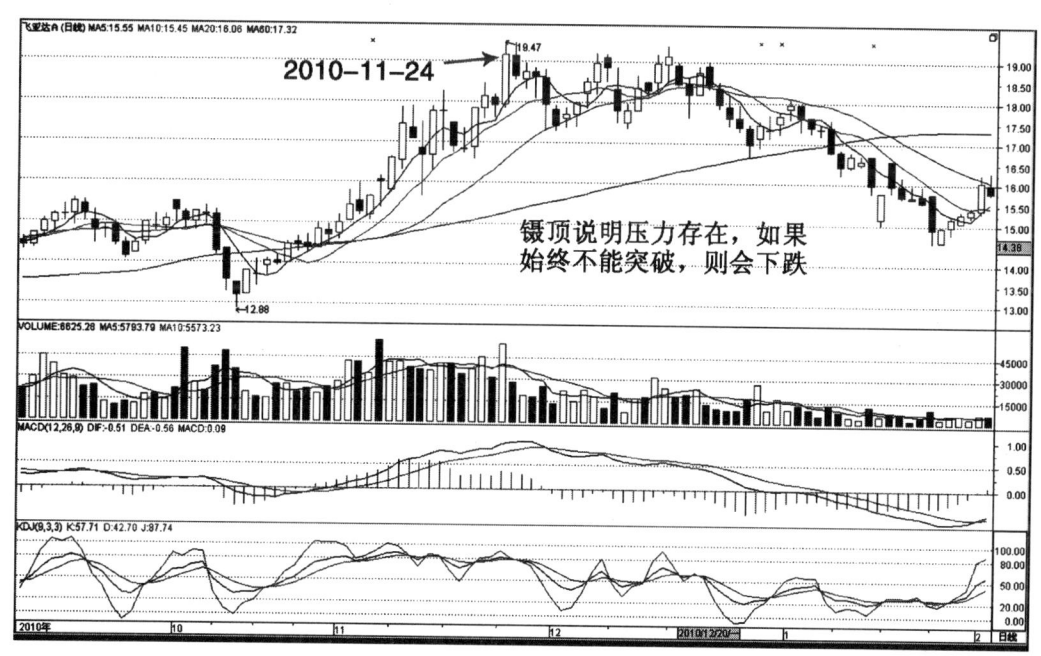

图1-38 飞亚达A 000026

本例从股价的整体位置来看，该股短线涨幅不小，主力有做空的资本，不过是否已经变成空头走势在镊顶处并未得到确认。

如图1-39所示，高乐股份2011年3月11日收出带有非常长的上影线的小阳线，次日继续收出小阳线，第三日收出阴十字星，最高价几乎和3月11日的小阳线相同。这也是镊顶的一种，说明什么呢？说明此处有较大的压力，股价冲击到此处就受阻回落，空头的阻击态势明显。虽然该股的股价整体涨幅不大，但我们仍要小心短线股价回调。另外该股虽然站于60日平均线之上，但该平均线仍呈明显的下行趋势，对股价有向下的牵引力，因此我们可以判断短线有调整的风险，而这个镊顶则更加强了我们对调整的判断。短线玩家可以暂时出局，股价回到镊顶的最高价之上时我们可以再买回。

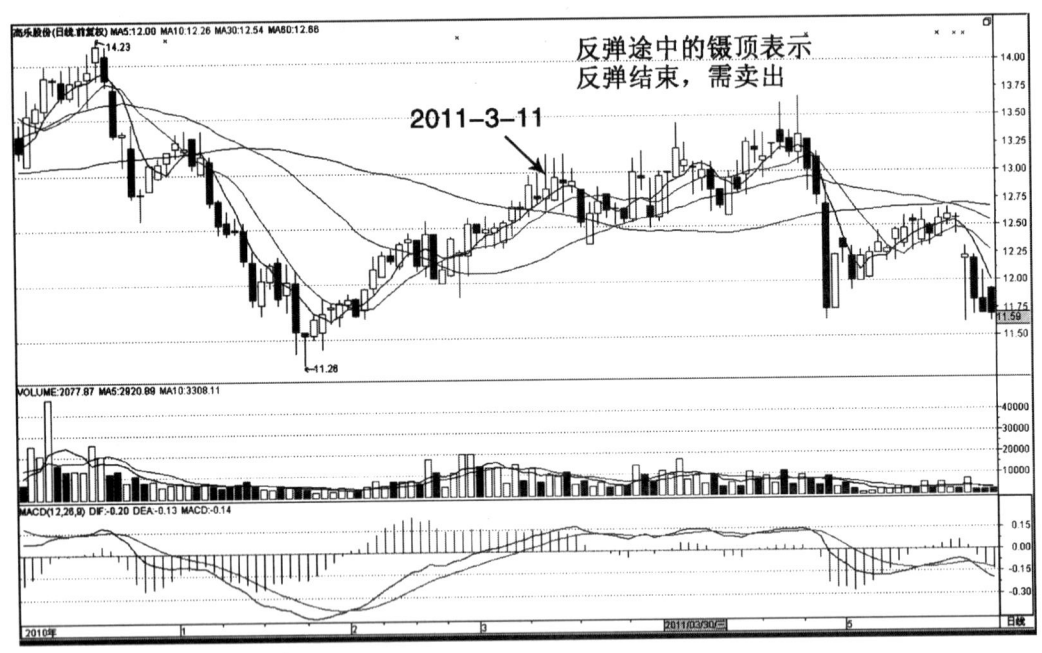

图1-39　高乐股份　002348

九、孕线

◎ 卖出信号

孕线有很多种，有阳孕阴、阴孕阳、阳孕阳、阴孕阴等，作为卖出信号的通常是阳孕阴或者阳孕阳。阴孕阴更加弱势，做空态势尤其明显，只是比较少见。从这两种孕线本身看就有多头无力的趋势：前日中大阳线涨势猛烈，次日却低开，也没能再有所表现，这难免为后市走势带来不利影响。

不过孕线也不能一概而论，特别是作为买卖信号的时候，必须结合股价的整体位置来研判。如果在明显的高位，阳孕阴或者阳孕阳见顶的可能性就很大，特别是这个组合伴随着成交量的异常放大的时候。遇到这类的孕线我们最好暂时出局，万一后市创出新高，我们再补回也不迟。

如图1-40所示，深桑达A 2010年11月24日涨停，走势看似非常强势，可是次日股价低开低走，形成阳孕阴的组合。阴线没有下探至前日阳线实体的一半以下，说明空头虽然已经开始出击，但力量还不是非常强大，无力更深打压股价。不过从股价的整体位置来，这个阳孕阴出现在前高附近，说明此处的做空动力依然很足，后市很可能再度就此见顶，因此我们在此位置看到阳孕阴的组合至少应该减仓。

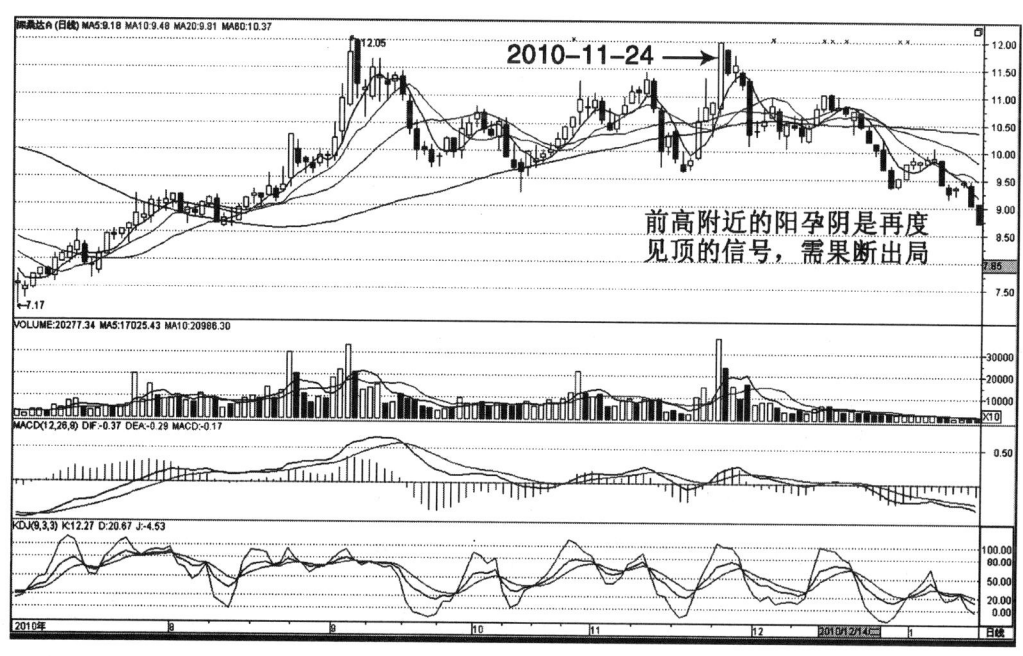

图1-40　深桑达A　000032

如图1-41所示，中瑞思创2011年3月11日收出大阳线，股价突破前高，看似一切都向多头有利的方向发展。不过次日风云突变，股价低开低走，大幅下探，已达前日阳线实体的三分之二以下，形成一个阳孕阴的组合，空头已经显现非常强势的态势，投资者应该及时出局。从股价的整体位置看，刚突破前高就快速回落，假突破已经非常明确。这种假突破的诱多陷阱通常非常凶险，投资者更应该果断出局。另外从成交量的角度看，这个阳孕阴的组合出现前后成交量急剧放大，证明多空分歧非常大，这也为后市的反转埋下了伏笔。该股后市跌幅巨大，是上述综合不利因素的集中体现。

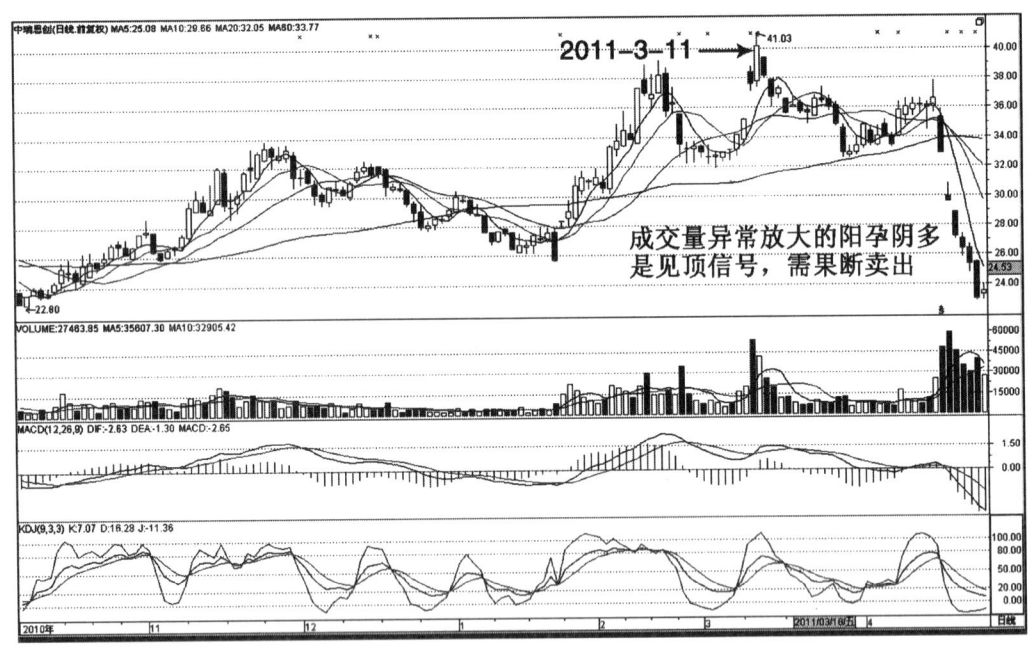

图1-41　中瑞思创　300078

如图1-42所示，大唐电信2010年11月8日收出长阳线，涨势喜人。不过次日涨势即停顿，收出低开的十字星，与前日阳线构成阳孕阳的组合图形。这是升势停顿的表现。由于第二根小阳线依然处于前日长阳线的上方，因此短线看多头还是占据优势。只是该股短期的涨幅不小，我们要小心随时会有调整。接着该股跳空下行，调整态势明确，短线投资者可以卖出休息了。

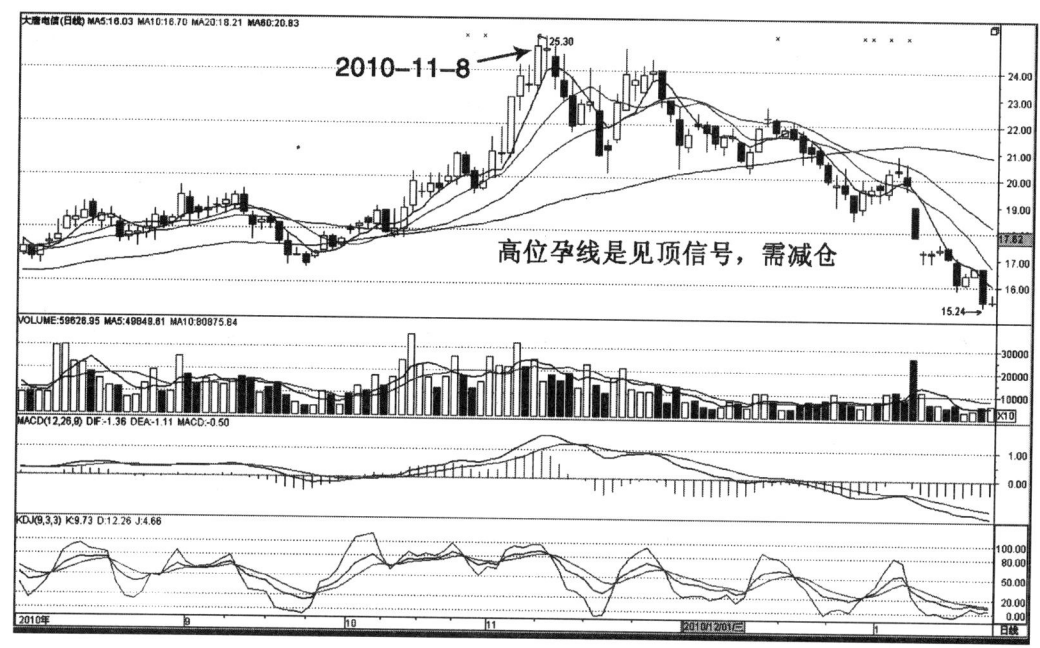

图 1-42　大唐电信　600198

对于短线快速拉升过的股票，出现孕线就是一个不祥之兆，空头现身迹象明显，我们要密切关注后市表现。稳健的投资者应该在孕线出现的时候逢高减仓，锁定利润。

如图 1-43 所示，智云股份 2011 年 3 月 15 日低开低走，在前日阴线内收盘，两根 K 线形成阳孕阴的组合图形。对于这个图形的研判，我想大部分人都很清楚。从这个组合本身看，第二根阴线差点跌破前日阳线的开盘价，空头占据明显优势，多头几乎举手投降了。从股价运行的整体态势看更加恶劣，平均线系统呈明显的空头排列，大趋势显然是向下的。在如此背景下，阳孕阴只能是反弹夭折的表现，需当机立断止损出局。该股后市绵绵下跌，走势非常"杯具"。

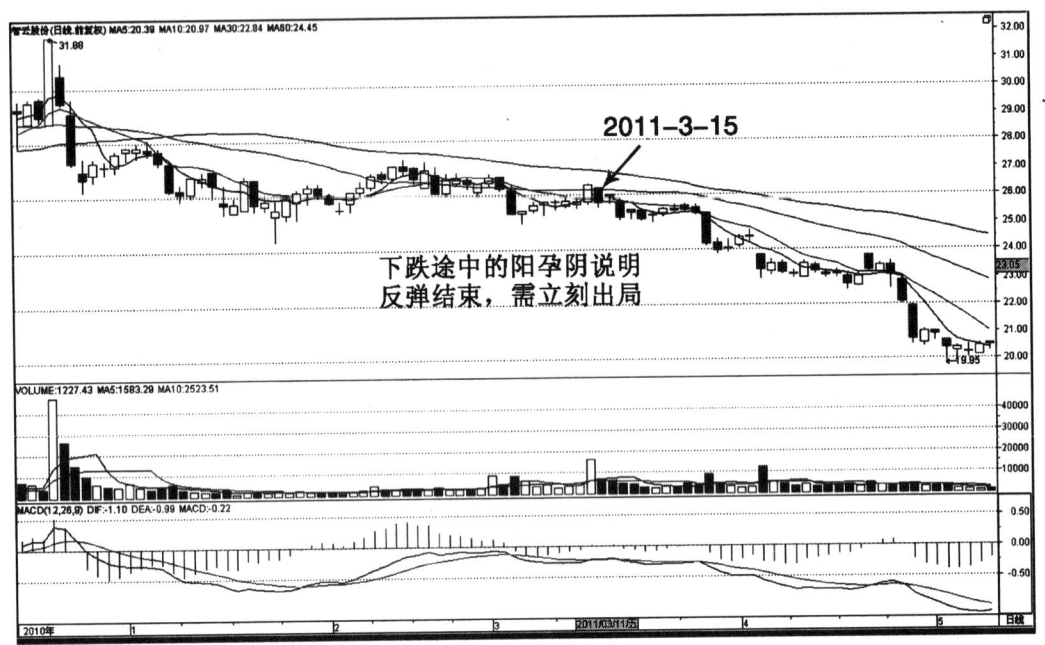

图 1-43　智云股份　300097

十、黄昏之星

◯ 卖出信号

黄昏之星在香港和台湾地区多叫做夜星，指在上升趋势中，某一日出现一根长阳实体，显示出继续上涨的趋势；次日出现一根向上跳空高开的星线，与前一天的阳线之间留下一个缺口；第三日出现一根长阴实体，卖盘强劲，一举把多头击溃。黄昏之星通常是较准确的转势信号，也是卖出的好时机。如果黄昏之星发生在股价的高位，形成反转的可能性就更大。上升途中也可能出现黄昏之星的洗盘动作，如果后市续跌动能不大，可继续持股待涨。

如图 1-44 所示，中国服装 2011 年 2 月 16 日大涨收出中阳线，延续了近期的强势走势。次日股价惯性高开，然后大幅攀升，不过盘中走势风云突变，股价急剧下挫，最终小幅收涨，形成一根星线。第三天则让人大跌眼镜，股价一字跌停，让前面的追涨者无一例外套牢。从K线形态看，三根K线组合成一个黄昏之星的图形，是典型的反转形态。这个反转以跌停肇始，后市继续下跌已经没有多少悬念了，投资者只能排队割肉了。

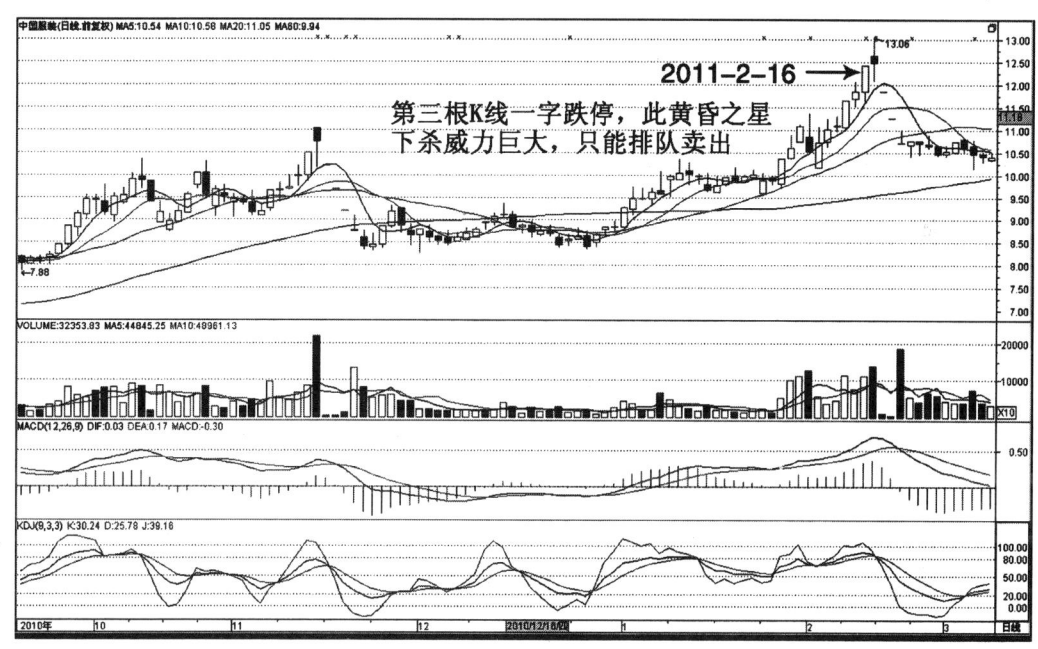

图1-44　中国服装　000902

本例中国服装的这个黄昏之星出现在股价前期涨幅较大的情况下，主力出逃极有可能。以跌停方式反转，空头已经是全面掌控局势，后市焉有不续跌的理由！

如图1-45所示，东北电气2011年1月7日在前日涨停的基础上大幅高开，盘中股价也大幅冲高，不过最后只是收出一根小的阴十字星。跳空缺口还在，不过已经很悲观了，因为当日成交量巨幅放大，如果不是换庄的话，那只能是主力疯狂出逃。第三天的走势则印证了主力已经成功出逃，当日大幅低开，收出光头光脚的长阴线，空头如入无人之境。三天形成一个黄昏之星的反转形态，后市极度悲观，投资者只能逢高割肉出局，没什么值得幻想的。

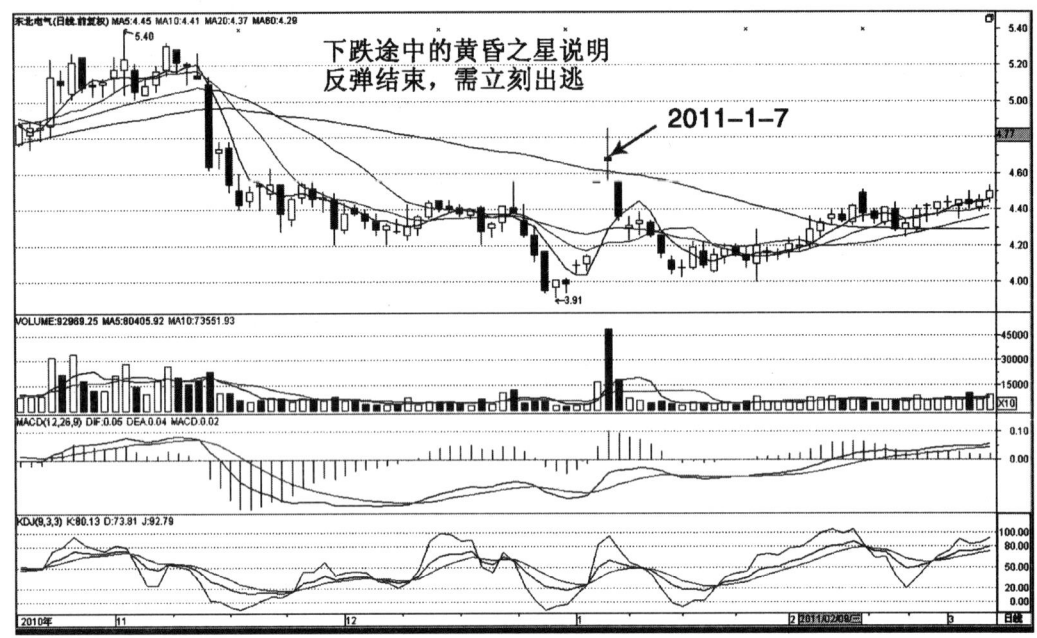

图1-45　东北电气　000585

从股价的整体走势看，东北电气的这个黄昏之星是反弹终结的信号毫无疑问。虽然这波反弹非常凶悍，但缺乏实际的支撑，60日平均线呈现明显的下行趋势，虽然股价一度突破了该平均线，但仍难免受其牵引而回落，另外量能异常放大，不是建仓的形态，所以我们只能逢高出局了。

如图1-46所示，深圳华强2010年9月14日以中阳线突破前面的横盘区间，且量能稳健放大，我相信大部分投资者都愿意追涨。次日股价也如愿大幅高开，不过盘中的走势估计会吓倒一大片投资者——股价大幅下探，最后收出一根阴的锤头线。更恶劣的是第三天股价低开低走，收出中阴线。三天走出一个黄昏之星的反转形态，正所谓"天有不测风云"。这个黄昏之星的下杀力度很大，因为第三天的收盘价已经低于第一天阳线的开盘价，也就是说多头的最后防线被轻松击溃了。下跌时量能急剧放大，显然是投资者落荒而逃，恐慌性杀跌。如此走势，后市自然悲观，短线投资者需要果断出局了。

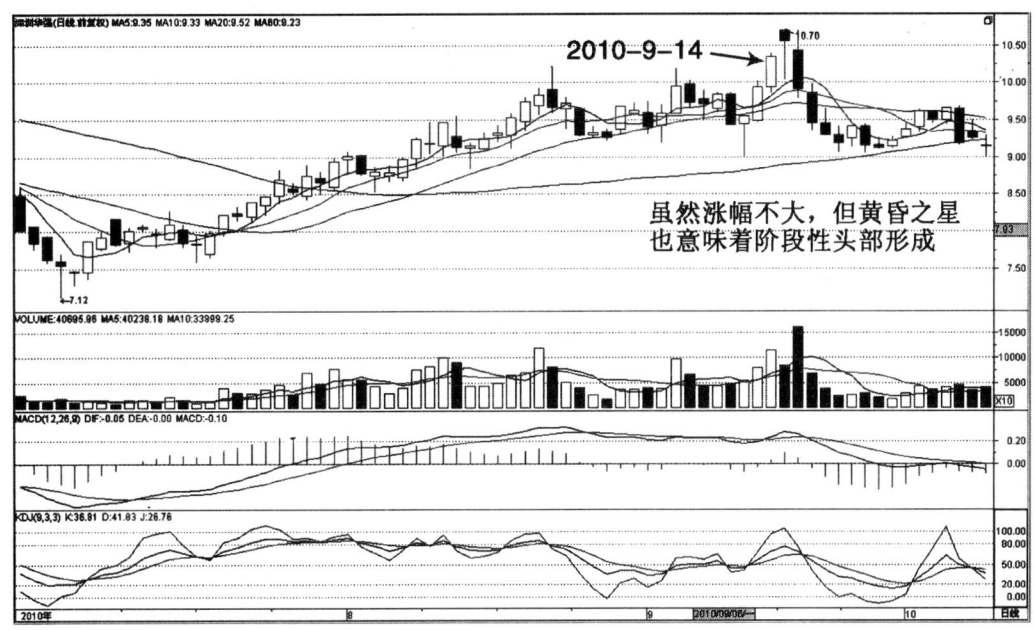

图1-46　深圳华强　000062

十一、双鸦

卖出信号

双鸦是黄昏之星的变形，其含义也类似。所谓双鸦就是：第一日股价以中大阳线上升；次日股价继续跳空高开，但当日收出伪阴线，跳空缺口仍在；第三日股价高开或者平开收出中大阴线，把缺口回补。双鸦与黄昏之星唯一的区别就是第三天没有跳空低开，杀跌的力道略差。双鸦也是典型的反转形态，特别是在股价的高位，形成反转走势的可能性极大。如果双鸦形成过程中成交量异常放大，则见顶的概率又提升了不少。不过在股价上升途中也偶尔有双鸦洗盘，我们要区别对待，一旦双鸦形成后不跌反涨，则需要及时回补。

如图1-47所示，鄂武商A 2010年10月8日大幅跳空高开，不过却收出一根小阴线，好在缺口还在，可以继续持股观望一下。次日股价继续高开，后续走势疲软，最后收出中阴线，股价重心大幅下移。两根阴线形成一个双鸦的图像，是黄昏之星的变形，也是一个反转形态。通常双鸦的下杀力度比黄昏之星略微差点，不过本例的下杀力度一点不弱，因为第二根阴线的下跌幅度比较大，且留有很长的下影线，成交量也成倍放大，主力出逃迹象明显。

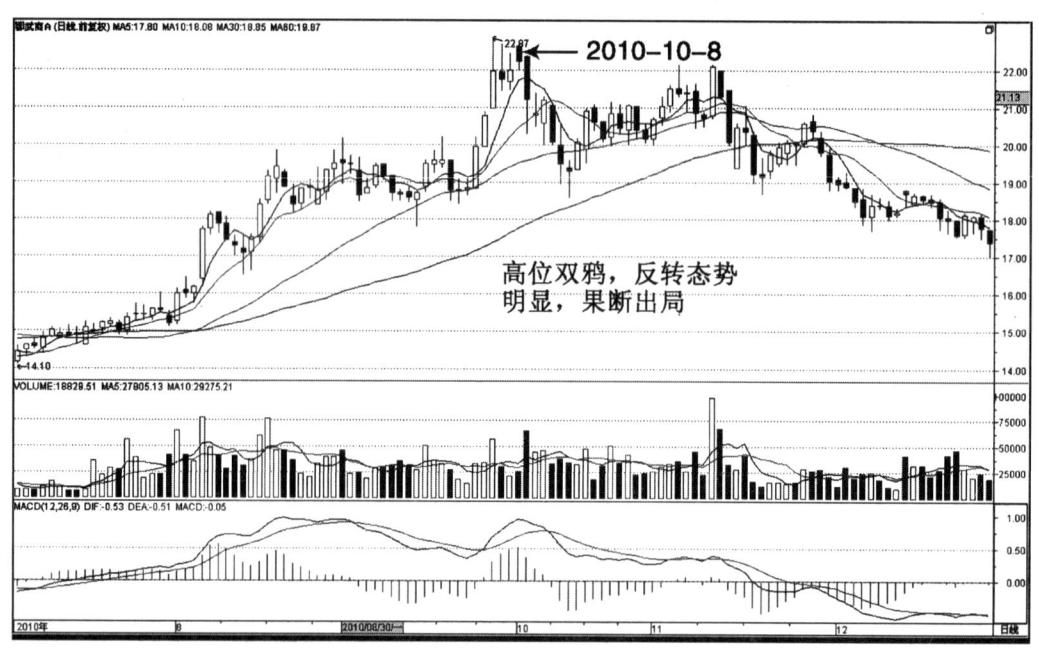

图1-47　鄂武商A　000501

从整体看，该股整体涨幅巨大，随时有反转的可能，加之短线快速拉升过，且有上攻乏力的表现（连续多根上影线）。综合研判之下，这个顶部形成的几率太大了，出逃是明智的选择。

如图1-48所示，沈阳化工2010年11月8日跳空高开，但当日走势疲软，最后收出一根小阴线，跳空缺口没有完全回补，多头还略占优势。次日股价继续高开，随后却大幅下挫，收盘价已经回到前面阳线的实体中间，空头显然开始占据上风了。这两根阴线组合是一个双鸦的图形，股价发出可能转势的信号。

本例该股的双鸦出现在高位盘整区，反转的可能性大增，特别是前面的一根超长上影线具有很强的压力，除非股价创出新高，否则我们一

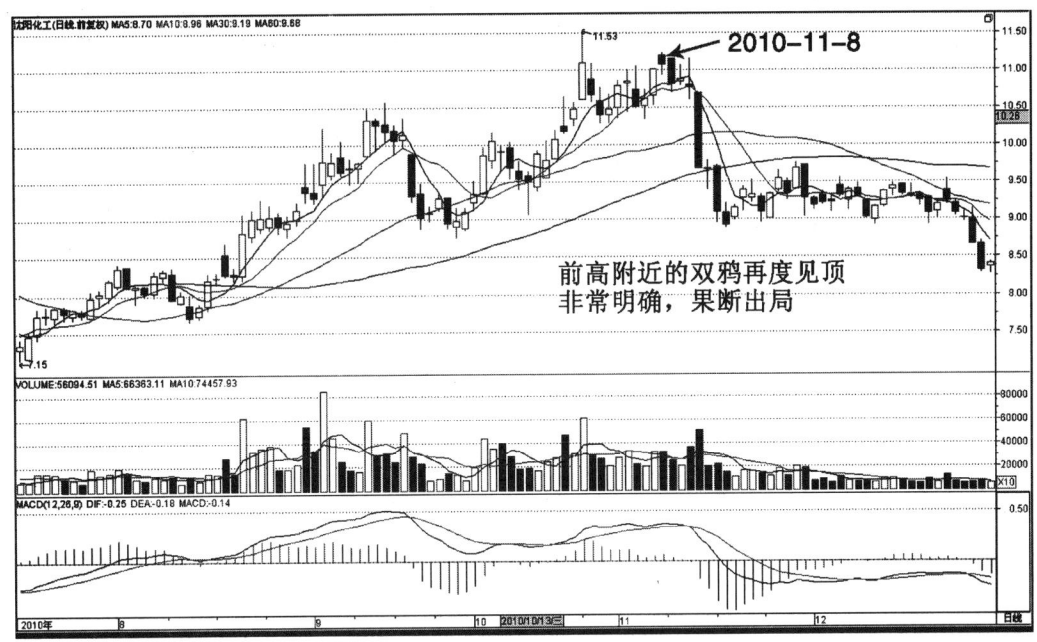

图 1-48 沈阳化工 000698

般是无勇气做多的。这个双鸦不是顶部，但却是顶部确认的信号，投资者若在此时离场也是不错的选择，至少避免了深度套牢。

如图 1-49 所示，承德露露 2010 年 10 月 8 日跳空高开后并没有走强，最后收出一根小阴线（伪阴线）。次日股价平开后大幅走低，最后收出大阴线。这两根阴线形成一个典型的双鸦图形，反转态势明确形成。这个双鸦图形下杀的力度很大，因为第二根阴线向下攻击的力度太大，不仅把更前一日的中阳线吞没，还往下杀出很多，多头几乎毫无抵抗，同时成交量成倍放大，主力出逃以及引发的恐慌盘蜂拥而出，导致了股价飞流直下。如此走势自然可以判断阶段性顶部成立，投资者应该果断卖出了。

从股价的整体位置看，该股前期的涨幅也已经非常大，近期更有加速上行的表现，如此一来主力随时都有可能出逃，股价反转只是时间问题，而这个双鸦则确认了反转的形成。

如图 1-50 所示，航天科技 2010 年 11 月 5 日大幅高开，但冲高回落，最后收出小阴线，当日仍有近 6 点的涨幅，多头仍处于明显的优势。但是当日的成交量巨幅放大，这是一个危险的征兆，主力出逃比较明

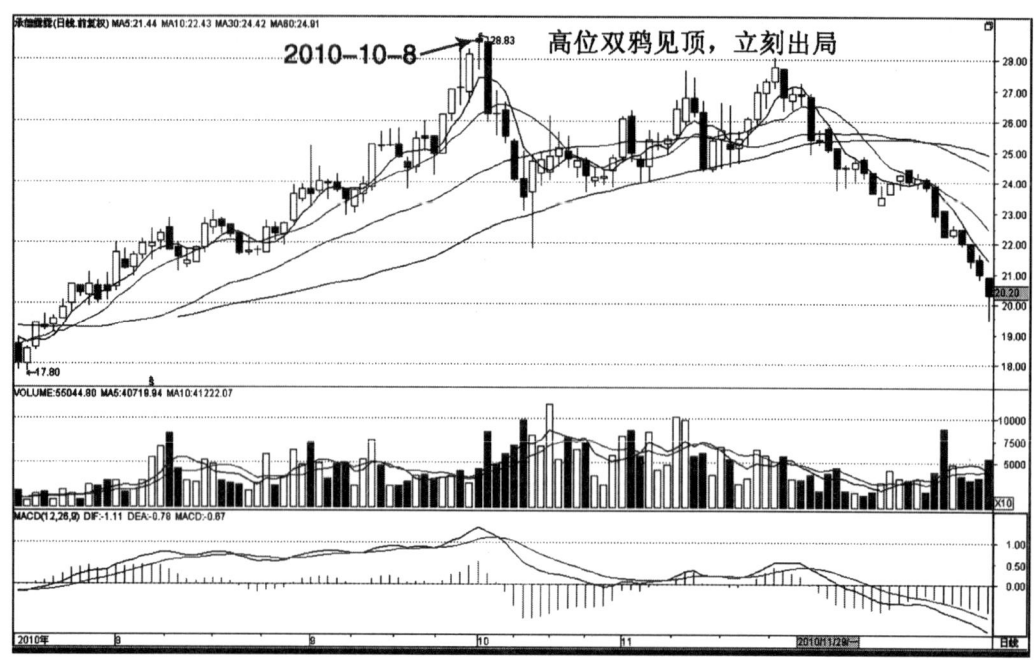

图1-49　承德露露　000848

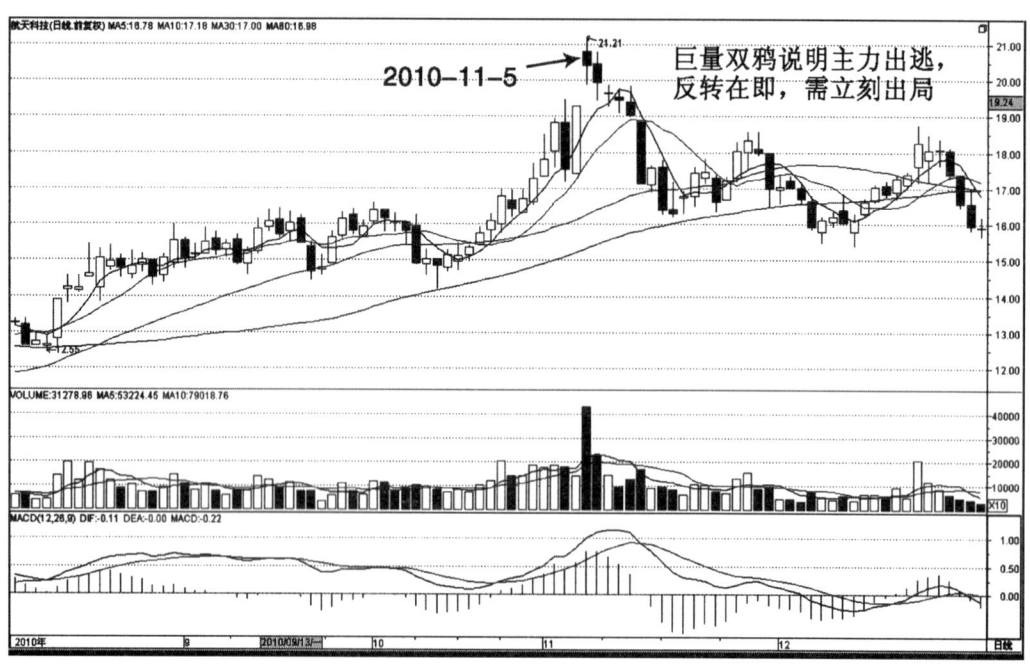

图1-50　航天科技　000901

显，我们可以减仓应对。次日股价略微高开后再度走低，收出一根阴线，与前日阴线形成双鸦的组合图形。双鸦通常意味着空头出击，投资者应该小心应对，特别是股价高高在上的时候。本例该股的双鸦下杀的力度不够，缺口还明显存在，因此我们可以持仓继续观察。可惜本例该股此后继续走低，缺口回补，下行趋势形成，我们只能清仓出局了。

如图1-51所示，冀中能源2011年4月8日收出跳空高开的小阴线，缺口没有回补，同时成交量也没有异常变化，通常我们可以继续持股。次日股价高开低走，大幅下探，最后的收盘价已经深入到前面的阳线中部，说明空头下杀的力度较大，走势已经基本逆转，投资者可以卖出了。从股价的整体位置看，该股前期的整体涨幅比较大，主力有随时出逃的冲动。本例该股的双鸦有个比较能迷惑人的地方，那就是成交量一直非常平稳，但我们要明白，主力没走并不代表股价不会跌，只不过有主力在里面后市回升的底气就足一点。该股后市大幅回调后创出新高与主力没跑掉有关，只是对于短线投资者来说，这种大幅度的回调是承受不起的，因此双鸦形成的时候至少要减仓，当平均线系统呈现空头排列的时候则需坚决止损。

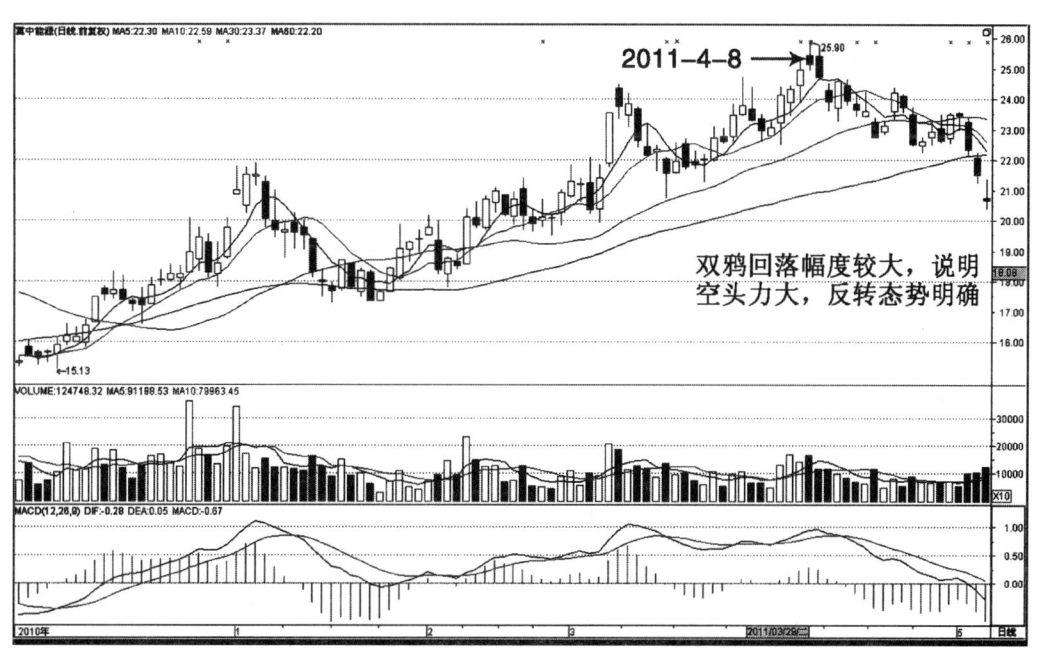

图1-51　冀中能源　000937

第二节 K线技术形态卖点

一、双头

> **卖出信号**

双头又叫M头，或者双重顶等，形成过程大致如下：股价经过大幅上升后主力开始出货，在形成第一个高点后，股价回落，但幅度不大，然后再度被主力拉高，进行第二次出货，不过这次的高点没有达到前期的高度就回落，形成第二个高点，此后股价继续下挫，跌破颈线，至此双头正式确立。

过回调的低点作水平直线，就得到一条非常重要的参考线——颈线。颈线具有较强的支撑作用。一个真正的双重顶反转突破形态的出现，除了要有两个相近高度的高点以外，还应该向下突破颈线支撑。没有跌破颈线的形态不能称其为双头。

双头既然是头部，卖出就是必然的事。最好的卖点是在股价不能超越第一个高点的时候，此时双头的雏形已经形成，我们可以先行减仓。标准的卖点是跌破颈线的时候，这时候双头正式成立了，我们已经没理由不离场。最差的卖点是跌破颈线后反弹到颈线位而不能再进一步的时候，这说明跌破颈线有效，此处形成了重要的压力位。不过跌破颈线后的反弹也不一定会发生，因此不算一个有效的操作方法。

跌破颈线的力度和成交量值得我们关注。如果以中大阴线的形式跌破颈线，且成交量明显放大，说明做空的动能很足，可能跌幅会较预期大。

借助双头形态的测算功能，可知后市下跌的深度，即从突破点算起，股价将至少跌到与形态高度相等的距离。如果在能做空的市场，我们可以据此设置好第一目标位。

如图1-52所示，晨鸣纸业2010年11月12日收出一根大阴线，十分吓人，短线投资者可能都已经在盘中落荒而逃了。对于中长线投资者来说这也是出局的时候了，因为这时候股价走势的双头形态已经正式形成了，这意味着中长期的顶部宣告形成，后市下跌没有多少悬念。在此之前，股价两次高点接近，说明此处的压力较大，不过还不能说股价走势已经变坏，后市仍有可能向上突破。11月12日股价选择了向下突破，后市下跌趋势就此开始，投资者只能忍痛割爱了。双头的形成以股价跌破颈线为标准，下跌的幅度至少是双头的高度，因此为了避免更大损失，需在第一时间出逃。

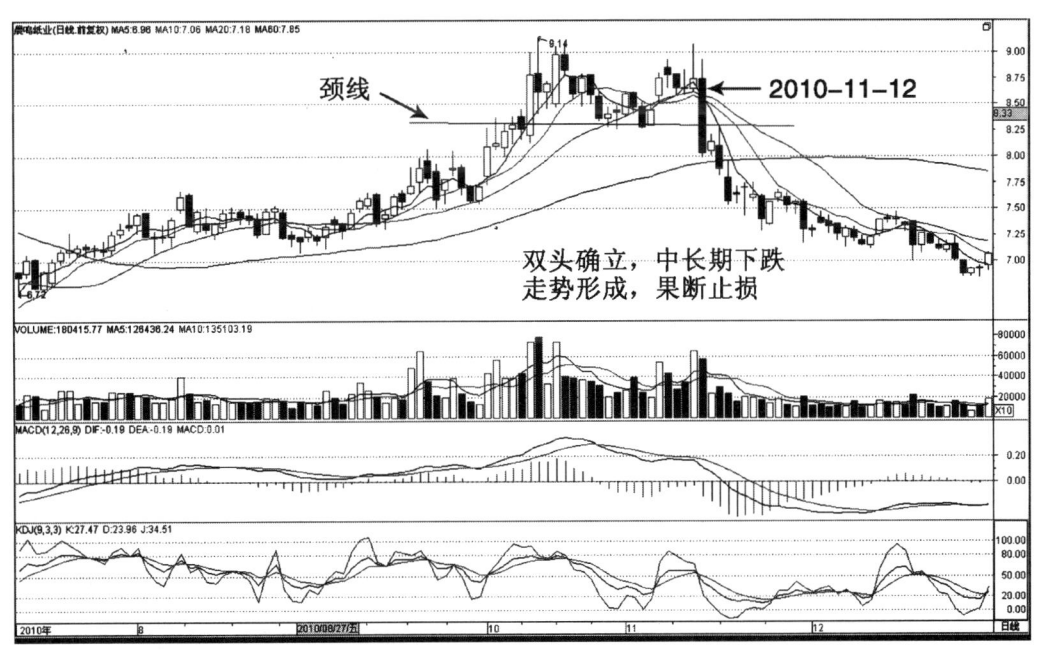

图1-52　晨鸣纸业　000488

如图1-53所示，中成股份2010年10月15日跳空下跌，一眼望去就知道双头形态形成。这当然是一个毫无疑问的卖点，因为这意味着中长期的顶部形成了，后市将进入下跌通道，为了减少损失，投资者只能趁早离场。10月15日并不是一个好的卖点，更好的卖点在前一天。在股价形成第二个高点的过程中会形成一个短期上升趋势线，后市股价一旦跌破该上升趋势线就形成了第一卖点。第一卖点出现时双头还没有正式形成，我们可能会给自己一次侥幸的机会，但当股价跌破颈线的时候，双头形成，第二卖点确立，此时只能清仓出局了。

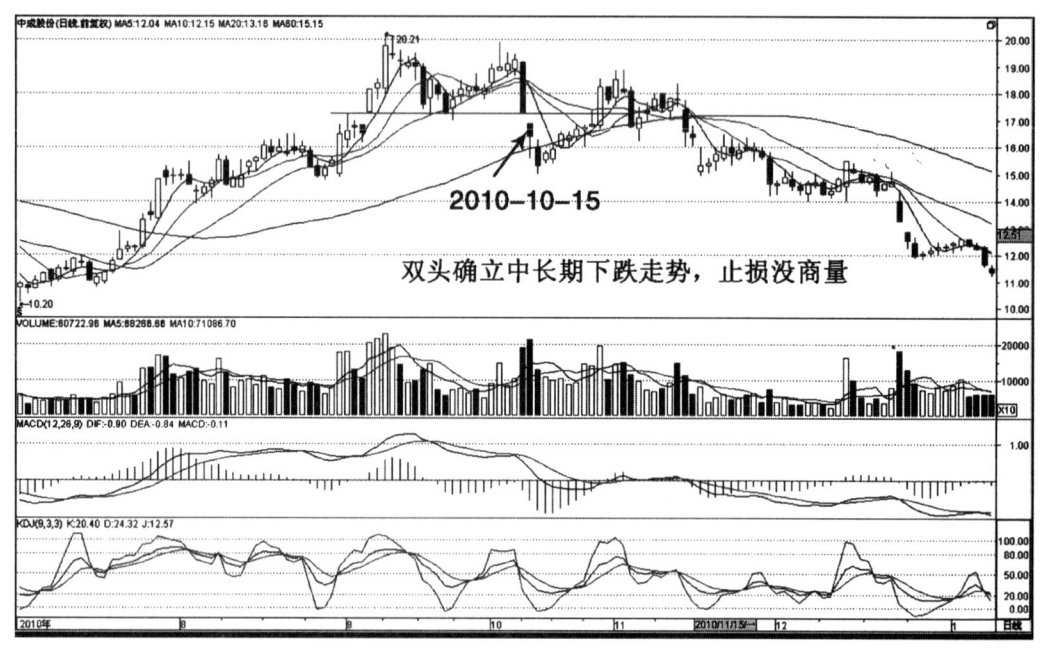

图1-53 中成股份 000151

不过本例该股后市有一波反弹，甚至回到了颈线之上，此后才逐浪下跌，进入熊市状态。即便如此，双头形成后卖出不能说是操作错误，因为股价走势不是标准运动，不能拿所谓的形态去硬套，对于技术分析者来说，应该做的就是按技术标准止损或者止盈，避免更大损失。

如图1-54所示，深赛格2010年11月12日跟随大盘暴跌，股价跌穿此前的低点连线，至此我们可以清楚地看到一个双头已经形成，投资者只能忍痛割肉了。这个双头不像我们印象中的双头般标准，但两个高点接近，基本可以划入双头形态。本例的特殊之处在于，双头的颈线也是前面一个较长时间横盘区域的低点，通常这个位置有非常牢固的支撑，但是反过来说，一旦跌破，则后市可能比一般的双头跌破更凶险。这就是能量互换的原理，我们要有足够的警惕。

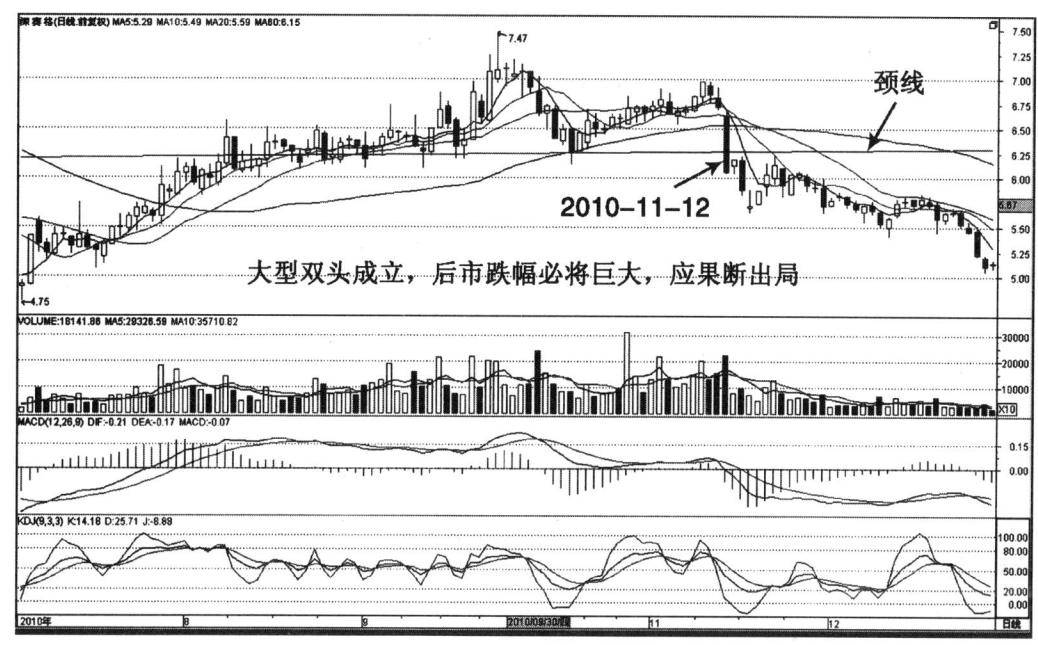

图 1-54　深赛格　000058

二、三重顶

◎ 卖出信号

三重顶比双头多一个高点，其他都跟双头类似。跌破颈线是三重顶正式成立的标志，此时必须止损出局。跌破颈线是标准卖点，但这时候卖往往已经跌幅较大。最好的卖点是在股价反复拉高却又不能创出新高的时候，这说明这个位置的压力比较大，有可能形成阶段性的顶部，此时我们可以先行减仓，一旦股价跌破颈线则彻底清仓。在头部形成过程中，如果异常放量也需要先行出局，不必等到跌破颈线了。

三重顶也需要根据股价的整体位置来研判。如果股价整体涨幅不大，也没有快速拉升过，则三重顶可能是主力的洗盘行为，甚至是假的三重顶。假的三重顶就是在跌破颈线后快速拉回，这时候我们如果意识到操作错误，可以及时补回。

如图1-55所示，国际实业在快速拉高后进入高位震荡。这时候比较难判断后市走势，横盘整理后向上向下的可能都有。该股在相对高位反复震荡，形成三个明显的高点，但这并不能代表就是一个三重顶。三重顶成立的条件是股价跌破颈线，因此在没有跌破之前只能当一个箱体看待。不过本例该股在高位震荡的走势有趋坏的一面，因为这三个高点一个比一个低，成交量明显萎缩，可见做多的动能越来越弱。2010年11月12日，该股以长阴线跌穿颈线，三重顶正式成立，投资者必须止损出局了。从MACD指标看，这时的指标两线也由黏合开始向下发散，走势显然已经变坏，投资者除了止损出局没有别的选择了。

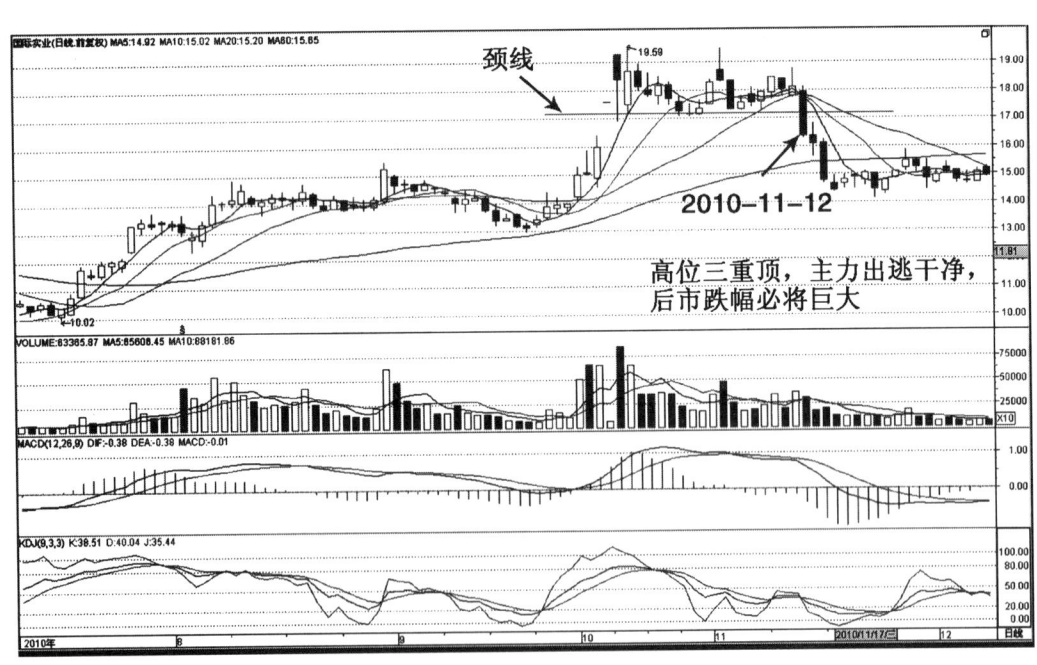

图1-55　国际实业　000159

如图1-56所示，中金岭南2010年11月16日跳空下跌，最后收出一根长阴线，股价跌破此前整理的低点。此时我们可以清晰地看到一个三重顶形成了。三重顶形成的过程比较长，经过较长时间的震荡整理，主力该逃跑的都已经逃得一干二净，后市下跌的动能也自然非常充足，因此一旦三重顶形成，无论如何我们都得止损出局。

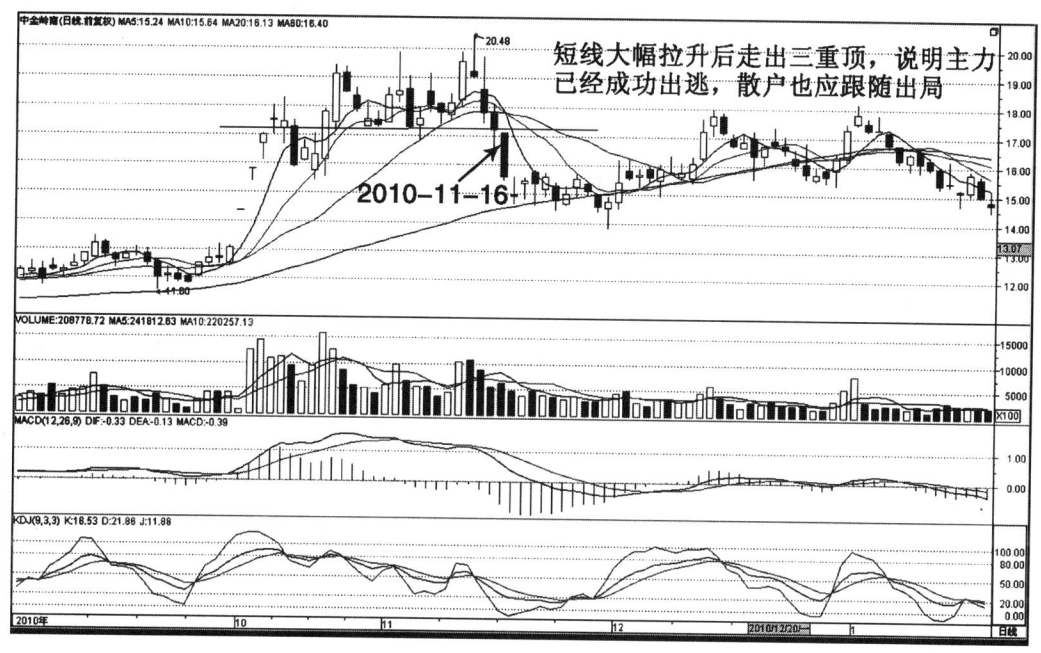

图1-56　中金岭南　000060

本例中金岭南的三重顶出现在股价短线快速拉高之后，短期积累了大量的获利盘，对后市股价的反转形成巨大压力。另外这个三重顶并不规则，具有很大的欺骗性——第三个顶的最高价远比前两个为高，诱使很多投资者误认为是新的拉升开始，结果被套在最高处站岗。

如图1-57所示，民和股份前期逐浪上升，整体涨幅较大，然后进入高位震荡期，这时候我们应该能意识到该股在筑顶。2010年12月27日该股以中阴线跌破颈线，三重顶正式成立，反转态势就此确立，后市进入下行趋势已经毫无疑问了。对于短线投资者来说，这个卖点不算是一个很好的卖点，与高点相距太远。结合其他情况来看，其实本例该股在高位的高点越来越低，冲高时成交量明显萎缩，做多乏力，指标也明显下行，基本可以逢高卖出了。

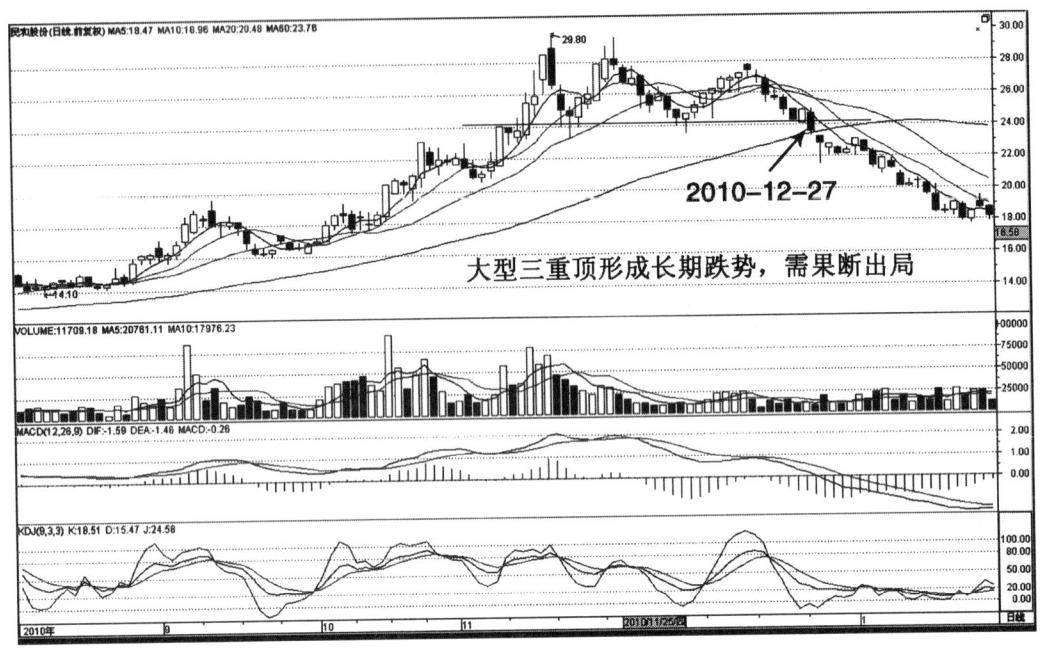

图1-57 民和股份 002234

三、头肩顶

卖出信号

头肩顶是指在一个上升趋势的顶部出现三个连续峰顶的形态，其中中间的峰顶较高，称为头肩顶的头，其他两个峰顶比中间的峰顶低一些，称为头肩顶的左肩和右肩，头与左肩之间的谷底和头与右肩之间的谷底连成的直线称为头肩顶的颈线。一般来说，股价跌破颈线代表头肩顶正式成立，投资者必须止损出局。

头肩顶形成后向下的杀伤力通常比较大，投资者应及时回避。但是具体的卖点还是比较难把握，可能会出现众多的卖点，投资者可以根据个人的风险喜欢决策。头肩顶的头部形成的时候虽然创出新高，但可能量能还没左肩位置的大，这是量价背离的表现，说明追涨的意愿不足，我们可以先行减仓；如果爆出巨量则显然是主力疯狂出货，可以大部分减仓，留一小部分观望即可。这是一个卖点。另一个卖点应该是右肩的高点，这个高点难以逾越前面的头部高点，甚至难以逾越左肩的高点，此时基本可以出局了。标准的卖点应该是跌破颈线的时候，这时候的跌幅虽然已经有点大了，但此时不走可能会遭受巨大的损失。

头肩顶的理论跌幅至少是颈线到头部高点的距离，如果是放量跌破颈线的话，跌幅可能会更大。如果能做空的话，这是需要我们注意的。

头肩顶也不乏假形态，这需要我们根据股价的整体位置来研判。在股价上升途中也常见用头肩顶形态来洗盘的，我们要注意，别掉入诱空陷阱中。

如图1-58所示，汇川技术大幅拉高后在高位震荡，形成一个头肩顶模样，出现三个高点，左右两个高点比中间的高点略低。当然头肩顶正式形成需要股价跌破颈线，即形态的低点连线。2010年12月17日该股终于跌破颈线，此后几天的反弹也没有回到颈线之上，头肩顶正式形成。头肩顶的可靠性一般比较高，投资者必须止损出局。当然对于短线投资者来说这个卖点并不合适，因为等股价跌到突破颈线的时候跌幅已

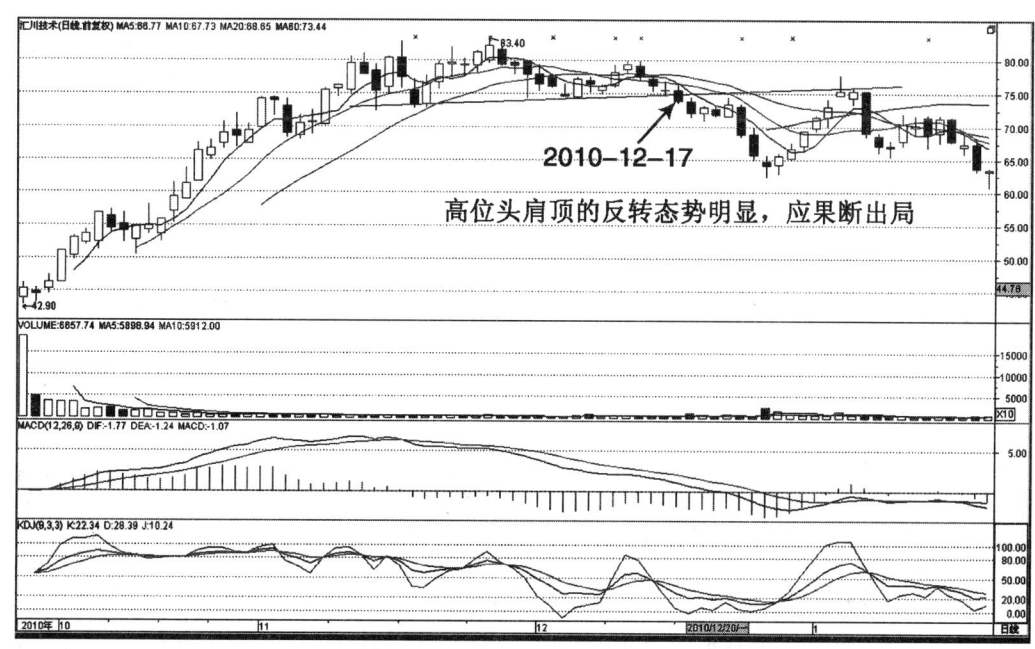

图1-58　汇川技术　300124

经比较大,因此需要结合其他信号来决定卖出。比如第三个高点比前一个高点低一般意味着冲高乏力,短线投资者就可以卖出了。也可以结合技术指标来研判,这里就不具体展开了。

如图1-59所示,人福医药前期逐浪上升,涨幅已经很大了,然后在高位震荡,形成一个头肩顶雏形。2010年12月21日该股跌破颈线,头肩顶正式形成。如果你不放心,还可以再观察几天确认一下。该股此后几天反弹,但股价始终难以回到颈线之上,至此头肩顶可以说是完完全全的成立了。如果市场允许做空,我们可以在头肩顶形成的时候做空,但在A股市场只能趁早止损出局了。

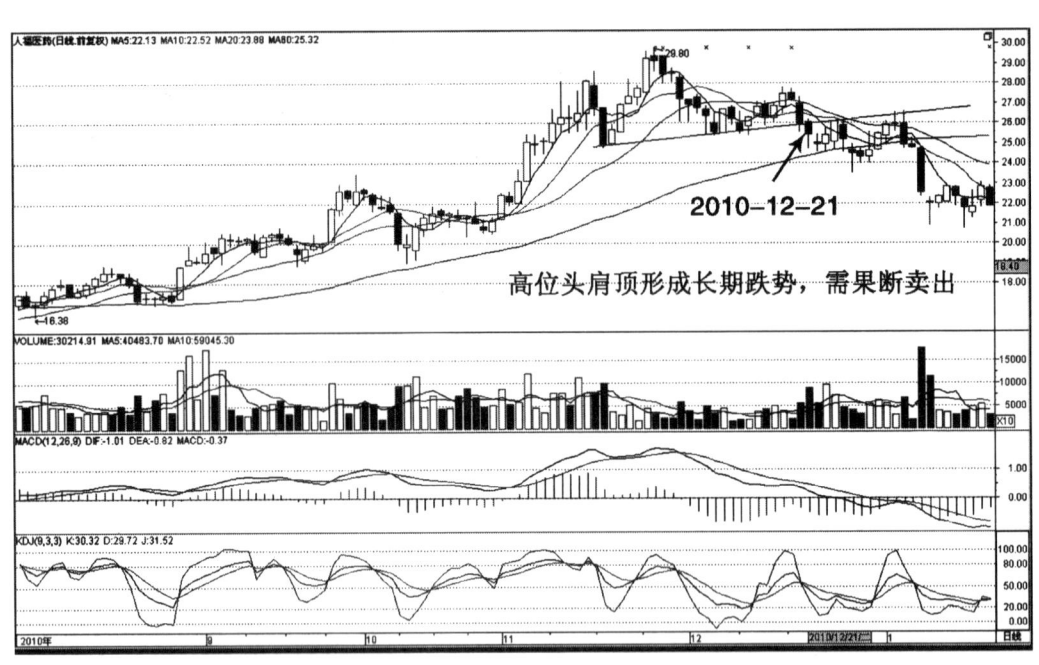

图1-59 人福医药 600079

本例人福医药这个头肩顶比较典型,股价处于明显的高位,跌破颈线后反弹也没有回到颈线之上,每一步都非常标准,后市自然也非常标准地下跌。

如图1-60所示,长城电脑2011年1月11日以小阴线下挫,跌势好像并不凶猛,但是如果你是一个形态分析者就知道此时已经非常不妙了，因为该股此前在高位宽幅震荡，形成一个复合的头肩顶模样，1月12日虽然只是小幅下跌，但股价已经跌穿形态的颈线，头肩顶形态基本成立。此后2天股价小幅反弹，但没有回到颈线之上，最后确认头肩顶形成，此时长线投资者也应该清仓出局了。短线投资者在头肩顶确认之前寻找其他卖出信号离场。

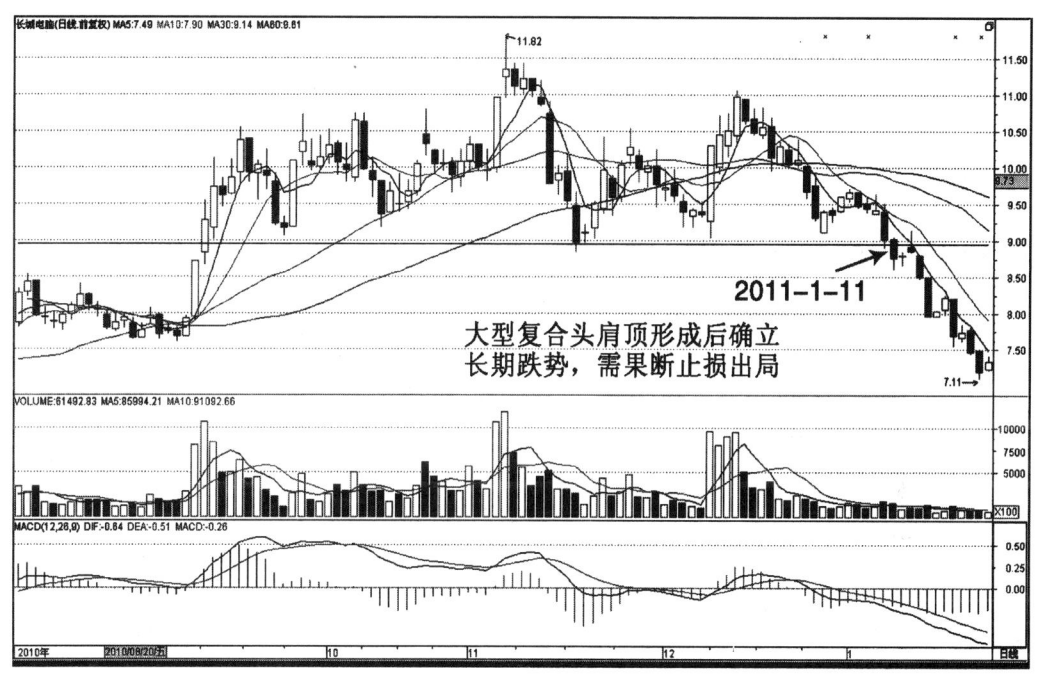

图1-60　长城电脑　000066

四、塔形顶

卖出信号

塔形顶的形成过程是：在上升时首先拉出一根较有力度的大阳线或中阳线，然后出现一连串的小阳线、小阴线，涨跌幅度都不大，基本可以看做窄幅横盘，最后以一根较有力度的大阴线或中阴线向下突破，至此塔形顶就完成了。塔形顶表明行情开始由多转空，投资者应及时离场休息，后市继续下跌的可能性极大。

塔形顶作为卖出信号还是比较准确的，但也有可能是股价上升途中主力刻意挖坑洗盘造成的，这就需要我们结合股价的整体位置来研判。如果塔形顶下杀的那根中大阴线伴随着量能的放大，空头向下打压的幅度可能会超出预期。

如图1-61所示，标准股份2010年11月3日巨量涨停，股价突破前高，看似前程似锦，可惜次日即放量滞涨，此后连续一周横盘震荡，收出众多的小阴线小阳线，最后以一根大阴线向下突破，形成一个塔形顶，投资者只能卖出休息了。

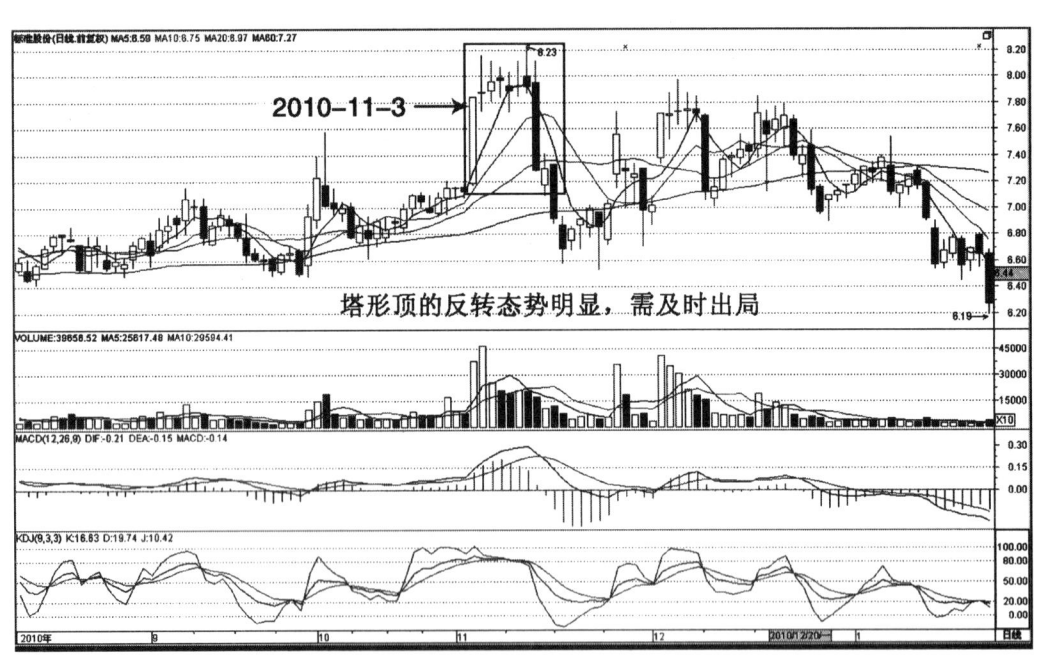

图1-61　标准股份　600302

本例标准股份的塔形顶虽然处于绝对涨幅不大的背景下，但当时的大盘也很低迷，形成阶段性顶部还是很有可能的。特别是该股的塔形顶形成过程中有放量滞涨现象，说明主力已经成功出逃，形成顶部的可能性很大，对此我们要有清醒的认识。

如图1-62所示，长春高新2010年12月2日收出一根长阴线，此时我们可以看出一个塔形顶明确形成。此前该股长阳线拉高，可是并没有延续升势，而是连续5日窄幅震荡，直到12月2日长阴线破位下跌。塔形顶的成立是典型的逆转，由上升到走平，然后下行，主力在这个形态的形成过程中有足够的时间出逃。

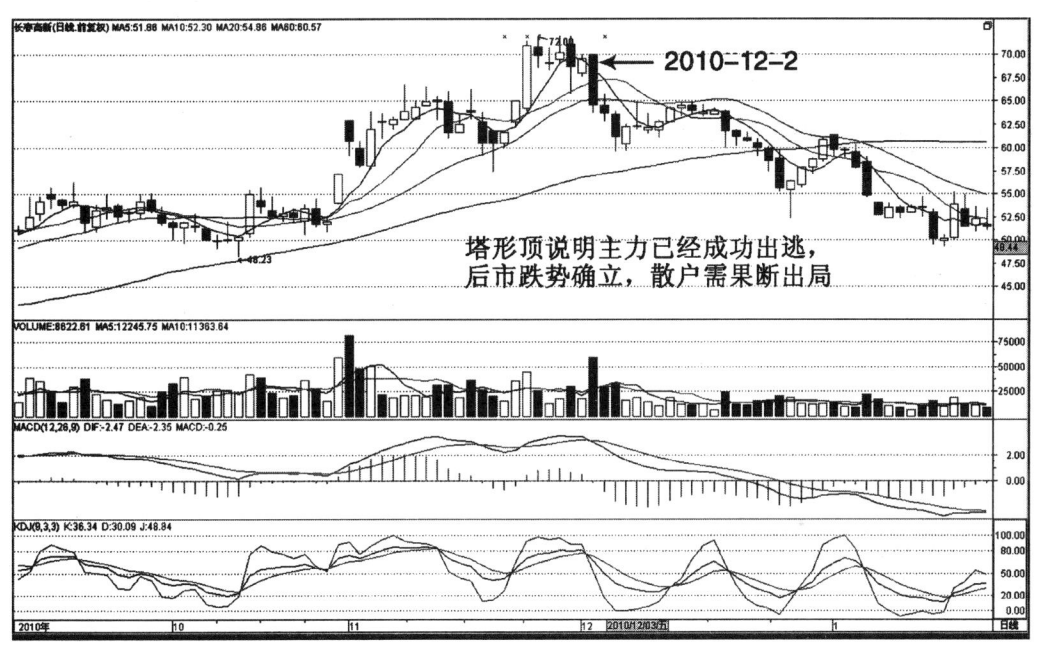

图1-62　长春高新　000661

本例长春高新的塔形顶形成于股价的明显高位，有充分的反转理由。反转的长阴线伴随着成交量的大幅放大，可以说主力是明目张胆地逃跑，反转态势一目了然，投资者只能及时卖出，避免后市更大的跌幅。

如图1-63所示，深圳机场2010年11月12日跟随大盘暴跌，收出长阴线，结束了此前的横盘震荡走势。结合横盘前的长阳线，可以看出一个明显的塔形顶已经形成。塔形顶的确立说明主力已经在横盘过程中成功脱逃。既然主力都已经出逃，投资者也只能跟随出局了。

本例深圳机场的塔形顶有点不太标准的地方，就是长阳线的次日有一根特别长的上影线。通常的塔形顶在拉高后都是以小阴线、小阳线震荡横盘，本例的这根上影线有点另类，不过性质上是一样的，都是震荡出货。

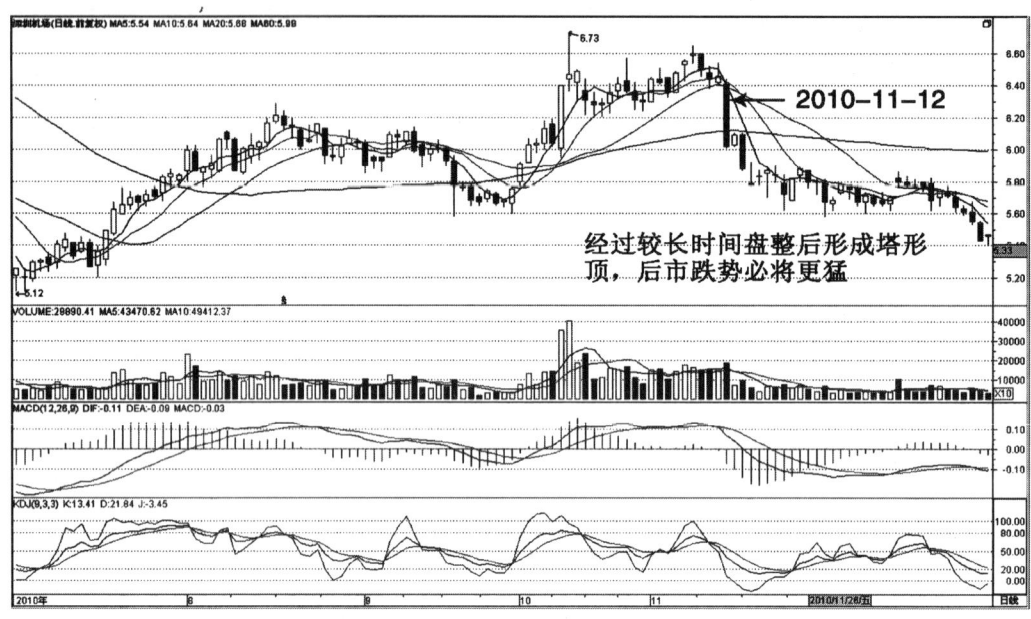

图1-63 深圳机场 000089

五、尖顶

○ **卖出信号**

尖顶又叫倒V形,表现为股价先一路上涨,迅速反转又一路下跌,在图形上就像倒写的英文字母V。这种形态把握起来非常困难,因为涨起来快,跌起来也快,反应稍微迟钝就会损失惨重。有经验的投资者可能会在K线反转的第一时间出逃,比如乌云盖顶、倾盆大雨等形态出现且伴随着成交量异常放大的时候,这时基本可以确认股价走势反转。

如图1-64所示,巨星科技2011年4月下旬有一波短线快速拉升,短期涨幅非常可观,在当时大盘萎靡的背景下表现非常显眼。4月25日该股高开低走,最后收出一根穿头破脚的长阴线,股价走势形成反转,此后连续暴跌。这一涨一跌形成一个典型的尖顶。尖顶是股价反转的一种极端走势,期间没有任何的缓冲过程,因此卖出的时间实在不好把握,等看出尖顶的时候往往都已经下跌了一大截。我们通常不必等到尖顶完全

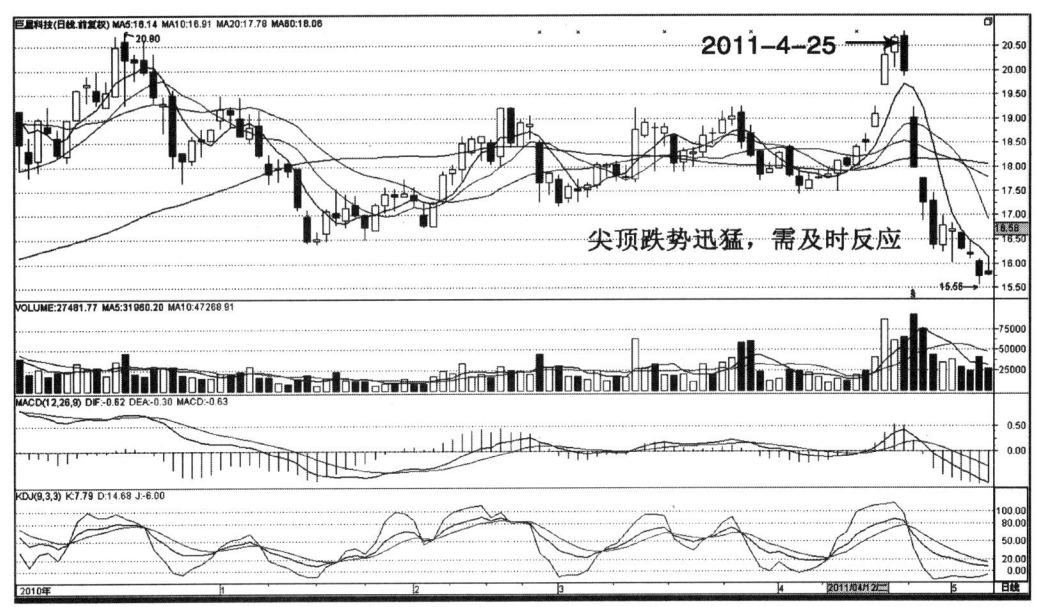

图1-64 巨星科技 002444

形成才操作，像本例巨星科技穿头破脚反转时就可以卖出了，因为这种凶猛的下跌走势很可能形成尖顶，所以我们要在第一时间做出反应。

如图1-65所示，阳光城2010年11月8日延续前日的中阳线走势，股价大幅飙升，最后收出长阳线，股价走势非常强劲。没想到的是该股次日即反转下跌，当日高开低走，最后收阴。此后该股连续跳空下跌，形成典型的尖顶反转。

这个尖顶形态出现在前高位置，我们应该早有警惕，不需等到尖顶完全形成的时候才明白是该卖出了。一般来说，尖顶的卖点确实不好把握，我们可以结合K线、成交量、技术指标等先行研判，防范尖顶的形成。

如图1-66所示，力生制药2011年3月15日上演大逆转的好戏。当日该股大幅低开，却最后收出长阳线。不过有一个重大的隐患就是股价刚好来到了前高位置，这是一个重要的压力区，我们需要密切关注。次日该股高开低走，收出中阴线，反转态势初步形成。此后该股更是连连暴跌，形成典型的尖顶反转。如果等到尖顶形成的时候才卖出，股价都已经跌去一大截，因此我们通常需要提前预判。本例该股在前高位置形成乌云密布的形态时投资者就可以先行出局了，没必要等到尖顶完全形成。

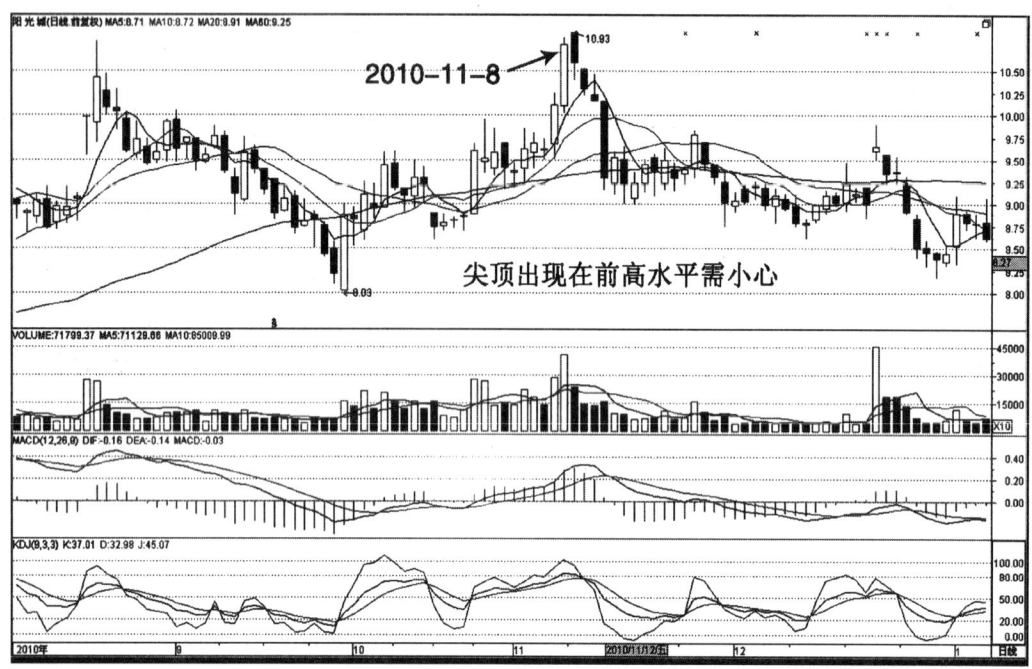

图1-65 阳光城 000671

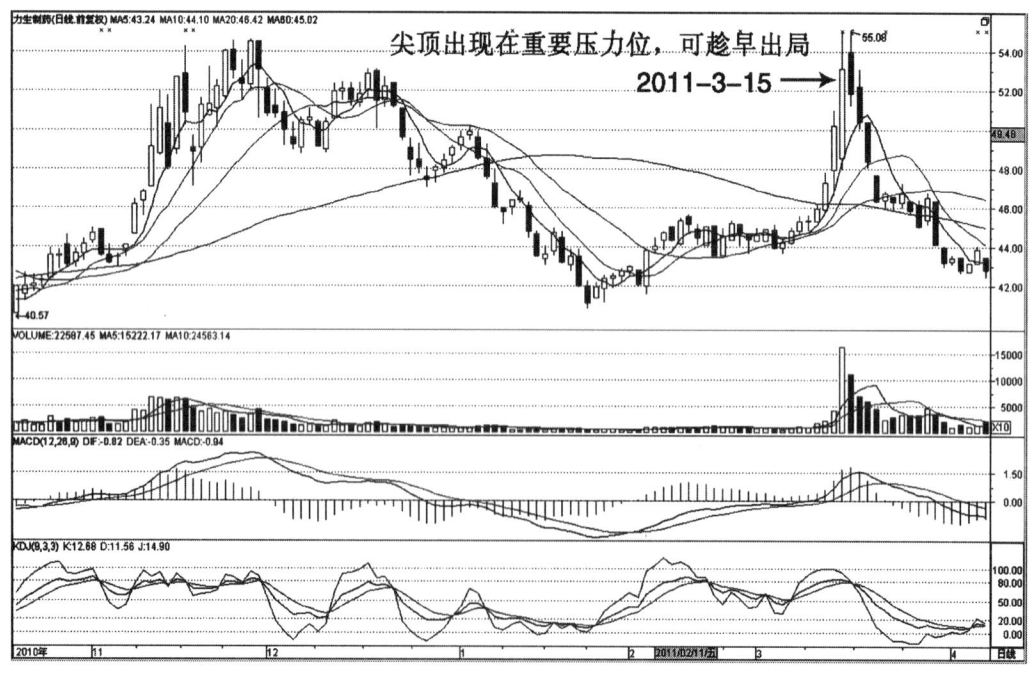

图1-66 力生制药 002393

六、圆弧顶

卖出信号

圆弧顶也叫圆顶，表现为股价呈弧形上升，然后呈弧形下降，形成一个圆弧顶状，同时在成交量方面也呈现出先减后增的圆弧状。

圆弧顶形成的内在原因是：多方在维持一段股价的升势之后，力量逐步趋弱，难以维持原来的购买力，涨势缓和，而空方力量却有所加强。双方力量逐渐均衡，此时股价保持平台整理的静止状态。后来空方力量超过多方，股价开始回落。起初只是慢慢改变，跌势不明显，但后来空方完全控制市场，跌势转急，表明一轮跌势已经开始。

先知先觉者往往在形成圆弧顶前抛售出局，不过在圆弧顶形成后出局也不算太迟。在实战中要把握卖出时机还真不容易，因为在缓慢下跌的过程中，人的侥幸心理往往占据上风。这就需要结合指标等来研判，具体我们可以自己去体会。

有时圆弧顶形成后，股价不一定马上下跌，只是重复横向发展，形成平台整理区域，这个平台整理区域称作碗柄。不过，碗柄很快会被突破，股价继续朝预料中的方向下跌。

圆弧顶的最小跌幅一般是圆弧顶颈线到圆弧顶最高点之间的直线距离。

如图 1-67 所示，恒星科技在几波上涨后涨幅已经非常巨大，然后在高位滞涨。请看看 2010 年 11 月 25 日后的股价走势——连续的小阴线、小阳线缓慢爬升，然后缓慢下降，形成一个圆弧状。但是圆顶到底什么时候才算成立？这还真不好确认，圆顶不像其他形态有颈线，通常等大部分人都能看出是圆弧顶的时候股价已经跌去一大截了。圆弧顶的辨识基本靠经验，当股价陷入滞涨后，向上拉升的速度和高度会下降；当多空力量逆转后，股价开始缓慢下跌；最终股价加速下挫，此时基本上圆顶就正式成立了。只是当股价开始加速下跌的时候往往跌幅已经不小，因此我们需要结合其他信号先行减仓。本例该股在最后拉升形成圆弧顶的头部的时候，可以看到 MACD 指标已经明显背离，说明上升已经是强弩之末，我们应逢高减仓了。

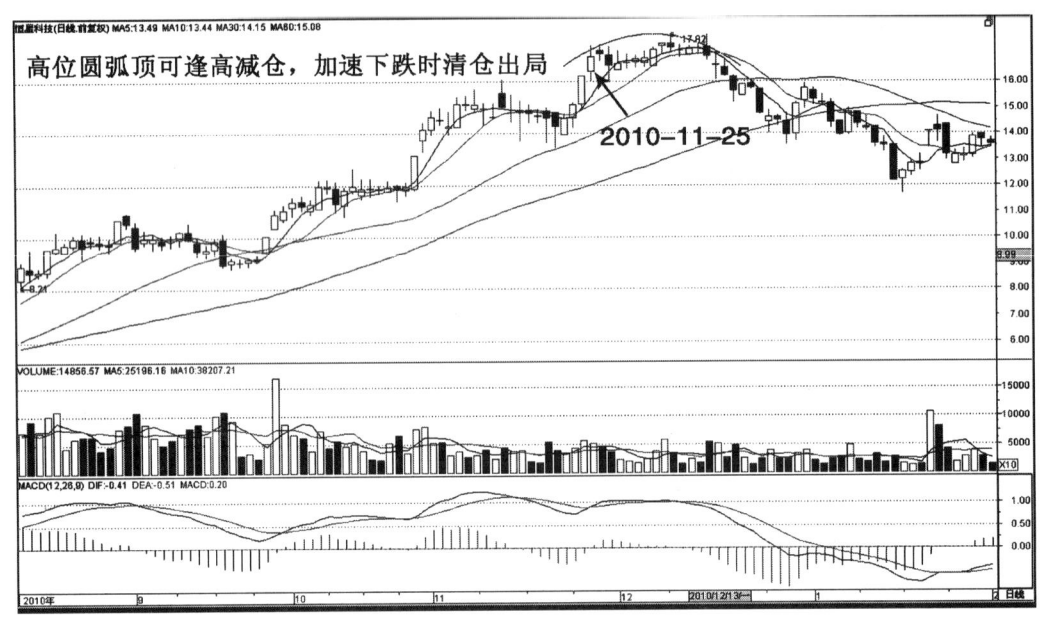

图 1-67　恒星科技　002132

如图 1-68 所示，塔牌集团 2011 年 5 月 20 日收出一根长阴线，股价走势显然已经变坏，因为中短期平均线已经明显变成了空头排列，下降趋势已然形成。从形态的角度看，此时一个圆弧顶也基本形成了。不过等到圆顶形成的时候再卖出显然不太合适，因为股价都已经跌去很大一截。作为卖点，圆弧顶可能不是一个很好的信号。比如本例该股在 MACD 指标产生死叉的时候卖出就非常合适，完全不必等到圆顶正式形成。但是在能做空的市场则不一样，你可以等到圆顶形成的时候再卖空，后市的获利也是非常可观的，同时可以避免在下跌初期做空的风险。

如图 1-69 所示，风华高科在 2011 年初有两波比较明显的反弹。在第二波反弹的末期股价上升越来越艰难，随后开始缓慢回落，留下较多的小阴线、小阳线，一个圆弧顶已经初具规模，不过还不能确认。2011 年 3 月 29 日该股暴跌，当日收出长阴线，圆弧顶在此时正式形成。不过

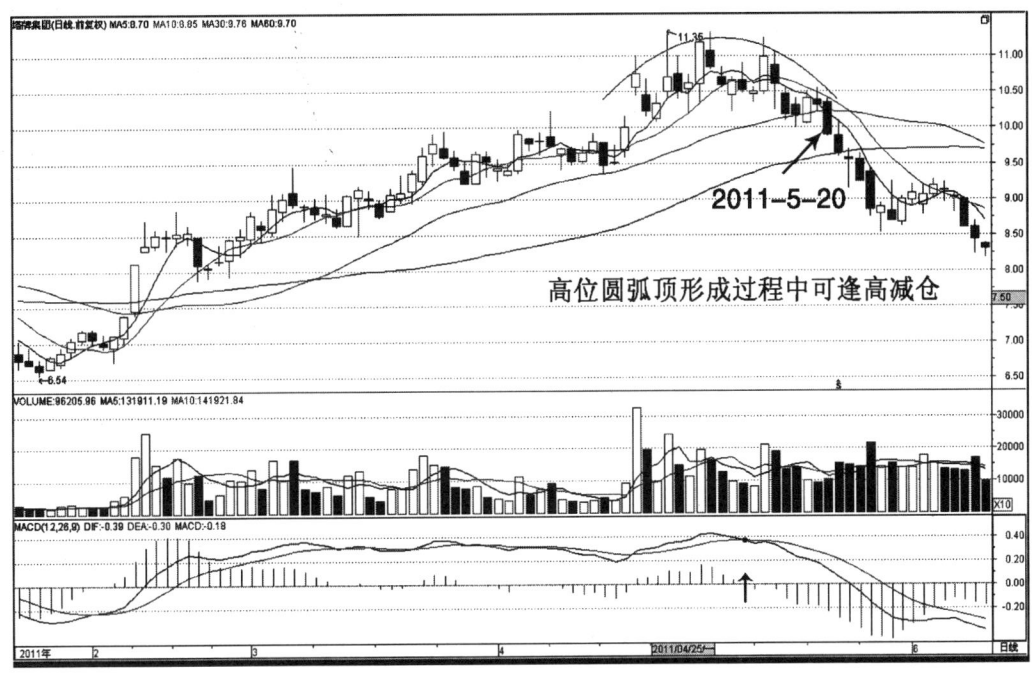

图1-68 塔牌集团 002233

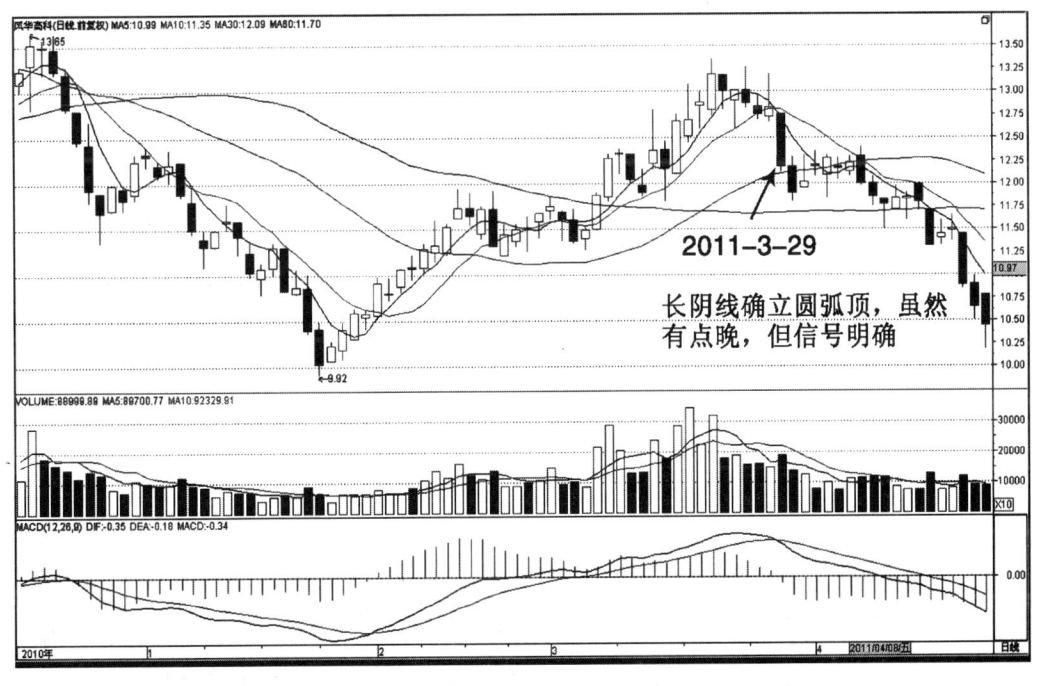

图1-69 风华高科 000636

等到此时卖出稍微有点晚，不算是一个很好的卖点，我们可以结合其他信号来寻找卖点。不过如果能做空的话，此时卖空是恰到好处，因为圆弧顶形成只是下跌的初期，后市还有更大跌幅，获利空间巨大。

如图1-70所示，双林股份整体处于下降趋势中。2011年初该股开始反弹，股价缓慢上行，反弹显得非常沉重。到3月中旬，该股陷入涨跌都难的盘局，但最后还是选择了下行，不过跌势不是很凶悍，而是以小阴线、小阳线缓慢下跌，此时我们看到一个巨大的圆弧顶在逐步形成。2011年4月25日的一根长阴线宣告圆弧顶形成，走势变得非常恶劣。此时股价也跌破了此前的反弹的起点，可以说最重要的支撑点也告破，后市继续下跌几乎没有什么疑问。这个圆弧顶的形成时间漫长，后市跌幅必定很大，如果能做空无疑是一个绝佳的进场时机。

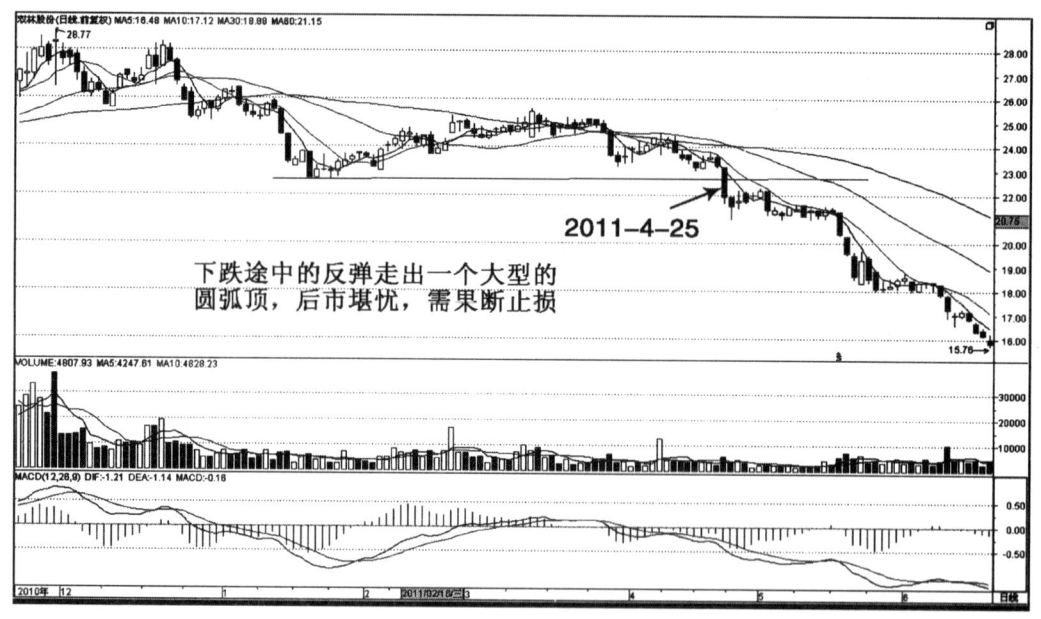

图1-70　双林股份　300100

本例双林股份的这个圆弧顶不像我们通常理解的高位圆弧顶，它发生在下跌的反弹中，性质也是一样的，都能体现主力在此过程中逃跑干净，后市下跌的动能巨大，跌幅必将很大，投资者只能趁早止损出局。本例该股后市巨大的跌幅也证明了这个圆弧顶的威力。

第2章 趋势卖点

卖在最高点

趋势分析是技术分析的主要类型之一，且凌驾于K线分析之上。我们更强调从整体到部分，没有整体观念，任何的细节分析都缺乏有效依托，比如上升趋势中的长阳线和下跌趋势中的长阳线就有本质的区别，不能一概而论。趋势是大方向，大方向明确了才能高屋建瓴、游刃有余。

趋势线是我们分析的重要参考标准。上升趋势线是支撑位，下降趋势线是压力位。股价获得支撑是买入时机，股价反弹受到压制是卖出时机。趋势逆转则需要反向操作，比如跌破上升趋势线就需要卖出。

趋势的体现通常是我们人工画出的趋势线，具有较大的主观性，各人画的趋势线可能不一样，而且趋势随时在变化，需要随时调整。另外平均线也是趋势的体现，且为广大投资者所接受与喜爱。

第一节 平均线卖点

一、跌破关键平均线

◎ 卖出信号

什么是关键平均线？坊间流传着一些"神奇"的平均线，比如某"股神"就说99日平均线是他赚大钱的最佳工具，也有"高手"使用45日线、30日线，甚至3日线，不一而足，但稍具常识的人就知道这是忽悠，绝对的忽悠。就像卖大力丸的江湖混混说他的东西包治百病，你信吗？人参大补，你未必能补，个人体质不一样嘛。各种股票的体质也是不一样的，各具特性，岂能一概而论。有的股票疲软，沿着120日线缓慢爬行，有的股票发飙，沿着5日线飙升。你能说他们有什么共性吗？能用同一条平均线来界定吗？即使同一只股票也在不同的时期有不同的特性——在主力建仓时期可能沿着60日线震荡，建仓完毕后可能沿着10日线快速洗盘，洗盘完毕后又可能沿着3日线快速拉升。就像人生的各个阶段一样，孩童时期能力有限，能缓慢成长就是好事，只有经过长久的积累，到了精力旺盛的中青年才可能大展宏图干出一番事业来，而到了老年则日薄西山走下坡路了。

既然如此，我们把握平均线的关键就在于：寻找个股在特定区间的最能显现它特性的平均线，也就是我们所谓的生命线。这条平均线必须恰好能体现该股涨跌的规律，股价沿着这条平均线上升下降，可能有些许偏离，但大体如此。这就是生命线的特征。我们习惯用默认的平均线系统来参看股价的走势，这个习惯应该要改变。在股票走势进入一个新的走势后，我们要根据走势调整平均线的参数，直到有一条平均线能体现这段走势的特征。

如图2-1所示，国阳新能在2010年10月有一波凌厉的飙升走势。在之前的窄幅横盘期间，平均线是黏合在一起的，股价启动后平均线开始向上发散，然后基本沿着5日线快速拉升，即使期间偶有回调，也基本没有跌破该平均线，最多是盘中跌破了该平均线，不算有效跌破。这说明这个阶段该股的生命线就是5日线，只要把握了这条生命线，你的操作就有谱了。该股直到当年11月3日才以中阴线跌破该生命线，此时你可以心平气和地出局了，该赚的你都赚到了。虽然该股此后还顽强拉高，但显然主力已经无心恋战，大势已去，我们也没必要为这鱼尾惋惜了。反过来说，5日线就是该股当时的主力的操盘线，不会轻易让它跌穿。对具有这种特性的股票我们要稳稳地抓住，别被盘中的剧烈洗盘吓出来。一旦股价有效跌破了生命线则说明主力已经无心守住防线了，行情可能就此结束，此时我们可以跟随出局。

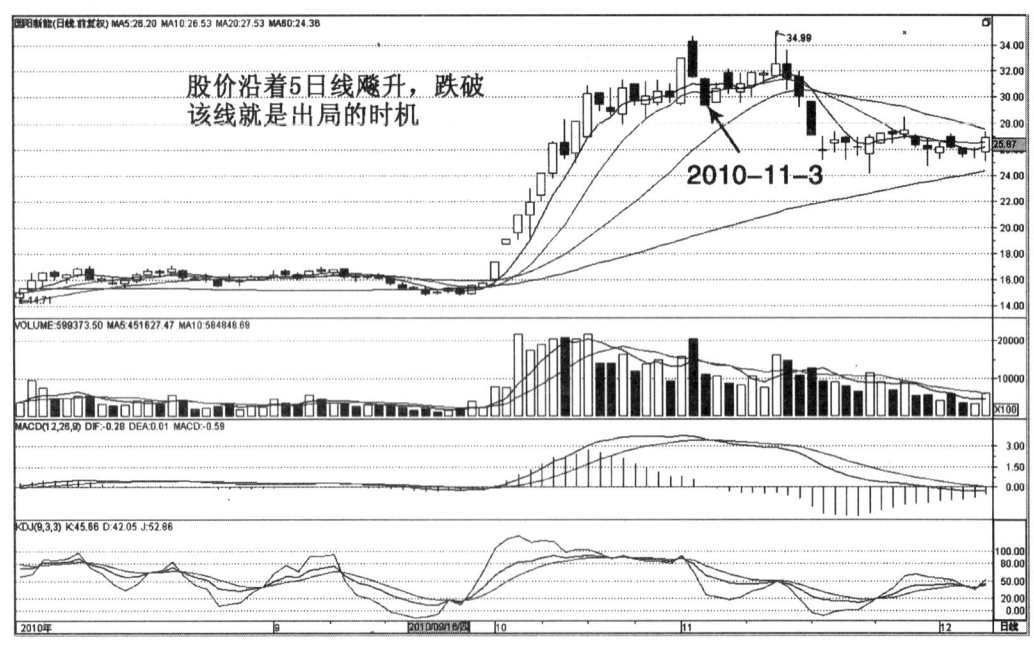

图2-1　国阳新能　600348

我们再来看另外一只股票，它的走势就不如上例那么强悍。如图2-2所示，尖峰集团在2010年底逐浪上升，很明显可以看出该股上升的轨迹是沿着20日线攀升，每次回调都无一例外在20日线上获得支撑。由此我们可以判断该股本阶段的生命线是20日线，后市只要没有有效跌破该平均线，我们就可以坚定持股，而一旦跌破我们就需要及时出局，因为生命线告破，原有的运行趋势就被破坏了。该股直到2011年1月14日才有效跌破20日线，且该平均线有下行趋势。据此我们可以判定该股的上升阶段已经结束，无论中线还是短线投资者都可以离场了。该股此后快速下跌，跌幅较大，如果我们能在股价跌破生命线的时候就出局，无疑避免了较大损失。

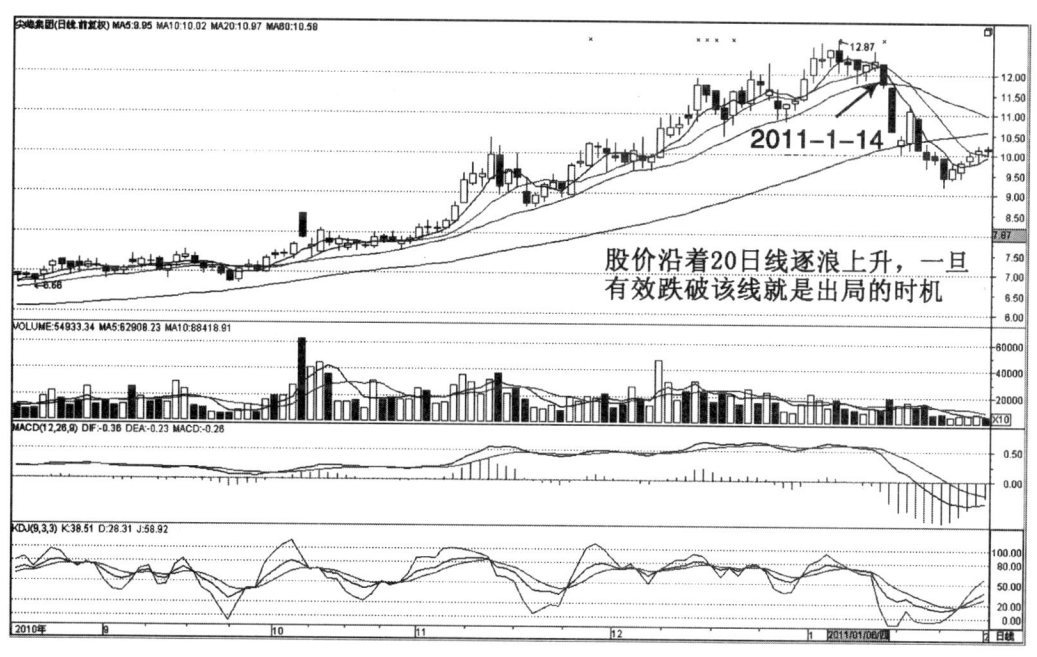

图2-2 尖峰集团 600668

如图2-3所示，海印股份在2010年底有一波较大的上升走势，不过并非一帆风顺，回调的低点甚至较深，在60日平均线上才获得有效支撑，因此我们可以把60日线当做该股在此阶段的生命线。2010年12月15日股价跌破60日线，次日小幅反弹但没有回到该平均线之上，此时我们大致可以判定该生命线已经告破，后市将进入下行趋势，中长线投资者可以离场休息了。对于短线投资者来说这个卖出时机显然太晚了，并不适合。对于这种波动幅度比较大的个股，短线投资者应该参照别的卖出信号操作。

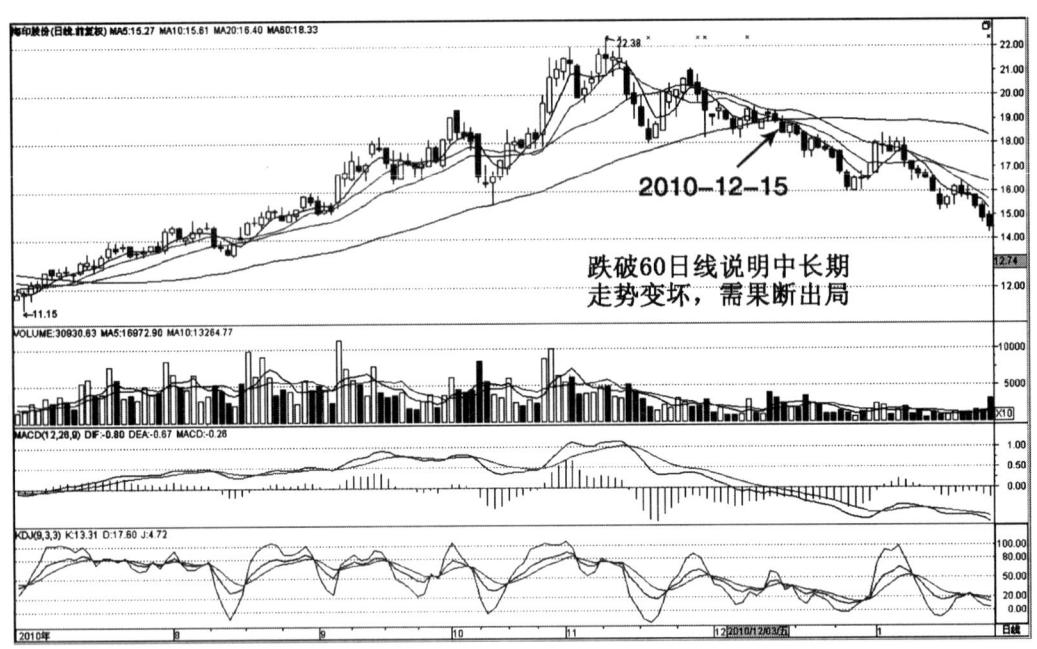

图2-3　海印股份　000861

　　关键平均线还有大家都熟悉的一些平均线，比如年线、半年线等。如图2-4所示，莱茵生物在2010年11月12日大跌，股价大幅跌破60日平均线。60日线是一条非常重要的中长期分界线，一旦股价跌破这根平均线就意味着股价的中期走势已经走坏，投资者基本可以离场休息了。2010年11月30日，该股又跌破了120日平均线，该平均线就是所谓的半年线，也是非常重要的参考线，至此长线投资者也需要离场了。另外还有250日线（年线），由于周期太长，并不具有很强的操作性，我们一般不予推荐，没有多大的实际意义。

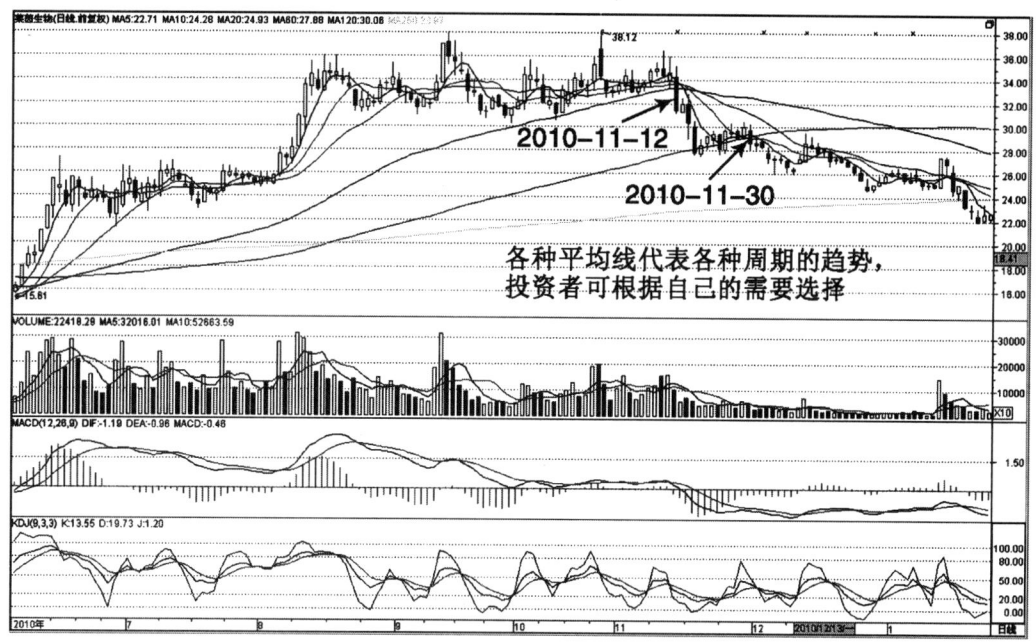

图2-4 莱茵生物 002166

二、平均线拐头卖出

卖出信号

平均线拐头作为卖点适用的范围不是很多。在箱体震荡走势中肯定无效，因为平均线也会随之频繁地上下变换方向，要操作的话可能经常左右挨耳光。在普通的上升行情中也不适用，比如主力建仓期，平均线拐头只是主力的洗盘动作，目的就是清洗不稳定的浮筹，如果你根据平均线拐头卖出则正好中招。当然这需要你有分辨主力行为阶段的能力，这里我们不展开讨论，有兴趣的读者可以参考其他著作。

虽然我们不能分辨主力处于何种操盘阶段，但是有一种走势我们还是可以轻易辨认出来的，那就是快速拉升的主升浪。这时候的走势最为强悍，通常会放量飙升，期间即便有回调，往往也是调整时间短，调整的幅度非常有限。而这种快速拉升消耗的能量非常惊人，因此通常都不会维持很久，在达到一定涨幅后，主力的做多动能就会消耗干净，同时也达到了拉升的目的，此后的走势自然是见顶了。在快速拉升后很可能进入滞涨期，此时主力已经出逃得差不多了，股价重心开始下移，平均线也随之拐头，这说明快速拉升行情已经结束，我们需要第一时间出局，因为没有主力的股票可能会像瀑布一样地飞流直下。因此快速拉升后的股票，一旦平均线拐头就是一个很好的卖点，我们应该果断止盈出局。

如图2-5所示，北化股份2011年3月17日跳空下跌，当日跌幅超过5点，股价也明确跌破5日平均线，一般的短线投资者可能都已经逃跑了。这里的问题是股价跌破5日平均线的现象比比皆是，也未必是反转，很多只是短暂的回调洗盘，如果你在股价跌破5日平均线时卖出往往会错过新的一轮上涨。这说明单纯看股价有没有跌破5日平均线是不能做出有效的研判的。股价的走势更多是根据平均线本身的运行趋势来研判，而不是看跌破不跌破。

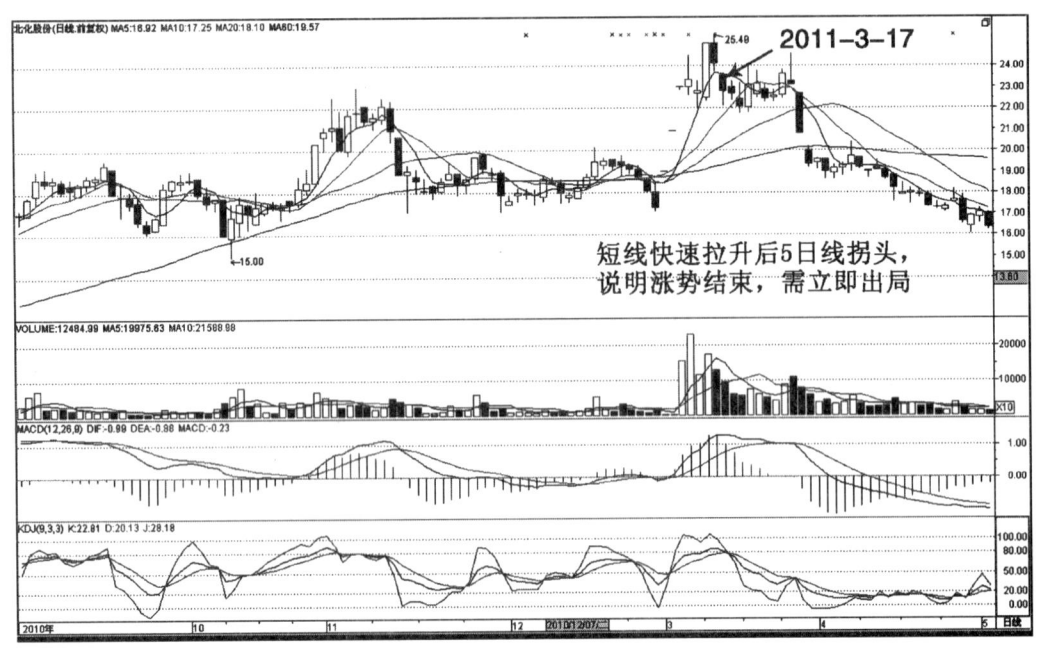

图2-5　北化股份　002246

本例北化股份在 3 月 17 日跌破 5 日平均线，同时 5 日平均线也开始往下弯，说明短线走势已经开始呈现下跌趋势，那么这个转势信号就比较准确，投资者可以放心卖出了。另外从股价的整体位置看，该股整体涨幅较大，短线也急速拉高过，见顶的可能性极大。而一旦 5 日平均线开始下行，则意味着一个大顶就此产生，即便是中长线投资者也应该出局了。

如图 2-6 所示，精功科技 2010 年 12 月 24 日跳空下跌，虽然当日只是收出小阴线，但实际跌幅比较大。这还不是最重要的，最重要的是该股的 5 日平均线开始下弯，说明短线走势开始进入空头走势中，后市继续下跌的可能性很大，短线投资者应该尽快出逃。鉴于该股前期的涨幅巨大，即便是中长线投资者也要开始减仓了。

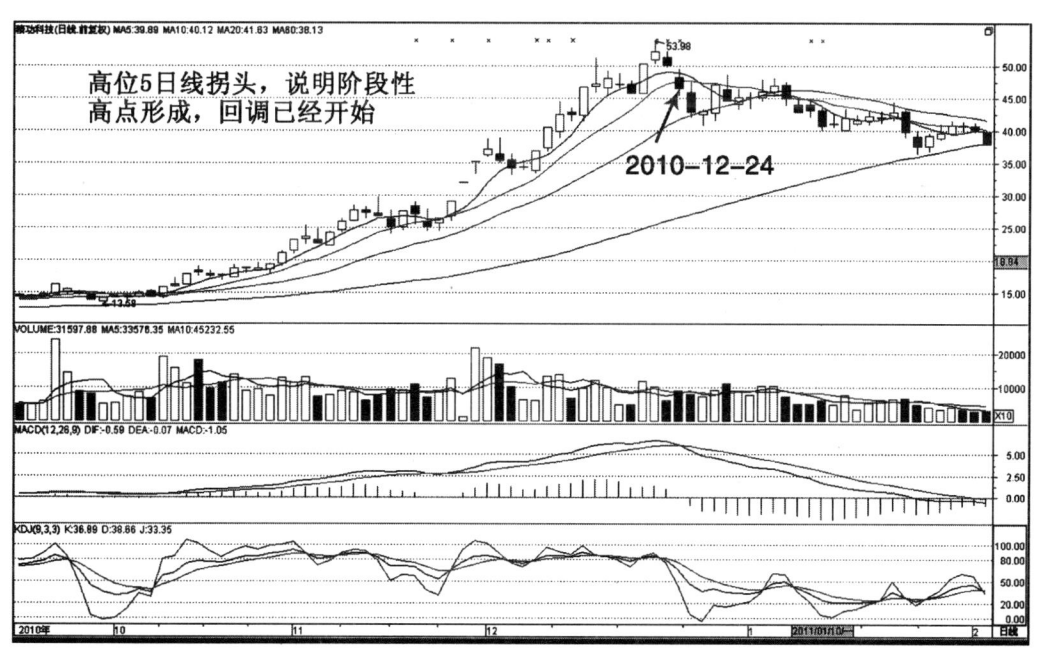

图 2-6　精功科技　002006

如果对该股后市有研究的投资者就还记得这只股票此番调整完毕后再度强势拉升，涨幅更是惊人。这是不是说明 12 月 24 日根据 5 日平均线下行卖出是一个错误的操作呢？也不能这么说。姑且不论这波调整的幅度较大，短线投资者未必承受得起，就是后市的再度拉升，那也是下一波段的事情，我们不能未卜先知，只能按操作纪律一步一步来。

如图2-7所示，青海明胶2010年11月11日收出中阴线，跌幅3%多一点，还不是很恐怖，一般的投资者可能还会继续持股。但是对平均线比较的敏感的投资者可能已经意识到短线的趋势开始变坏了，因为随着股价的下跌，5日平均线开始向下拐头，这说明短线趋势开始进入空头走势中，通常是一个比较明确的卖出信号。从股价的整体位置看，该股此前连续拉升，短线涨幅巨大，也需要一个像样的调整了，因此5日平均线开始拐头意味着有较大的回调，我们最好暂时回避。

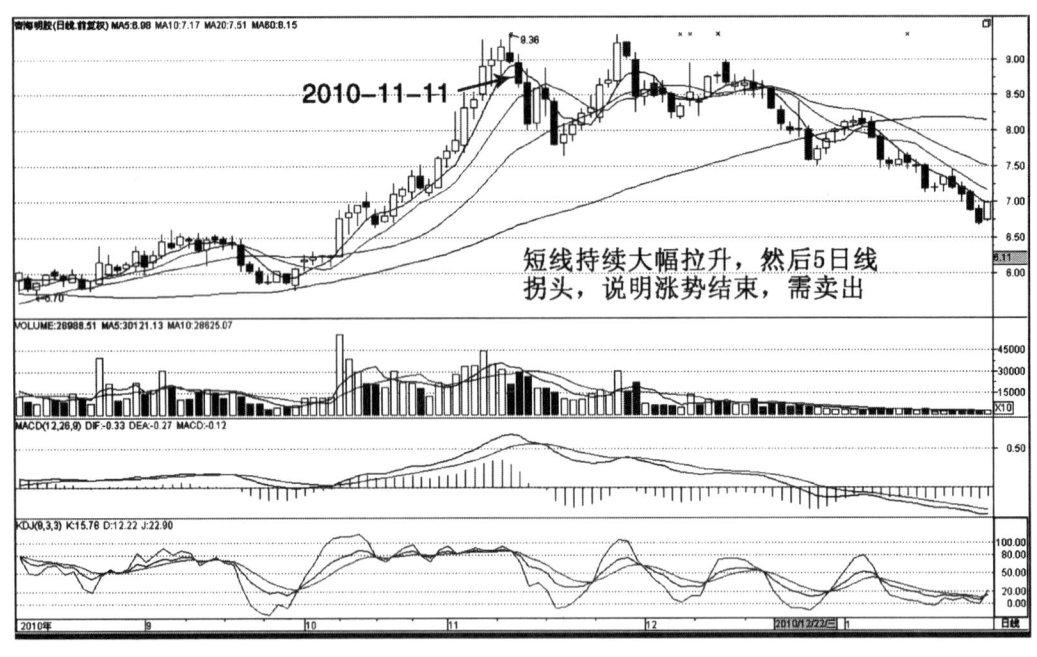

图2-7　青海明胶　000606

如图2-8所示，中国重汽2010年11月8日收出小阳线，走势还比较平稳，但是此时的10日平均线已经开始拐头了，这是一个非常不好的信号，意味着中短期的趋势开始进入空头走势中，后市将有较大的下跌幅度，投资者需要暂时离场休息。如果结合股价的整体位置看，这个卖出信号更显可靠。因为此前该股大幅飙升，然后冲高回落，此后股价虽然小幅反弹，但10日平均线已经开始下行，后市走势显然已经走软，投资者只能逢高出逃了。

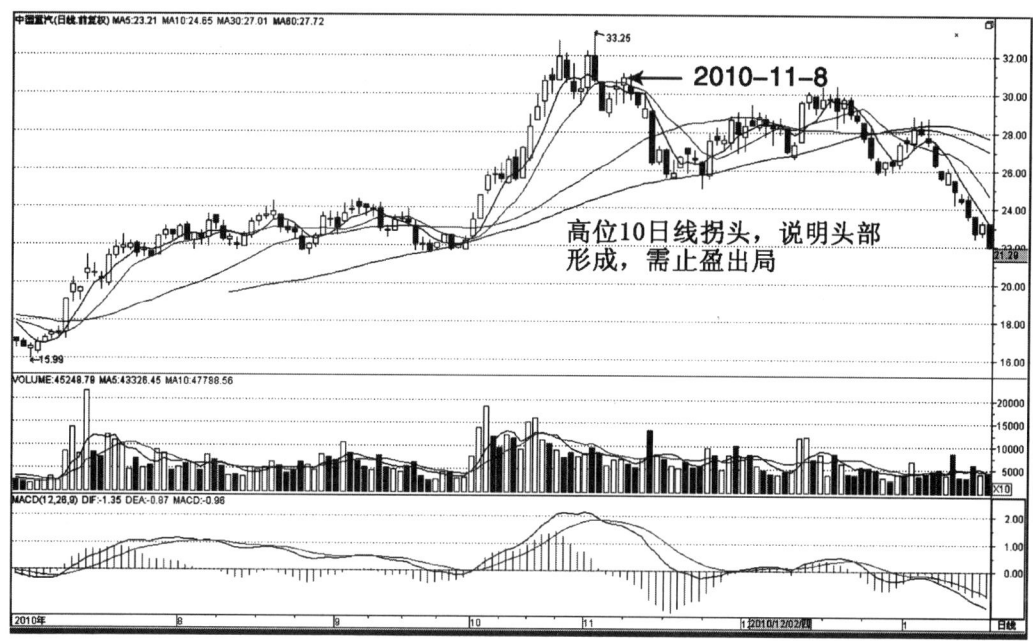

图 2-8　中国重汽　000951

三、平均线死叉

卖出信号

平均线死叉就是短周期的平均线由上往下穿越长周期的平均线。平均线死叉不算是一个很敏感的卖出信号，因为一般等到平均线死叉的时候股价都已经跌去很多了，显然不太适合一些超级短线玩家。不过这个方法有弊也自然有利，有利的一面就是稳健，可以过滤一些虚假的信号。

平均线死叉也有不少虚假信号，这需要结合股价的整体位置来研判，出现在高位的信号其可靠性自然比出现在低位的信号高。另外平均线本身的走势也值得关注。如果平均线死叉的时候周期长的平均线还在上行，这种死叉可靠性比较差，因为周期长的平均线还有惯性的向上牵引力。只有两根平均线都下行，或者至少是周期长的平均线已经由上行转为走平，这种死叉才有杀伤力，后市通常有较大跌幅。

短期平均线死叉代表短期走势走坏，中长期平均线死叉代表中长期走势走坏，各种周期适合不同性质的投资者。

如图2-9所示，德赛电池2010年9月6日以长阴线下跌，一个小圆顶基本上形成了。从平均线走势看也有明确变坏的表现：经过这一跌，5日平均线下穿10日平均线，形成死叉，说明短线走势变坏，开始进入下降趋势中。平均线死叉代表短期的卖出价格低于更长周期的平均持股价格，说明下降趋势已经形成。

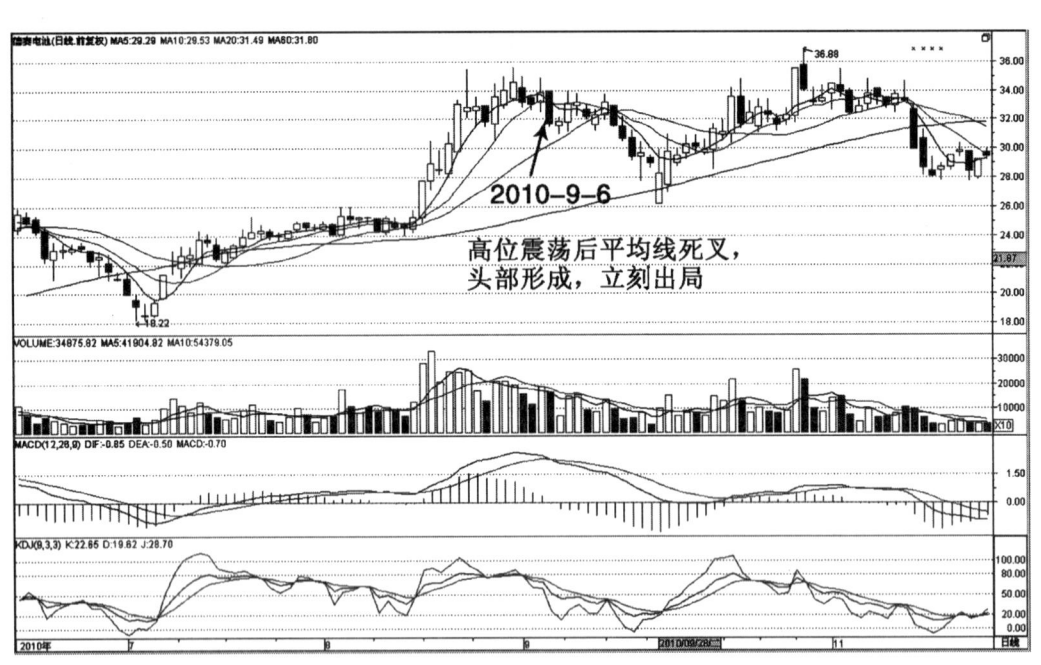

图2-9　德赛电池　000049

本例德赛电池的这个平均线死叉是比较典型的案例，两根平均线都已经开始下弯，形成死叉的真实性非常高，能确确实实地反映股价的运行趋势。另外从股价的整体位置看，该股前期短线快速拉升过，获利盘积累较多，有回调的需要。

如图2-10所示，广电运通前期逐浪上升，整体涨幅不小。2010年12月23日该股延续前几天的跌势，再度收出一根小阴线。这已经是连续第五根小阴线，虽然跌幅不算很大，但走势已经变得明显疲软。从平均线角度看，当日的5日平均线由上而下穿越10日平均线，形成死叉，这说明场内的卖出意愿越来越强，愿意以更低的价格卖出，导致平均持股价格在持续降低。这是一个危险的信号，短线投资者需要及时出局。长线投资者则还可以再等待一下看有没有更显著的信号。该股此后有一个拉升过程，形成双头后股价彻底反转。

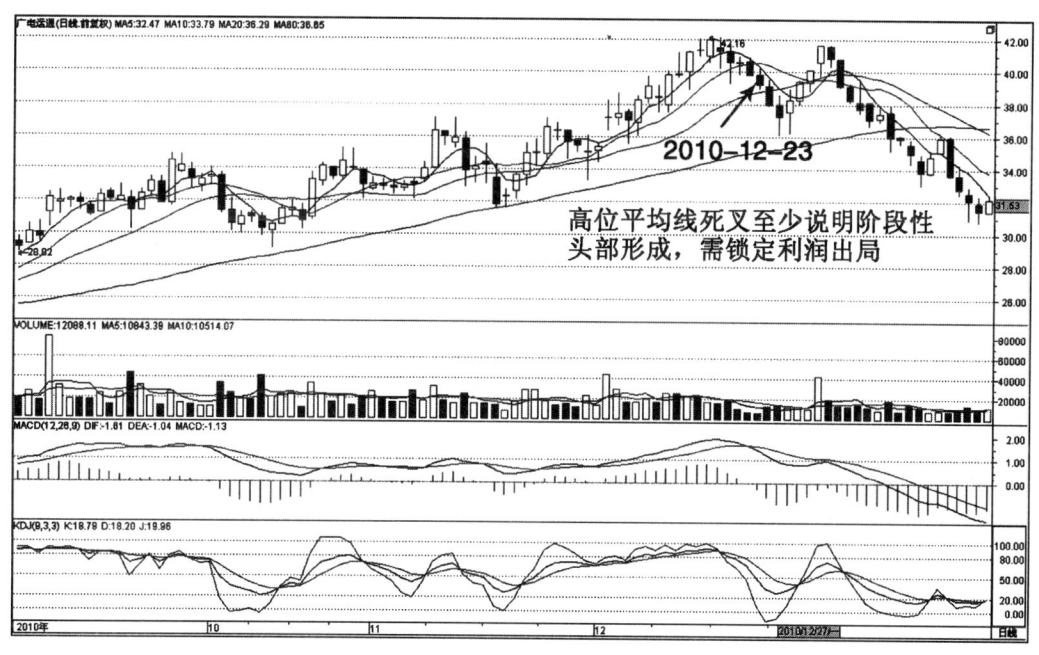

图2-10　广电运通　002152

本例广电运通的平均线死叉也比较典型，股价连续以小阴线下挫，两根平均线自然而然产生死叉，没有激烈的动作，反应迟钝的投资者也能利用。不过有一个令人迷惑的地方就是该股在此过程中一直呈缩量状态，按常规研判会认为主力还在里面，还可以持股。这是值得投资者思考的地方。

如图 2-11 所示，万业企业 2010 年 9 月 7 日小幅下跌，跌势还不是很猛，投资者可能不会太注意这样的走势。熟悉平均线的投资者可能发现了危险：当时的 10 日平均线已经向下贯穿 20 日平均线，形成死叉。这是中期走势变坏的信号，中长期投资者都可以卖出离场了。该股此前有一个快速拉升过程，累积涨幅不小，有中度回调的需要。如今 10 日平均线与 20 日平均线产生死叉，明白无误地告诉投资者股价开始进入中期空头走势中，我们还是暂时出局回避为妙。该股此后果然持续下跌，直到触碰 60 日平均线才止跌企稳。

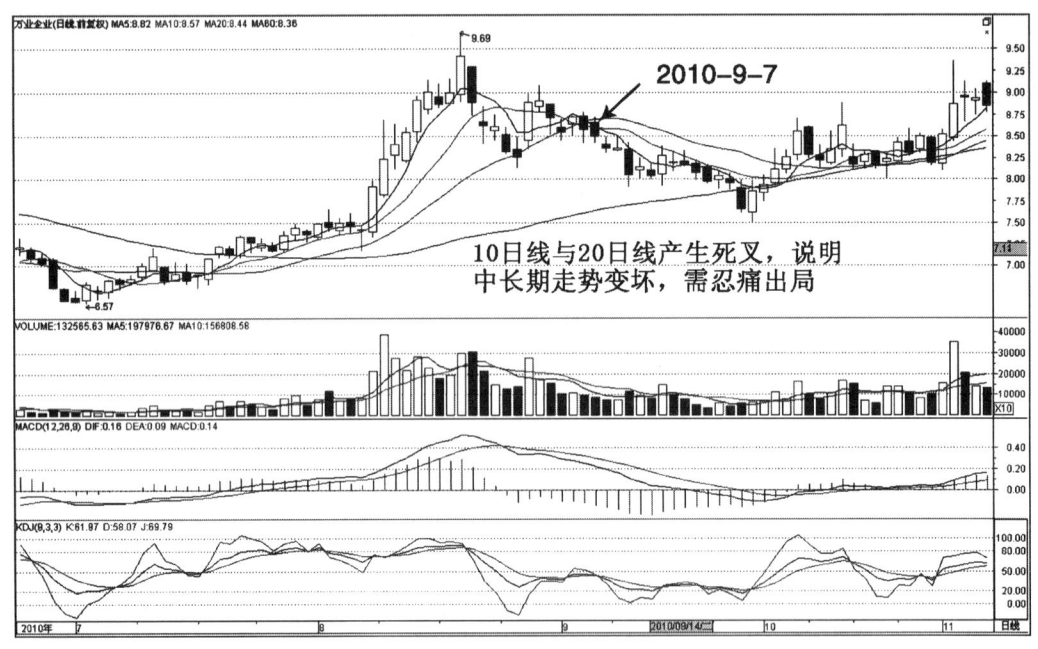

图 2-11　万业企业　600641

四、平均线黏合后向下发散

○ 卖出信号

什么情况下平均线才会黏合在一起？自然是经过较长时间横盘后，

投资者的持股成本越来越接近,各条平均线就会逐渐靠拢,以至于最后能黏合在一起。横盘整理本身是蓄势行为,并不能指示后市是向上还是向下,那么我们要做的就是等待方向的选择,一旦平均线黏合后向下发散,就基本可以判断横盘结束,后市将进入下跌趋势。长时间横盘后的向下破位通常比较具有杀伤力,跌幅比较大,我们要在第一时间清仓出局。

当然也不是所有的平均线黏合后向下发散都是卖出信号。有时候在上升途中,涨幅不大的时候,主力可能利用这样的空头信号来诱空洗盘。因此我们在研判的时候需要结合股价的整体位置。如果股价已经大幅上涨,在高位横盘后向下破位,那基本就是反转信号,必须出局了;在上升初期则很可能是洗盘,短线玩家可以在信号出现后暂时出局,一旦止跌则可再补回;中长线玩家则可根据60日平均线的支撑来看是否出局。同时我们也可以结合成交量的情况来研判,如果是放量带动平均线向下发散,主力出逃意图明显,则应及早出局。

如图2-12所示,新海宜2011年1月7日以中阴线下跌,收盘还在前低之上,支撑并没有告破,似乎还可以持股,但是从平均线角度看则已经明确发出了卖出信号。这个信号就是平均线由黏合变为向下发散。该股此前处于横盘震荡走势中,平均线随着股价的震荡而逐渐靠拢,最后黏合在一起。这说明场内的持股成本越来越接近。这是变盘的前奏,因为这种横盘走势不可能永远维持,要么向上,要么向下,总得有个方向选择。而1月7日下跌后平均线开始向下发散,说明横盘已经结束,空头将多头击溃,场内投资者愿意以更低的价格出货,走势开始进入空头走势中,投资者应该果断出货,避免后市更大跌幅。

本例新海宜的平均线黏合发生在明显的相对高位,后市反转的可能性很大。而平均线黏合说明经过前期的横盘震荡,主力已经成功出逃,后市非常危险,我们要保持高度警惕。

如图2-13所示,方大炭素自高位反转后缓慢下跌,然后在一个位置横盘。随着股价的窄幅震荡,各周期的平均线逐渐黏合在一起,这是变盘的前奏,不过向何方向发展还未知。2011年4月25日该股跳空下

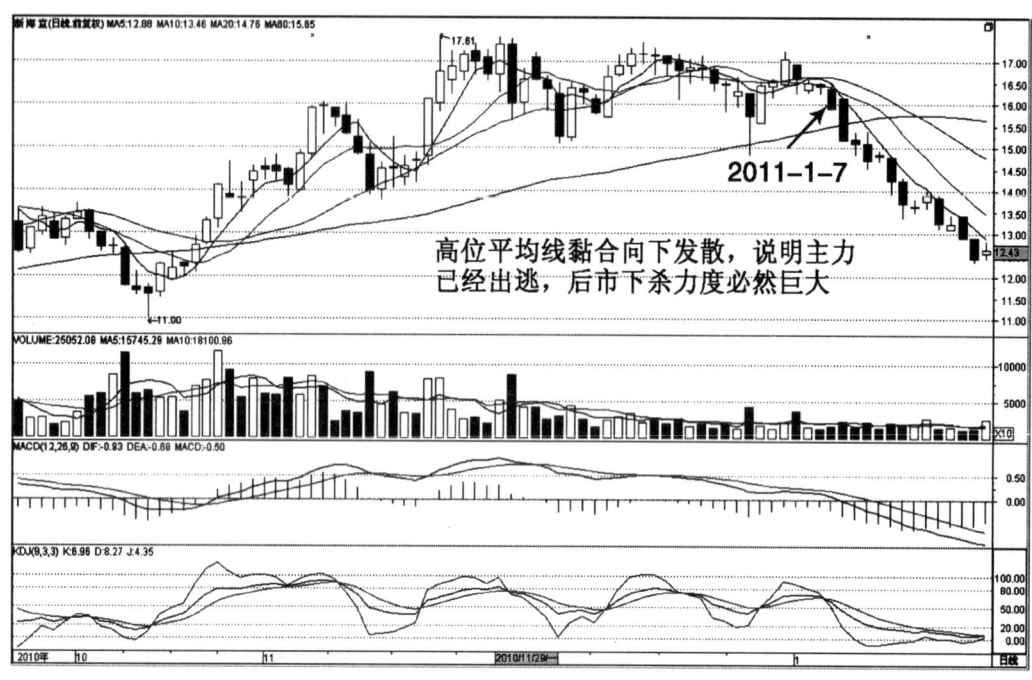

图 2-12　新海宜　002089

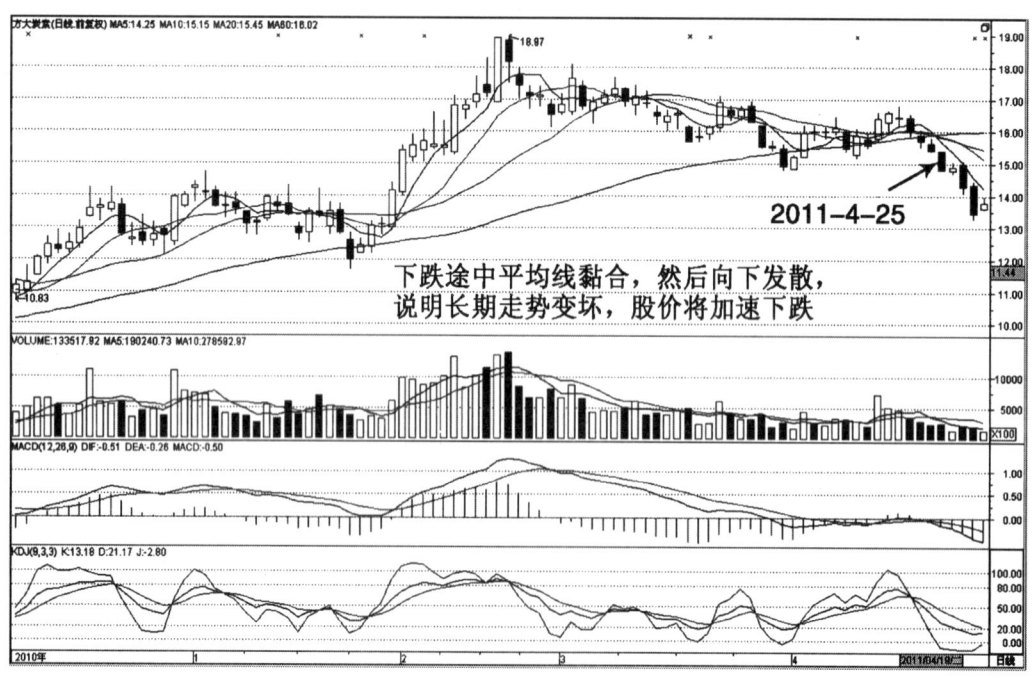

图 2-13　方大炭素　600516

跌，股价跌破前低的支撑，同时平均线开始向下发散，这是一个明确的空头信号，说明横盘结束了，后市将进入下跌趋势中，投资者只能止损出局。平均线黏合后向下发散是一个非常有杀伤力的空头信号，投资者应该果断卖出。

如图2-14所示，太原重工自高位反转后逐浪缓慢下跌。在2011年4月26日前该股有一个较长时间的窄幅震荡过程，平均线逐渐黏合在一起。这种平均线黏合不可能长久地持续下去，最后还是要选择发散方向。4月26日该股跳空下跌，跌破前期的横盘区间，平均线此时也明确开始向下发散。这是一个非常恶劣的信号，因为此前众多周期的平均线黏合在一起，如今向下发散，说明不仅短期趋势走坏，中长期趋势也同样变坏了，因此场内各种周期的投资者都应该止损出局。

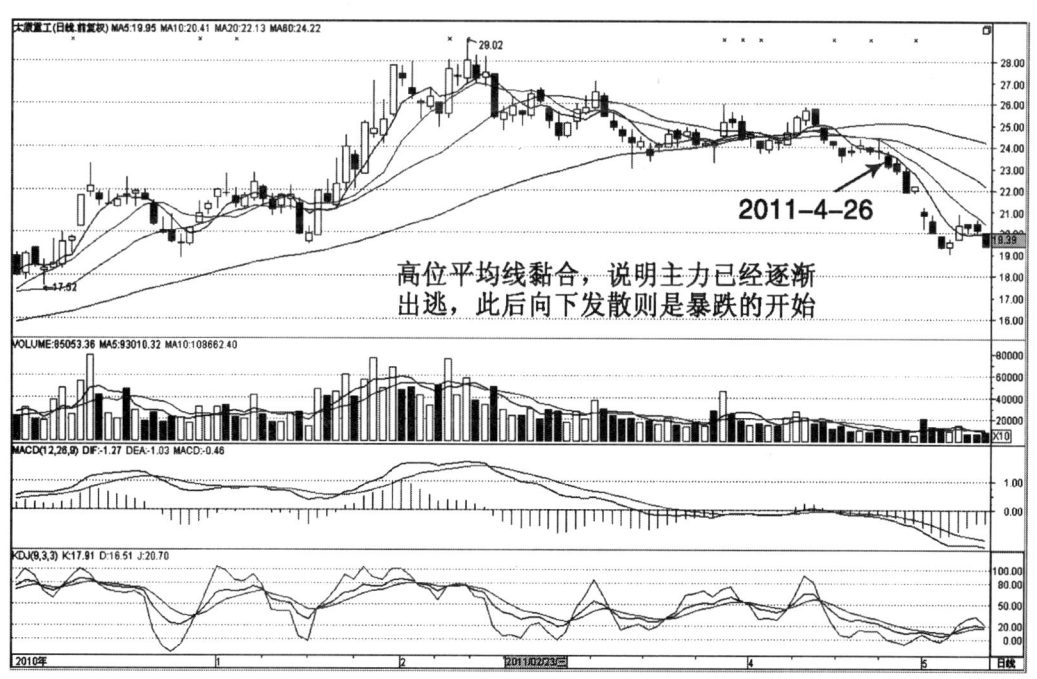

图2-14　太原重工　600169

五、一阴穿多线

卖出信号

一根中大阴线由上而下切断几根平均线，坊间有"断头铡刀"的恶名，足见其杀伤力。通常在单边的上升趋势或者下降趋势中，各个周期的平均线间距比较远，一根阴线难以切断几根平均线。那么只有在经过横盘震荡后，平均线靠拢时才有可能发生这种现象。阴线穿越多根平均线说明什么？说明投资者在恐慌出逃，其卖出价格已经明显低于平均价格。这显然是一个空头信号，投资者必须跟随出局。因为前期股价横盘，场内的持股者持股成本越来越接近，一旦股价向下破位，必将引发更多的抛盘，趋势由横盘转为下行就犹如有虎添翼，凶猛异常，后市跌幅必定很大。

一阴穿多线也不排除是主力凶悍洗盘的结果，这要看股价的整体位置。如果是在上升初期，主力建仓完毕后用一阴穿多线洗盘的可能性很大。如果股价处于明显的高位，则很可能是主力已经出逃，最后砸盘所致，后市极其悲观。一阴穿多线时如果伴随量能的放大，则是恐慌盘的大量增加所为，后市更加不容乐观，跌幅可能比预期要大。

如图 2-15 所示，运盛实业在相对高位宽幅震荡，平均线逐渐黏合在一起，说明各个周期的持股成本逐渐靠拢。这是变盘前的征兆，不过还不知道是向上还是向下变盘。2010 年 11 月 12 日的大阴线给出了方向选择。这根大阴线贯穿多根平均线，形成一阴穿多线的走势。这是非常恶劣的走势形态。一阴穿多线意味着持股者愿意以大大低于平均持股成本的价格卖出，这当然是空头占据绝对优势的表现，甚至可以说是恐慌性抛售。既然如此，后市继续下跌则几乎没什么疑问，投资者只能果断止损出局了。

如图 2-16 所示，杭州解百自低位反转上行，达到一定涨幅后在相对高位盘头，5 日平均线、10 日平均线和 20 日平均线逐渐靠拢，说明这

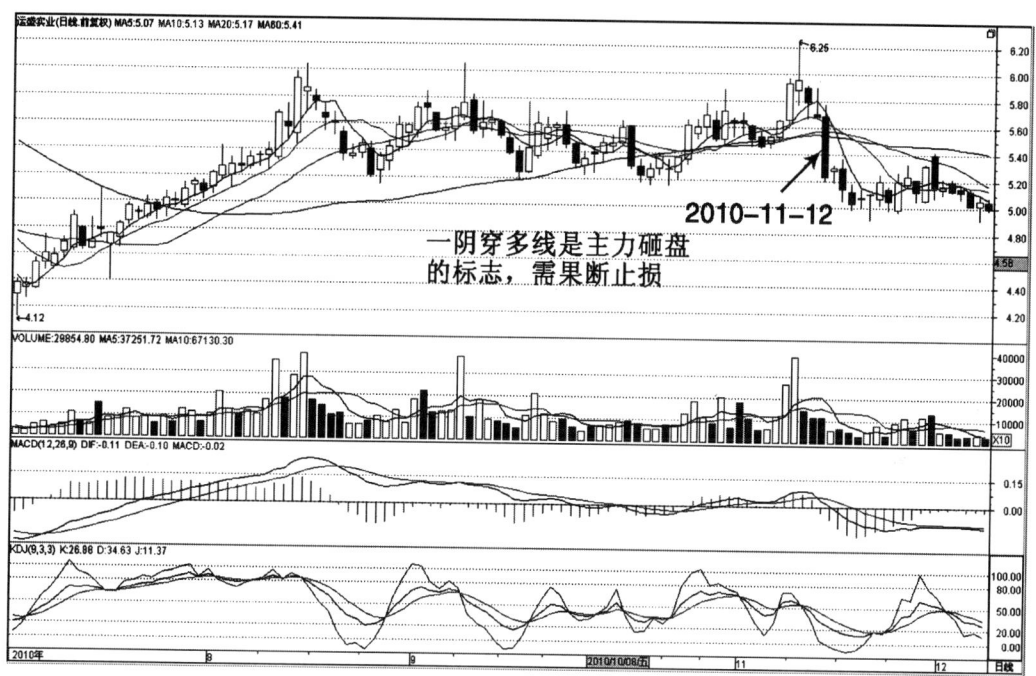

图 2-15　运盛实业　600767

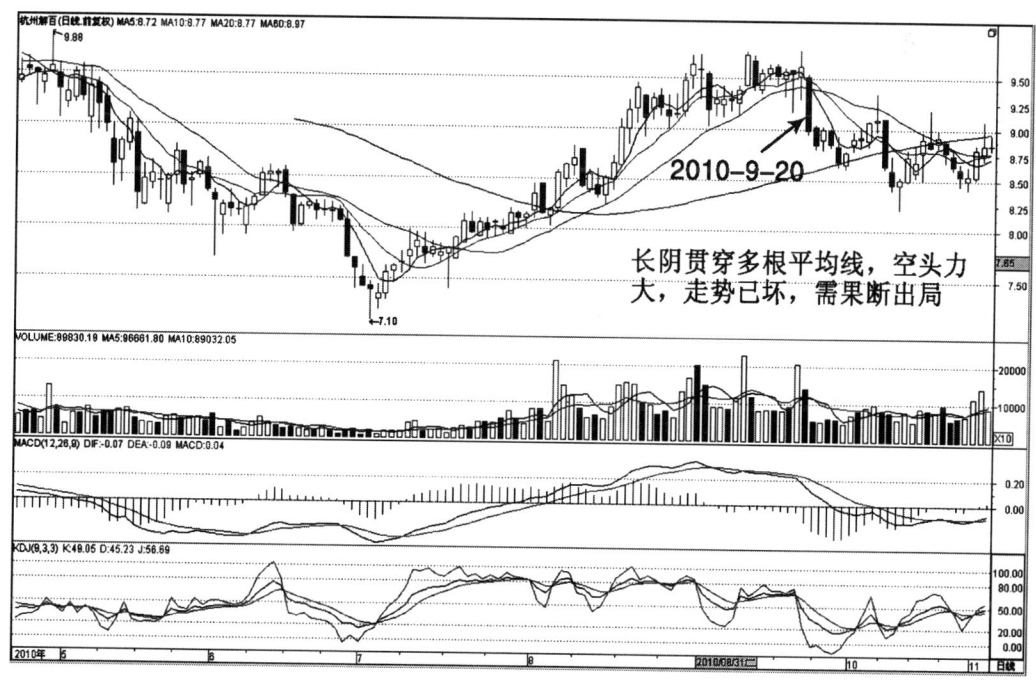

图 2-16　杭州解百　600814

几个周期的持股成本越来越集中。这是变盘前的表现,我们要密切关注后市的移动方向。2010年9月20日该股暴跌收出一根大阴线,股价跌穿三根平均线,说明场内持股者恐慌抛售,基本是不计成本。既然场内如此表现,后市自然堪忧。

如图2-17所示,鹏博士自相对高位台阶式逐浪下跌。2010年12月20日该股继续收阴,这根阴线连续刺穿包括120日线在内的多根平均线。这是非常危险的信号,说明中长期走势已经完全变坏,我们只能清仓出局。后市该股的表现糟糕之极,这很大原因就是股价跌穿了几乎所有的平均线。

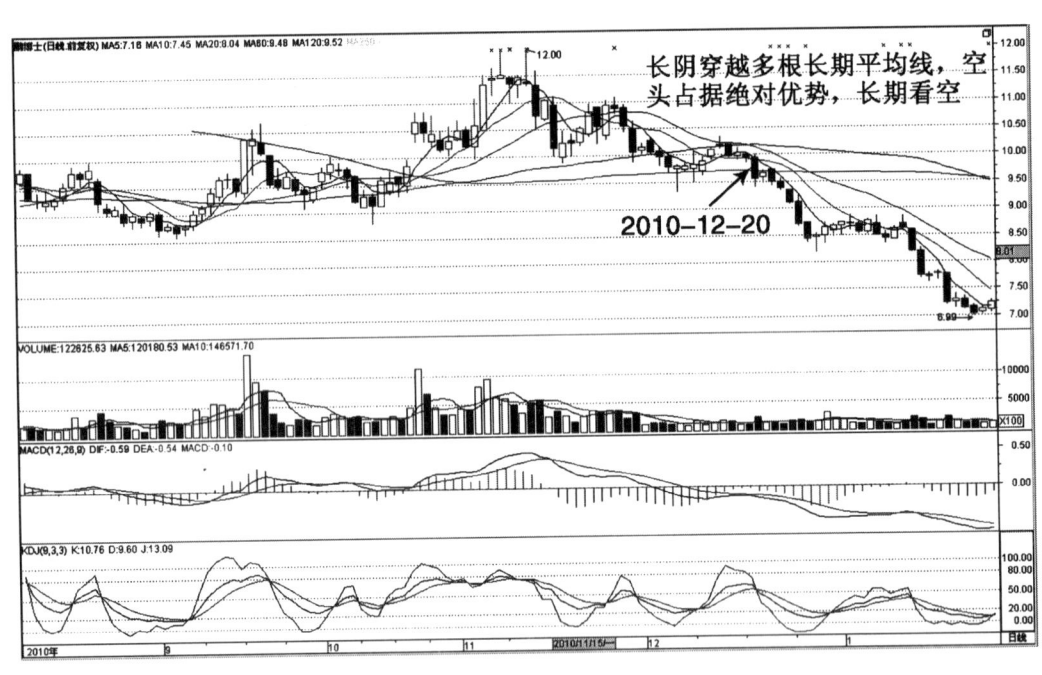

图2-17　鹏博士　600804

本例鹏博士的一阴穿多线更加危险,因为穿越的是包括短、中、长三种周期的平均线。这说明所有周期的走势都已经走软,后市将进入典型的熊市状态。当然这个卖点只适用于长线投资者,对于短线投资者来说未免太晚了。

一阴穿多线也并不都是反转信号,也可能是主力凶悍洗盘的结果。

如图 2-18 所示，平煤股份 2010 年 9 月 14 日延续前几天的跌势，继续收阴，这根阴线贯穿多根平均线，原本黏合在一起的平均线此时也开始向下发散，这通常说明走势已经变坏，投资者应该果断离场休息了。可是本例该股此后并没有跌多少，在 60 日平均线上方止跌，此后更是大幅飙升。显然这个一阴穿多线是一个诱空的洗盘陷阱，这是不是说明我们判断失误呢？只能说部分错误，短线投资者当时出局是可以理解的，否则肯定杀过止损位。后期股价止跌回升，短线投资者还可以再买回来，这样操作才是正确的。

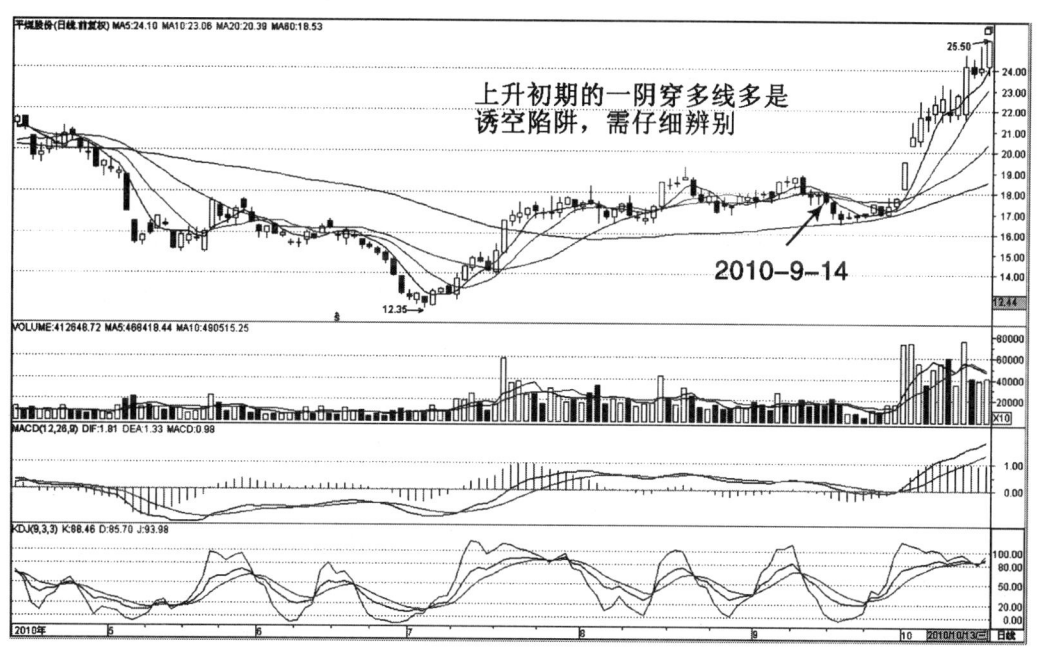

图 2-18 平煤股份 601666

六、平均线死三角

◯ 卖出信号

平均线死三角涉及 3 根平均线，参数可以根据投资周期选定，一般来说用5日平均线、10日平均线和20日平均线就可以。股价在高位反转后，5日平均线先后下穿10日平均线和20日平均线，然后10日平均线下穿20日平均线，三个交叉之后形成一个尖角朝下的三角形，就是所谓的平均线死三角。平均线死三角体现了各种周期的运行趋势都在下行，卖出的意愿越来越强烈，后市继续下跌几乎没什么疑问了。平均线死三角不仅仅是一个短线的卖出信号，同时也是中长线的卖出信号，因为如果是短期调整的话往往下跌的幅度有限，不会产生死三角。当然也不能一概而论，在股价上升初期也有用平均线死三角洗盘的，我们结合股价的整体位置研判就好。

对于短线投资者来说，平均线死三角作为卖出信号还是有点晚，对中长线投资者来说比较合适。

如图2-19所示，凤凰股份2011年3月17日收出小阴线，看似此处还有较强的支撑，但是平均线系统却显然已经变坏，变坏的标志就是此时已经形成一个死三角。所谓死三角就是5日平均线先后向下跌穿10日平均线和20日平均线，然后10日平均线向下跌穿20日平均线，这样

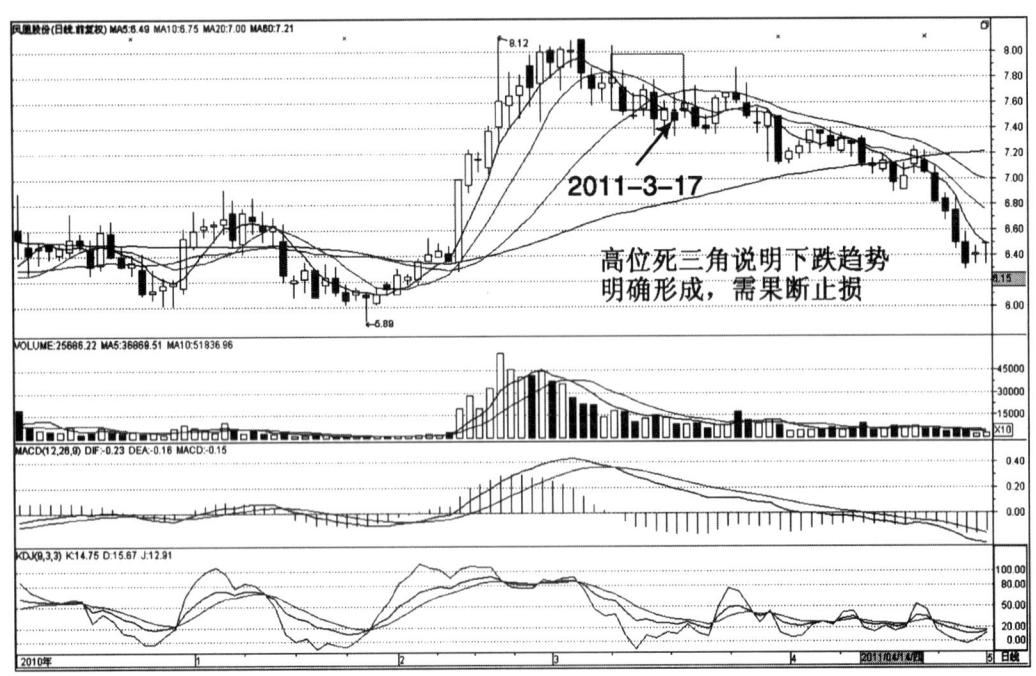

图2-19　凤凰股份　600716

就形成一个尖角向下的三角形。死三角意味着市场中的卖出意愿越来越强烈，显著低于平均水平，导致股价的重心严重下移，整体的趋势在死三角的带动下进入下跌趋势，后市继续下跌的可能性很大。本例这个死三角形成于股价大幅飙升之后，只是下跌的初期，因此后市应该有较大跌幅，投资者应该果断出局，避免不必要的损失。

如图2-20所示，云铝股份2011年4月28日走出一根长阴线，股价跌破60日平均线，走势已然变坏。更要命的是平均线在此形成了一个死三角。你可以清楚地看到5日平均线、10日平均线和20日平均线先后互相交叉，形成一个尖角朝下的三角形，这就是所谓的死三角。死三角意味着中短期的各种趋势都同步变坏，投资者的卖出意愿显然强于买入意愿，导致成交价格明显低于平均水平。这是空头掌控局势的表现，后市继续下跌几乎毫无疑问，不仅短线投资者应该止损出局，盈利的长线投资者也应该出局了。

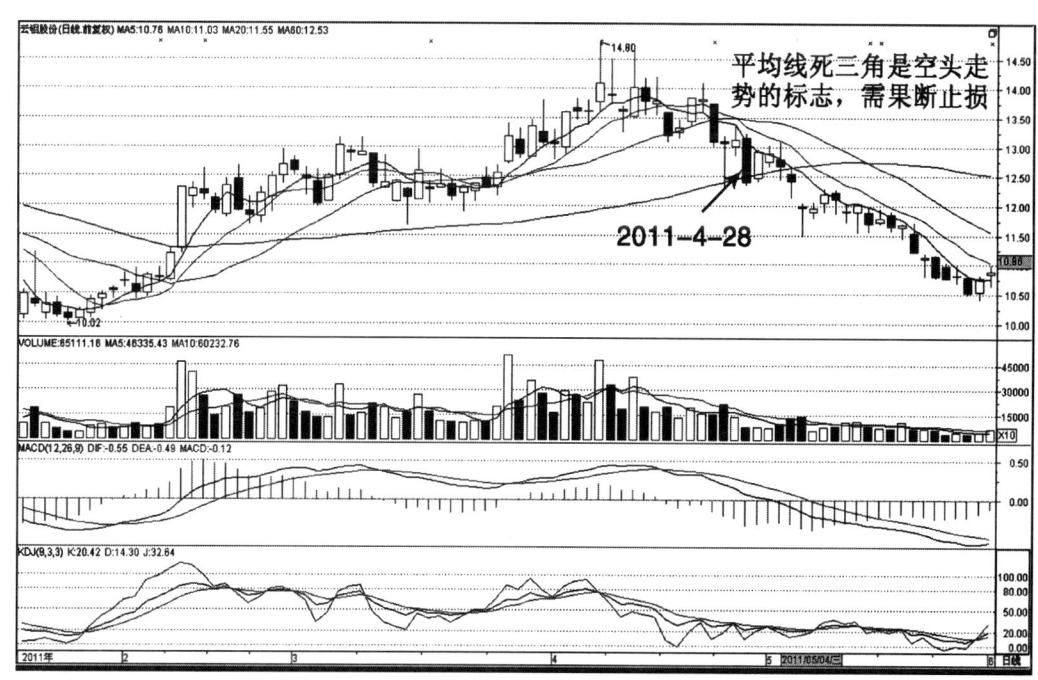

图2-20　云铝股份　000807

如图2-21所示,中兴通讯2011年3月28日收出中阴线,股价已经低于5日平均线、10日平均线和20日平均线,且这三条平均线都向下发散,中短期的走势显然已经变坏。同时这三条平均线形成一个死三角,这是走势变坏的另一个重要标志,投资者应该立刻果断出局。鉴于该股此前有较大涨幅,此时形成明显的反转走势,即使是中长线投资者也应该卖出,以保住胜利果实。

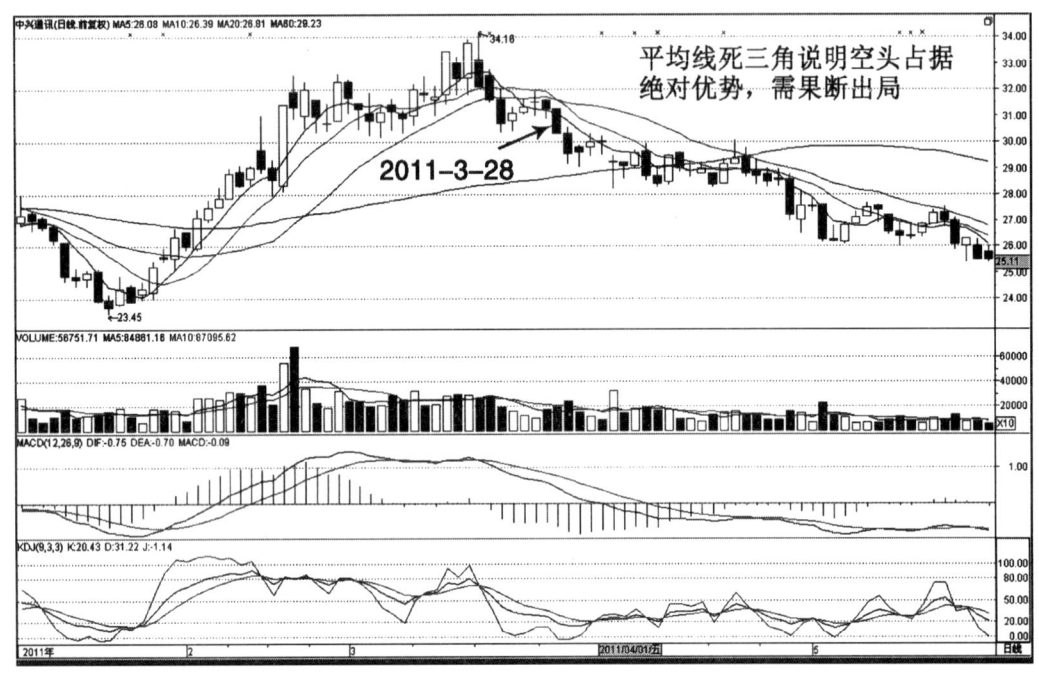

图2-21 中兴通讯 000063

第二节 趋势线卖点

一、跌破上升趋势线

卖出信号

上升趋势线就是上涨行情中两个以上的低点的连线。上升趋势线的功能在于能够显示出股价上升的支撑位,一旦股价在波动过程中跌破上升趋势线,就意味着行情可能出现反转,由涨转跌,进入下行趋势。因此股价跌破上升趋势线是一个比较可靠的卖出信号。

上升趋势线根据不同的周期分为短期、中期和长期上升趋势线,各种周期的趋势线被击破意味着该周期的趋势被破坏,相应周期的投资者可以据此而操作。

当然并不是所有的跌破上升趋势线都意味着该趋势的破坏和反转,很多时候需要根据变化调整,重新画出趋势线,这是一个比较难的地方,投资者可以自行去研究,这里就不具体展开讨论。

如图2-22所示,中国重汽在2010年10月有一波快速拉升,我们可以据此画出一条短期快速上升趋势线。只要股价在上升趋势线上运行我们就可以坚定持股,而一旦跌破则需要即刻出局。2010年11月3日该股以长阴线跌破上升趋势线,说明这波快速上升已经结束,短线投资者应该立刻清仓出局。

有时候跌破上升趋势线也有虚假信号,不过本例中国重汽以长阴线的强势攻击态势击穿上升趋势线,真实性比较高,加上短线涨幅已经够大,此时股价反转应该是顺理成章的事,我们应该毫不犹豫出逃。

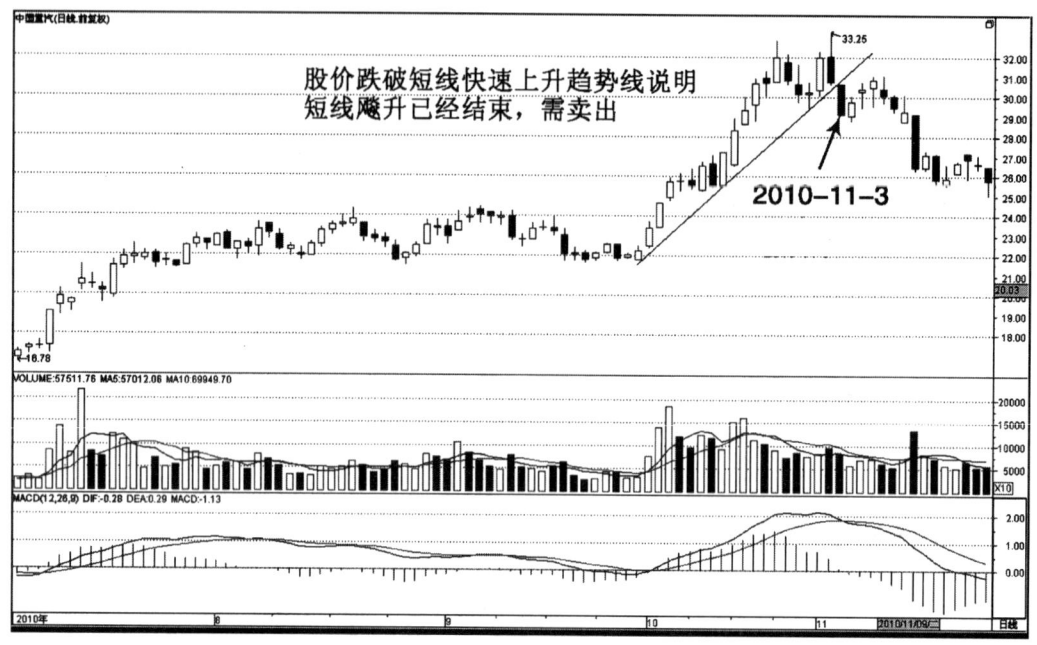

图 2-22　中国重汽　000951

如图 2-23 所示，大亚科技逐浪上升，形成一条长期上升趋势线。2010 年 12 月 6 日该股收出中阴线，股价有效跌破该上升趋势线，说明此前的长期上升趋势已经结束，后市将进入下跌趋势中，长线投资者都应该卖出休息了。该股此前量能异常放大，有明显的顶部迹象，然后股价跌破长期上升趋势线，确认了反转趋势的形成。

对于跌破趋势线，我们首先要确认是否有效跌破。该股以中阴线方式穿越长期上升趋势线，空头力度不弱，是做空的架势，此后 2 日反弹均疲软无力，更没法回到该趋势线之上，说明跌破有效，投资者可以清仓出局了。

如图 2-24 所示，宜华地产有一波明确的上升走势，依据各小波浪的低点可以画出一条标准的上升趋势线。2011 年 4 月 27 日该股跳空下跌，股价跌破该上升趋势线，虽然当日没有加大跌幅，但股价已经明确跌破上升趋势线。次日股价继续跳空下杀，跌破上升趋势线完全成立，投资者只能趁早离场。由于该上升趋势线属于中期上升趋势线，因此后市至少也是中期级别的下跌趋势，投资者要果断清仓。

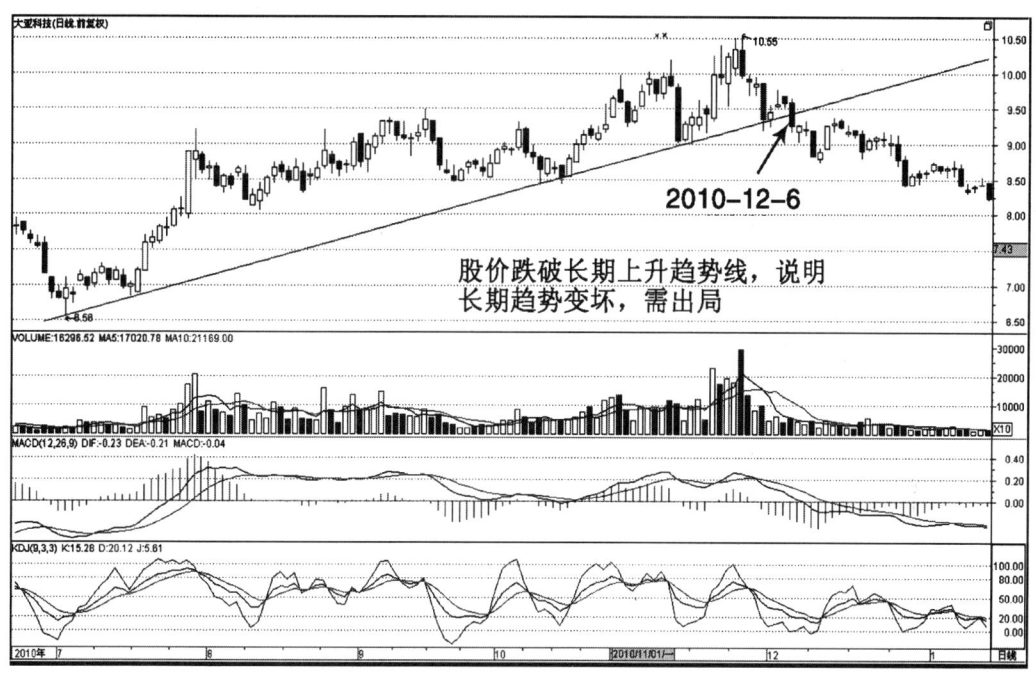

图 2-23　大亚科技　　000910

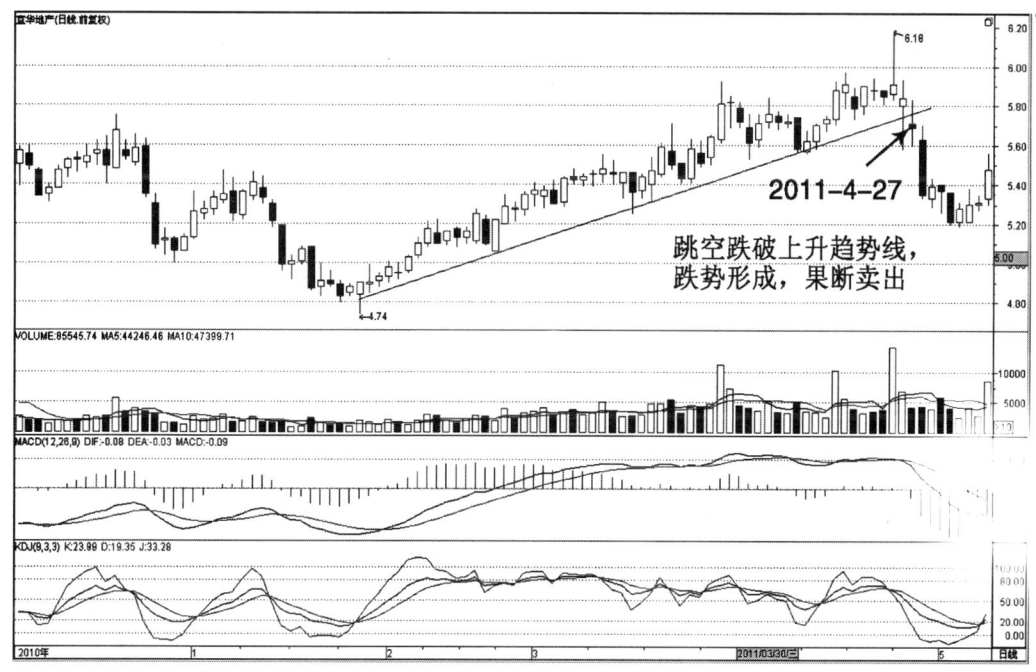

图 2-24　宜华地产　　000150

该股在跌破上升趋势线之前已经有明确的头部信号，股价放量滞涨，收出很长的上影线，空头出击迹象明显，短线投资者应该那时就出局了，而跌破上升趋势线则是中长期投资者出局的时候。

如图2-25所示，TCL集团自低位反转上行，走出一条明显的上升趋势线。2011年3月11日该股跌破上升趋势线，意味着此前的上升趋势已经被逆转，投资者应卖出休息。本例该股此后的走势有点怪异，并没有下跌多少，而是经过一段时间横盘后重新上升，短线快速拉高，涨幅非常可观。事后来看，此前的跌破上升趋势线是否为一个诱空的陷阱？事实上我们很难做出此种判断。对于短线投资者来说，跌破上升趋势线时卖出是必须要做的事。虽然本例该股此后没有进入下跌趋势，但原有的走势已经改变，投资者自然也应该跟随改变操作策略。等横盘结束后股价再度启动时，短线投资者可以重新进场，这样节约了大量的时间成本。

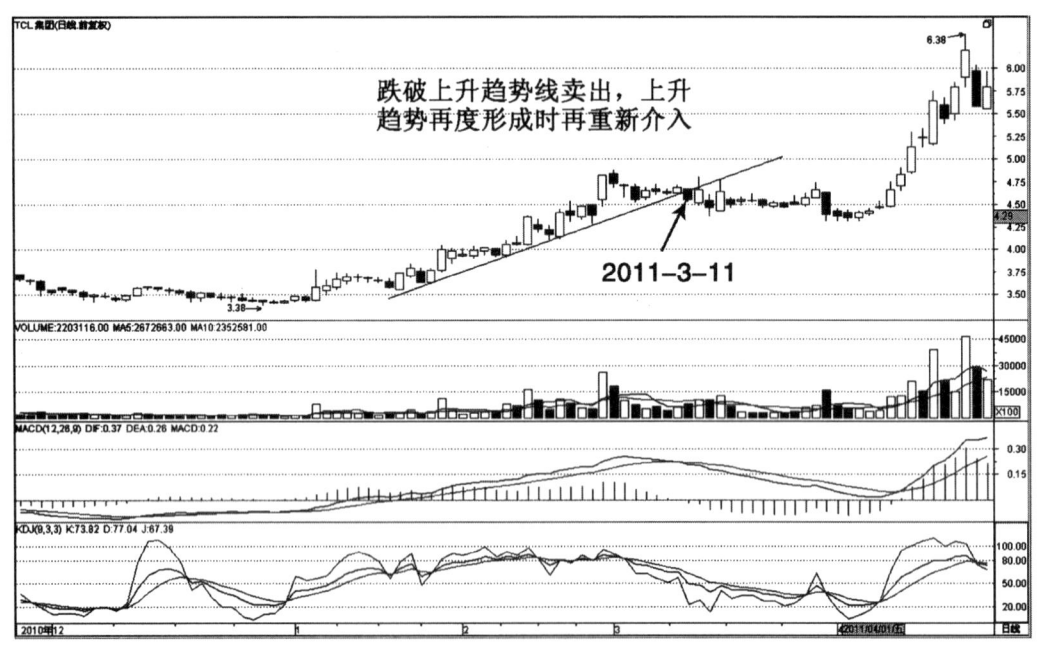

图2-25　TCL集团　000100

二、突破后很快跌回下降趋势线之下

卖出信号

下降趋势线与上升趋势线相反，是压力位的体现，通常股价反弹到下降趋势线时会再度回头下跌，而一旦突破则意味着下降趋势被逆转，是买入信号。可惜这市场经常有虚假信号，股价突破下降趋势线之后很快就跌回去了，这种假突破说明股价走势将恢复原貌，投资者为了避免后市更大的跌幅，需即刻纠错，尽快止损卖出。

在实战中还有一种情况是股价突破后不继续上涨，也不跌回原来的下降趋势线之下，而是沿着新的下降趋势线下行，性质与跌回去是一样的，同样需要及时止损出局。

如图 2-26 所示，青龙管业自高位反转下跌，沿着一条下降趋势线缓慢阴跌，走势非常磨人。2011 年 3 月 25 日，该股延续此前的弱势反

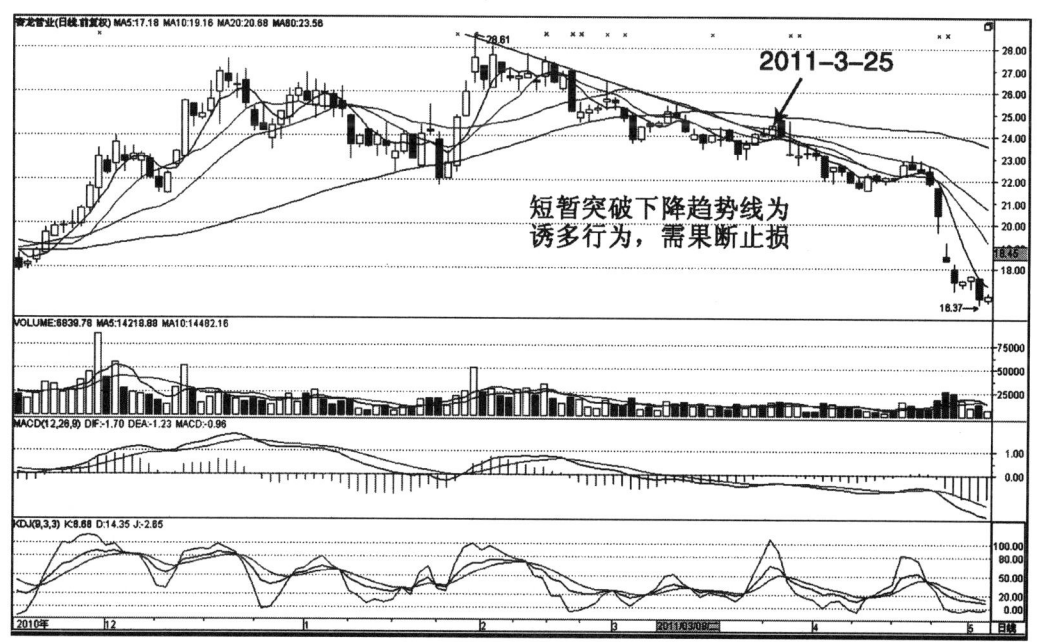

图 2-26 青龙管业 002457

弹，继续收出小阳线，不过已经突破此前形成的下降趋势线。这是不是一个买入信号呢？千万别这么认为。首先突破的力度有问题。小阳线突破属于非常弱势的突破，又没有成交量的配合，谈不上是真实做多的表现，几乎一眼就能看出反弹的疲软。其次该股自高位反转以来，下跌的幅度并不大，杀跌动能远没有释放干净，投资者不能过于乐观。最后我们还可以看看后市的验证。该股次日即收出一根穿头破脚的阴线，反弹就此夭折，股价也回到下降趋势线之下。这个突破是个不折不扣的假突破，如果你参与反弹了，趁早止损出局为妙。

如图2-27所示，益生股份2011年4月14日跳空上行，当日收出一根十字线，股价已经明确突破此前的下降趋势线。按常理，跳空突破是一种比较有力的突破方式，且当日的成交量大幅放大，这是不是真实突破呢？我看未必，因为该股反转后的整体跌幅并不大，下跌动能还是很足。另外当日成交量虽然放大，但整体看还是比较小，且未必是做多的量，毕竟当日收盘价比开盘价还小幅下跌了点，我们甚至可以理解为做空的量能强过做多的量能。次日该股跳空回落，走出类似于黄昏之星

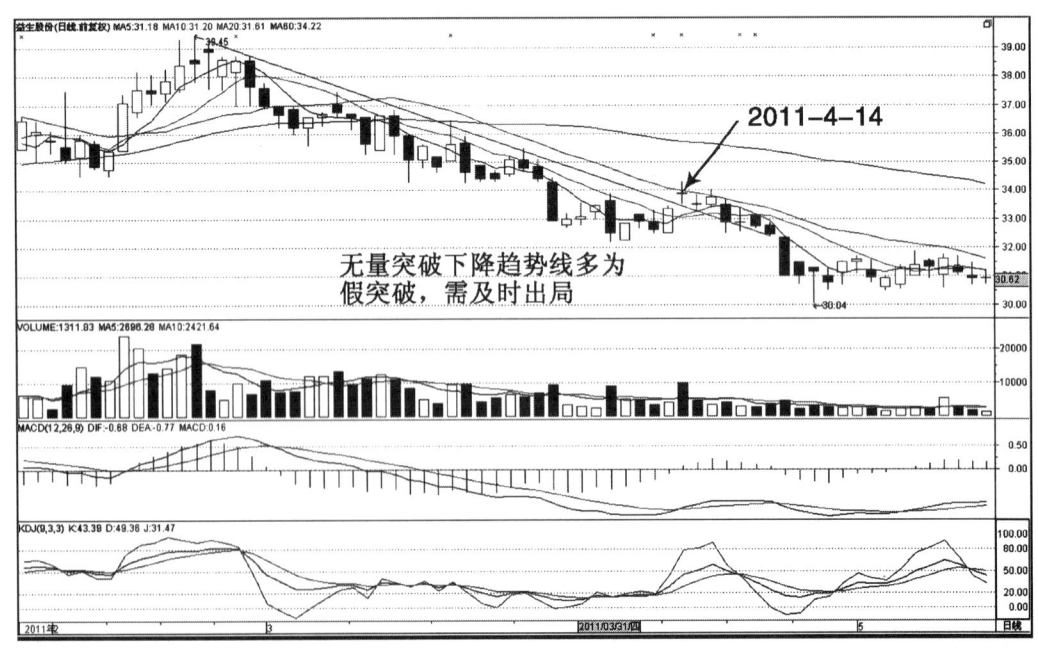

图2-27　益生股份　002458

的图形，虽然股价没有回到下降趋势线之下，但我们也能判断将形成新的下降趋势，参与反弹的投资者此时只能趁早卖出了。

如图2-28所示，誉衡药业自高位反转后逐浪下跌，可以画出一条下降趋势线。2011年2月15日该股突破下降趋势线，这通常意味着此前的下跌趋势已经被逆转，是一个买入信号。可是该股后市并没有拉升多少就重新下跌，买进的投资者基本被套。这里值得关注的是该股向上突破下降趋势后反弹就结束了，但是股价又没有跌回此前的下降趋势线之下，这让很多投资者产生了一些错觉。事实上这种走势的个股非常多。股价突破下降趋势线后回落，可能并不会跌回此趋势线之下，而是形成了新的下降趋势，这点我们要明确。本例该股就是如此，突破后沿着新的下降趋势下跌，股价回到前低，如果你不肯撒手，损失无疑比较大。

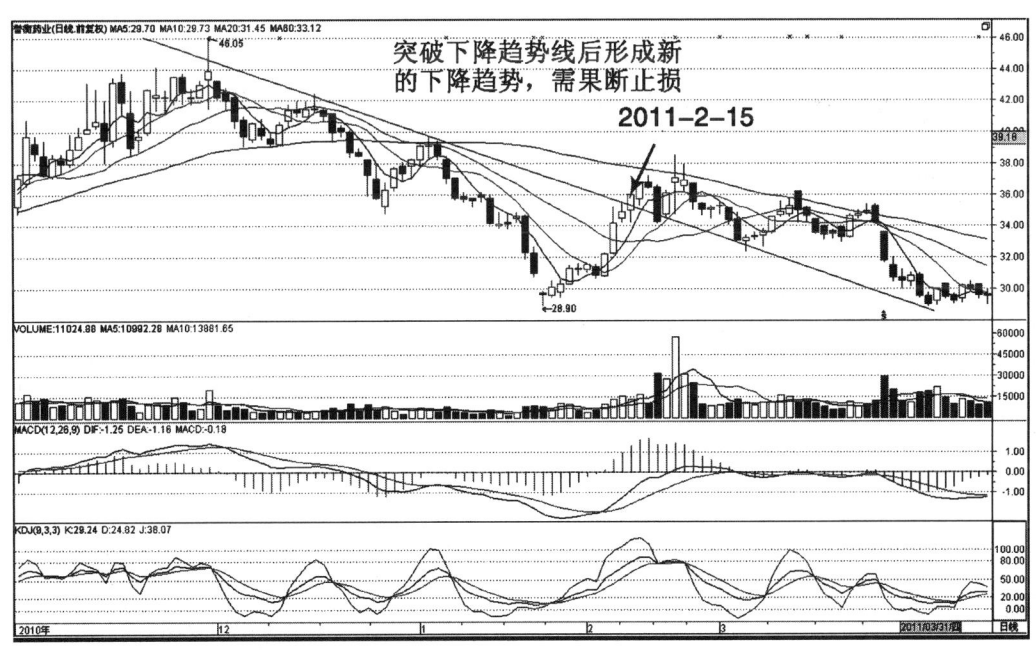

图2-28　誉衡药业　002437

三、反弹到下降趋势线

○ 卖出信号

刚才提过下降趋势线是压力位的体现，股价反弹到下降趋势线就需要卖出。当然这么做也有卖错的时候，因为股价随时有突破的可能，这就需要我们结合整体走势和成交量等来研判。一般来说下降趋势线一旦形成，会有较长时间的压制作用，股价运行到下降趋势线附近时有滞涨或者明显上升无力的表现时，投资者应该及时卖出，避免股价再次见顶的风险。

这种卖出信号适合于中长期的趋势线，只是一个抢反弹后的短线卖出时机，在使用时要注意。

如图2－29所示，新开源沿着一条下降趋势线逐浪下跌。这是一条长期下降趋势线，通常这样的趋势形成后我们不宜操作，但是总有一些

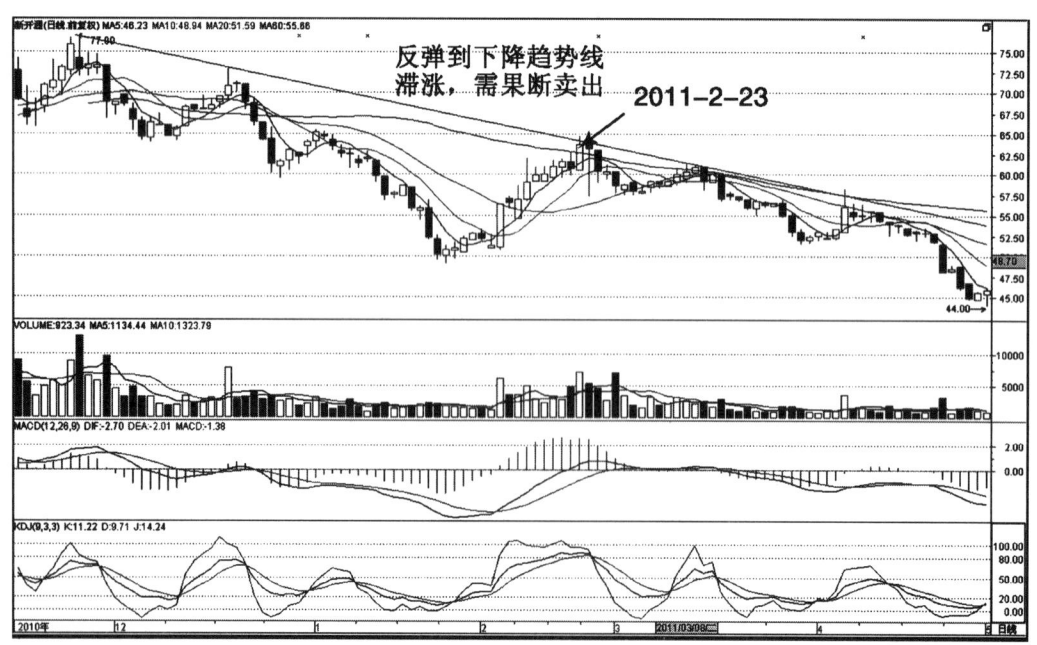

图2－29　新开源　300109

短线玩家不甘寂寞，会积极参与抢反弹。我们要记住，这样的反弹往往会在来到下降趋势线附近的时候见顶，那就是一个很好的卖出时机。2011年2月23日该股收出中阳线，看似反弹非常有力，但是次日即反转下跌，下降趋势线的压力再度显现。此后该股还有几次触碰下降趋势线就回落的表现，足见下降趋势线的威力，我们做反弹时特别需要注意。

如图2-30所示，新大洲A自高位反转后逐浪下跌，运行在一条下降通道中。2011年1月6日该股高开低走，最后收阴。细心的投资者就会发现，这个位置恰好是下降趋势线的位置，这说明股价的反弹受到下降趋势线的明显压制，反弹很可能就此结束，后市将继续下跌，该股后市的走势也证明了这一点。

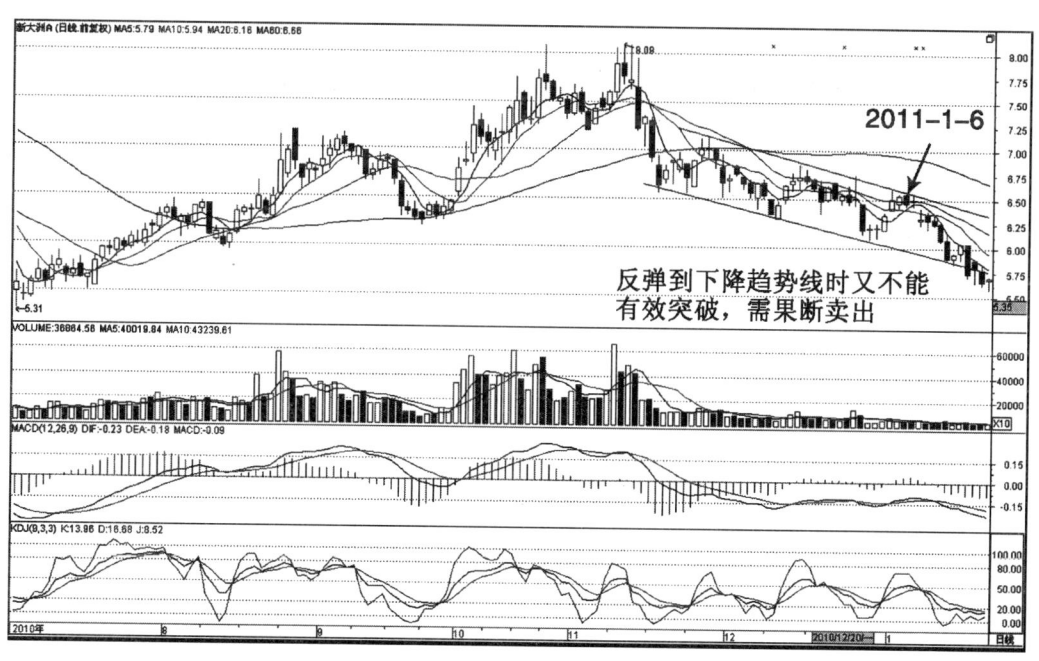

图2-30　新大洲A　000571

如图2-31所示，四川双马自一个阶段高点反转下跌，股价逐浪下滑，形成一条明确的下降趋势线。下降趋势线意味着压力，股价反弹到此处就很可能再度见顶回落。2011年1月5日，该股收出红三兵，但是我们要注意，股价已经来到了下降趋势线，如果此后股价不能有效突破，则会延续此前的下跌趋势。次日该股低开低走，毫无悬念地结束了反弹，后市只能是继续下跌，冲动抢反弹的短线玩家需要及时止损出局，千万别被所谓的红三兵迷惑了。这个红三兵量能极度萎缩，也不是蓄势要突破下降趋势的架势，投资者更应该小心应对。

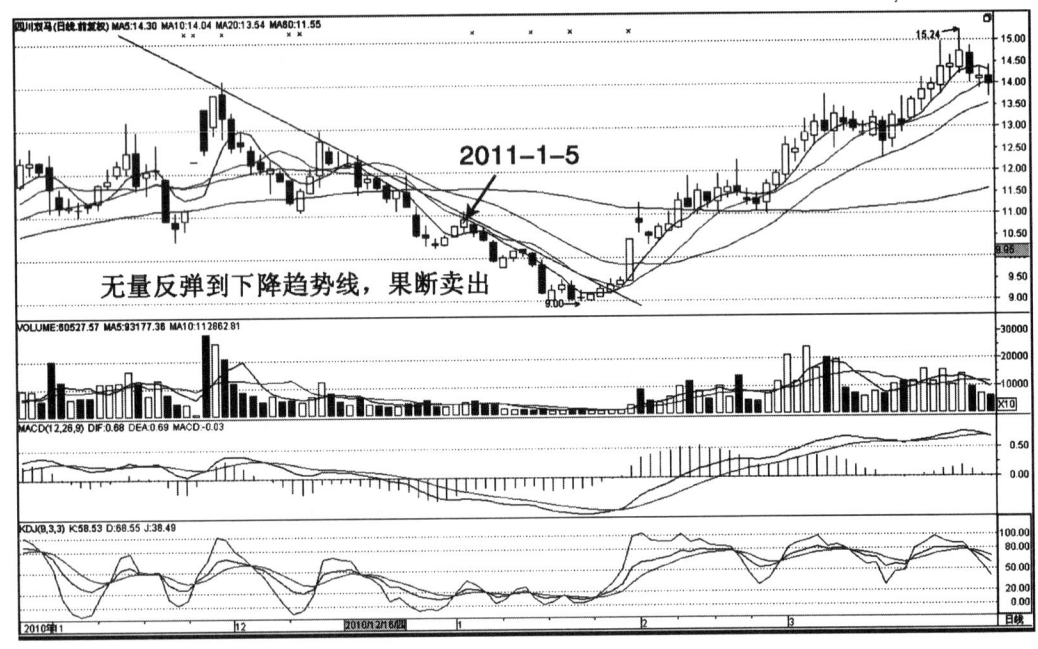

图2-31　四川双马　000935

四、跌破平行趋势线

卖出信号

股价在同一个价位止跌，我们把这些相同价位的低点连接起来可以得到一条平行趋势线，这条平行趋势线就是理所当然的支撑位。如果股价跌破该平行趋势线，支撑位就变成了压力位，此时我们需要立刻止损出局。

股价跌破平行趋势线也有不少是诱空的陷阱,我们可以根据股价的整体位置来研判。如果股价处于相对高位,跌破通常是真跌破,在上升初期则有可能是主力洗盘行为。另外如果跌破是以中大阴线的方式完成,则可靠程度比较高。如果跌破的时候带有较大的成交量,则后市的跌幅可能会超过预期。

如图2-32所示,深南电A 2010年11月12日跟随大盘暴跌,一根大阴线穿越多根平均线,此时我们就必须止损出局了。这里我们从趋势线的角度研判一下。此前该股横盘震荡,根据低点我们可以画出一条平行的趋势线,这条趋势线显然就是我们熟悉的支撑线,一旦告破就意味着平行趋势已经结束,走势变成了下跌趋势。因此11月12日的这根大阴线明确跌破平行趋势线的时候,我们就可以判断走势已经变成下跌趋势了,不管是什么周期的投资者都必须止损出局了。因为该股此前横盘的时间较长,因此后市下跌的动能可能很足,我们更需及时卖出,免得遭受更大损失。

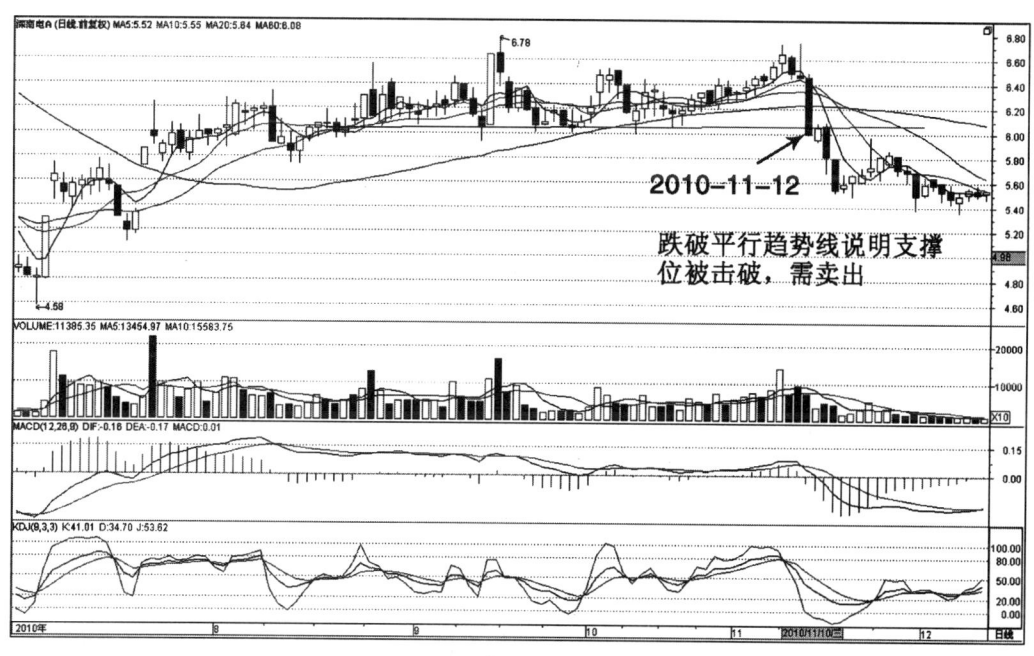

图2-32 深南电A 000037

如图2-33所示，绵世股份在两波快速拉升后进入震荡整理中，走出一个类似三重顶的形态，高点越来越低，低点则基本相同，连接这些回落的低点可以画出一根平行趋势线。这条平行趋势线就是我们熟知的水平支撑线，一旦跌破则意味着趋势逆转，后市将进入下跌趋势。2010年12月23日该股小幅下挫，但股价已经明确跌破平行趋势线，说明支撑位已经被突破，后市继续下跌的可能性极大，投资者只能趁早卖出了。后市该股如期继续下跌，如果没有及时止损将损失惨重。

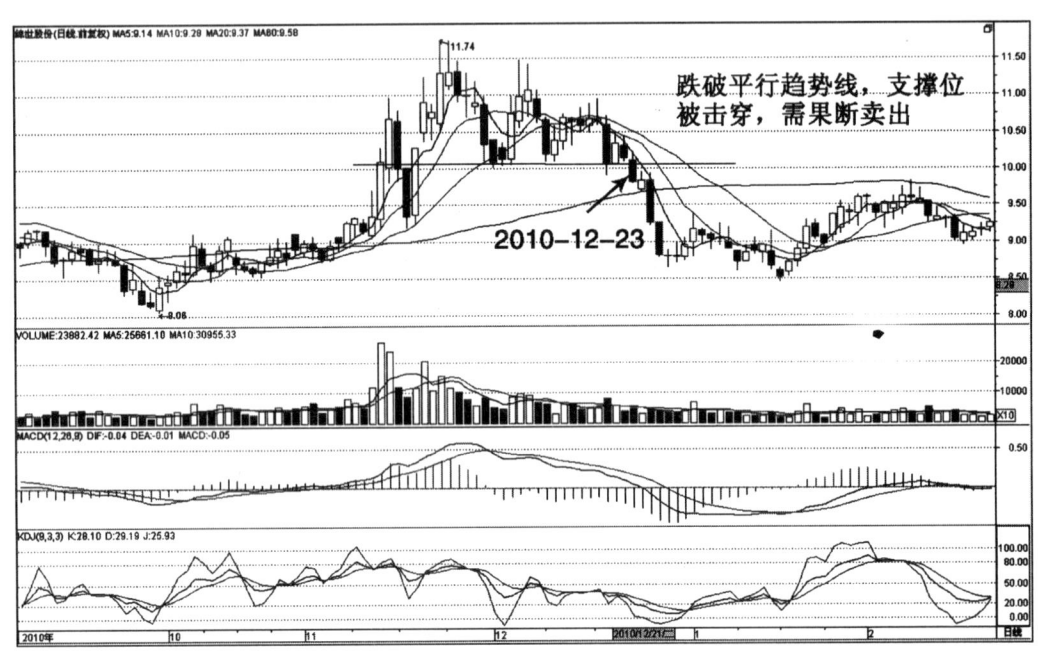

图2-33　绵世股份　000609

如图2-34所示，深华发A 2010年12月28日跌破此前的长期横盘区间，破位下行，走势一下子变得非常难看。按照箱体理论，后市至少有一个等高的跌幅。可是此后该股并没有继续下跌，而是直接进入反弹，后来甚至股价回到了此前的箱体下边线之上。这是不是意味着股价重新走好了呢？看盘仔细的人对此可能会深度怀疑，因为当时突破平行趋势线的那根阳线带有很长的上影线，实体却非常小，说明此处空头的力量非常强大，另外突破的时候成交量依然低迷，难以看出真正做多的力量。从整体看，股价跌破长期的横盘区间，没有达到起码的跌幅是难以有效止跌的，如果没有特别的利好，股价至少会跌一个箱体高度的跌幅，而该股还远没有完成任务。此后该股的跌幅如期达到目标，不由得你不相信。

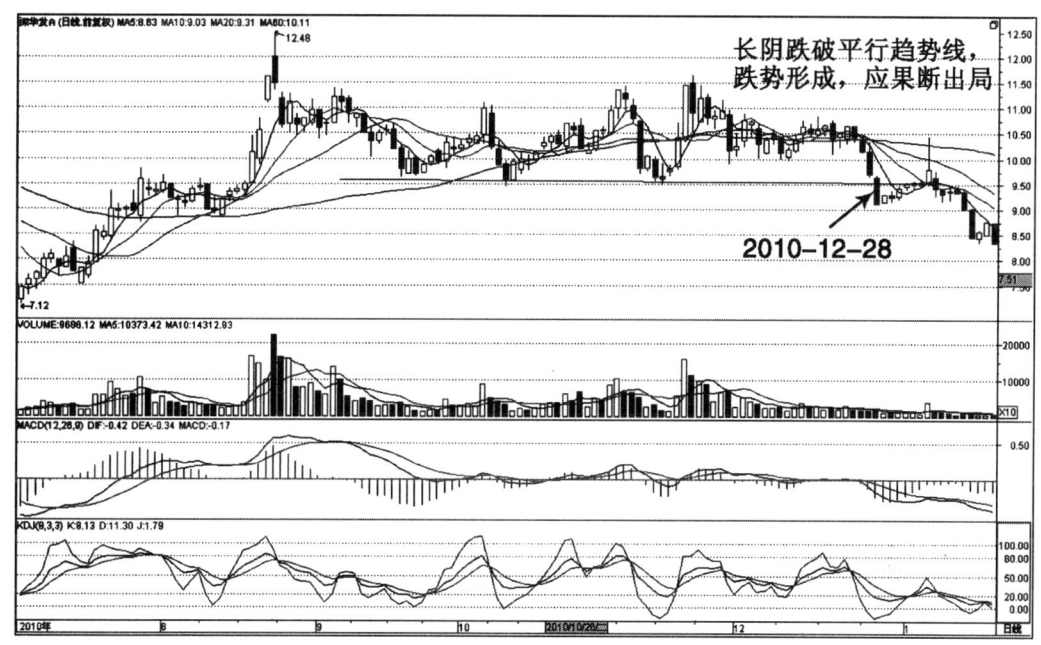

图2-34　深华发A　000020

五、假突破平行趋势线

◎ 卖出信号

股价前期在同一个点位见顶回落，如果把这些高点连接起来可以得到一条平行趋势线。毫无疑问，这条平行趋势线就是压力线，如果不突破的话不适合进场。但是即使突破也经常有假突破的现象出现。所谓假突破就是股价突破后很快跌回去了。假突破平行趋势线就是股价突破后很快跌回该趋势线之下，时间通常是在三天之内。

同样价位的低点连线也可以形成平行趋势线，不过这是支撑线，被跌破后就变成压力线，未来如果股价回到该压力线之上，则又变回支撑线。通常股价回到该平行趋势线之上后可以积极参与，但也要提防假突破。

所有的假突破都该按相反的方向操作。本来向上突破后可以跟进做多，假突破成立后则只能反向做空。我们A股没有做空机制，那就只能止损卖出。

通常研判股票需要结合股价的整体位置，但假突破是主力的陷阱，基本可以忽略整体位置，按反向操作即可。当然也有少数个股利用假突破来扰乱投资者的视线，这种情况比较复杂，我们这里不展开讨论。

如图2-35所示，大江股份2010年11月8日放量大涨，股价轻松突破此前的平行趋势线。这条平行趋势线是根据此前的几个平行的高点画出的，是重要的压力线。如今股价已经明确突破了该压力线，意味着股价走势进入新的上升趋势，通常投资者是可以积极介入的。可是该股次日即回落，第三天更是回到该平行趋势线之下，说明这个突破为假突

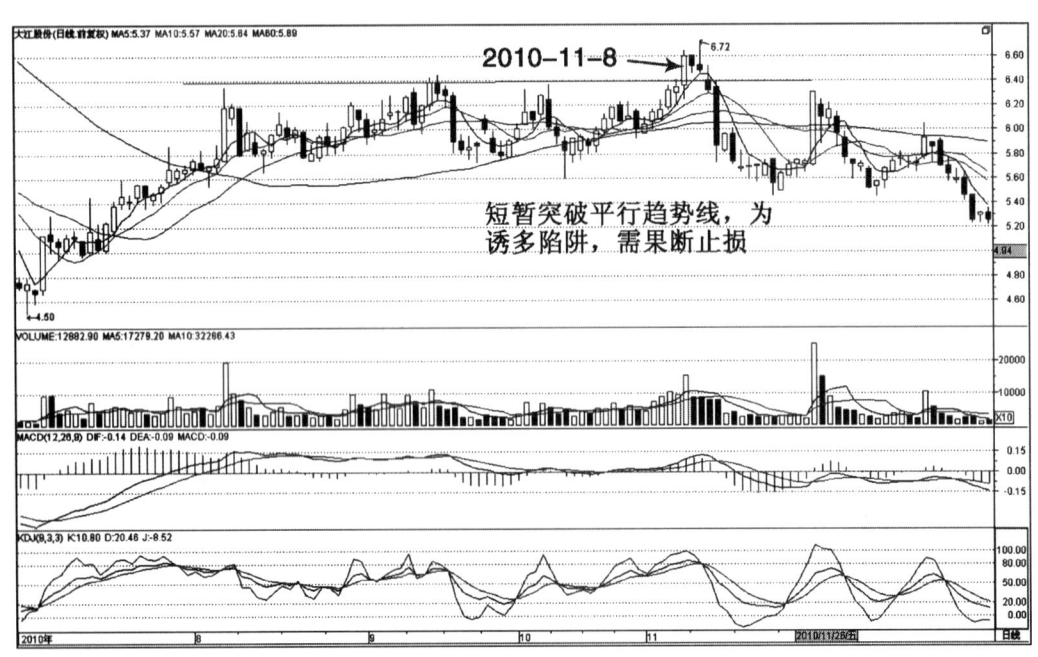

图2-35　大江股份　600695

破，我们只能止损出局了。该股此后大幅下挫，可见假突破这种诱多陷阱的凶险，对于假突破我们只能反向操作，越及时越好。

如图2-36所示，济南钢铁2010年9月7日突破平行趋势线，较长时间的压力位被突破，按常理可以跟进。次日该股高开低走，第三天跌回到平行趋势线之下，假突破成立。此时只能遗憾出局了。

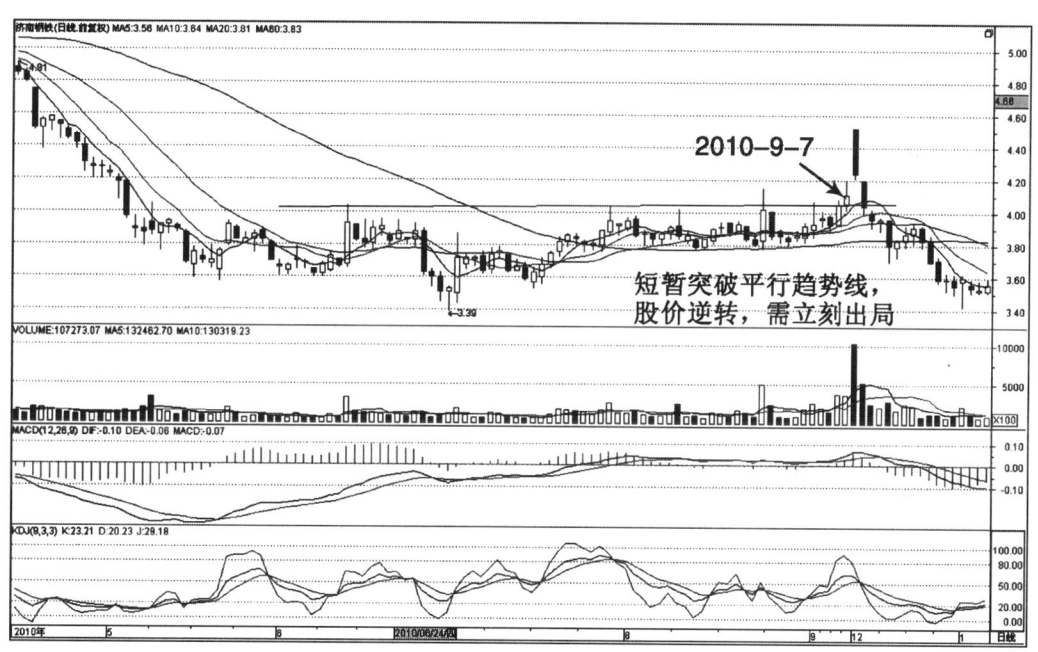

图2-36　济南钢铁　600022

事实上这个假突破不算严格意义上的假突破，因为这个突破后有较大的获利空间，对于短线投资者来说已经足够，不存在亏损的问题。突破后的次日涨停板开盘给了我们充分的出局机会。

如图2-37所示，宏达高科前期跌破水平支撑线，支撑线变成压力线。不久后股价反弹。2011年1月7日该股放量大涨，股价回到原来的水平支撑线之上，按常规理解，原来的压力已经解除，压力线又变成了支撑线，后市很可能上涨，投资者可以在突破的时候跟进。可是该股次日虽然继续放量，但股价却掉头直下，很快回到平行趋势线之下。这说明突破为假突破，我们只能反向操作——止损出局。该股后市也果然继

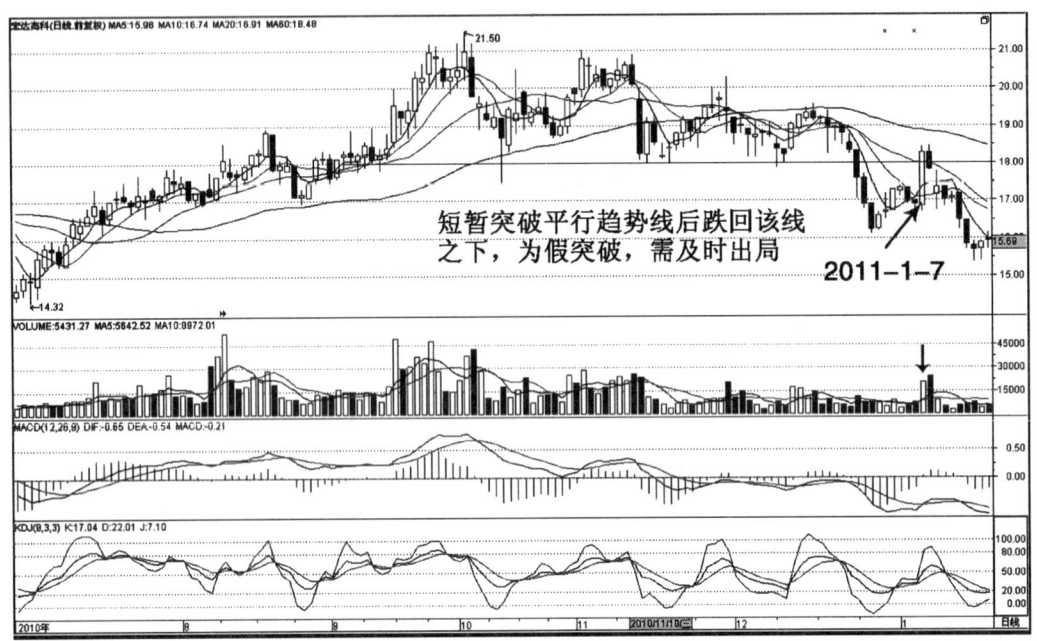

图 2-37　宏达高科　002144

续下跌，还好止损比较及时。

从形态的角度看，该股原来跌破水平支撑线后理应至少有一个等高的跌幅，事实上该股跌破后并没有达到目标跌幅，因此我们有理由相信随后的反弹有诱多的嫌疑，需谨慎对待。

第3章 分时图卖点

卖在**最高点**

分时图是很多超级短线玩家的最爱，因为它能直观体现当日走势的变化。但说实话，分时图上的买卖信号也是最不靠谱的一种类型，失误率极高。

分时图的分析同样不能脱离整体背景。我们是看完日线图、周线图等之后才进入分时图，而不是相反；是在日线图上发现了买卖信号即将出现，然后才到分时图上捕捉具体的买卖时机。

分时图的构成要素是股价线、均价线和成交量。这三者也是分析的最重要对象，通常的买卖信号都是通过这三者的分析得到的。均价线是当日趋势的重要体现和参考标准，其作用类似于平均线。成交量虽然不是决定性的力量，但也是不可或缺的参考因素。

分时线也具有形态和趋势，可以运用技术形态分析和趋势分析，分析要点都是相同的。事实上分时图也可以转换为分钟线图，性质是一样的。另外分时图上也可以叠加量比线和其他技术指标，分析方法类似于K线分析。

一、跌破均价线

> **卖出信号**

分时图中，均价线代表当日买入者的平均价格，这根线最能体现当日的价格走势和趋势。如果实际的股价线高于均价线，说明买盘踊跃，愿意以高于平均价格的价格买进；如果实际的股价线低于均价线则市场含义相反。因此一旦股价线跌破均价线，就说明成交价格低于平均价格，空头开始占据优势，后市看空，是短线的卖出时机。在实际的走势中，也经常会出现短暂的跌破均价线现象，但均价线还是上行的，这不能算是空头占优势，很可能只是一个短暂的洗牌行为。真正成为卖出信号的跌破均价线，需要均价线开始走平甚至下行，这种信号才可靠。

当然这个信号只是当日盘中的多空实力转换的反映，是否能成为真正的卖点还需要结合日线来研判。事实上，所有的分时信号都具有很高的不确定性，离开更长周期的线图来分析只是管中窥豹，失误的可能性极大。这是我们需要牢记的。

如图 3-1 所示，久联发展 2011 年 7 月 18 日开盘后迅速拉高，成交量也同步密集地放大，一副牛股的架势。可惜很多股票在开盘后急拉都有诱多的嫌疑，本例就是其中之一。20 分钟不到，该股便停止了拉升，稍微停顿了几分钟后便快速下坠，股价很快跌破均价线。这意味着什么？意味着即时的成交价格已经低于当日的买入平均价格，说明场内的买入意愿越来越弱，卖出的意愿则越来越强，卖盘开始占据上风，后市很可能继续下跌，短线投资者此时则需要及时卖出。本例该股在跌破均价线后果然逐浪下跌，最后收出绿盘。

如图 3-2 所示，霞客环保某日开盘后逐浪走高，一个小时后股价大幅回落，然后在均价线上方横盘，此时可以继续观望。14 时左右，该股没有等来向上突破，反而继续下挫，股价跌破均价线，当日走势至此已

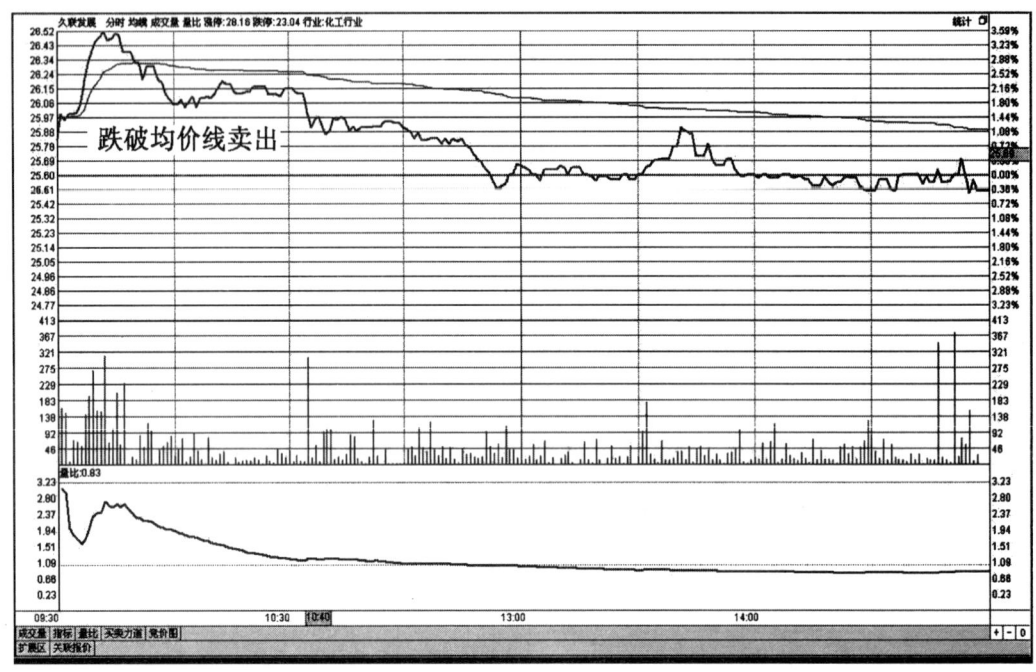

图3-1 久联发展 002037

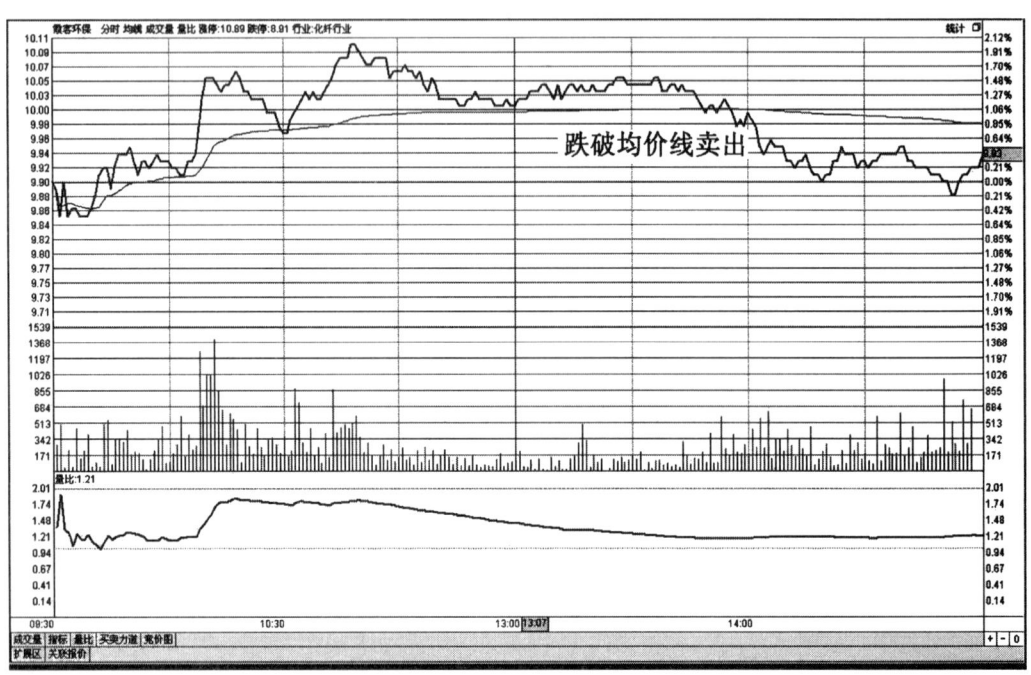

图3-2 霞客环保 002015

经明显变坏，短线投资者可以卖出了。有时候跌破均价线也可能是诱空，这要看均价线本身的走势。本例该股跌破均价线的时候，均价线本身已经开始下行，说明卖盘越来越踊跃，卖出信号比较真实。该股此后的走势也证明了这一点。

如图3-3所示，众和股份某日开盘后有两波急拉，短线涨幅可观，然后股价缓慢下滑。不知不觉间，股价已经跌破均价线了。此时的均价线也明显开始下滑，因此这个下跌非常真实，场内的卖盘确实强过买盘。既然股价已经确实走软，空头占据了上风，那么短线投资者只能趁早离场。股价跌破均价线是一个分水岭，也是一个比较好的卖出信号，短线投资者需要及时把握。

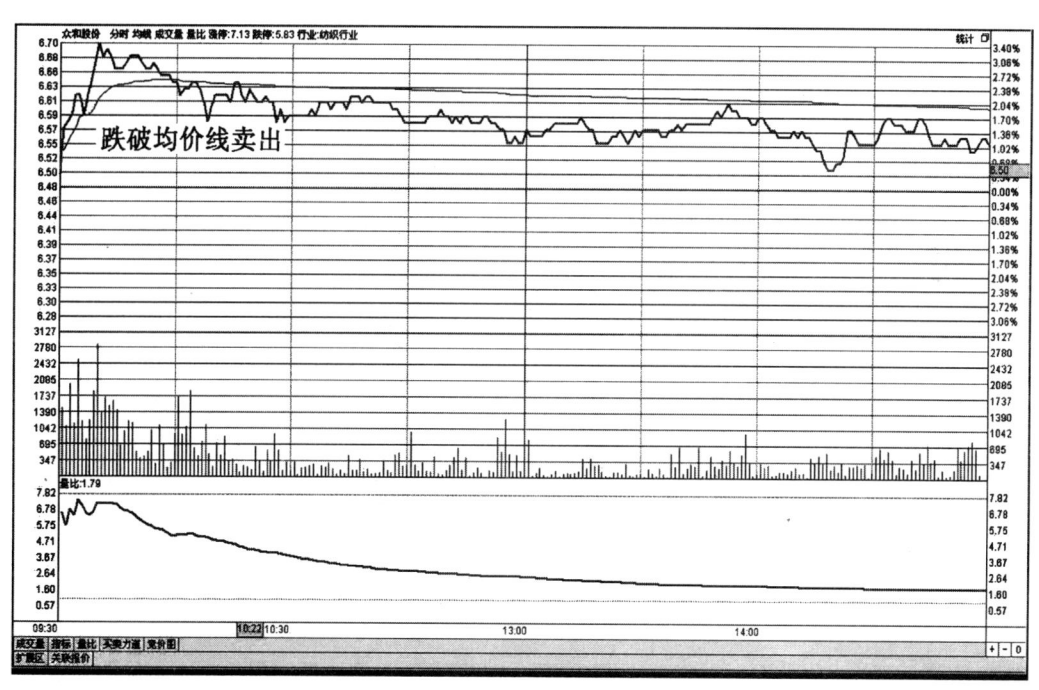

图3-3　众和股份　002070

二、反弹到均价线

卖出信号

均价线是支撑线也是压力线——在上升波浪中是支撑线，在下跌波浪中是压力线。因此在分时图中，股价反弹到均价线而不能有效突破时，便是一个逢高卖出的时机。当然这也需要结合其他周期的线图来分析，不能单纯依靠分时图，否则失误的概率太大，根本无法达到盈利的目的。

如图3-4所示，烟台氨纶2011年7月18日开盘后迅速飙升，但10多分钟后即反转回落，然后在均价线上方横盘，可以算是获得支撑，投资者暂时还可以继续持股。此后股价跌破均价线，均价线也开始下行，说明当日空头已经开始占据上风，投资者需要暂时出局。当日下午开盘30分钟后该股有所走强，股价触碰到均价线，但始终难以逾越均价线，

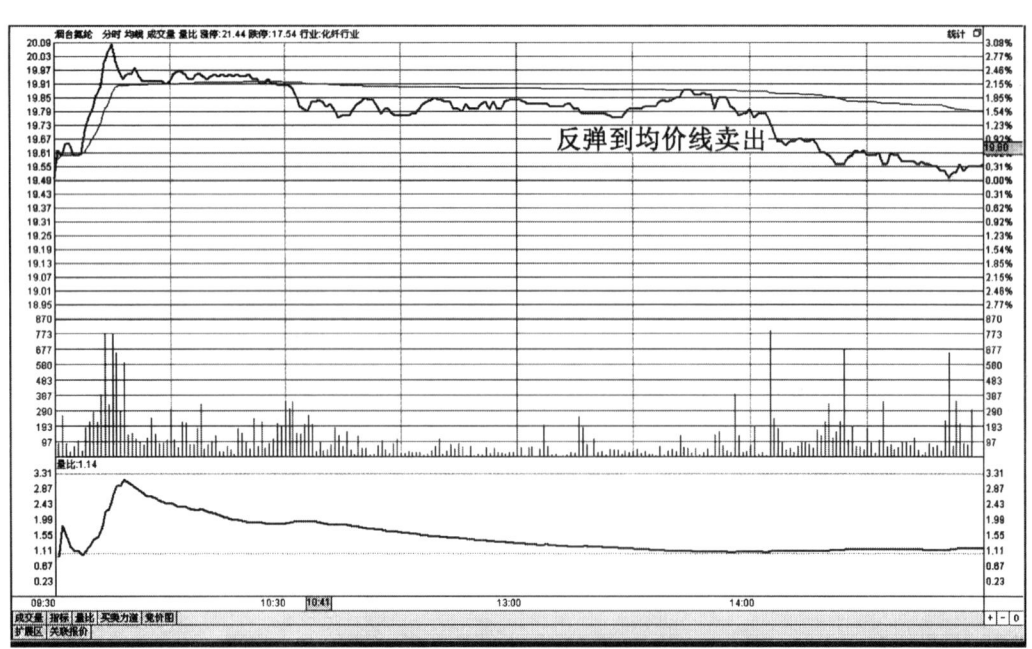

图3-4　烟台氨纶　002254

这说明均价线的压力很大，我们只能逢高出局。该股此后果然重归跌势，最后收盘的时候已经被完全打回原形。本例的均价线压制非常典型，反弹至均价线成为不得已的卖点。

如图3-5所示，川润股份2011年7月18日开盘后开始拉高，形成一个双头后迅速下坠，股价很快跌破均价线，均价线也明显开始下行。可能很多投资者此时都来不及卖出，那只好等反弹了。10:30后该股有一个迅速的拔高，但是股价触碰均价线后始终难以有效突破，可见均价线的压力很大，投资者只能暂时离场。该股此后有多次反弹，但都无力突破均价线，当天走势基本都呈现疲态，空头完全掌控了局势。既然如此，每次反弹到均价线附近都是很好的卖点，短线投资者可以逢高出局。

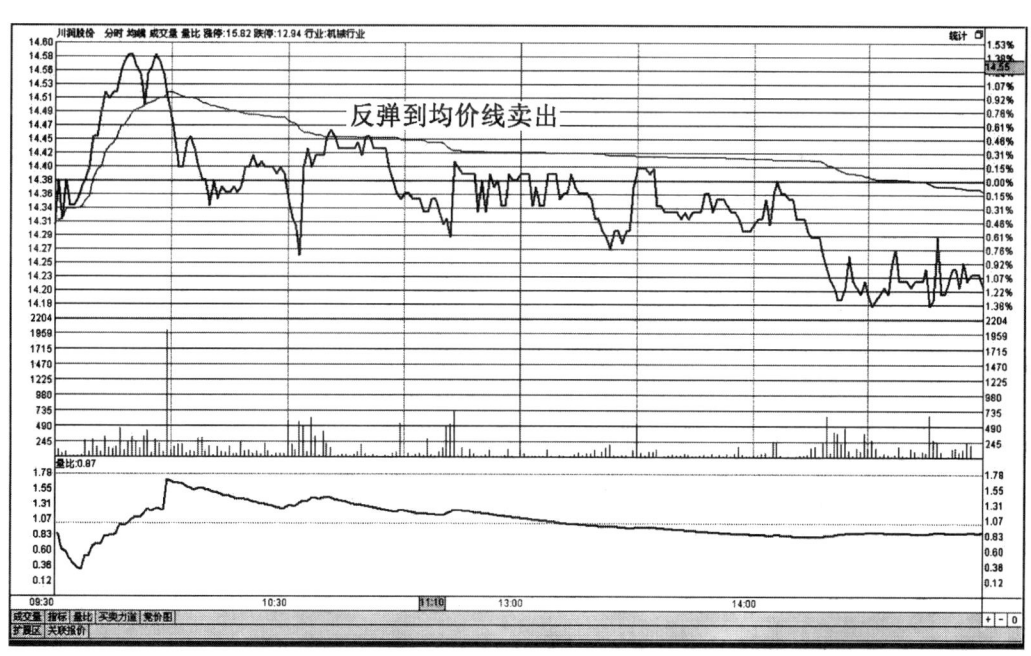

图3-5 川润股份 002272

如图3-6所示，水晶光电2011年7月18日高开低走，股价迅速跌穿均价线，均价线也快速下行，这是比较恶劣的空头走势。高开低走有诱多的嫌疑，开盘后迅速下坠则让集合竞价的买入者只能眼睁睁被套。

此后该股跌至前日收盘价之下，走势较为疲软。我们看下午开盘30分钟后的走势，股价多次挑战均价线，但下行的均价线明显具有很强的压制力，多头根本无法逾越，足见空头占据绝对优势，持股者只能逢高卖出了。此后该股果然继续下跌，几乎以全天的最低价收盘。

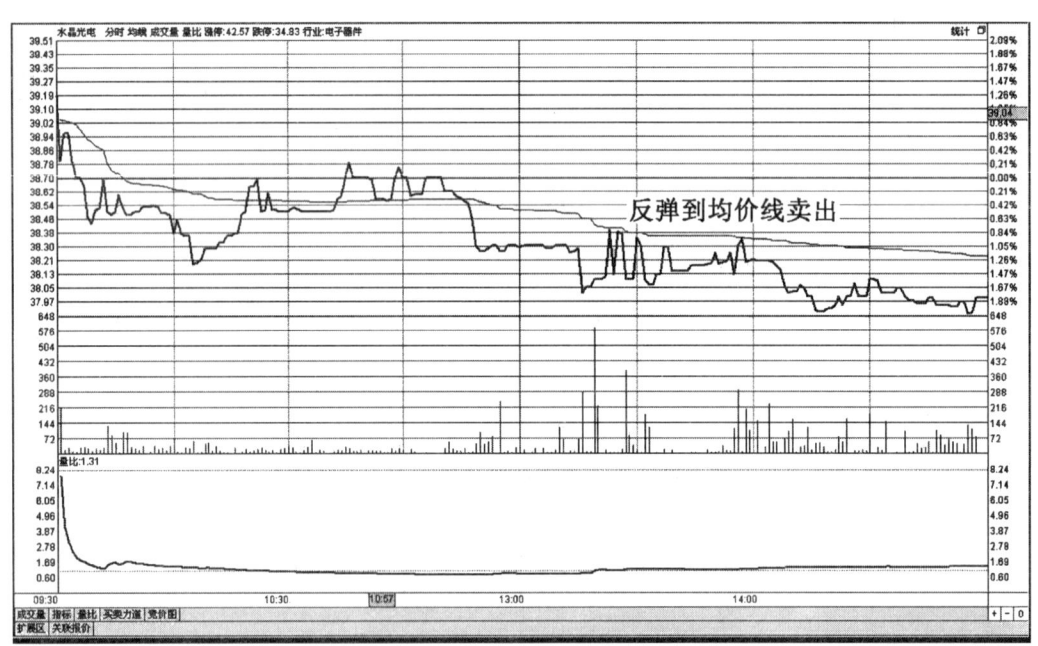

图3-6　水晶光电　002273

三、跌破横盘区间

卖出信号

在分时图中，经常看到股价走势陷入横盘状态中，即基本呈现平行的上下震荡走势。横盘走势既可能发生在上升波浪中，也可能发生在下跌波浪中。后市向上突破横盘区间是买进信号，而一旦跌破横盘区间就是卖出信号。横盘意味着是密集的成交区域，其低点就是支撑位置，一旦跌破则意味着短线的支撑已经被突破，下跌趋势开始，自然是一个较为明确的卖出信号。

如图3-7所示，一致药业2011年7月18日开盘后快速拉高，但是后劲不足，很快回到均价线附近横盘整理，此时还不能说当日走势已经变坏，还可以继续持股观望。10:25左右，该股突然下挫，股价跌破原来的横盘区间，进入下跌趋势，同时股价明确跌破均价线，这说明当时的多头防线已经被击溃，空头已经开始占据上风，后市进入空头走势中，持股者可以暂时卖出观望。此后该股又重复了一次横盘后破位下跌的走势。这种台阶式的下跌说明空头攻势逐渐加强，多头节节败退，全天走势越来越疲软，投资者只能逢高出局。

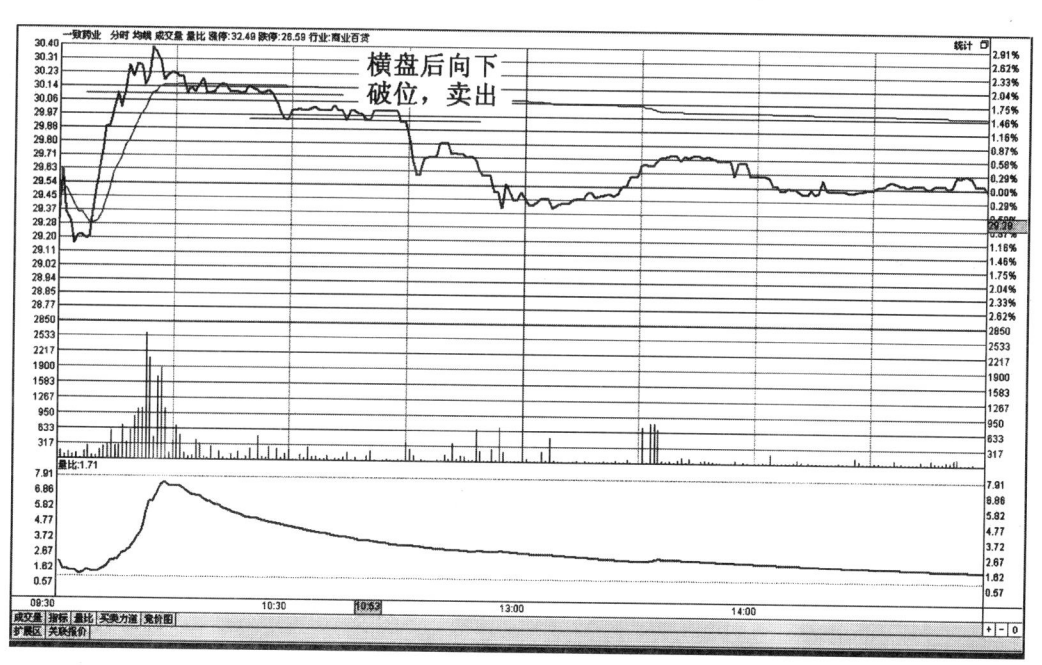

图3-7　一致药业　000028

如图3-8所示，冀东水泥2011年7月18日开盘后快速下跌，然后有一个短暂的横盘，此后又快速跌破了这个横盘的平台，说明多头的盘中抵抗很快放弃，空头越来越强势，后市将进入明确的空头走势中。持股者应该在跌破横盘平台的时候止损出局，这样还可以避免后市持续的下滑。对于这种跌破横盘平台的个股，当日我们不能抱有过多幻想，因为多头虽然进行过防御，但最终还是被空头击溃，后市相对悲观。

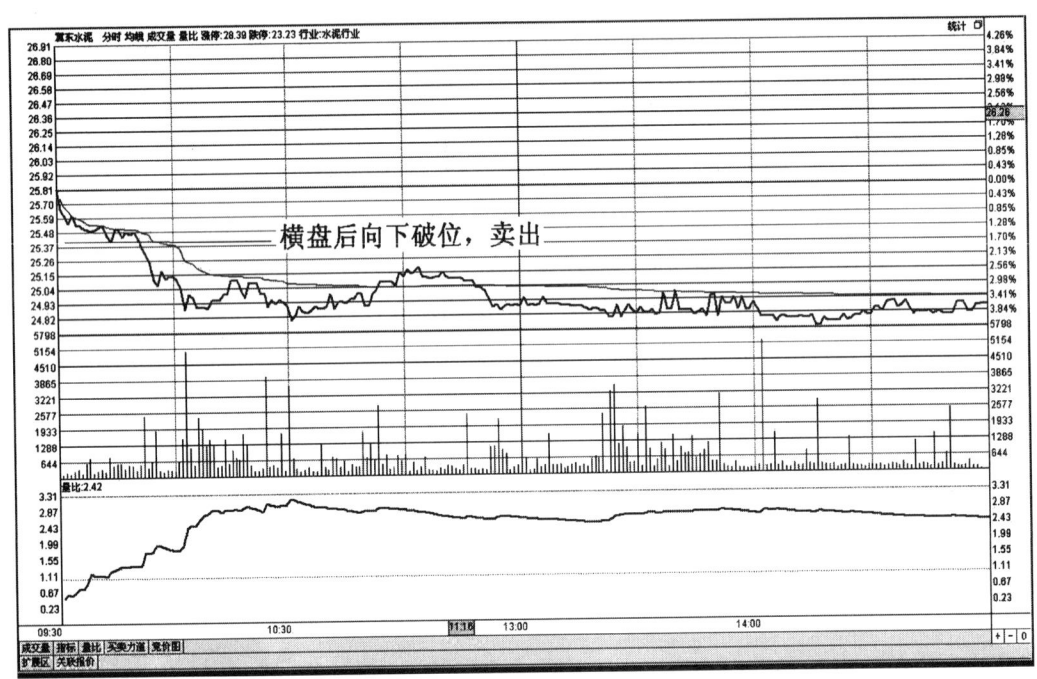

图 3-8　冀东水泥　000401

如图 3-9 所示，英特集团 2011 年 7 月 18 日开盘后走势不温不火，基本就是围绕着均价线和前日开盘价横盘震荡。上午临近收盘时股价跌破均价线，走势有变坏的趋势，不过此后只是继续在均价线下方附近横盘，看似还没有完全走坏；下午开盘后不久，走势开始变坏，股价很快跌破此前的横盘区间，下跌速度加快。跌破横盘区间说明多头的防线被击溃，后市将进入下跌趋势中。投资者在跌破横盘区间的时候应该及时出局。

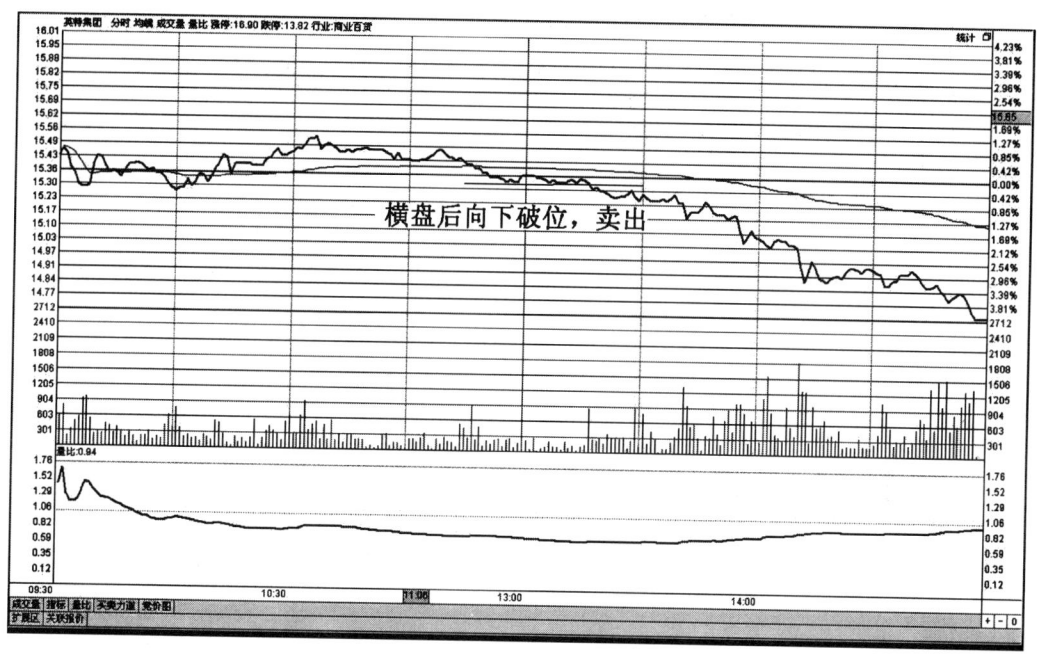

图3-9 英特集团 000411

四、开盘急拉

○ 卖出信号

开盘急拉并非都是坏的信号,有很多强势股票都是开盘急拉,甚至直接封住涨停,目的是为摆脱跟风盘。作为卖出信号的开盘急拉是一种诱多行为,在很短的时间内直线拉高,然后迅速回落,形成尖顶等形态,逆转态势明显,这种开盘急拉才是较为可靠的卖出信号。当然这个信号也不能脱离股价的整体走势来研判,必须参照日线以上级别的图形来综合研判。

如图3-10所示,古井贡酒2011年7月18日开盘后直线拉高,不过在涨停板下方一点掉头直下,这种走势蕴含着较大的风险,需要谨防主力突击拉高后出货。股价已经接近涨停板而不封涨停板,很有可能是主力虚张声势,吸引跟风盘来接盘。当然如果股价整体在相对低位,也有可能是主力故意不封住涨停板来吸货，我们要区别对待。在大多数时段，这种急拉又不封涨停板的现象是拉高出货，投资者应该在快速回落中及时出逃。本例该股后市走势还算强硬，跌到均价线就止跌了，但离最高价处也相距甚远。

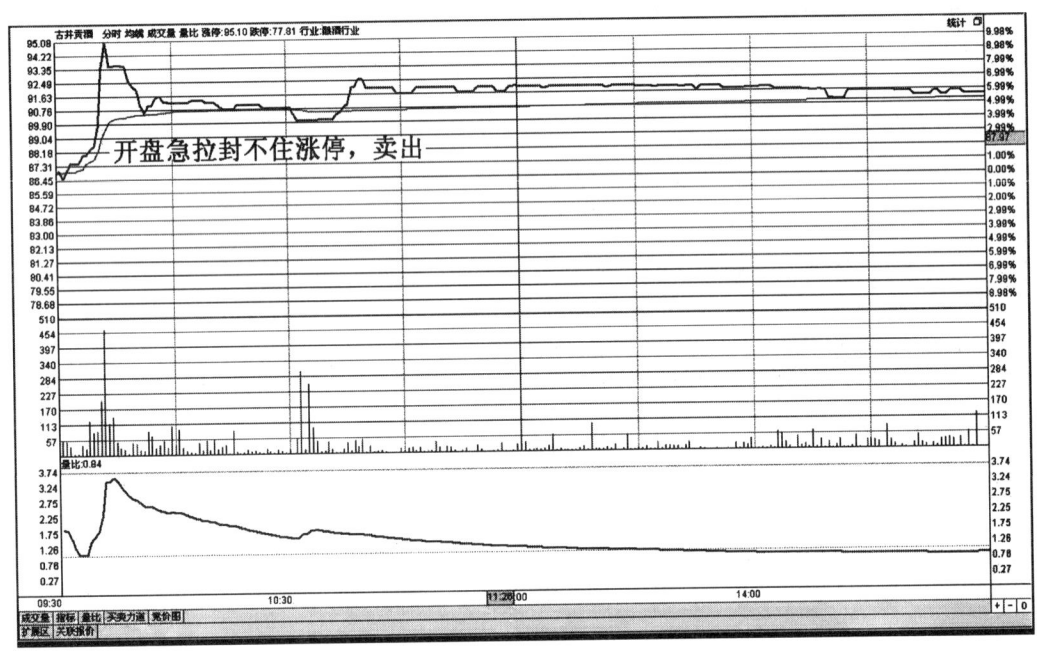

图3-10　古井贡酒　000596

如图3-11所示，华东科技2011年7月18日低开后飙升，股价几分钟内拉高4个多点，但是很快又掉头直下，迅速跌破均价线，走势显然已经变坏。这种开盘后的急拉多半是不怀好意，如果能直接封住涨停，那倒能显示主力要甩开跟风者，避免不必要的麻烦，可惜本例该股迅速回落，一下子原形毕露。投资者应该在跌破均价线的时候迅速卖出。开盘后的急拉是主力对倒拉高来诱多，一旦股价走势反转，我们则应该尽量逢高卖出。

如图3-12所示，广东鸿图2011年7月18日开盘后迅速拉高，然后形成一个小双头后迅速下挫。这种急拉后迅速下挫的走势让我们一目了然，那就是主力拉高出货。本例该股的拉高更是虚张声势，因

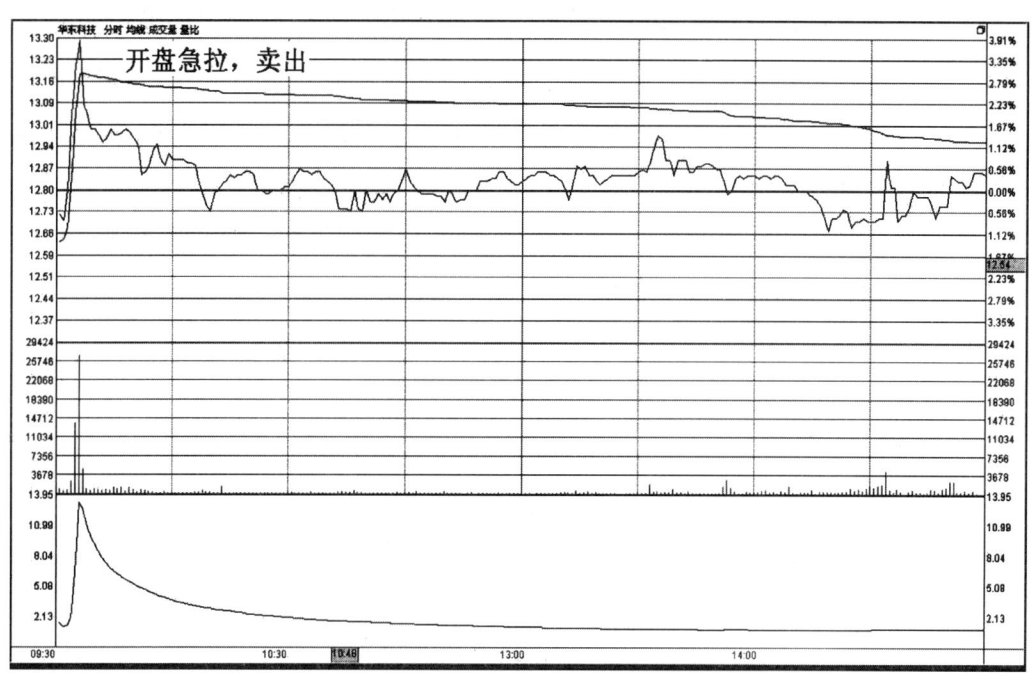

图3-11 华东科技 000727

图3-12 广东鸿图 002101

为拉高的过程量能并没有放大，只是利用开盘后投资者还没全力关注的空白期迅速拉高，缺乏真实做多的表现。本例该股在反转的时候走出一个小双头，给了我们判断的机会，一旦跌破双头的颈线就需要赶快卖出。

本例广东鸿图盘中大部分时间还有拉高的表现，但整体走势已经明显不行，即便拉高也没有量能支持，最后收绿也是情理之中的。

五、一峰比一峰低

卖出信号

股价拉高后逐浪回落，期间有多次反弹，但是反弹的高点一个比一个低，形成一峰比一峰低的走势格局，说明多头的参与力度越来越弱。这是一个不祥之兆，后市很可能被空头逆转，投资者应该逢高卖出。

如图 3-13 所示，云铝股份 2011 年 7 月 18 日开盘后瞬间直线拉升，但很快跌落，然后又出现两浪拉升，但是一个峰顶比一个峰顶低，这说明多头攻击的力度越来越弱，导致高点越来越低，后市不妙，短线投资者应该暂时出局。一个小时后该股果然进入明确的下跌走势中，此后再没有像样的反弹。

如图 3-14 所示，桂林三金 2011 年 7 月 18 日开盘后有两波强劲的拉升，但缺乏量能的支持，上升有隐患。此后该股大幅回落，然后再冲高，如此反复了多次。这时候我们看到冲高的峰顶越来越低，这说明多头攻击的力度越来越弱，后市变盘在即。该股此后果然明确跌破均价线，且跌幅逐渐扩大，走势愈发疲软。投资者应该在一峰比一峰低的时候择机出局。

如图 3-15 所示，信立泰 2011 年 7 月 18 日开盘后有一波快速的飙升，但因为缺乏成交量的支持而迅速回落。之后股价多次勉强冲高，我们能清晰看到高点越来越低，形成一峰比一峰低的走势格局。这说明市

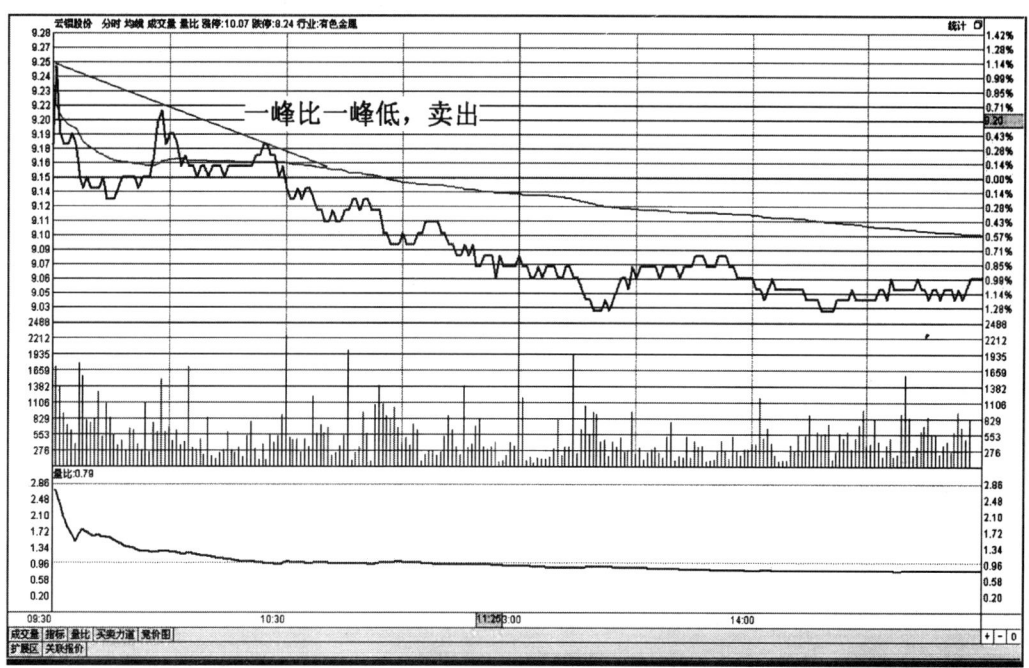

图 3－13　云铝股份　000807

图 3－14　桂林三金　002275

场做多的力度越来越弱,后市不乐观,通常投资者应该暂时逢高出局。该股此后跌破低点支撑,然后一路下滑,跌幅不小。

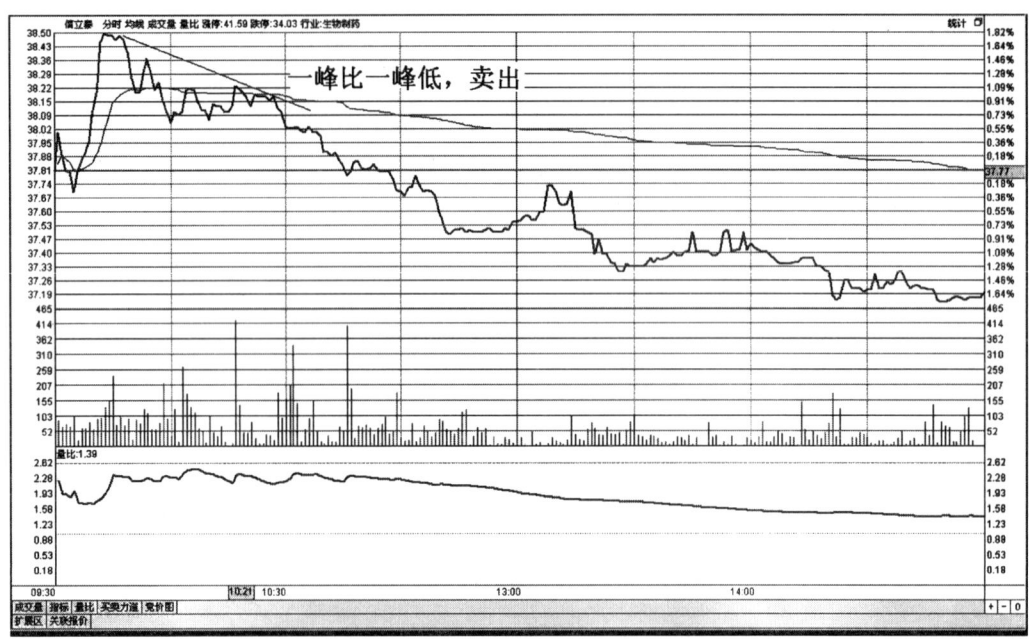

图3-15 信立泰 002294

六、跌破前低

卖出信号

在分时图上,前低有几种情况。在上升波浪中,股价回调会形成低点,这个低点是支撑点。后市股价整体反转后,股价一旦跌破前低则意味着前面的支撑位被击穿,多头防线被击溃,自然是空头开始占据优势,后市可能继续下跌,此时是一个较好的卖点。在下跌波浪中也有止跌反弹,止跌的低点也是前低,是一个较为明显的支撑位,一旦股价跌破该低点,则意味着支撑位被击穿,后市则很可能继续下跌,投资者也应该忍痛出局。

如图 3-16 所示，中集集团在 2011 年 7 月 18 日高开低走，在前日收盘价附近止跌回升，不过没达到前高就回落。此后不久股价跌破前面的低点，说明走势继续走坏。股价已经跌破前日收盘价和均价线，无论从哪个角度看都说明当日走势已经变坏，短线投资者需果断出局。该股此后一路下挫，全天走势非常低迷。

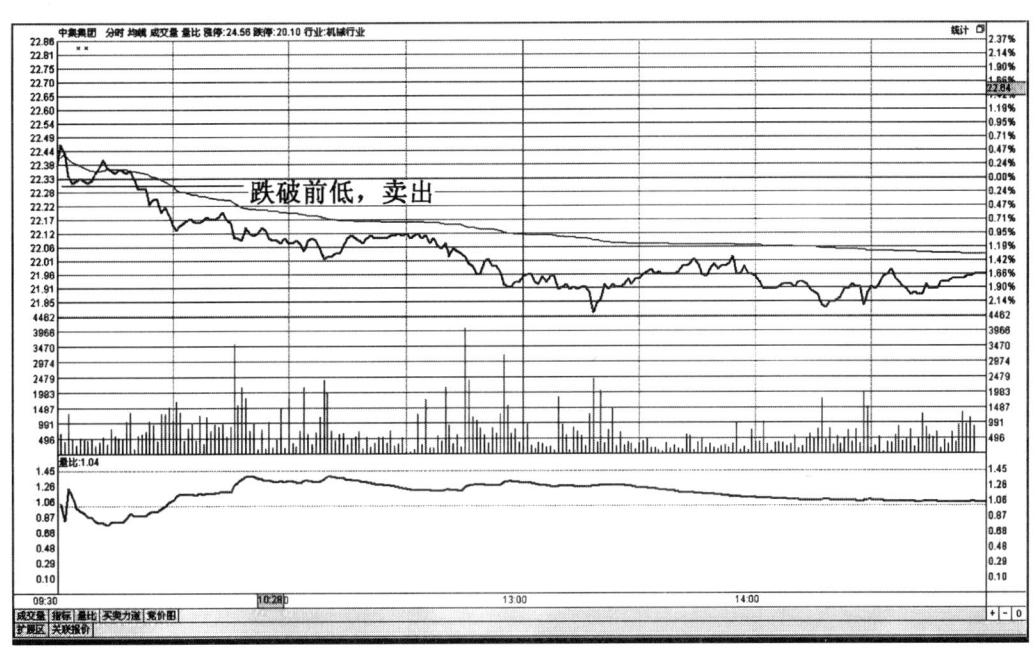

图 3-16　中集集团　000039

如图 3-17 所示，普洛股份 2011 年 7 月 18 日高开后走势比较强劲，股价逐浪快速拉高，半小时不到股价已经达到将近 7 个点的涨幅。不过好景不长，此后股价开始回落，跌破前面上升波浪的低点。一个重要的支撑位已经告破，短线投资者应该减仓锁定利润。此后股价跌破均价线时则应该清仓出局。

如图 3-18 所示，招商地产 2011 年 7 月 18 日开盘后有一波快速的拉升，不过很快回落，然后有一个小小的反弹，此后继续回落，跌破前一波回调的低点。跌破前低说明前面的低点支撑已经失效，后市继续下跌的可能性很大，短线投资者需要及时卖出。本例该股跌破前低后有多

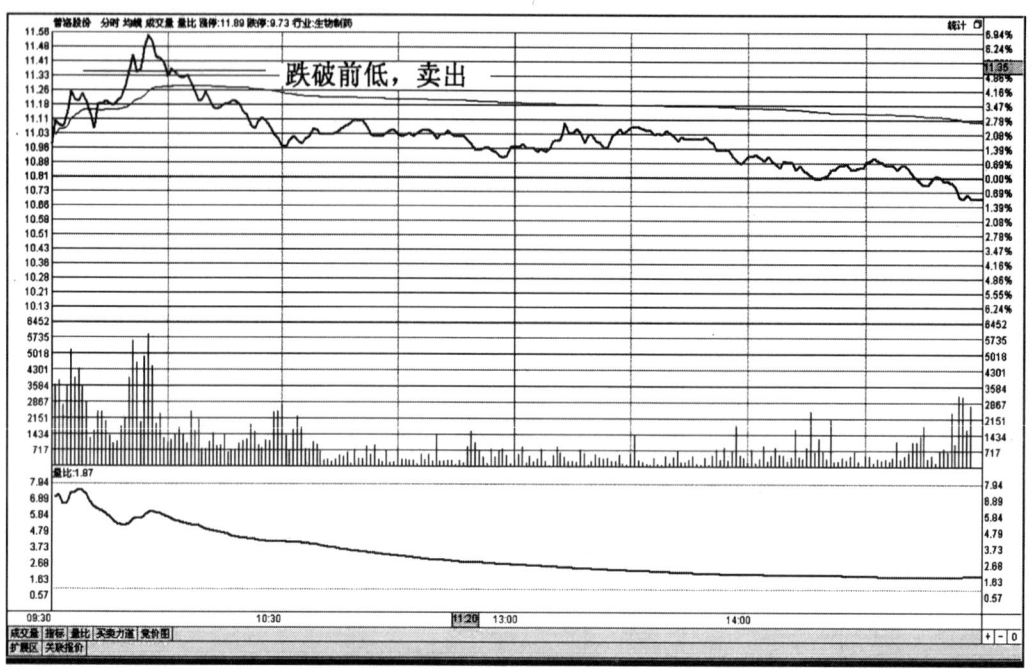

图 3-17　普洛股份　000739

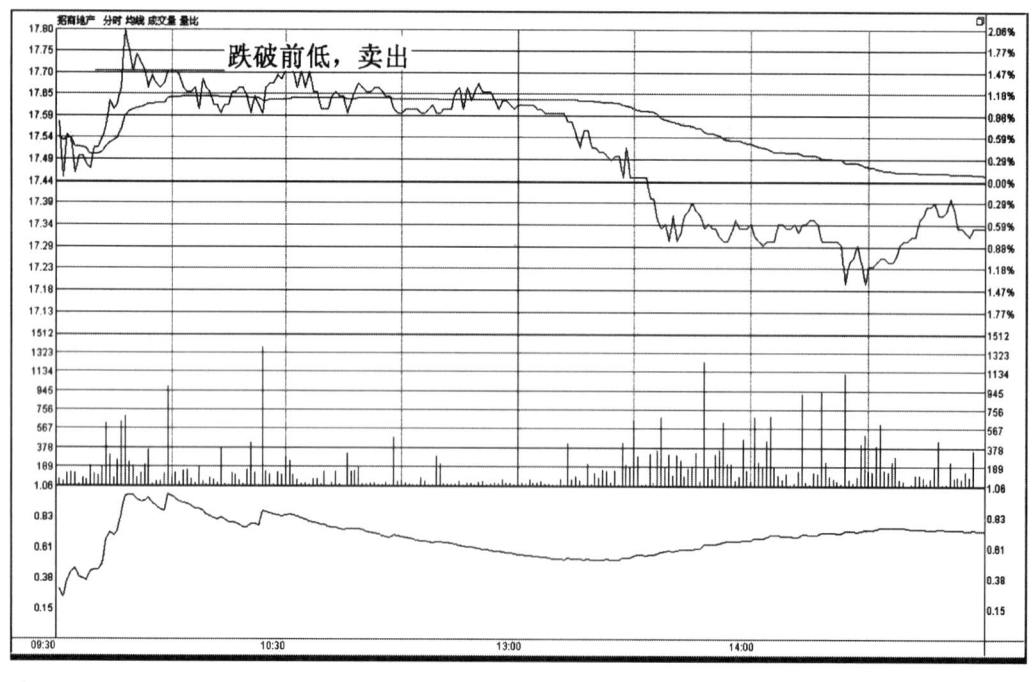

图 3-18　招商地产　000024

次反弹，但股价都不能回到前低之上，说明此处的压力较大。最后该股大幅下跌，我们如果能在跌破前低的时候及时出逃，算是不错的选择。

七、跌破前高

卖出信号

分时图上的前高指前一上升波浪的高点。股价前期逐浪上涨，然后掉头下行，当股价跌破前面的次高点时，说明空头开始占据优势。因为前高原是压力，被向上突破后就变成了支撑，如今股价跌破该支撑，说明多头第一道防线已经溃败，往往预示着反转的开始，短线投资者需要暂时离场休息了。当然分时图还是需要结合日线等来分析，不能只见树木不见森林。

如图3-19所示，四川九洲2011年7月18日开盘后剧烈震荡，走

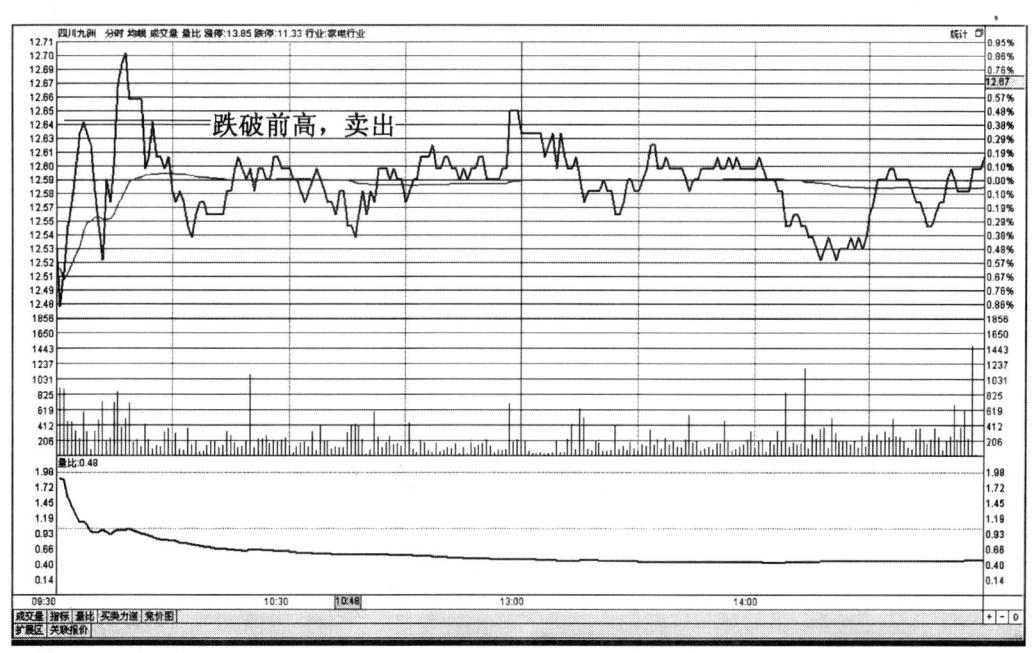

图3-19　四川九洲　000801

势比较难以让人琢磨。20分钟后股价见顶回落,很快跌破前面的峰顶,说明走势进一步走软,短线投资者应该择机减仓。一般来说,股价突破前高就是突破了压力区,压力区转换为支撑区,而现在已经跌破了支撑区,支撑区又变成了压力区,可见短线的走势已经走坏,此时出局应该是合理的。

如图3-20所示,凯恩股份2011年7月18日开盘后有两波上升,但是走势偏弱,看均价线并没有跟随就知道。20分钟后该股开始回落,很快便跌破前高,说明多头的第一道防线被击溃,空头开始占据优势,后市很可能进入空头走势中,投资者应该暂时出局。此后该股跌破均价线,均价线也明显下行,说明股价完全进入了空头走势。后市该股的表现果然非常疲软,让人沮丧。

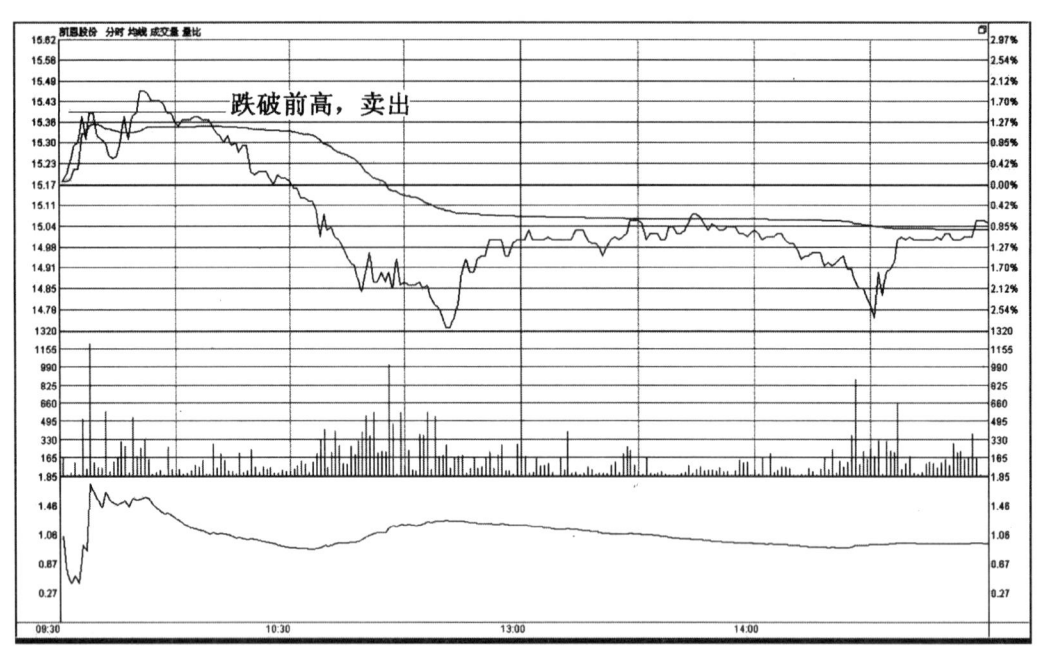

图3-20 凯恩股份 002012

如图3-21所示,宜科科技2011年7月26日开盘后急跌,然后迅速反转,股价逐浪上升,但后继乏力,这从成交量的萎缩上可以看得出来。10:30左右,该股走出一个锯齿状的震动,然后股价回落,跌破前一波的高点。这是一个危险的信号，因为前高突破后就是一个支撑位，然后被跌破了则又变成了压力位，后市如果不能很快回到这个位置之上，说明股价走势已经变坏了，投资者应该及时出局。

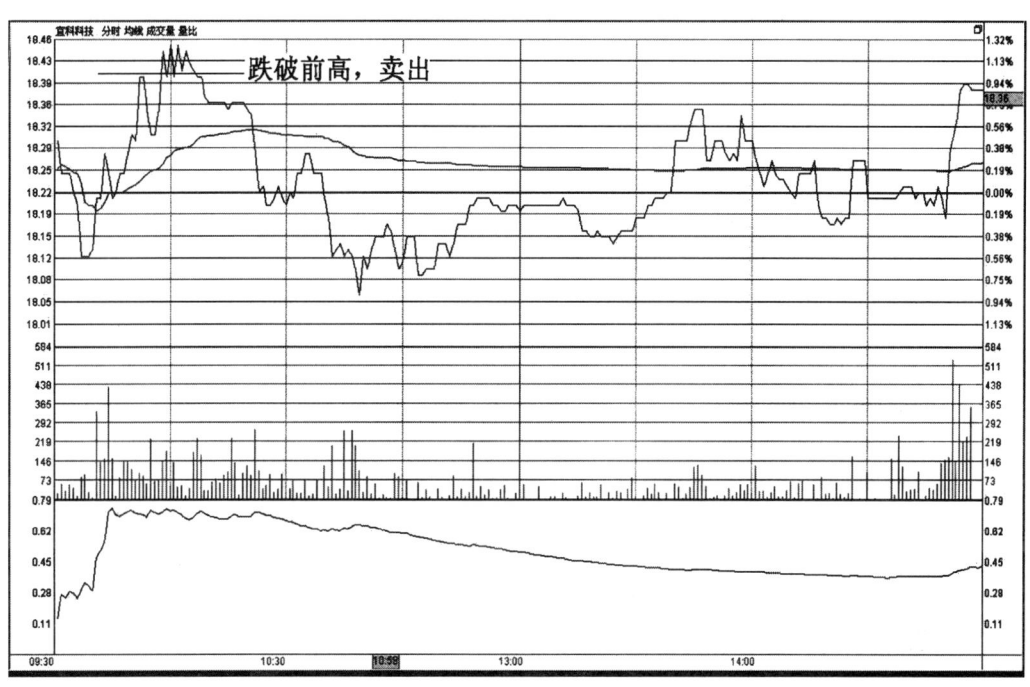

图 3-21　宜科科技　002036

本例宜科科技的上升就很虚假，跌破前高后连回抽的欲望都没有，可见走势非常疲软，投资者应该果断卖出。该股尾盘有一个快速拉高的动作，这反倒更显示主力的虚假。

八、放量下跌

卖出信号

下跌很多时候都不需要量能的配合，只是放量杀跌更能说明下跌的力度很大，通常是主力明目张胆的出货行为。放量杀跌时，因为盘面卖盘蜂拥而出，往往会引发恐慌卖盘，会加剧股价的下跌，后市自然非常悲观。因此放量杀跌的时候要及时卖出，避免后市更大的跌幅。不过在股价整体处于主力建仓期的时候，主力可能对倒杀跌诱空，我们要区别对待。

如图3-22所示，新海股份2011年7月26日略微高开后迅速跳水，在下跌的过程中量能明显放大，量比线迅速拉高，说明放量的程度还不小。这种放量下跌是一个危险的信号，说明卖盘越来越踊跃，且愿意大幅压低股价卖出，走势非常低迷。既然场内筹码已经蜂拥出逃，短线投资者也应该趁早卖出，因为后市往往还有更多的卖盘被诱发。虽然该股午后逐步走强，但缺乏量能的支持，即便当日收得还算好看，后市依然不看好。

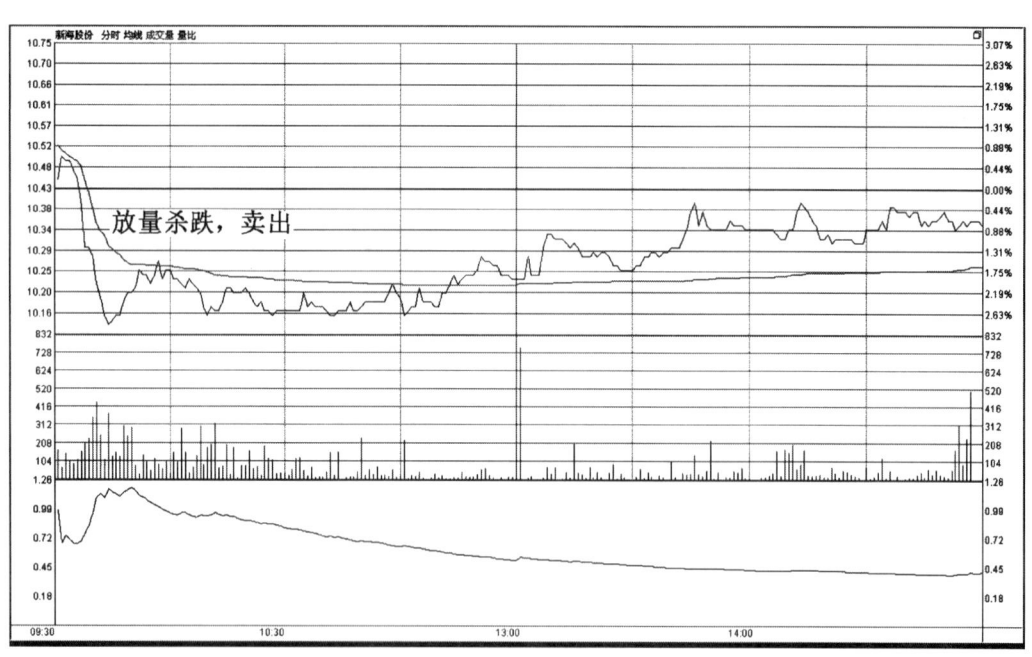

图3-22　新海股份　002120

如图3-23所示，国药股份2011年7月26日平开低走。在下跌的过程中，量能明显放大，这从量比线上升可以看得出。这种放量杀跌说明卖盘越来越汹涌，甚至可能导致恐慌情绪爆发，因此后市不容乐观，投资者应该趁早卖出。该股此后持续下跌，在下跌的过程中量能继续放大，跌势越来越猛，全天走势非常低迷。我们需要在放量下跌的初期就果断卖出。

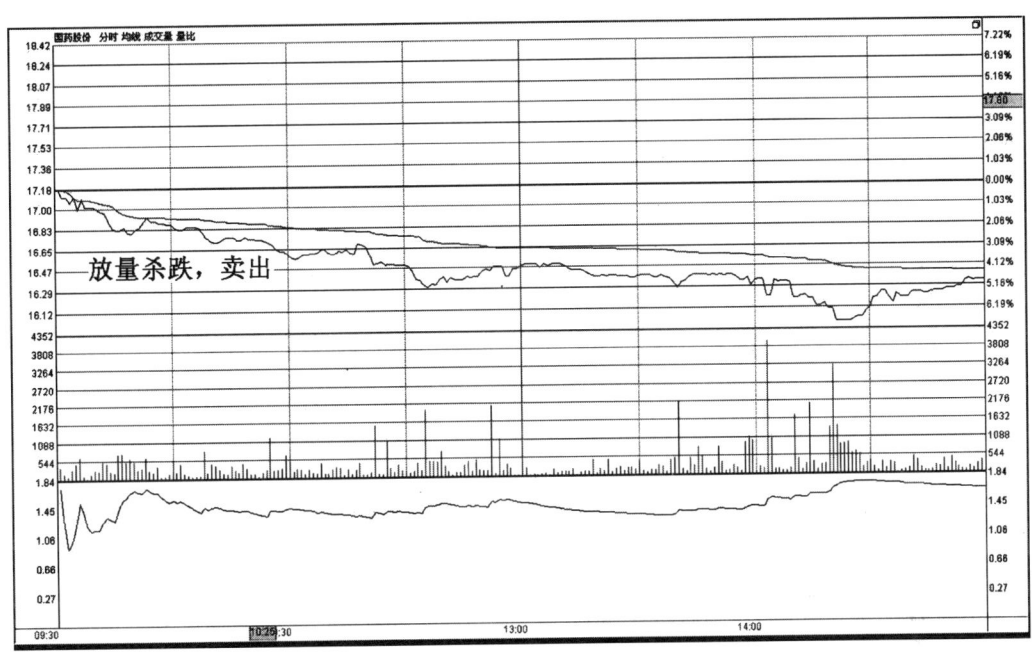

图 3-23　国药股份　600511

如图 3-24 所示，＊ST 建通 2011 年 7 月 26 日开盘后急跌，成交量也同步急剧放大，最后在大量的卖盘攻击下直奔跌停板。这种放量杀跌只能说明主力疯狂出逃，特别是在日线涨幅较大的背景下，放量出逃是毫无疑问的反转之势，投资者应该及时反应，趁早卖出。该股此后虽然打开跌停板，但也难改颓势，反弹难以逾越均价线，后市极度看空。该股最后牢牢封住跌停板，这就是放量杀跌的结果。

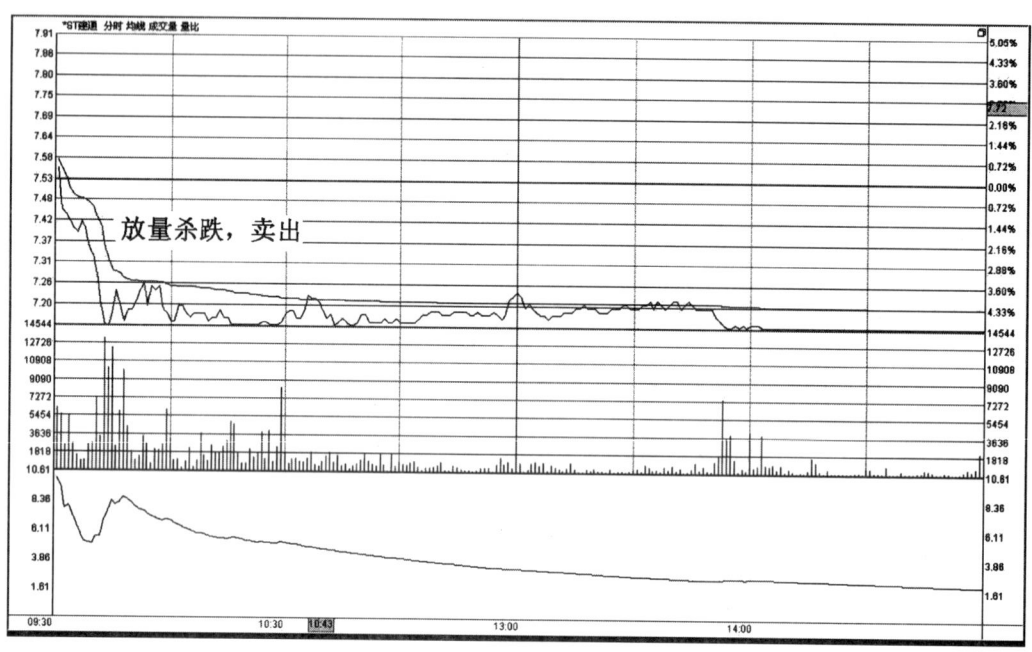

图 3-24　*ST 建通　600149

第4章 技术指标卖点

卖在最高点

技术指标种类繁多，你别指望所有的技术指标都能精通，没这个必要，也难以全面掌握。一个人能懂三五个技术指标就够用了。学习技术指标不应单纯学习买卖招法，而更应该知道该指标的来龙去脉，一个连指标的来源都不清楚的人是很难用好指标的。

技术指标看起来五花八门，但很多方法是类似的，比如背离、交叉、支撑和压力，在诸多指标中都可应用。运用技术指标也需要根据投资周期来选择，比如KDJ指标通常用于短线，BBI指标则用于长线。做长线的投资者不能用短线指标来决定买卖，反之亦然。当然指标也可以改变周期，比如KDJ指标换到周线图上就变成长线指标了。技术指标的分析同样不能脱离整体背景，把技术指标放在股价的整体背景下看可以过滤一些虚假信号。细节服从于整体，这个理念应贯穿于所有的技术分析。

第一节 MACD 指标卖点

一、MACD 指标死叉

◎ 卖出信号

MACD 指标的 DIF 线由上而下突破 DEA 线，形成死叉，表明股价由强势转为弱势，空头逐渐占据优势，通常后市将继续下跌，投资者此时需要离场休息。MACD 指标死叉本身也有强弱之分。在 0 轴之上的 MACD 指标死叉有时候是股价的短暂回调，过后仍会重回上升趋势。在 0 轴之下的死叉则是下跌趋势的进一步确认，后市极度看空。单纯靠一个 MACD 指标死叉也很难对股价走势做出正确判断，需要结合股价的整体位置、成交量和平均线等综合研判。

如图 4-1 所示，三安光电 2010 年 8 月 20 日收阴，跌幅不是很大，下挡的支撑没有跌破，看似还可以继续持股，但是此时的 MACD 指标已经产生了死叉，这说明短线股价走势开始走弱，后市很可能继续下跌，投资者需暂时卖出休息。

从股价的整体位置看，该股前期大幅上涨，此时处于明显的高位盘整区，股价走势随时有反转的可能。而一旦 MACD 指标产生死叉，则基本可以确认股价走势开始反转下跌了。本例该股虽然还顽强维持了一段时间的横盘震荡，但 MACD 指标始终没有走好，后市破位下跌也就是自然而然的事了。

如图 4-2 所示，卫士通 2010 年 9 月 16 日收出十字星。当日虽收阴但跌幅不大，看似风平浪静，还可以继续持股，其实 MACD 指标已经发

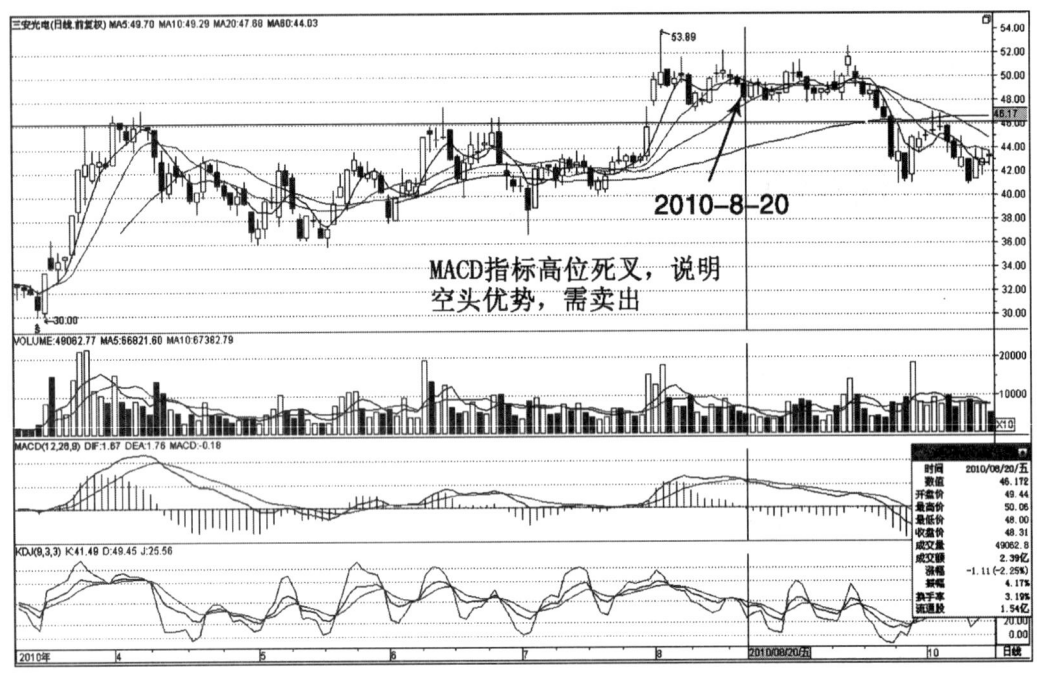

图 4-1 三安光电 600703

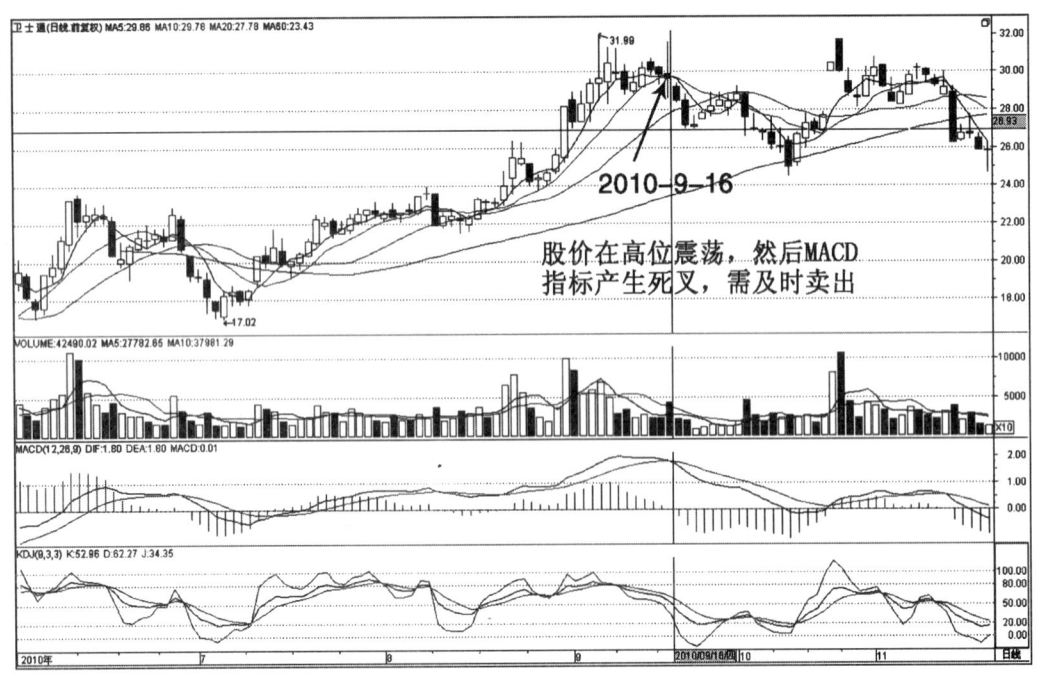

图 4-2 卫士通 002268

出了卖出信号。当时该指标产生了死叉，说明股价走势已经变弱，后市继续下跌的可能性极大，投资者需要暂时先出局休息了。

当然单凭一个指标还不能做出令人信服的判断。从股价的整体位置看，该股此前涨幅较大，在高位滞涨后开始缓慢下行，而MACD指标产生死叉意味着股价走势正式走坏，是比较准确的卖出信号。

如图4-3所示，新世界2010年9月9日以长阴线下跌，走势不妙，敏感的短信投资者可能已经先行出逃了。从MACD指标看，此时也发出了卖出信号。当时该指标已然产生死叉，说明中短期的走势已经变坏，后市将进入空头走势中，投资者需暂时离场休息。结合该股的整体背景看，此前该股逐浪拉升，涨幅不小，此时MACD指标产生死叉，就此形成阶段性顶部的可能性很大，为安全起见，我们必须先出局观望。该股此后果然深幅调整，符合我们的预期，卖出还是比较及时的。

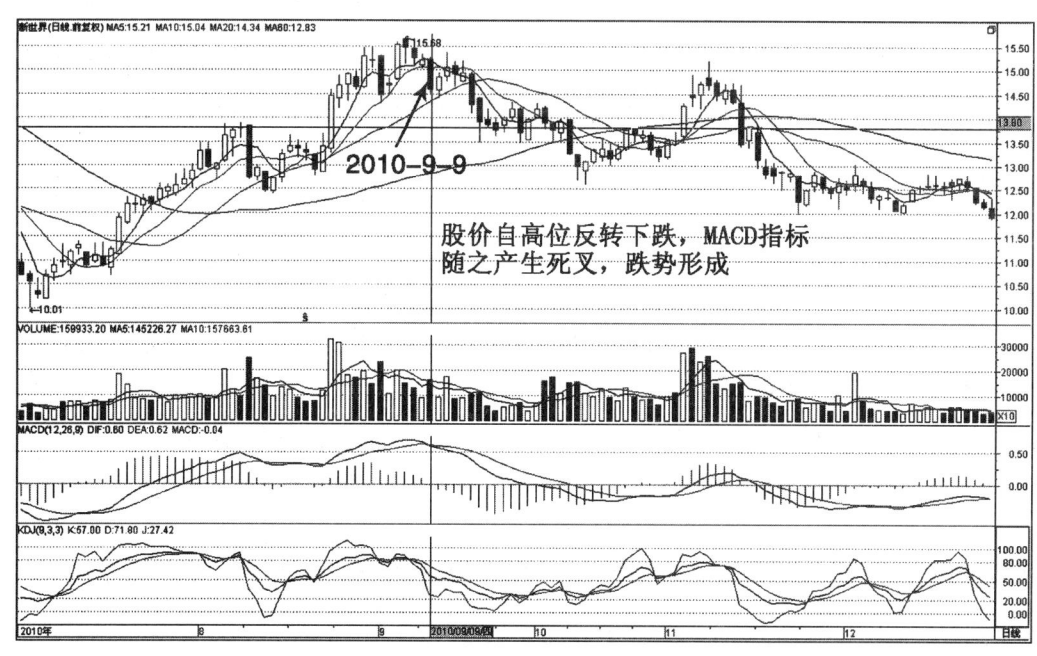

图4-3　新世界　600628

二、MACD 指标两线黏合后向下发散

🔵 卖出信号

MACD 指标黏合后向下发散说明此前的多空平衡状态已经打破了，空头压倒了多头，后市将进入空头走势中，投资者此时必须清仓出局。当然这种卖出信号也常常是诱空陷阱，单纯靠一个指标难以做出正确判断，需要结合股价的整体位置、成交量和平均线等来综合研判。

如图 4-4 所示，爱使股份 2011 年 4 月 22 日收出中阴线，股价还在此前的低点支撑位上，似乎还可以继续持股，但是我们看 MACD 指标却已经发出了卖出信号。此前该指标的两线黏合在一起，虽然是高位黏合，但也不能判定后市会向下发散。市场更相信强者恒强，不过本例该股的走势让部分人失望了。MACD 指标黏合后向下发散说明横盘整理已经结束，股价的运行方向不是向上突破，而是下行。既然如此，这里就

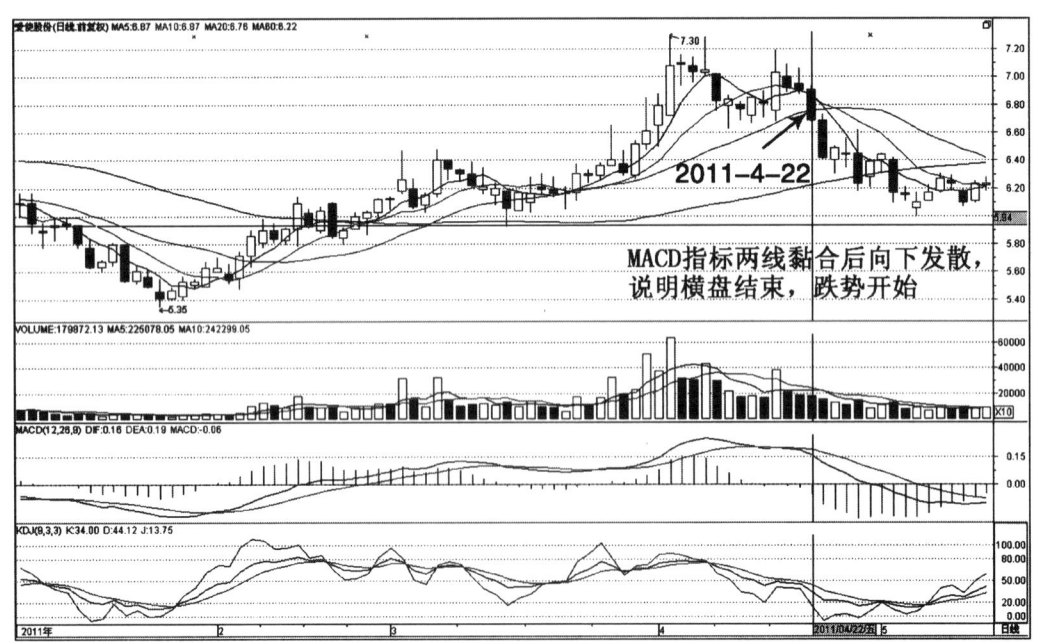

图 4-4　爱使股份　600652

是一个标准的卖点，投资者应该及早卖出，因为黏合后下跌必定会有较大的跌幅，投资者最好回避。

如图4-5所示，郴电国际2011年4月25日以中阴线下跌，但股价还维持在此前的横盘区间，并没有破位的表现，按常规仍可以持股，不过此时的MACD指标却已经走坏。该指标此前处于黏合状态，这是横盘整理的表现，多空暂时处于平衡状态，难说好坏，可是4月25日的中阴线下跌则打破了这种平衡状态，MACD指标开始向下发散，说明短暂的横盘已经结束，股价开始进入下跌趋势中，投资者只能暂时离场休息了。

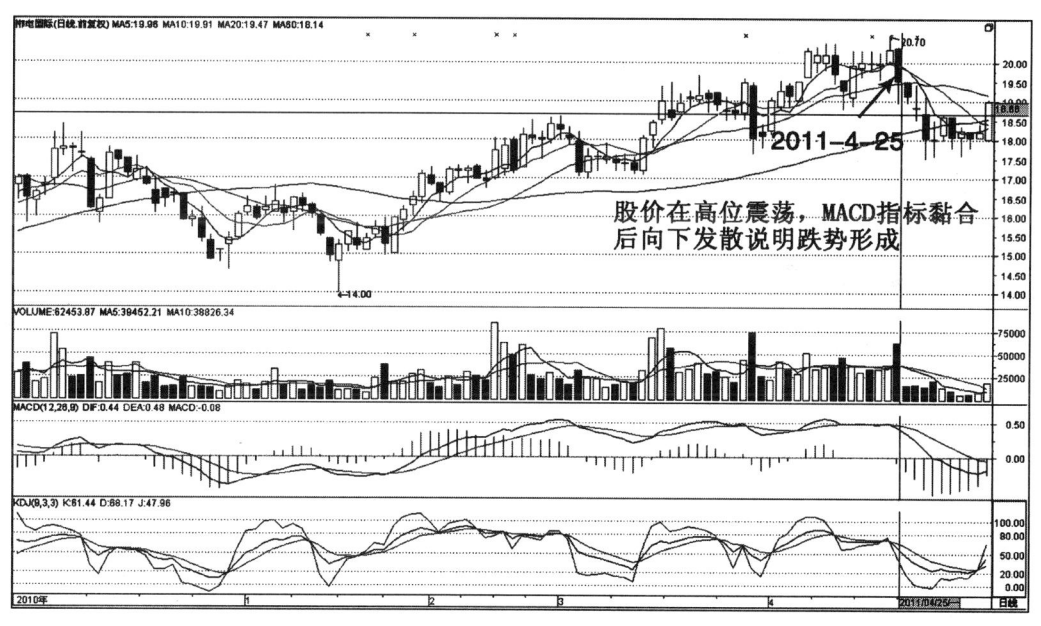

图4-5　郴电国际　600969

如图4-6所示，合肥三洋2011年11月12日跟随大盘大跌，整体看形成一个塔形顶，是一个明确的卖出信号。MACD指标看也验证了这是个很明确的卖出信号。此前该股横盘震荡，MACD指标两线黏合在一起，方向不明，可以暂时持股。11月12日股价暴跌，MACD指标两线开始向下发散，说明横盘震荡走势已经结束，后市进入下跌趋势中，投资者只能趁早逃跑了。

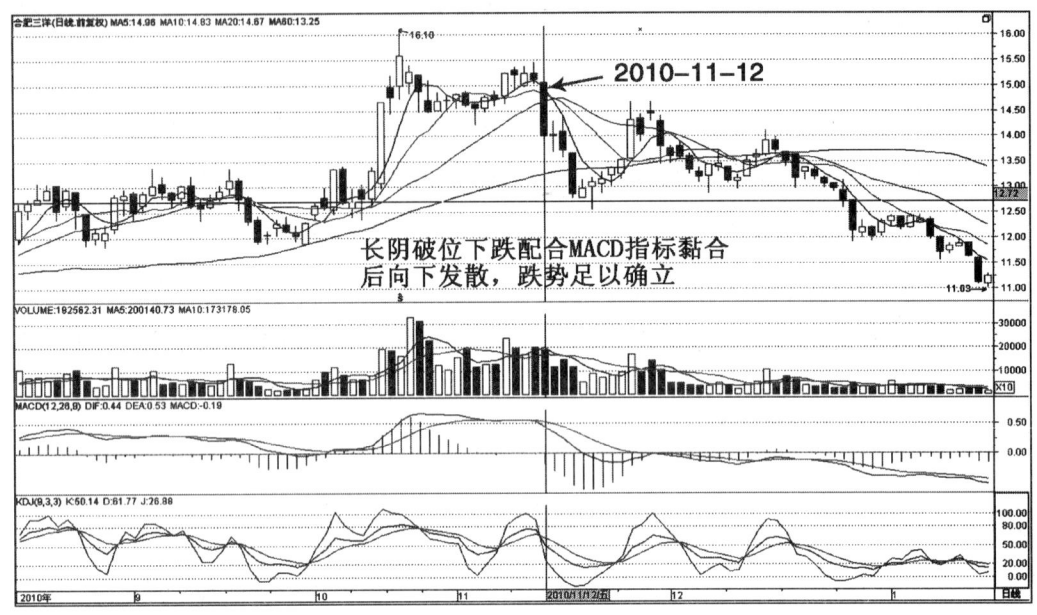

图 4-6　合肥三洋　600983

三、顶背离

○ 卖出信号

MACD 指标与股价呈现背离，通常离反转不远了。顶背离通常出现在股价整体涨幅较大的背景下。当股价继续走高，但 MACD 指标却没有跟随创出新高，甚至已经先行逐浪下跌，就叫做顶背离，说明股价的上涨已经到了强弩之末，后市反转在即。

顶背离信号的准确性跟股价的整体位置有关，涨幅越大的股票，顶背离后反转的可能性越大。另外形成顶背离的时间越久，则信号的可靠性越高，后市的跌势也越猛。

顶背离只是提示股价反转在即，具体卖出的时机还需要结合 K 线和成交量等来及时做出判断。

如图 4-7 所示，广电信息在 2011 年初有一段疯狂的飙升，经过调整后继续逐浪上升。2011 年 3 月 8 日该股创出新高，上升趋势保持完好，可是我们如果关注一下 MACD 指标就知道风险已经悄悄来临。当时的股价虽然在逐浪上升，但 MACD 指标的波浪却一浪比一浪低，呈现明显的下行趋势，这是典型的股价与指标顶背离现象，说明股价的上涨缺乏内在的支持，有强弩之末的迹象，后市很可能很快反转下跌。该股此后虽然还顽强地走高了一点，但滞涨已经越来越明显，积累的风险也越来越大。投资者可在出现顶背离时先行逢高减仓，一旦股价明显反转下跌则需要及时清仓出局了。

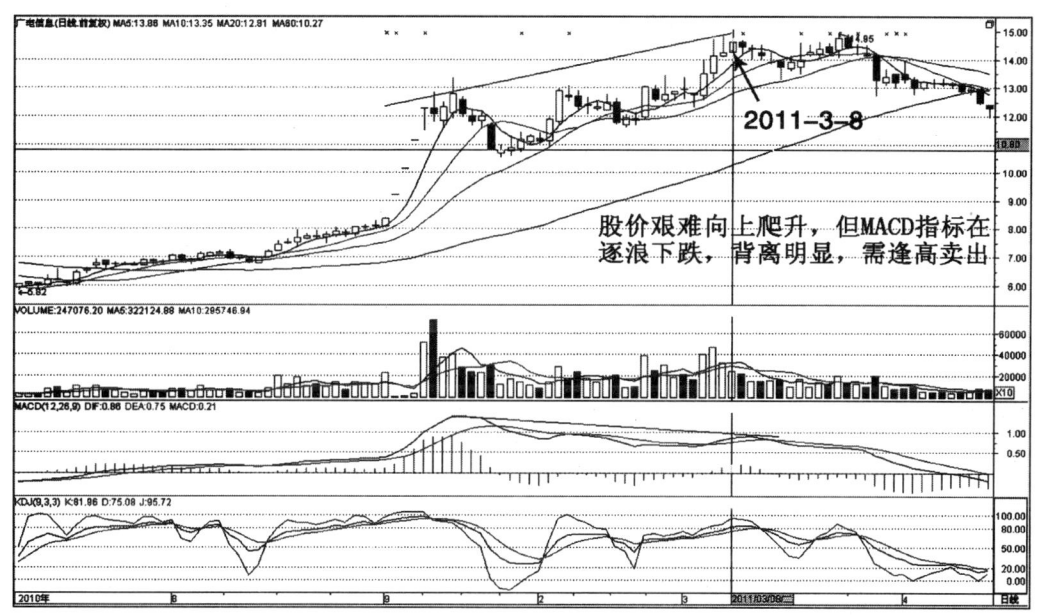

图 4-7　广电信息　600637

如图 4-8 所示，乐山电力 2010 年 11 月 2 日大幅冲高，但最后只是收出小阳线，升势受阻。但因为股价创出新高，成交量也没有异常变化，按常规还可以继续持股。不过此时的 MACD 指标却发出了警示信号：股价创新高，但该指标却明显在走低，远低于前波的高点，这是典型的股价与指标的顶背离，我们要小心股价随时反转下行。次日该股低开低走，当日收出大阴线，反转态势已经基本形成，结合指标的背离，我们可以趁早卖出了。虽然该股此后还挣扎了几天，但大势已去，后市只能大幅回落。

如图 4-9 所示，海博股份 2010 年 11 月 8 日在前日大阳线的助推下

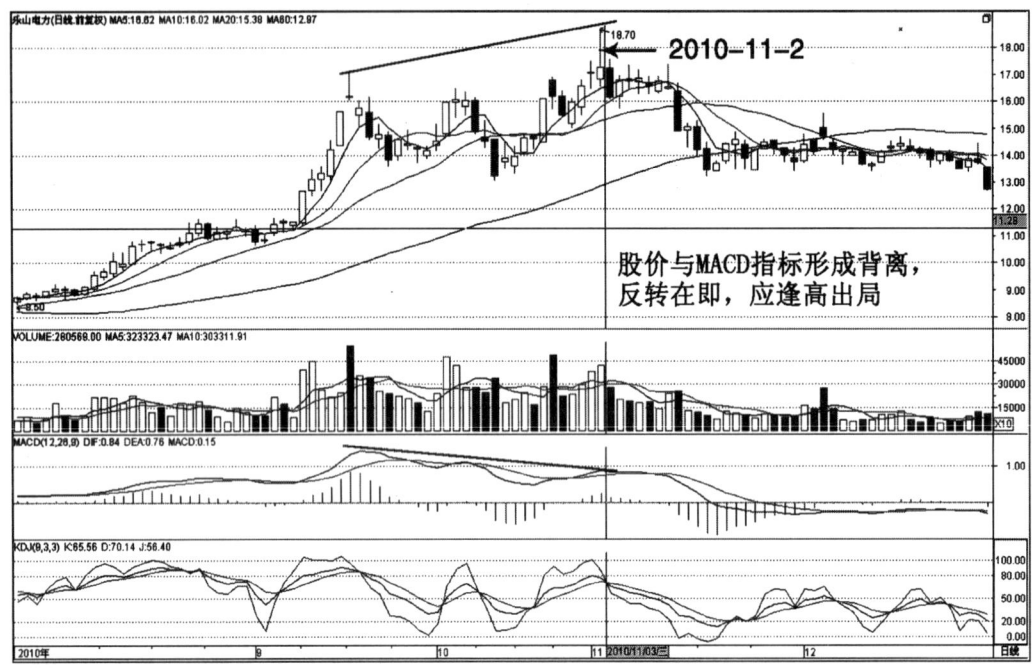

图 4-8 乐山电力 600644

图 4-9 海博股份 600708

高开高走，不过最后只是收出一根十字星，升势受阻，空头现身迹象明显。从指标看，MACD 指标也没有跟随股价创出新高，形成顶背离现象。这说明股价虽然创出新高，但有点勉为其难了，后市很可能随时反转下跌。次日该股跳空低开，收出一根小阴线，虽不是标准的黄昏之星组合，但反转已经出现雏形，我们可以先行退出。该股此后果然大幅下跌，可见顶背离信号还是比较准确。

四、MACD 指标下穿 0 轴

卖出信号

　　股价原来运行在上升趋势中，然后反转下行，此时 MACD 指标的 DIF 线也跟随由上而下穿过 0 轴。0 轴是多空分界线，一旦跌穿就说明股价走势逐渐趋弱，空头开始掌控局势，股价将由涨转跌，就此进入下跌通道，通常投资者此时应清仓出局。MACD 指标下穿 0 轴同样可能是诱空陷阱，需要结合股价的整体位置、成交量和平均线系统来研判，如果有技术形态和其他技术指标的辅助则更佳。

　　如图 4-10 所示，哈药股份 2010 年 12 月 9 日收出一根小阴线，在当时的震荡走势中不怎么起眼，但是此时的 MACD 指标已经产生了危险信号。经过这么一根小阴线，MACD 指标的 DIF 线已经向下击穿了 0 轴。我们都知道 0 轴是多空分界线，一旦击穿，意味着股价中期走势变坏，中长线投资者应该撤离。由于该股此前长时间保持上升趋势，MACD 指标始终在 0 轴上运行，如今多头最后防线被击穿，后市堪忧。此后该股有一个小幅反弹，但大势已去，很快 MACD 指标的 DEA 线也跟随击穿 0 轴，此时基本确认下跌趋势形成，投资者应该清仓出局了。

　　MACD 指标下穿 0 轴并不是一个很好的卖点，通常都是股价已经有一波下跌后才会导致 MACD 指标击穿 0 轴。对于短线投资者来说不适合用这个指标作为卖点，但是对中长线投资者来说可以参考。股价在上升

图 4-10 哈药股份 600664

途中产生回调是正常的,只要 MACD 指标不击穿 0 轴我们就可以认为上升趋势没坏,中长线投资者可以继续持股,没必要频繁操作。

如图 4-11 所示,马应龙 2011 年 1 月 10 日延续此前的阴跌走势再次收出小阴线,不过因为股价跌幅不大,看似走势还没怎么坏,但是我们注意到此时 MACD 指标已经产生了重大的变化,该指标的 DIF 线此时已经向下击穿了 0 轴。MACD 指标的 0 轴是多空分水岭,一旦击穿就意味着中长期走势变坏。对应看均线通常是股价跌破 60 日平均线,这也是重要的平均线被击破。既然中长期走势已经走软,我们只能逢高出局了。此后不久该股的 MACD 指标的 DEA 线也跟随击穿 0 轴,这就基本确认中长期的下跌趋势已经形成,该割肉的还是割了吧。

一般来说等 MACD 指标击穿 0 轴时股价已经有较大跌幅了,因此不是适合短线投资者的卖出信号,但对于中长线投资者来说还是比较合适的,不求卖在最高点,把握上升的主要波段已经足够了。

如图 4-12 所示,南宁百货 2010 年 12 月 8 日收出小阴线,股价跌破 60 日平均线,同时 MACD 指标的 DIF 线下穿 0 轴,说明股价的中长

第4章 技术指标卖点

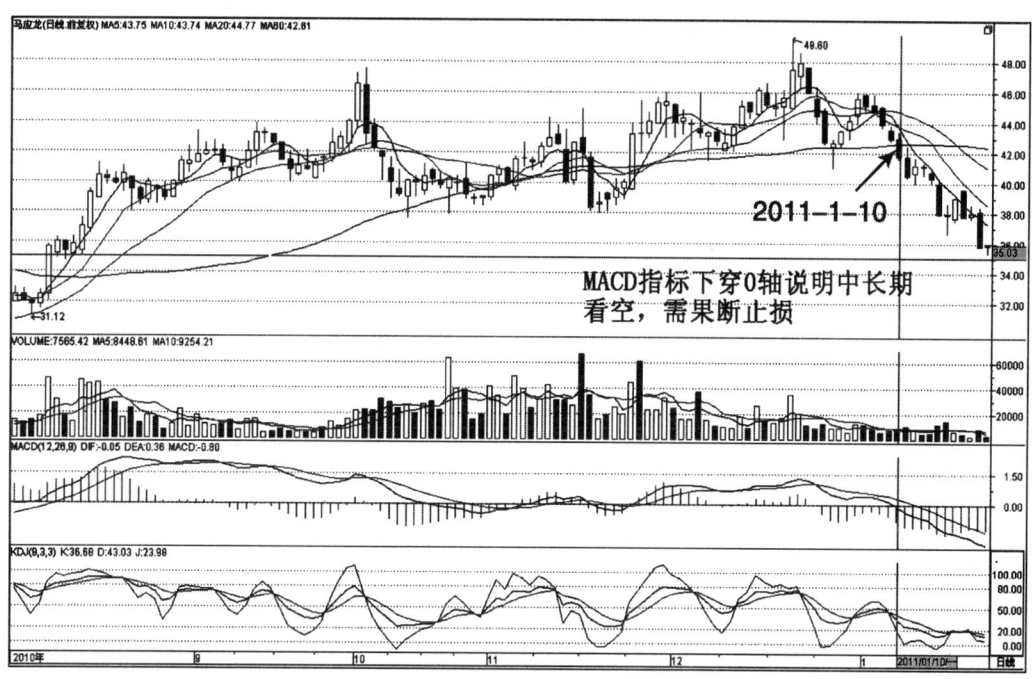

图4-11 马应龙 600993

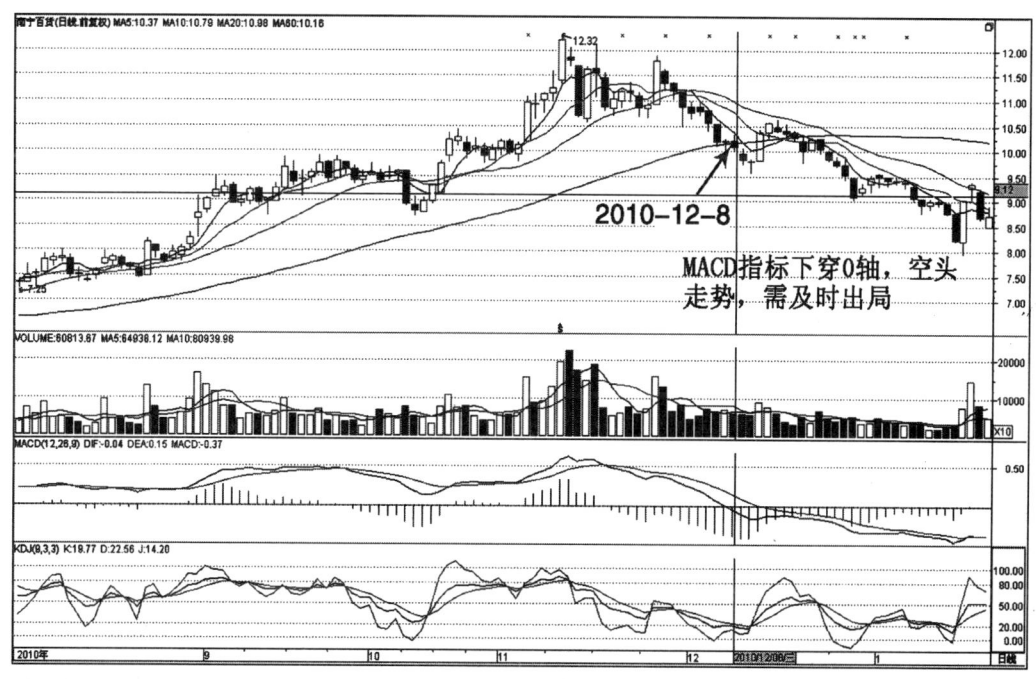

图4-12 南宁百货 600712

期走势已经变坏,可以说自此进入空头走势中。该股此后虽然反弹回到60日线上,但要注意,MACD指标的DIF线没回到0轴之上,甚至DEA线也跟随下穿0轴,更加证实走势完全变成了空头趋势,我们应该果断离场。

五、MACD指标拒绝金叉

卖出信号

股价由下跌转为上升会带动MACD指标掉头上行。如果涨幅够大,MACD指标会产生金叉,说明短线股价走势已经变好,通常可以适当参与。(这个买入方法我们在《买在起涨点》一书中有详细叙述,有兴趣的投资者可以自行参看。)但是也有不少股票反弹无力,MACD指标两线在靠近的时候拒绝产生金叉。这说明空头始终压制着多头,整个走势还是空头走势。一旦MACD指标拒绝金叉即意味着反弹结束,股价很可能继续下跌,抢反弹的投资者可以撤退了。

如图4-13所示,恒源煤电在高位经过调整后再度上攻。2010年11月11日该股大涨,股价创出新高,这对于投资者来说无疑是振奋人心的事。但是振奋中也往往隐藏着巨大的危机,我们看看MACD指标就知道了。虽然11月11日股价大涨,也创出新高,从K线看后市值得期待,但是MACD指标却产生了很明显的背离,不但没跟随创出新高,而且本来该产生的金叉却没有产生。次日股价下跌,MACD指标形成拒绝产生金叉的态势。这是该强不强的表现,股价的强势走势有一定的虚假性,起码是强弩之末,后市很可能很快见顶,因此我们需要逢高减仓。此后该股果然就此见顶,我们可以择机清仓。

如图4-14所示,新五丰2010年10月11日跳空上升,但遭到空头的反击,最后只是收出带有很长上影线的小阳线,上升趋势受阻,体现在MACD指标则是本来该指标的两线即将产生金叉,但因为上升的幅度

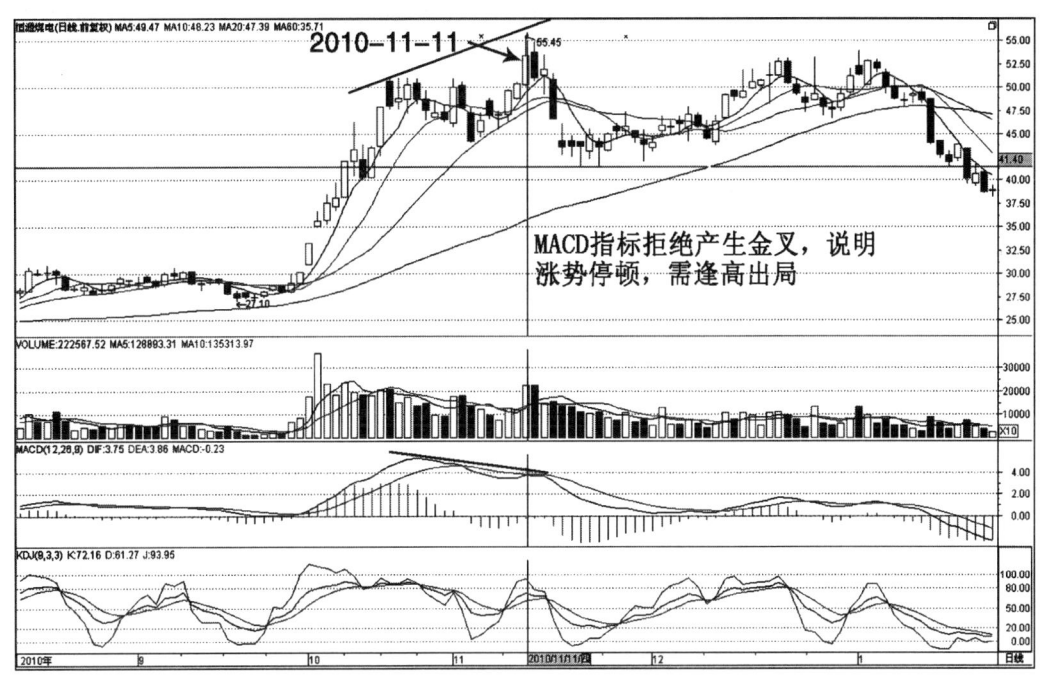

图4-13　恒源煤电　600971

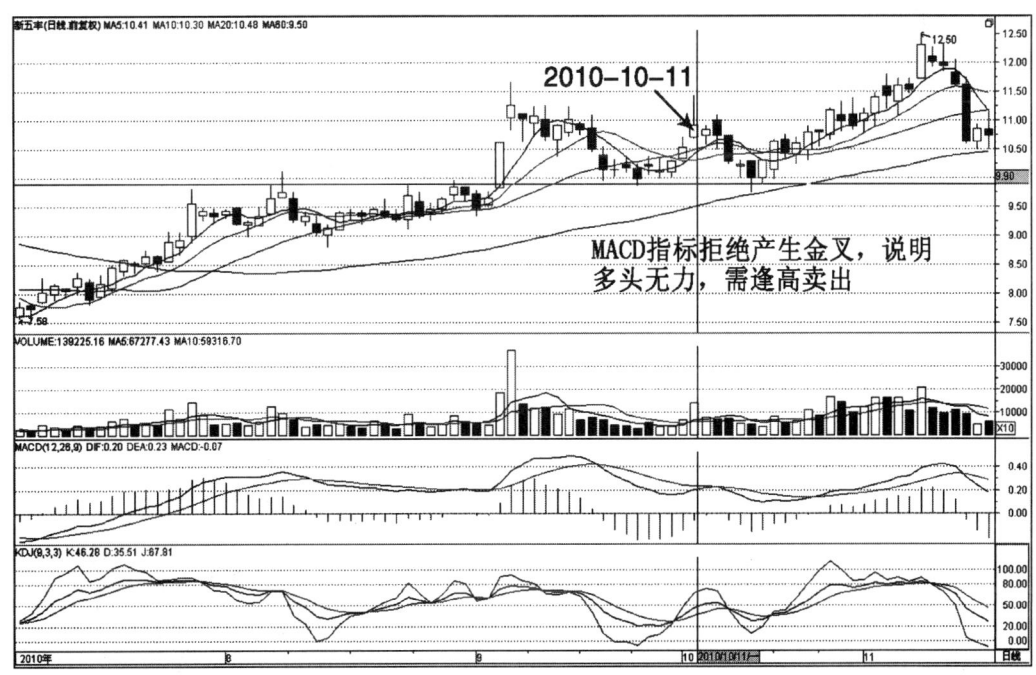

图4-14　新五丰　600975

有限而没有产生金叉，即我们所说的拒绝金叉。这说明做多的动能不足，此消彼长，反面证明空头占据了优势。我们都知道该强不强的时候容易遭到对手反戈一击，股价走势也一样，关键时候不能一鼓作气的话可能就会被空头击溃。

本例新五丰的MACD指标拒绝金叉发生在一个比较关键的位置，即股价冲击前高的位置，如果能顺利冲过前高的话无疑前途光明，可惜该股冲高回落，已现疲态，后市很可能再度回落整固，因此短线投资者需暂时出局等待下次机会。

如图4-15所示，宜华木业整体呈现明显的下行趋势，当然这并不是说期间就没有上涨，反弹还是随处可见。2011年4月8日该股延续前面的反弹走势，继续收出小阳线，股价已经站上60日平均线，看似走势有很大改观。但是如果你看一下MACD指标就知道事实上并不乐观，因为股价虽然连续上涨，但是MACD指标只是黏合在一起，并没有产生金叉，说明做多的力度明显不足，空头还是掌控着局势，后市难言已经转好。此后该股缓慢回落，MACD指标向下发散，又一波下跌走势开始。

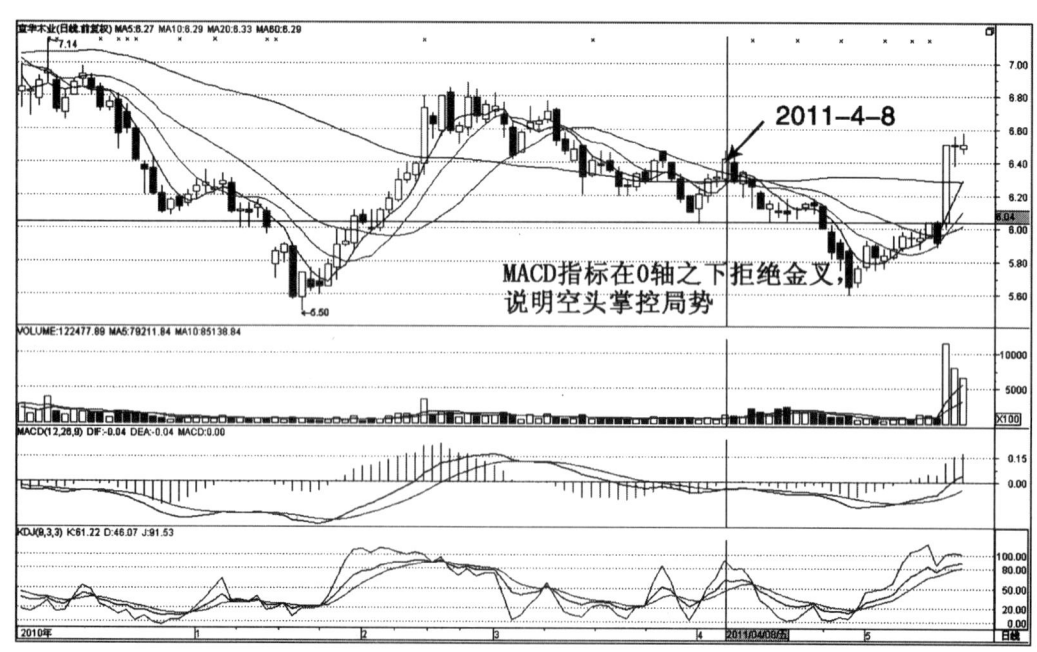

图4-15　宜华木业　600978

本例宜华木业的 MACD 指标拒绝金叉比前面讲的要更弱，因为该指标运行在 0 轴之下，整体是空头走势，而拒绝金叉则更加说明多头孱弱，还不足以形成反转，短线投资者应该先行出局，等待股价真正走强。

六、MACD 红柱缩短

卖出信号

MACD 指标红柱缩短说明股价上升的力度在减弱，甚至开始反转下跌，如果变成绿柱就完全进入空头走势了。当然我们不能等到完全转势再操作，因为此时的跌幅已经比较大了。股价快速上升时，红柱拉长，一旦股价滞涨或者开始小幅下跌，红柱就会跟随缩短，往往也意味着短线的快速拉升已经结束，后市很可能就此反转下跌，短线投资者需及时减仓锁定利润。

如图 4-16 所示，中联重科 2010 年 10 月 26 日收出小阴线，股价的整体上升走势并没有被破坏，但是此时的 MACD 指标却发出了危险信号。该股此前快速拉升，MACD 指标的红柱跟随拉长，当股价滞涨的时候，红柱也停止了拉长。而 10 月 26 日的小阴线则让 MACD 指标的红柱明显缩短。这说明短期上涨的走势已经结束，股价开始进入回落阶段了。MACD 指标柱体的运行呈现明显的周期性，绿柱属于空头走势，通常不建议参与，红柱由短到长，然后回落，代表一个上升周期结束，因此在红柱开始缩短的时候是短线卖出的较好时机。本例该股短线快速拉升，如今转势，当然是短线卖出的时机。鉴于该股前期涨幅巨大，中长期投资者也可以部分减仓，避免形成大顶带来的风险。

如图 4-17 所示，华神集团 2010 年 11 月 30 日收出长阴线，股价跌穿 5 日平均线，有反转之势。从 MACD 指标也可以看出短线的快速拉升波段已经结束，表现为 MACD 指标的红柱开始缩短。此前 MACD 指标的红柱随股价的拉升而拉长，表明上升趋势保持良好；然后股价滞涨，红

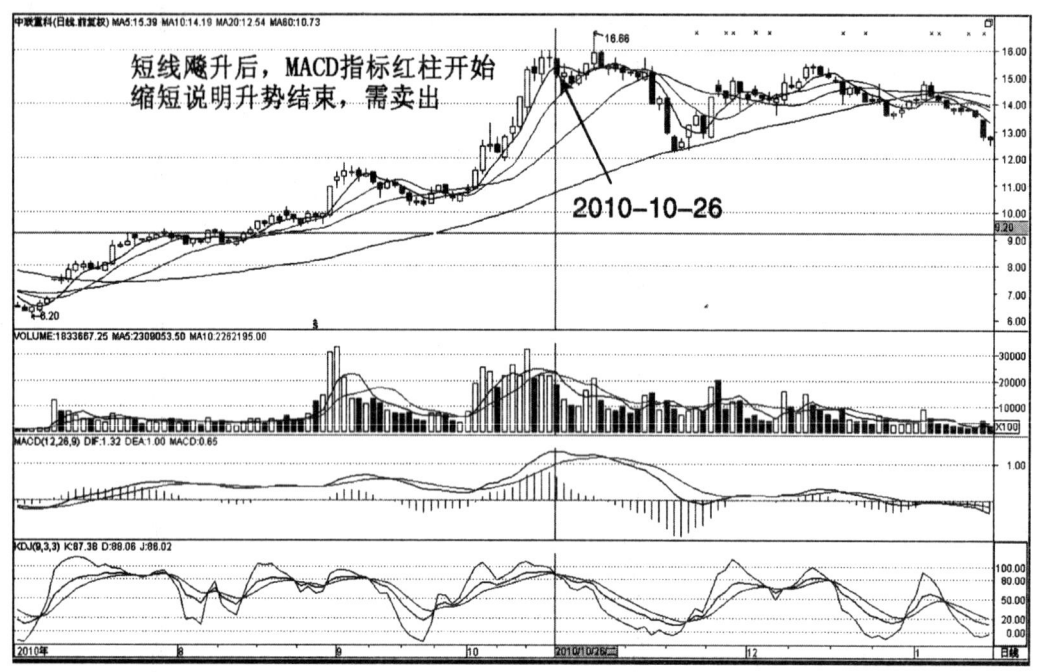

图4-16 中联重科 000157

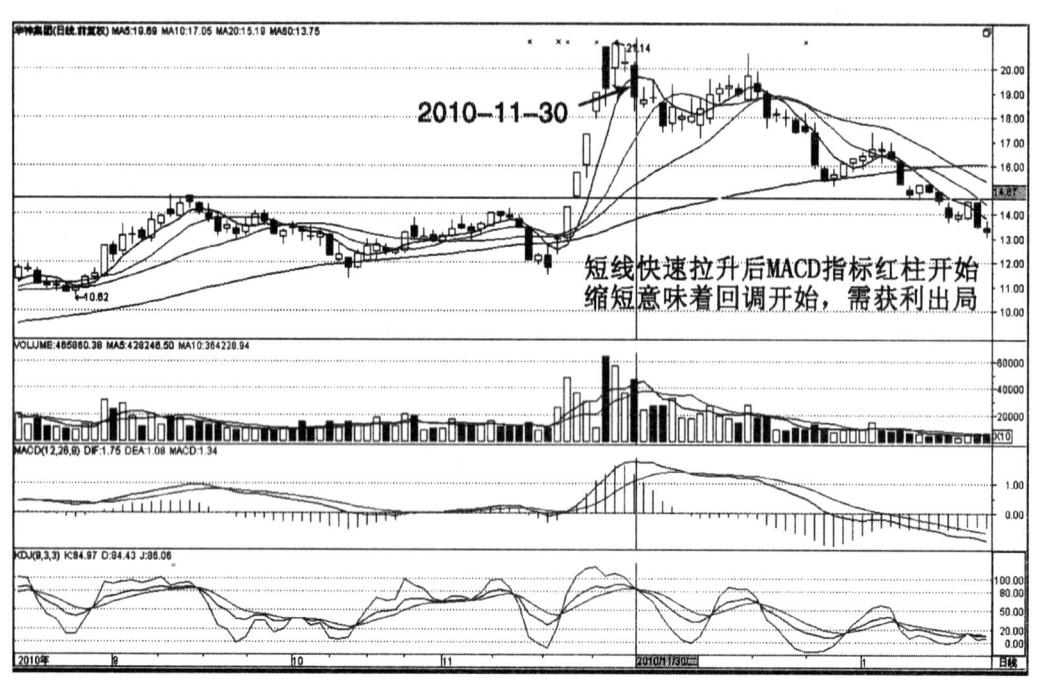

图4-17 华神集团 000790

柱也停止不动；当红柱开始缩短，便意味着短线回调开始，短线投资者应该及时出局保住利润。鉴于该股整体涨幅巨大，短线又大幅飙升，就此形成大顶的可能性很大，因此各个周期的投资者都应该卖出。

如图4-18所示，德赛电池2010年8月26日收出小阴线，股价触碰5日平均线。我们再看MACD指标，该股指标的红柱已经明显缩短。这说明此前的短线上升波段已经结束，后市可能进入调整，短线投资者应该暂时出局观望。该股此后虽然还勉强支撑了几天，但大势已去了。红柱缩短是一个比较敏感的短线信号，如果股价在短期飙升过，一旦红柱缩短就可能会形成短线的回调，投资者应该保持高度警觉。

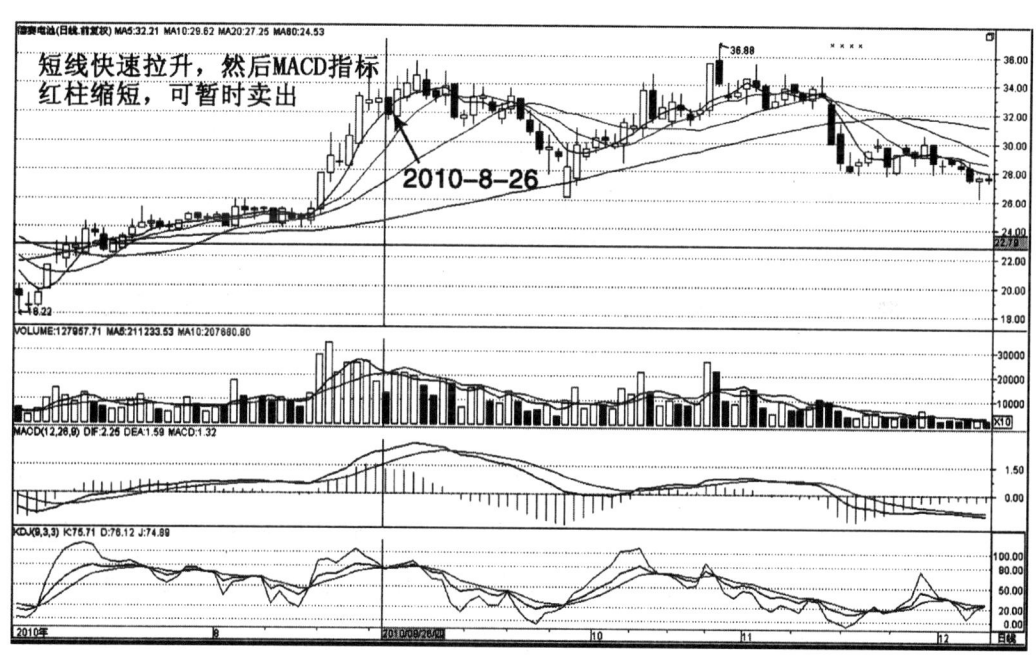

图4-18　德赛电池　000049

第二节 KDJ 指标卖点

一、KDJ 指标高位死叉

> **卖出信号**

KDJ 指标死叉说明短线空头已经压倒多头，股价开始进入空头走势中，短线投资者应该暂时卖出观望。KDJ 指标死叉作为卖出信号其实无所谓位置，在任何位置都是卖出时机。这里强调高位死叉其实只是出于准确度的考虑，在超买区产生死叉，股价反转下行信号的准确性一般来说更高点，可以避免掉入主力的洗盘陷阱中。

如图 4-19 所示，一致药业 2010 年 11 月 30 日以中阴线下跌，此时的 KDJ 指标也产生死叉，这是一个比较明确的卖出信号，短线投资者可以暂时离场了。从股价的整体位置看，该股处于明显的高位，前期股价涨幅较大。KDJ 指标也在相对高位区域运行，如今产生死叉，说明股价走势暂时已经进入空头走势中了。其实 KDJ 指标作为一个短线指标，死叉出现的位置并不重要，只要产生死叉就是短线卖出信号，只是高位的死叉产生真正下跌趋势的可能性更大。

如图 4-20 所示，中粮地产 2010 年 8 月 3 日冲高回落，当日收出小阴线，走势还不是特别烂，基本没破坏原来的趋势，不过此时的 KDJ 指标已经发出了明确的卖出信号。当日股价小幅下跌后，KDJ 指标在 80 附近的高位产生死叉，这是一个比较明确的短线卖出信号，短线投资者应该暂时卖出。该股此后果然有一个较大幅度的回落，如果能及时离场对

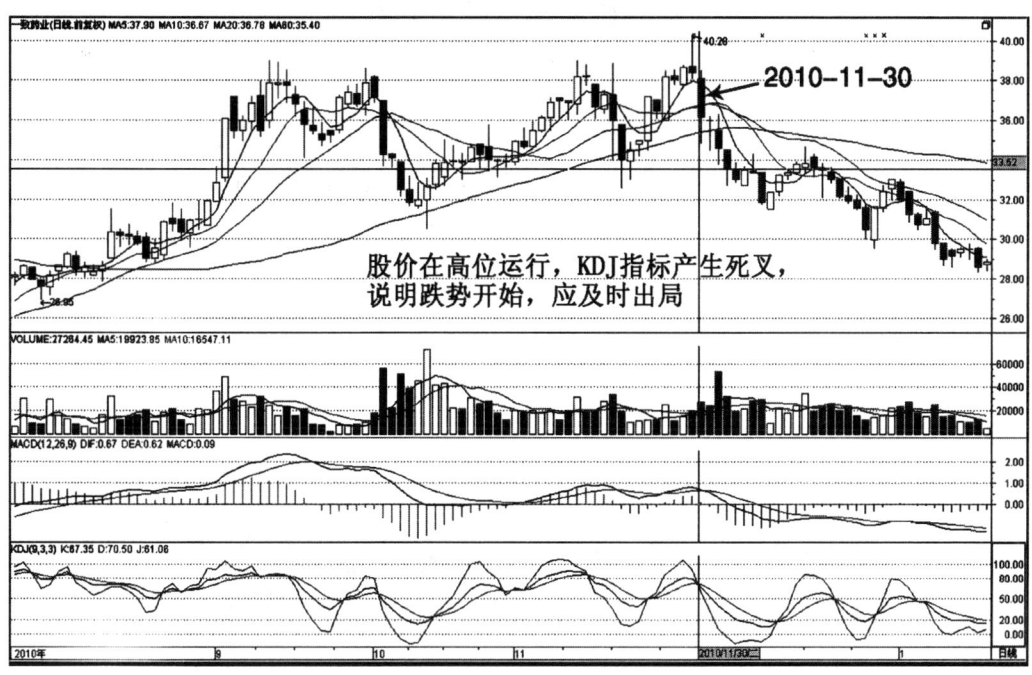

图4-19　一致药业　000028

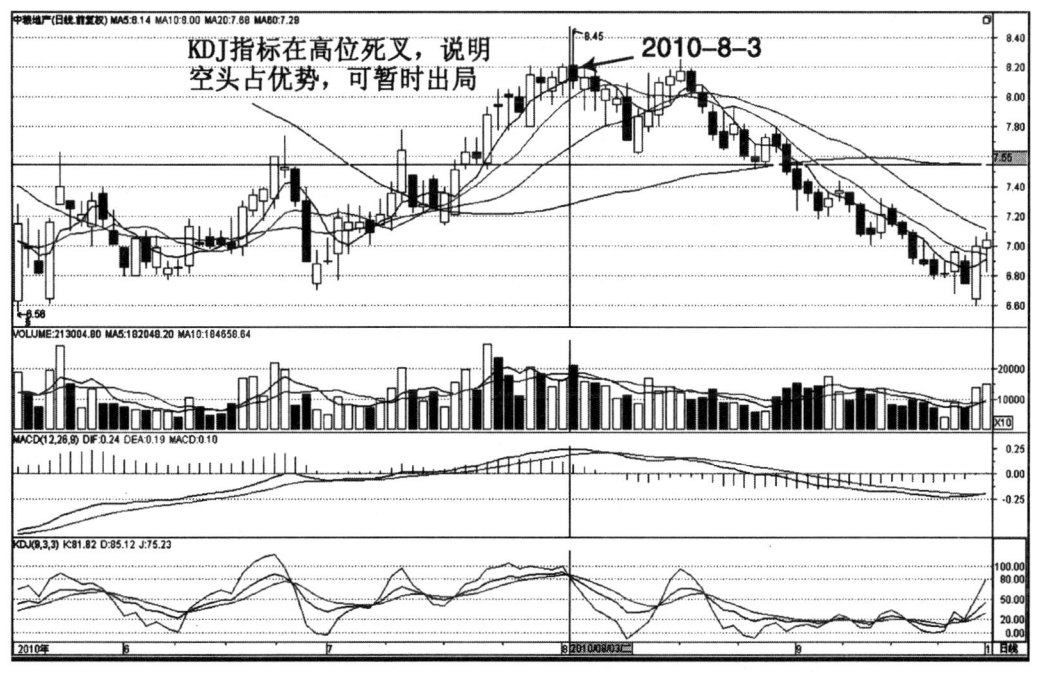

图4-20　中粮地产　000031

于短线投资者来说是个不小的胜利。

如图4-21所示,新都酒店2010年3月4日收出小阴线,跌势不是很猛,但是此时的KDJ指标在80附近产生死叉,是明确的短线卖出信号。这个信号应该比较准确,因为该股在明显的高位盘整,这次上升的高点离前高还有段距离,说明股价的向上动力不足。然后股价回落,KDJ指标产生死叉,短线的下行趋势基本形成,后市很可能继续下跌,短线玩家自然要暂时回避。

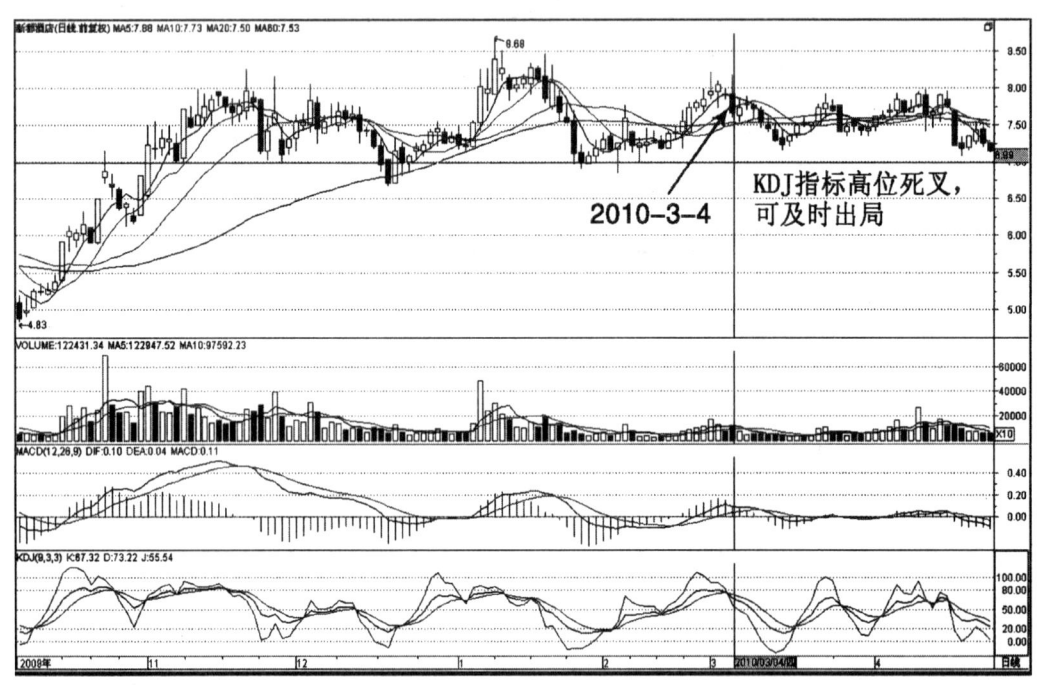

图4-21　新都酒店　000033

二、KDJ 指标金叉后快速死叉

卖出信号

股价整体趋势处于下跌走势中,当然也经常有反弹。随着股价的拉升,KDJ指标产生金叉,说明短线股价走强。但是很快该指标又产生死叉,说明反弹已经夭折,后市将重归跌势,投资者应该及时卖出股票。KDJ指标金叉后快速死叉有诱多的嫌疑,更应该果断出局,避免不必要的损失。

如图4-22所示,国药股份2011年5月26日以小阳线反弹,此时的KDJ指标跟随产生金叉,是股价短线走强的信号,通常可以买进,可是次日股价就反转大跌,KDJ指标随即也产生死叉。这种KDJ指标金叉后快速死叉说明什么呢?说明短线的上升趋势已经夭折,反弹就此结束,后市将重归跌势,抢反弹的投资者应该立刻卖出。本例该股此前处于明显的空头走势中,即使KDJ指标金叉也不能冒进。KDJ指标属于短线走势,一旦金叉后快速死叉则基本可以判断反弹结束了。

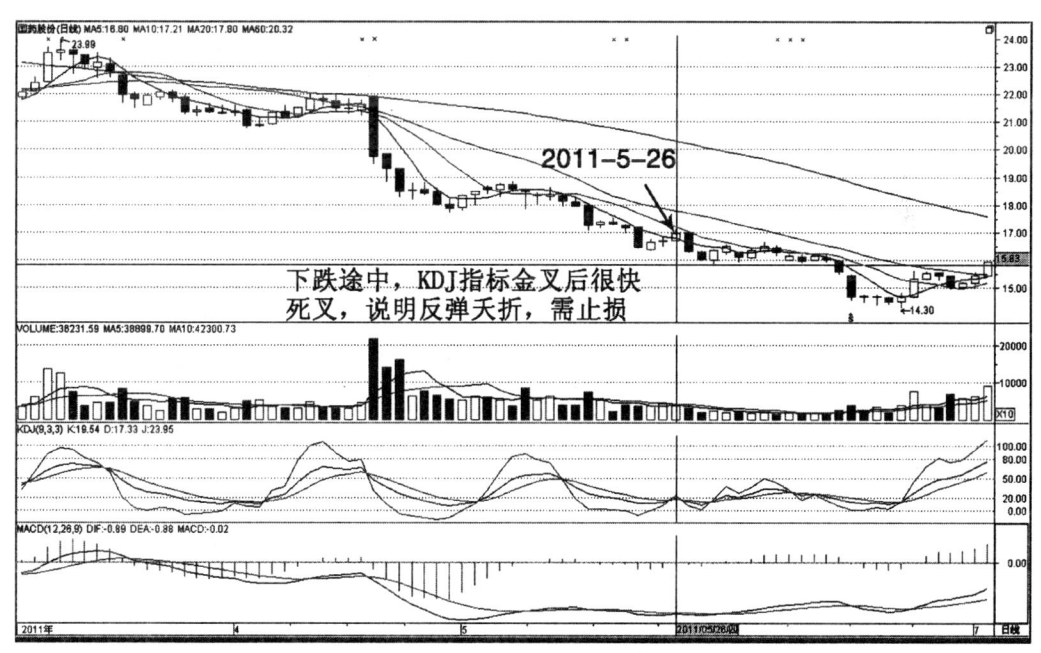

图4-22　国药股份　600511

如图4-23所示,达意隆自低位反弹,然后在60日平均线下方震荡。2011年3月24日该股小幅反弹收阳,此时KDJ指标产生金叉,这是短线股价走强的信号,通常可以少量参与。次日该股继续收出小阳线，不过随后便开始下跌，KDJ 指标跟随产生死叉。这说明短线的反弹已经结束，后市将有更大跌幅，投资者应该趁早离场。这种 KDJ 指标金叉后快速死叉有诱多的嫌疑，投资者应该反向操作，果断止损出局。

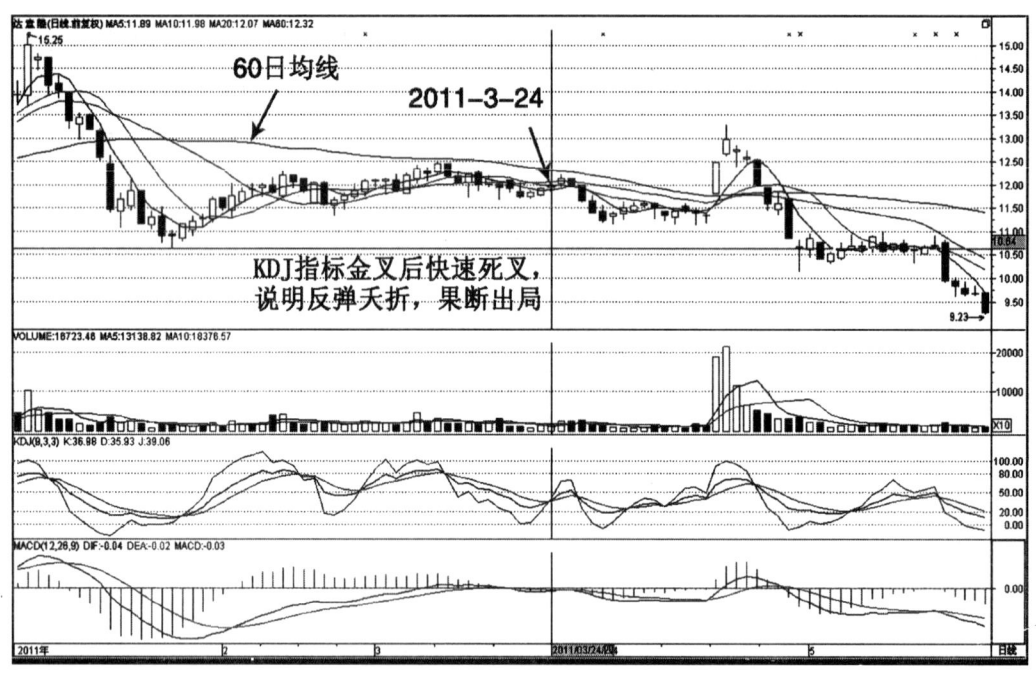

图 4-23　达意隆　002209

如图 4-24 所示，海源机械 2011 年 3 月 22 日收出一根极小的伪阴线，股价仍是上涨的，此时 KDJ 指标产生金叉，看似可以短线买进。随后不久 KDJ 指标又产生死叉，这说明短线的反弹已经夭折，后市将重归跌势，抢反弹的投资者应该及时卖出，否则可能损失惨重。金叉向多，迅速死叉则是走势显出原形，有诱多的嫌疑，因此需要反向操作，如果能做空的话卖空倒正是时候。

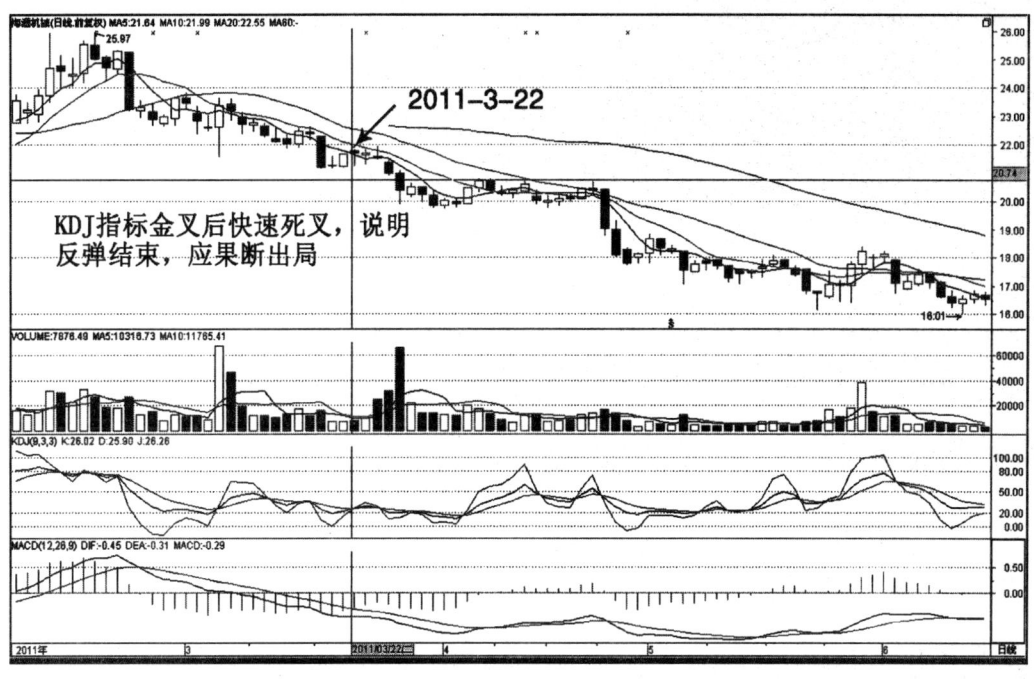

图 4-24　海源机械　002529

三、KDJ 指标拒绝金叉

卖出信号

上节讲过 KDJ 指标金叉后快速死叉是空头重新占据优势的表现，还有一种更弱势的形态，即就是 KDJ 指标拒绝金叉：股价上涨，KDJ 指标跟随上升，但是始终难以产生金叉，然后掉头下行，进入下跌趋势中。这说明多头始终比空头弱，没有形成哪怕短暂的强势。因此 KDJ 指标拒绝金叉是一个很可靠的卖出信号，投资者应该果断卖出。

如图 4-25 所示，中国宝安 2011 年 2 月 22 日高开高走，但最后只是收出一根伪阴线，股价创出新高。这根 K 线让我们很纠结，卖还是不卖都难以抉择。此时我们可以参照 KDJ 指标看看。当时的 KDJ 指标本应要产生金叉，但最后还是没有正式形成，这说明什么呢？说明当日股价虽然收涨，但还是缺乏应有的力度，导致KDJ指标欲金叉而没有金叉。该强不强，说明空头已经开始出击，后市比较危险。次日该股继续下行，KDJ指标开始向下发散，短线进入明确的空头走势中，短线投资者应该及时卖出保住胜利果实。

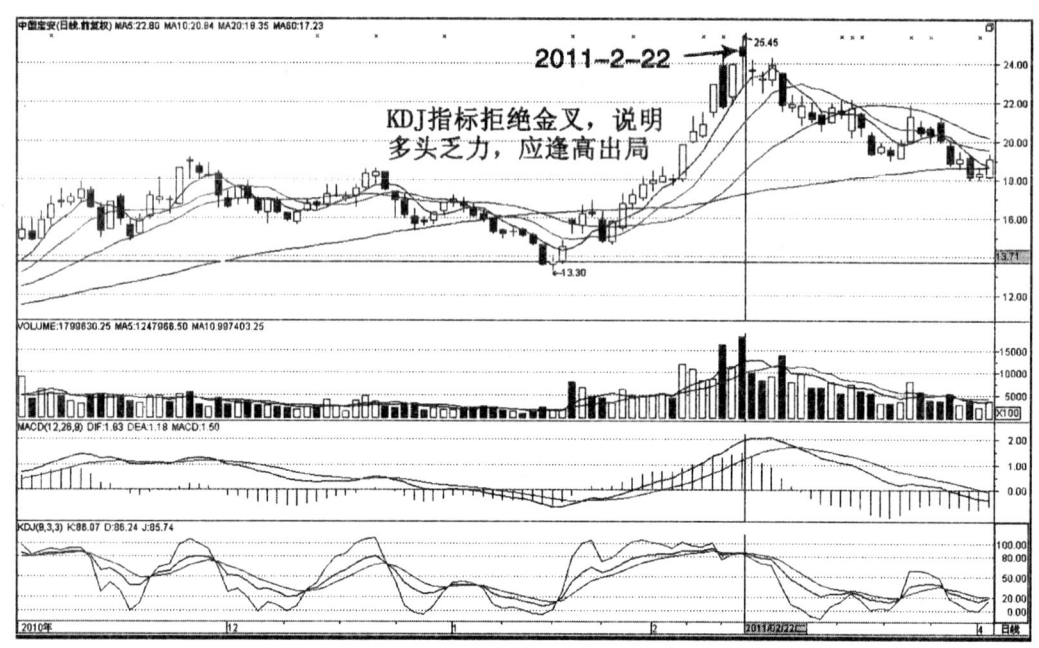

图4-25　中国宝安　000009

本例中国宝安的KDJ指标拒绝金叉发生在股价短线大幅拉升的背景下，反转的可靠性比较高，投资者应该当机立断清仓出局。

如图4-26所示，飞亚达A 2010年12月21日小幅上涨，股价没过前高，持股的可以继续持股，想买入则还不是时候，一切看起来风平浪静。但是KDJ指标此时已经发出了警示信号。此前该股的多次冲高过程中，按常规KDJ指标应该产生金叉，可是每次都失之毫厘，无奈继续下行。在较长的横盘震荡期间，股价虽然没下跌，但KDJ指标却在下行，而且指标多次拒绝金叉，说明多头做多的力度不够，空头开始占据上风，后市很可能反转下行，因此在KDJ指标拒绝金叉的时候我们应该逢高卖出。该股后市的表现也证明了卖出的正确性。

第4章 技术指标卖点

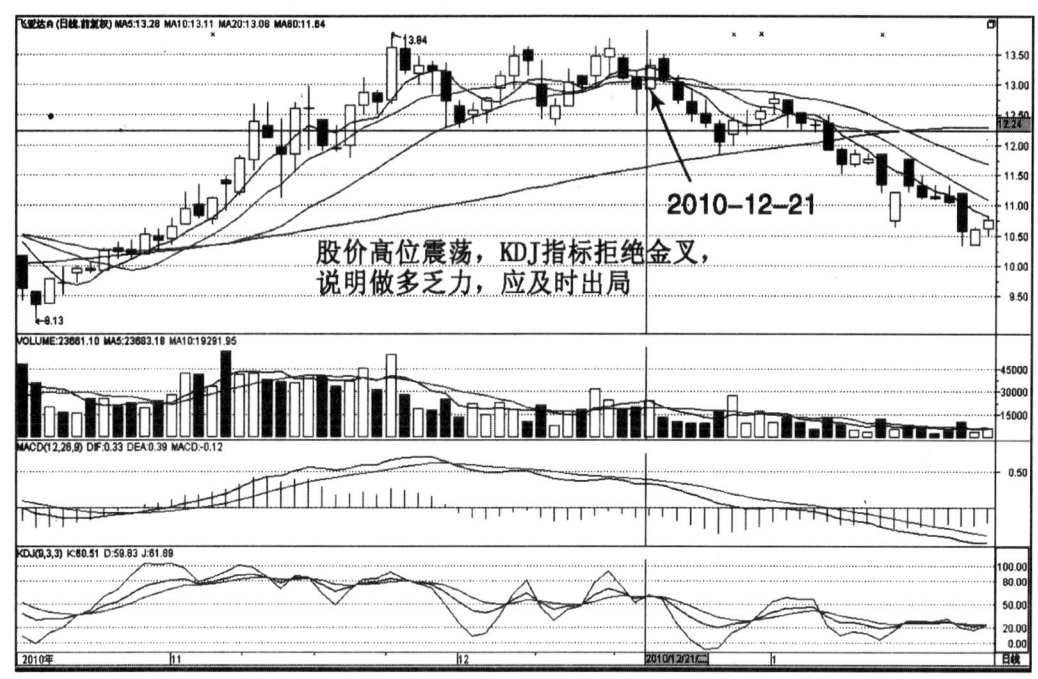

图4-26　飞亚达A　000026

从股价的整体位置看，飞亚达A前期大幅拉高，然后在高位横盘震荡，主力出货的嫌疑比较大，我们要小心股价随时反转。

如图4-27所示，中航地产2011年4月6日小幅收高，走势比较平稳，但是我们发现KDJ指标的走势有点诡异。此前该股创出新高，按常理KDJ指标应该产生金叉，但至多只是黏合在一起，说明做多的力度不够。4月6日股价再度冲高，KDJ指标还是黏合在一起，没有产生金叉。这种拒绝金叉的现象只能说明主力已经无心做多，后市下跌的可能性就更大。既然如此，我们应该逢高出局，避免后市股价反转的风险。

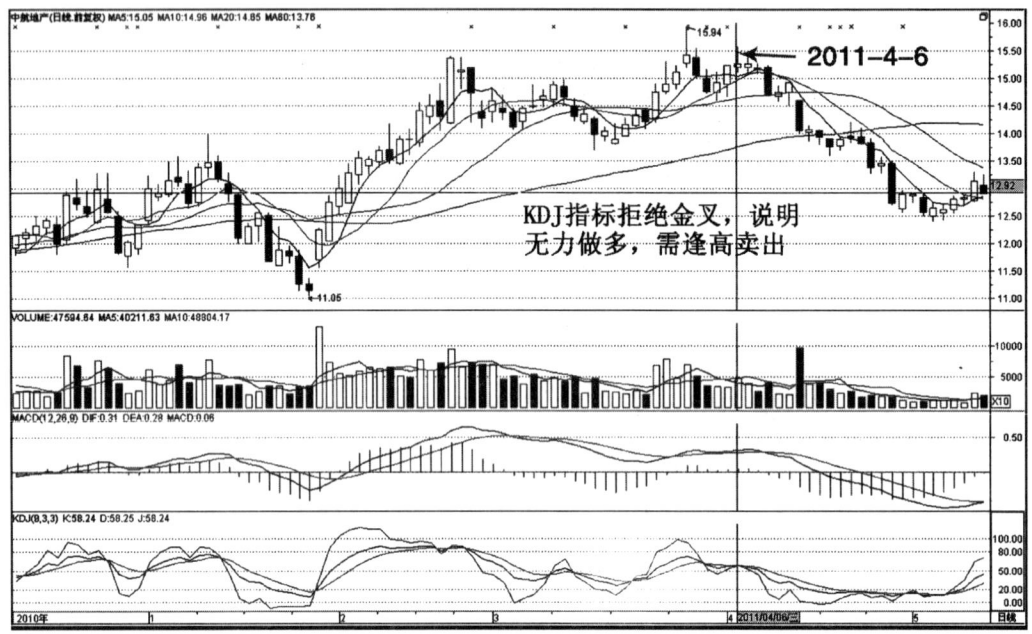

图 4-27 中航地产 000043

四、KDJ 指标 M 头

○ 卖出信号

KDJ 指标在运行中可能会形成各种形态，比如 M 头、W 底等。当 KDJ 指标的 K 线或者 J 线走出 M 头时，说明股价走势也形成头部，后市将进入下跌走势中，投资者需要及时卖出休息。M 头信号的确认可以跌破颈线为标准，最直观的表现就是 KDJ 指标产生死叉，此时 M 头基本就形成了。如果股价前期涨幅较大，M 头的可靠性相对更高；如果是在上升途中出现 M 头，则很可能是洗盘陷阱，我们需分别对待。

如图 4-28 所示，深鸿基 2010 年 8 月 25 日跳空下跌，形成一阴穿多线的格局，短期走势肯定已然走坏。我们这里主要看看 KDJ 指标。此前随着股价的震荡，KDJ 指标走出一个 M 头形态，如今已经明确产生死叉，M 头正式成立，后市将进入下跌趋势中，投资者应该果断卖出。这个 KDJ 指标发生在股价的相对高位，因此可靠性比较高。再结合 K 线形态和平均线等研判，下跌趋势基本确立，投资者只能出局。

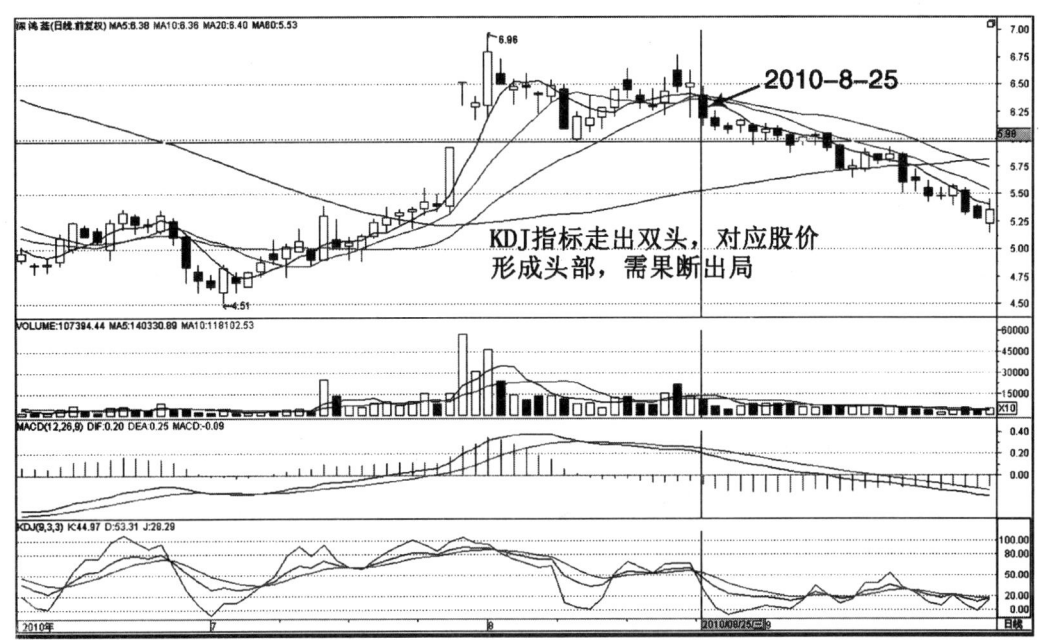

图 4-28　深鸿基　000040

如图 4-29 所示，深纺织 A 2010 年 3 月 10 日收出中阴线，股价跌破多根平均线，且上方受到 60 日平均线的压制，股价走势至此显然已经变坏，投资者可以出局了。从 KDJ 指标看，该股此前的 KDJ 指标随着股价的震荡走出一个 M 头，如今已经明确产生死叉，M 头也就此正式成立，后市将进入下跌趋势中，投资者需及时卖出股票，规避下一波段的下跌。

如图 4-30 所示，农产品 2011 年 3 月 3 日收出长阴线，但似乎受到 60 日平均线的支撑，不过仔细观察就会知道其实没有支撑，因为该平均线本身下行，不具备支撑作用，反而有向下的牵引力。从 KDJ 指标看，该股的 KDJ 指标此前走出一个 M 头模样，现在则明确形成，同时该指标也形成死叉，股价走势进入了下跌趋势，投资者应该及时卖出，规避风险。

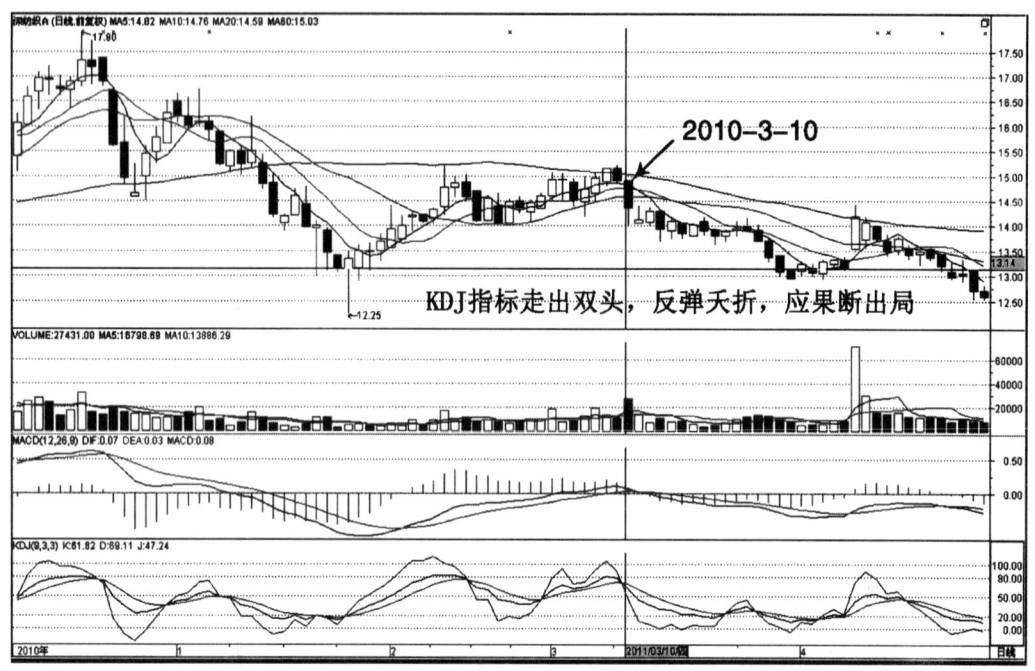

图 4-29　深纺织 A　000045

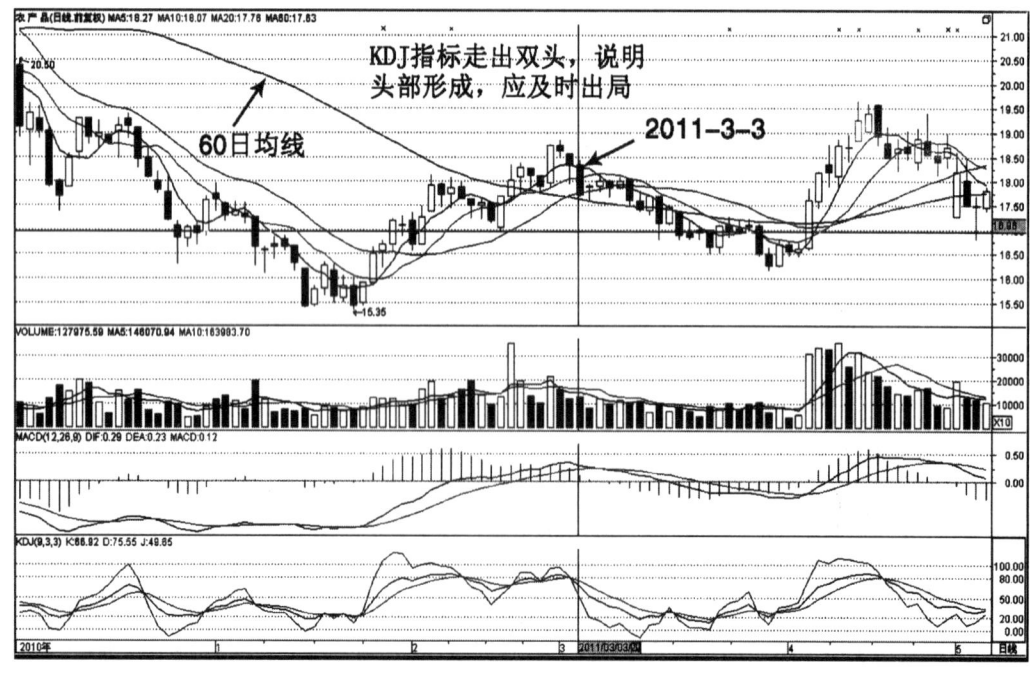

图 4-30　农产品　000061

五、KDJ指标顶背离

◎ 卖出信号

顶背离信号通常都比较准确，KDJ指标的顶背离也是如此。当股价继续上升，KDJ指标却一个高点比一个高点低，顶背离现象就出现了。这说明股价上升已经是强弩之末，后市很快将反转下跌。投资者应该在顶背离的时候逢高减仓，当股价反转的时候则应清仓出局。顶背离后通常有较大跌幅，我们应该果断操作。

如图4-31所示，长城开发2010年9月28日大幅飙升，当日收出大阳线，股价创出新高，持股者可能都欢欣鼓舞。俗语说乐极生悲，在众人欢腾的时候也往往是好戏落幕的时候。此后该股果然见顶回落，最后股价几乎打回原形。为什么会大阳线后形成这样的走势呢？其实只要

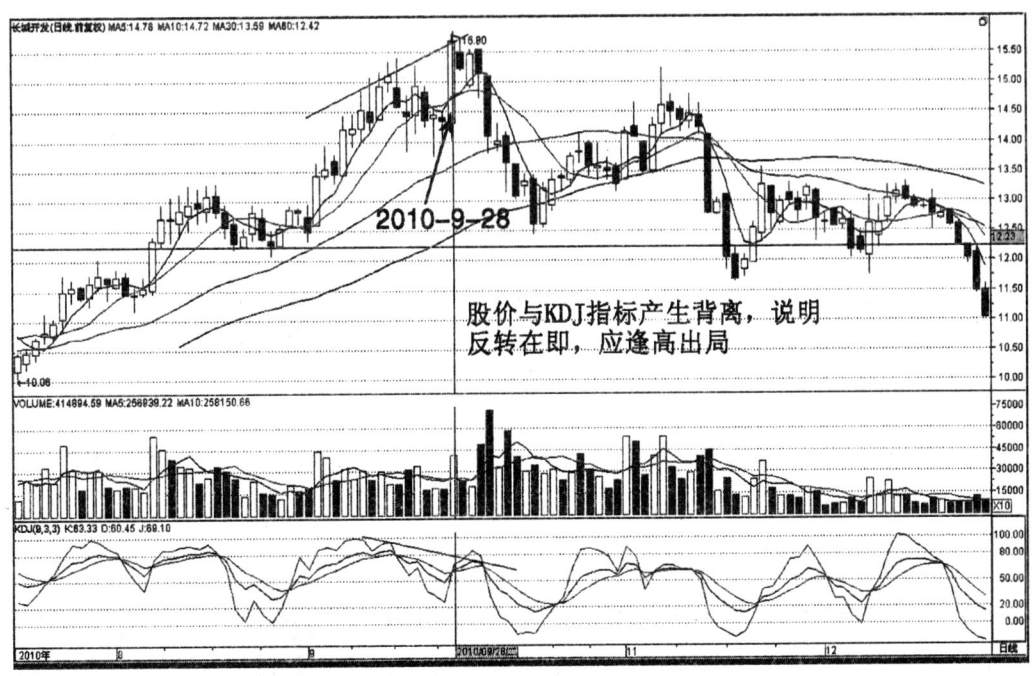

图4-31 长城开发 000021

看看KDJ指标就明白了。当时股价虽然创出新高，但是KDJ指标的波峰却明显低于前一波的高点，形成明显的顶背离，说明股价的上涨缺乏实质的支撑，很可能是主力拉高出货，后市见顶在即。

如图4-32所示，深天地A 2011年3月30日股价大幅冲高，创出阶段性高点，只是最后没有善终，收出阴线。其实这种冲高本来就是虚张声势，股价回落是理所当然的。为什么这么说呢？你看KDJ指标就明白了——股价创出新高，但KDJ指标却明显走低，形成明显的顶背离，说明多头拉高股价并非实际做多，属于强弩之末的拉高出货行为，后市很快就会反转下跌。投资者应该利用拉高的机会逢高出局。你再看看后市的走势就会明白股价与指标背离的后果，不及时出局损失可就大了。

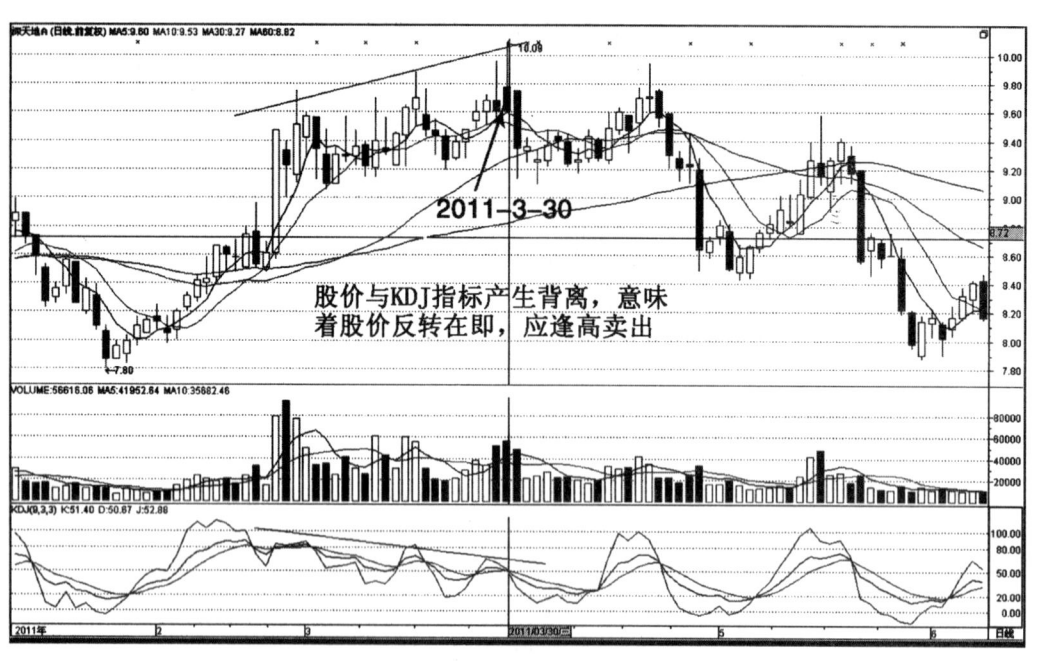

图4-32 深天地A 000023

如图4-33所示，深圳能源2010年11月8日收阳，股价创出新高，量能也有所放大，看似涨势很健康，但是我们仔细观察就会发现KDJ指标产生了顶背离的现象，即股价在攀升，但是KDJ指标的高点却越来越低。这说明股价拉高有虚假的成分,很可能是强弩之末,后市很快将反转下跌,投资者应该逢高出局。顶背离信号通常是非常准确的,投资者应该果断卖出,锁定利润。从本例该股的整体走势看,前期涨幅不小,形成顶背离后反转的可能性极大,我们要有足够的清醒,避免做无谓的牺牲。

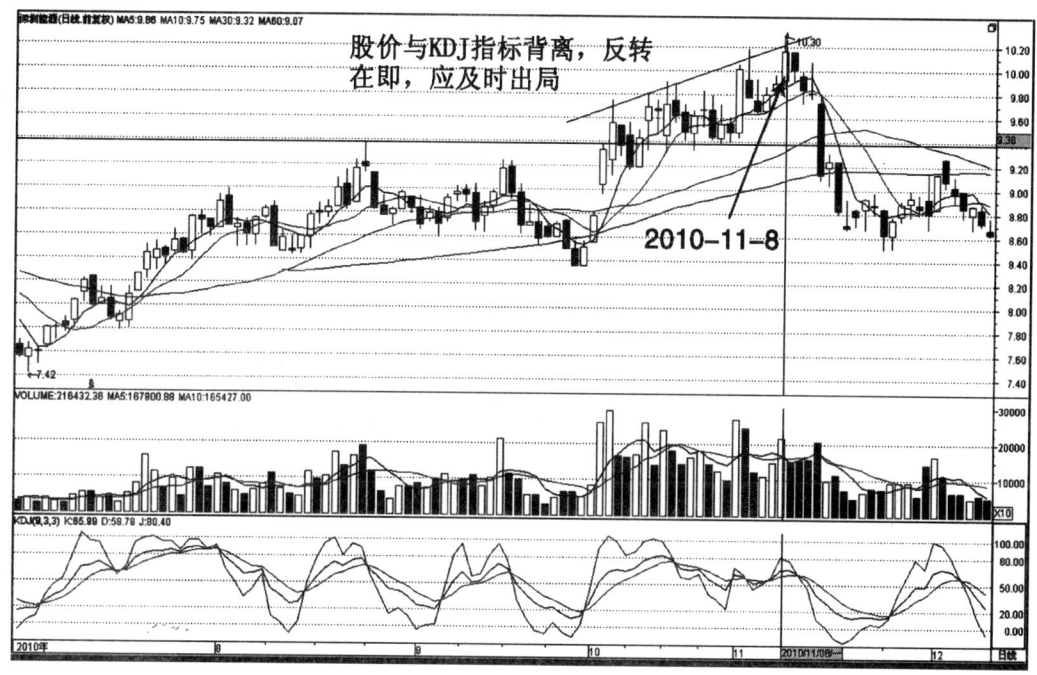

图4-33 深圳能源 000027

第三节 RSI 指标卖点

一、RSI 指标死叉

◯ **卖出信号**

股价在高位滞涨，然后开始反转下跌，此时 RSI 指标也掉头下行，6 日线向下跌穿 12 日线，形成死叉。这说明股价走势已经变坏，空头开始占据优势，后市将进入下跌趋势中，投资者应该及时卖出股票，规避下跌风险。RSI 指标死叉的虚假信号比较多，需要结合股价的整体位置和成交量等来综合研判。

如图 4-34 所示，青岛双星 2011 年 5 月 17 日低开低走收出长阴线，也就此走出一个倾盆大雨的组合图形，这是反转形态，投资者应该及时出逃。从股价整体位置看，这个位置恰好是前高位置，貌似突破了，但很快跌回前高之下，说明是假突破。我们这里主要看看 RSI 指标。这时候 RSI 指标已经明确产生死叉，说明股价走势已经进入空头走势中，后市继续下跌的可能性极大，投资者需要果断卖出。此后该股果然继续下跌，短线跌幅巨大。这也是多重空头信号共振的结果，可以说下跌是必然的。

如图 4-35 所示，石油济柴 2011 年 3 月 18 日收出小阴线，跌势不怎么猛，但是此时的 RSI 指标已经产生死叉，发出了明确的卖出信号。RSI 指标产生死叉说明空头力量开始压倒多头力量，上升趋势结束，将要进入下跌趋势。既然趋势已经改变，投资者自然是先逃为妙。我们看当时的 KDJ 指标也同步产生死叉，验证了此信号的准确性。后

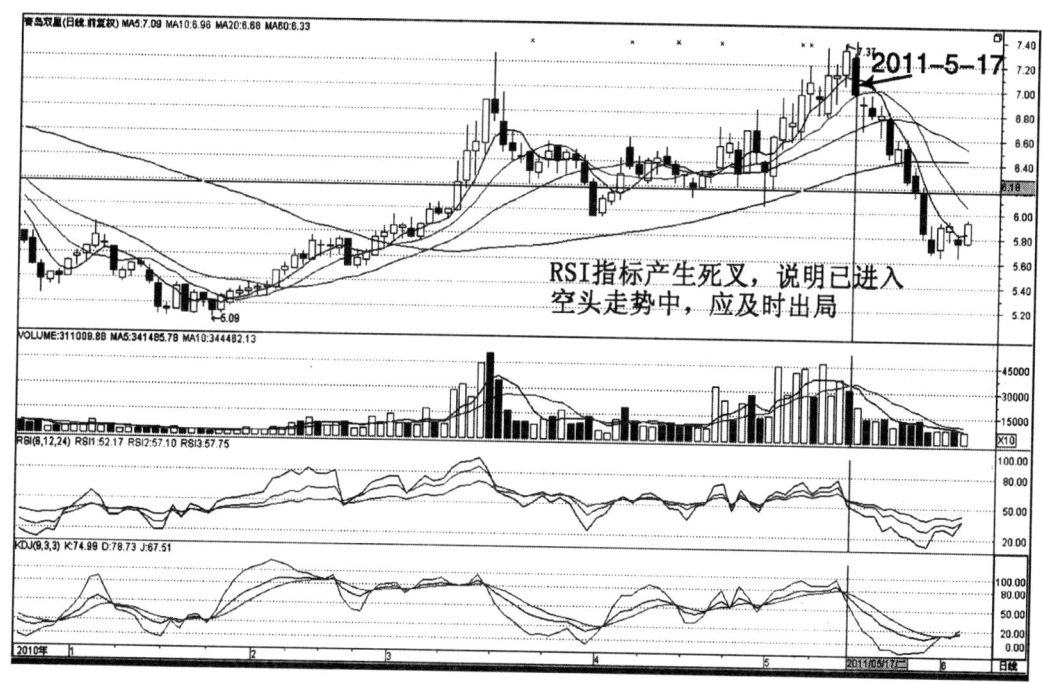

图4-34 青岛双星 000599

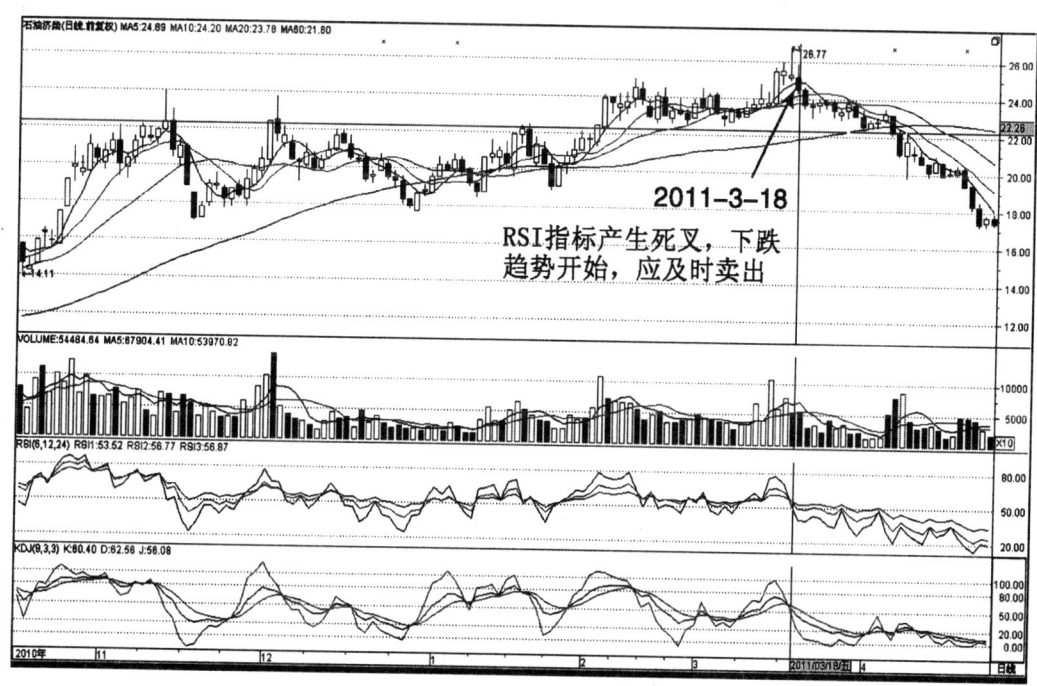

图4-35 石油济柴 000617

市该股果然持续下跌,这个死叉发生在股价的明显高位,其可靠性应该比较高。

如图4-36所示,海螺型材2011年3月30日收出长阴线,但仍处于盘整区域,看起来不是很危险。不过看一下RSI指标就知道风险已经降临,因为此时的RSI指标已经产生死叉,说明多空力量产生了逆转,空头开始压倒了多头,后市将进入空头走势中,投资者此时需要暂时出局观望。这个RSI指标死叉的同时,KDJ指标也产生死叉,验证了走势已经变坏。

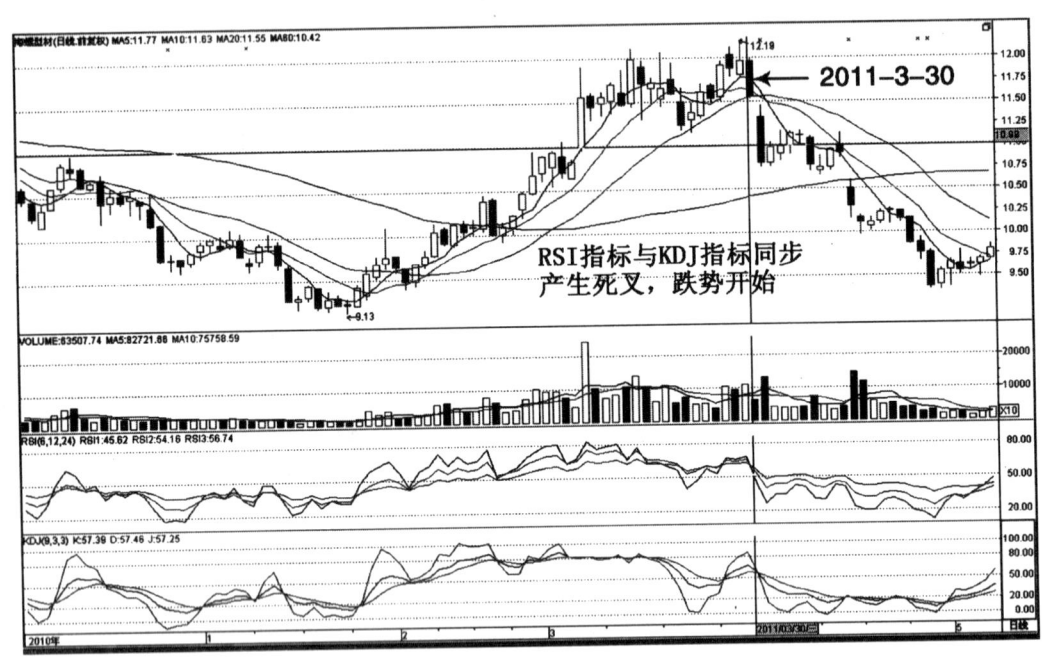

图4-36　海螺型材　000619

本例海螺型材的这个RSI指标死叉虽然发生在股价涨幅不是特别大的背景下,但也应该符合主力的最低目标,后市至少有回调的需要,至于是否就此反转还需要观察。非常可惜的是该股此后几乎跌回原地,结局悲惨。

二、RSI 指标跌破水平支撑线

卖出信号

在股价横盘震荡过程中，RSI 指标可能也会跟随股价的震荡而走出横盘形态。RSI 指标在横盘的时候低点接近，形成一条水平支撑线，是暂时的支撑位。但是这种横盘震荡不可能长久地维持，最终会选择突破方向，若后市向下突破则意味着将进入下跌趋势中，投资者应该果断止损出局。经过横盘后的下跌通常有较大跌幅，投资者应该警醒。

如图 4-37 所示，劲胜股份 2011 年 3 月 15 日收出小阴线，股价跌幅不大，但有向下破位的嫌疑，只是还没有明确。不过此时的 RSI 指标已经明确发出了卖出信号。此前该股的 RSI 指标随着股价的横盘也走出一个水平的震荡格局，下挡有一条明显的水平支撑线。经过 3 月 15 日的下跌，RSI 指标也跌破了下挡的水平支撑线，说明横盘震荡已经结束，

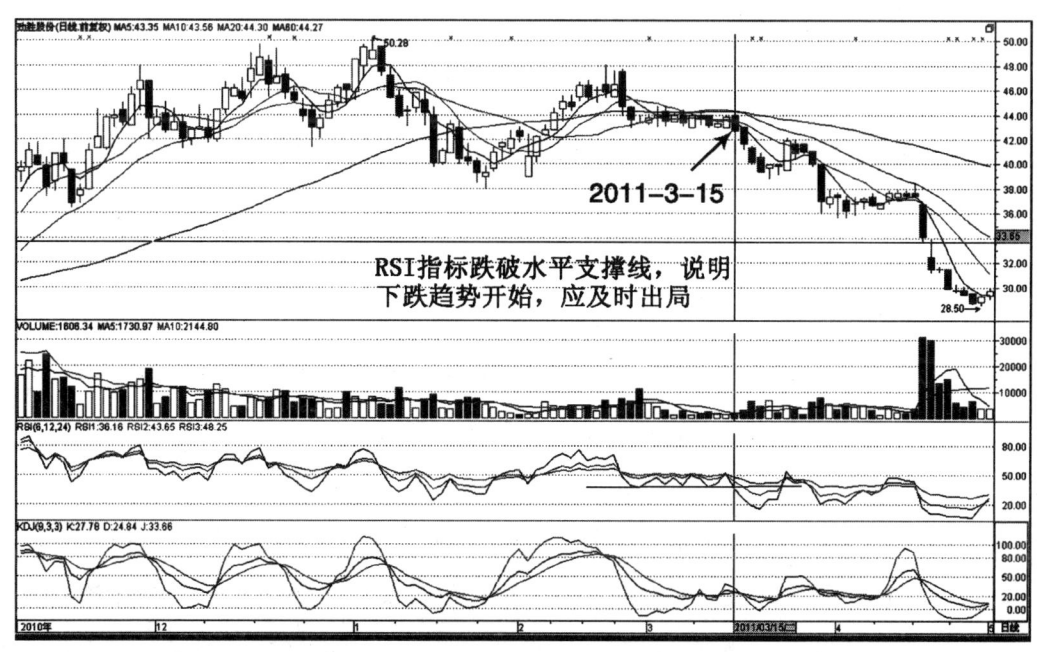

图 4-37　劲胜股份　300083

后市将进入下跌趋势中，投资者应该及时止损出局。后市该股果然加速下跌，跌幅巨大。

如图4-38所示，歌尔声学在2011年初有一波反弹，股价突破60日平均线后却停止不前了。在这段时间内，RSI指标横盘震荡，下面有水平的支撑，上面则屡次冲高无功而返。这说明多头的力量不够。2011年3月15日该股收出中阴线，形成一阴穿多线的形态，这是明显的空头信号，我们此前反复讲过。而此时的RSI指标也跌破了原先的水平支撑线，说明多头的防线已经被空头轻松击溃，后市显然将进入空头走势中，投资者只能趁早离场了。该股后市如期下跌，没有多少悬念。

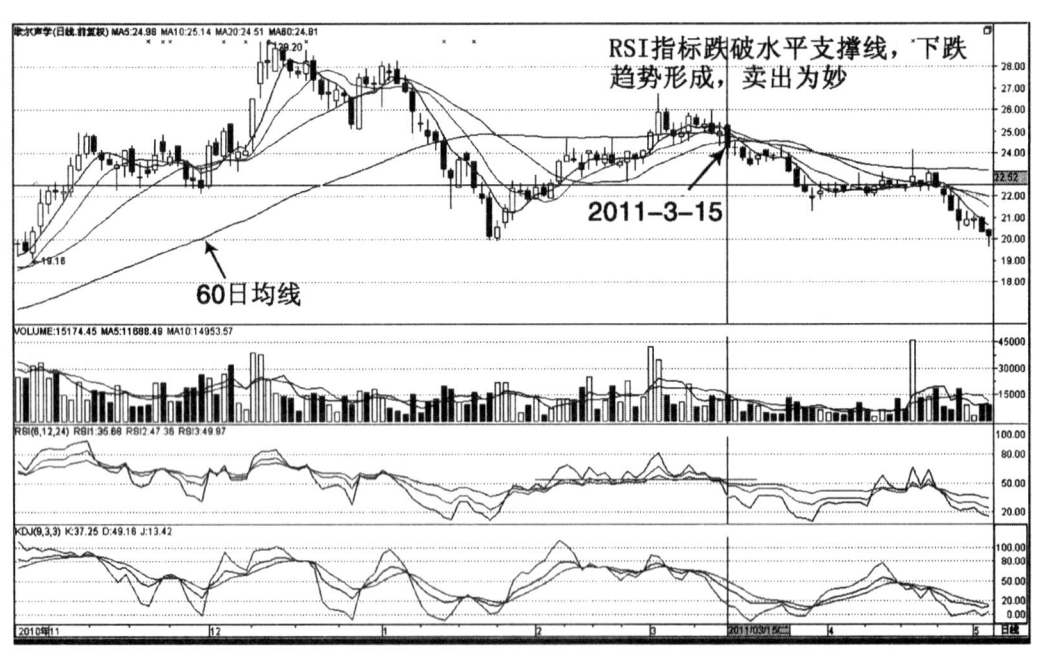

图4-38　歌尔声学　002241

如图4-39所示，中南重工2010年12月24日跳空下跌，虽然当日跌幅不是很吓人，但此时的RSI指标已经发生了重大变化。此前该指标横线移动，下挡有一条明显的水平支撑线，这是多头的防线，而此时已经被明确跌破。这说明此前的多空暂时平衡状态被彻底打破了，空头力量开始压倒多头，后市将进入下跌趋势中，投资者应该及时卖出休息了。该股此后加速下跌，足见破位的杀伤力。

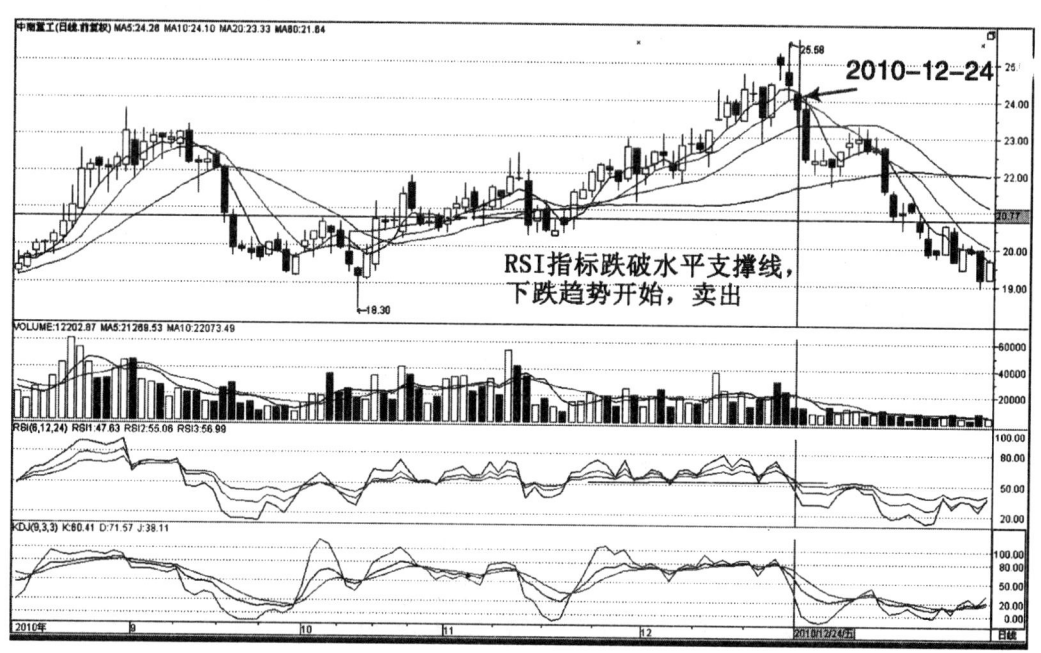

图4-39　中南重工　002445

三、RSI指标跌破上升趋势线

○ 卖出信号

在股价逐浪上升过程中，RSI指标也会跟随股价逐浪上扬。如果连接各个回调的低点，可以得到一条上升趋势线。这条RSI指标的上升趋势线是有效的支撑线，但是一旦跌破这条上升趋势线则意味着上升趋势已经结束，投资者应该及时卖出股票。

如图4-40所示，苏州固锝2010年9月8日前有一波壮观的上升过程，收出众多的小阳线，多头的强势和耐心让投资者咋舌。在股价攀升的过程中，RSI指标也跟随逐浪上升，如果连接各低点，就可以得到一条明显的上升趋势线。这条上升趋势线是上升的可靠支撑，一旦被跌破则意味着防线被击溃，后市走势可能逆转。9月8日该股虽然只是小幅下跌，但此时的RSI指标已经击穿原来的上升趋势线，说明原来的趋势已经改变，后市可能进入下跌趋势中，投资者此时应该暂时卖出观望。该股此后有一波较大幅度的回调，虽然不是反转走势，但是如果能避免这样的大幅回调也是不小的成功。

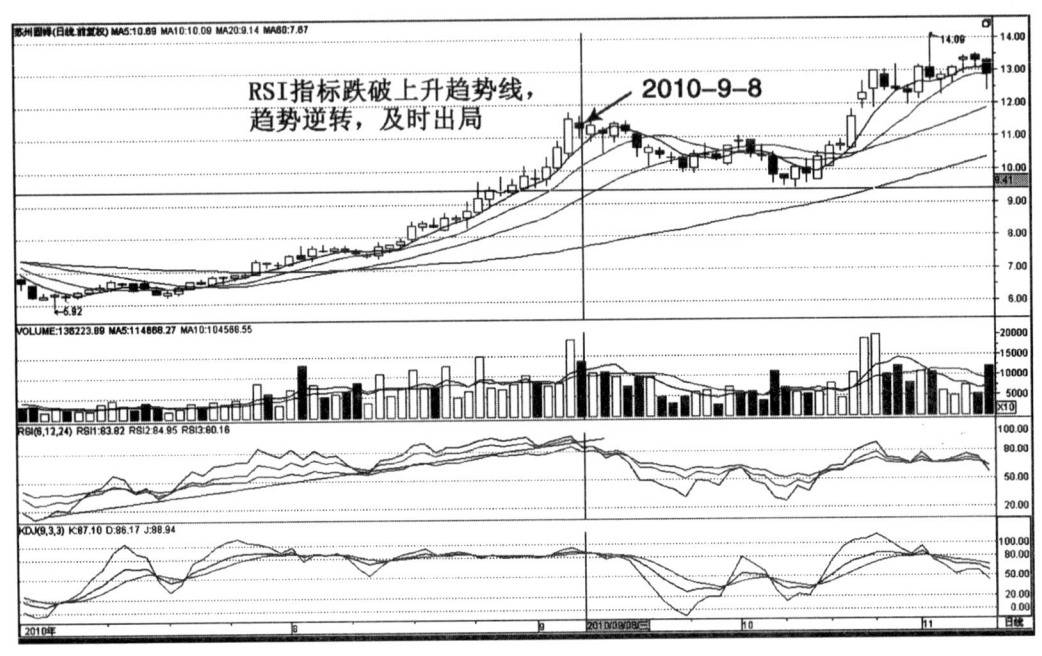

图4-40　苏州固锝　002079

如图4-41所示，大港股份2011年3月29日以长阴线下跌，与之前的K线形成倾盆大雨的K线组合形态，这是比较明确的下跌信号。同时我们可以看到RSI指标也跌破了原来的上升趋势线，说明趋势已经改变，后市可能进入下跌趋势，投资者应该及时离场休息了。该股此后有一个横盘走势，但整体趋势依然不乐观，还是回避为妙。

如图4-42所示，新大新材2010年11月11日冲高回落，最后收出一根小阴线，与前日阳线形成阳孕阴的组合。这是空头现身的标志，投资者应该小心了。此时RSI指标跌破原来的上升趋势线，说明股价走势

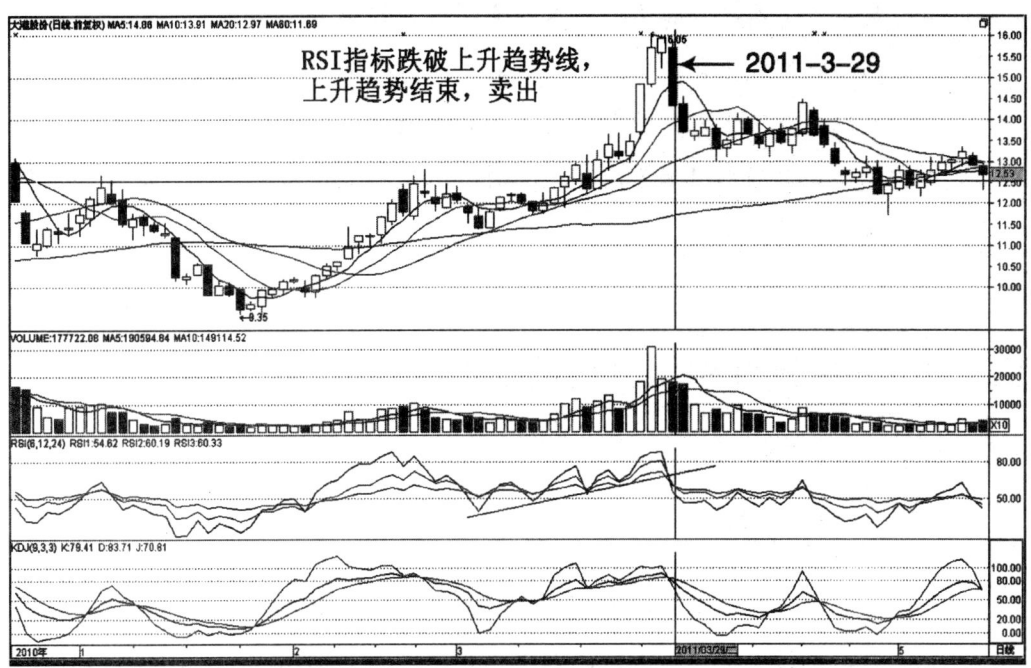

图 4-41　大港股份　002077

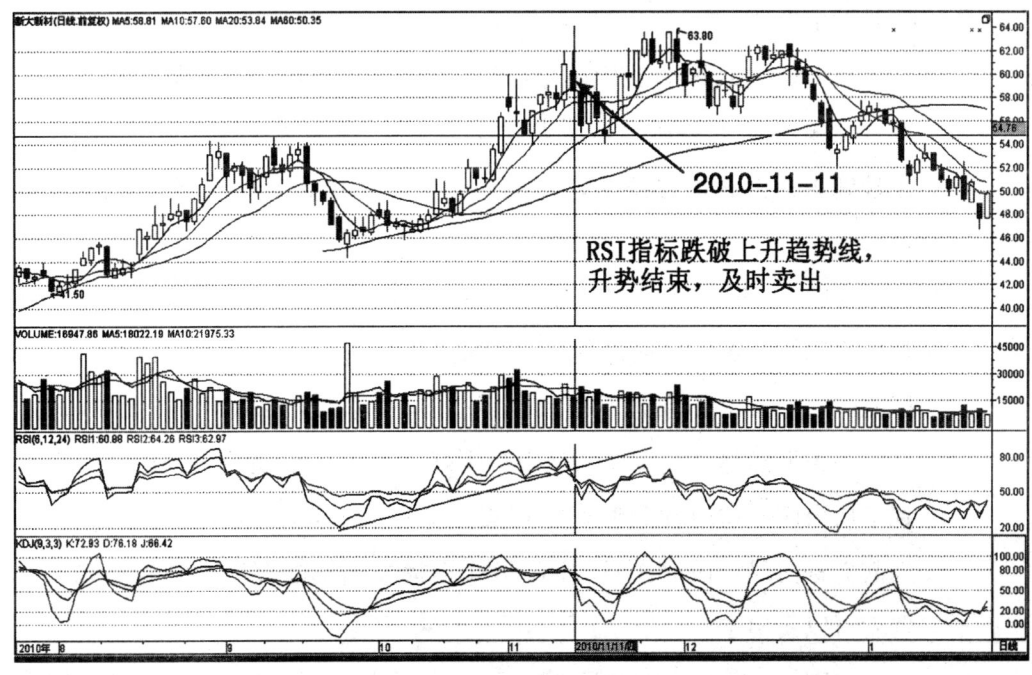

图 4-42　新大新材　300080

已经产生了逆转，后市将进入下降趋势，投资者应该暂时出局为妙。但是该股后市还顽强创出新高，这是不是说明这个卖出信号是诱空的陷阱呢？也不能这么说，至少当时出局能够避免短线的较大回调。其实后市的顽强攀升只不过是个诱多的陷阱，虽创新高却量能不继，最终还是构造头部后破位下行。

四、RSI指标反弹到压力线或者拒绝金叉

◎ 卖出信号

股价在整体下跌趋势中有多次反弹，RSI指标也会跟随股价的反弹上升，不过一浪比一浪低，如果连接各个高点便得到一条下降趋势线。这条下降趋势线就是压力线，通常RSI指标线反弹到这条下降趋势线时就会掉头下行，表明反弹结束，后市将继续下跌，抢反弹的投资者应该及时卖出。

在RSI指标下降过程中，还有一种反弹更显虚弱，那就是6日线上行，反弹到12日线附近即掉头下行，拒绝产生金叉。这说明多头的反攻比较虚弱，无法征服空头，只能掉头下行，这也是一个很好的短线卖点。

如图4-43所示，山大华特2010年12月15日延续反弹走势，当日收出小阳线，走势勉强可以，一般情况下还可以继续持股。但是RSI指标此时已经发出了警示信号。此前的RSI指标逐浪走低，一峰比一峰低，形成一条下降趋势线，如今该指标刚好反弹到下降趋势线，也就是说来到了压力区。这时候我们要密切关注，一旦RSI不能突破下降趋势线，则需立刻出局。该股次日收阴，RSI指标显然不能突破下降趋势线，投资者可以卖出了。

如图4-44所示，双环传动2011年5月10日延续反弹走势，继续收出小阳线，看似还可以继续看高一线。但是此时的RSI指标也到了一

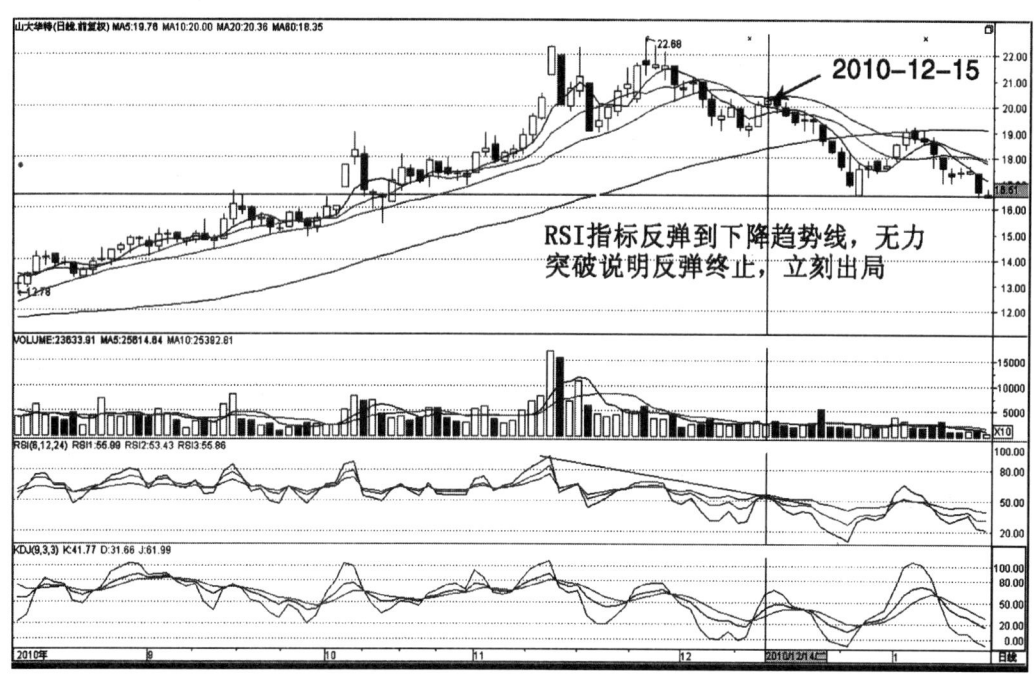

图 4-43 山大华特 000915

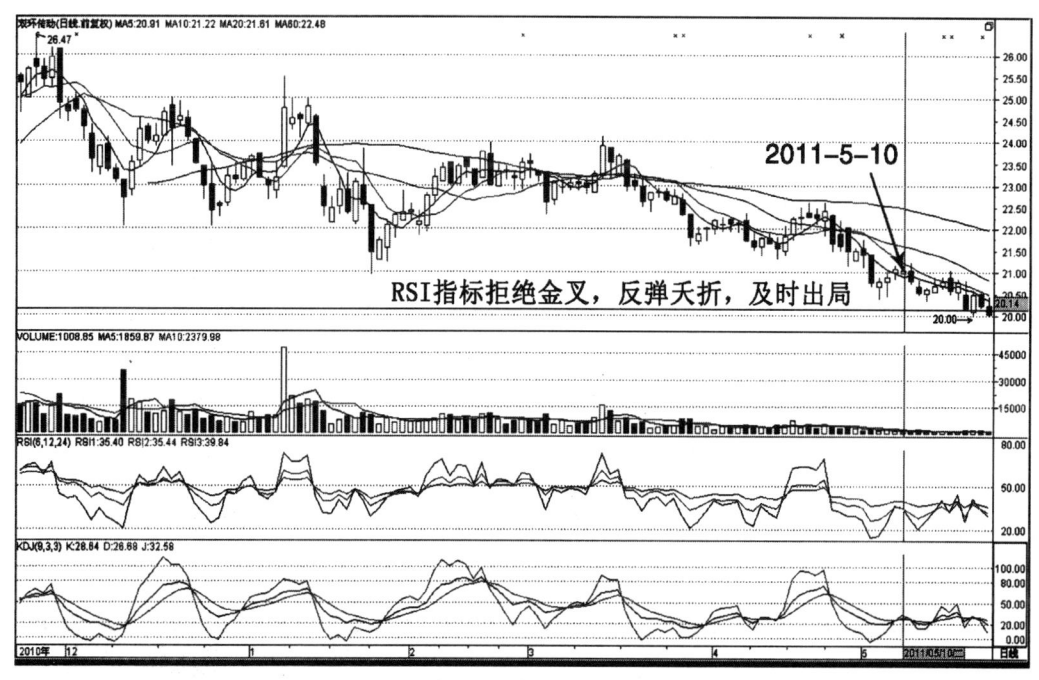

图 4-44 双环传动 002472

个关键位置，即 RSI 指标的 6 日线上升靠近 12 日线，如果能产生金叉则多头走势成立，如果拒绝金叉则表示反弹结束，后市将继续下跌。本例该股很不幸，次日即反转下跌，RSI 指标自然也跟随下跌，没有形成金叉，后市再次进入下跌趋势已成定局，投资者应该及时止损出局。该股前期跌幅虽然已经很大，但是这不能成为研判的唯一标准，股价走势是否形成反转还得综合研判。当 RSI 指标拒绝金叉的时候说明下跌未完，只能止损出局。

如图 4-45 所示，鲁泰 A 2011 年 1 月 5 日小幅收涨，这已经是连续第五天反弹了，看似走势还很不错。但是从 RSI 指标上看情况已经非常糟糕。糟糕的原因是什么？就是虽然股价持续反弹，但 RSI 指标迟迟不产生金叉，说明多头非常虚弱，没有真正进入多头走势中，后市很可能继续下跌。当然我们还需要再确认一下。后市该股果然掉头继续下跌，RSI 指标也最终没有产生金叉，再度跟随股价下行，跌势成立。在 RSI 拒绝金叉的时候，抢反弹的投资者应该趁早离场了。

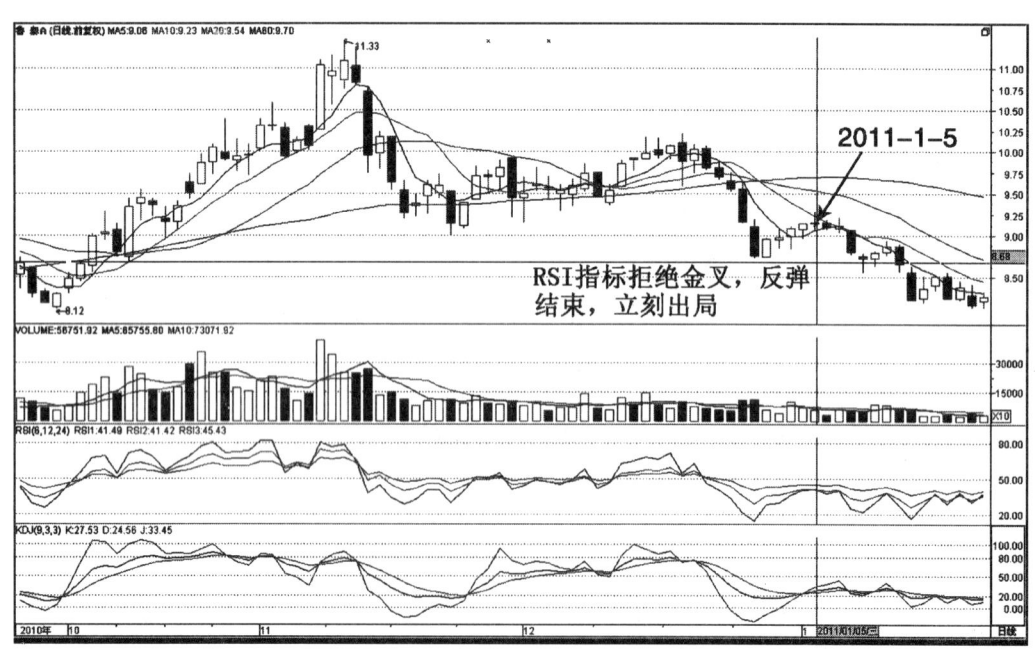

图 4-45　鲁泰 A　000726

五、RSI 指标 M 头

卖出信号

股价大幅上升后开始滞涨或者盘整，此时的 RSI 指标可能会走出 M 头，一旦 M 头确立，则意味着股价走势形成了头部，后市将反转下跌，此时投资者应该及时卖出股票，规避后市下跌风险。

如图 4-46 所示，中水渔业 2010 年 11 月 10 日跳空下跌，但是当日跌幅并不大，还没有完全破坏走势。不过此时的 RSI 指标已发出了卖出信号。此前随着股价上升，RSI 指标走出一个 M 头模样，如今该指标已经跌破 M 头颈线，头部形成，后市将进入下跌趋势中，投资者应该及时卖出了。这个 RSI 指标 M 头发生在股价大幅上涨之后，可靠性应该比较高，投资者需果断出局。

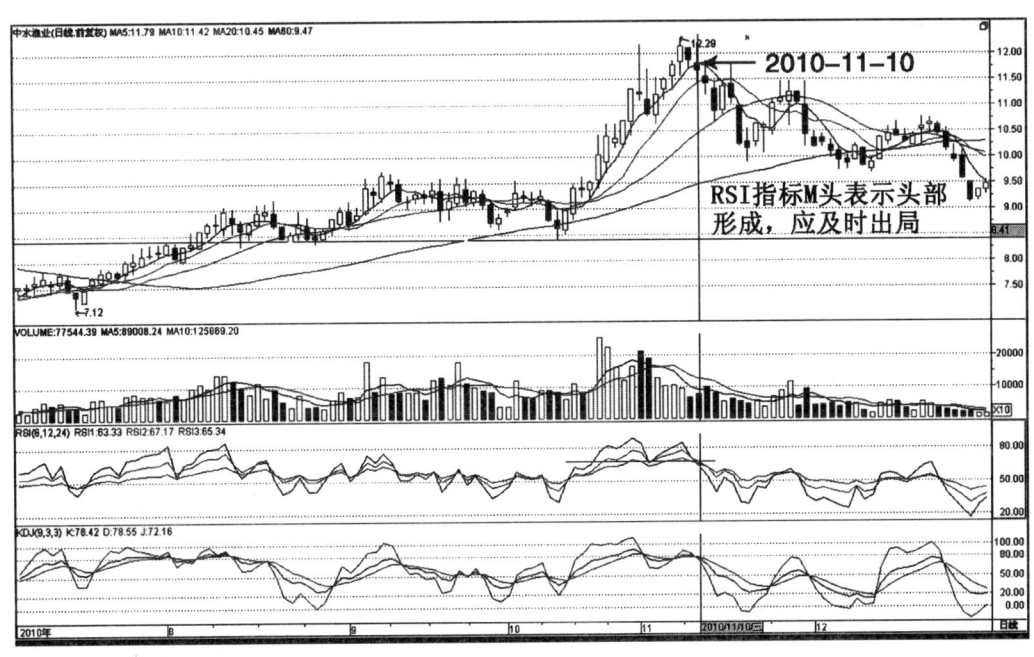

图 4-46　中水渔业　000798

如图 4-47 所示，徐工机械 2011 年 3 月 16 日收出小阴线。本来该股已经突破前高，可惜如今又跌回前高之下，说明这次突破是假突破。从 RSI 指标看，该股此前的 RSI 指标走出一个 M 头，如今 M 头已经正式形成了，说明股价走势已经进入空头走势中，投资者应该及时卖出了。

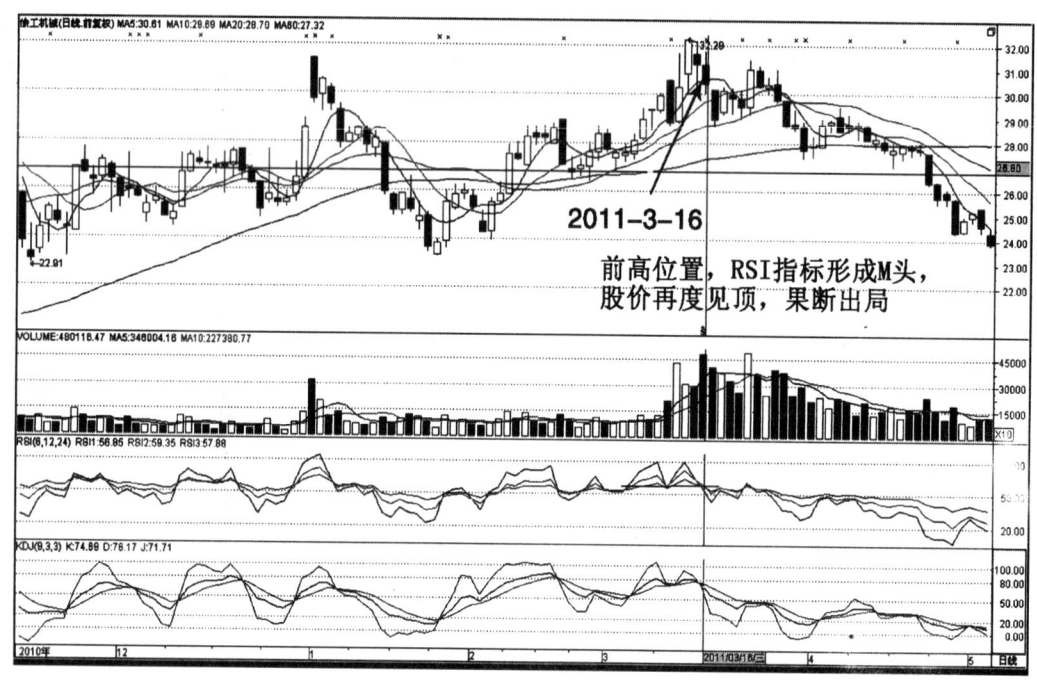

图 4-47 徐工机械 000425

如图 4-48 所示，东方园林 2010 年 9 月 1 日低开收阴，走出一个阳孕阴的组合图形，这是一个反转走势的图形，说明空头开始占据上风，投资者应该减仓了。从 RSI 指标看，该股此前形成一个 M 头模样，如今已经跌破颈线，M 头正式成立，后市将进入下跌趋势中，投资者需要离场规避风险。该股随后加大跌速，一个大顶成立。本例该股的 RSI 指标 M 头发生在股价大幅上涨后的明显高位，因此可靠性比较高，投资者需警醒。

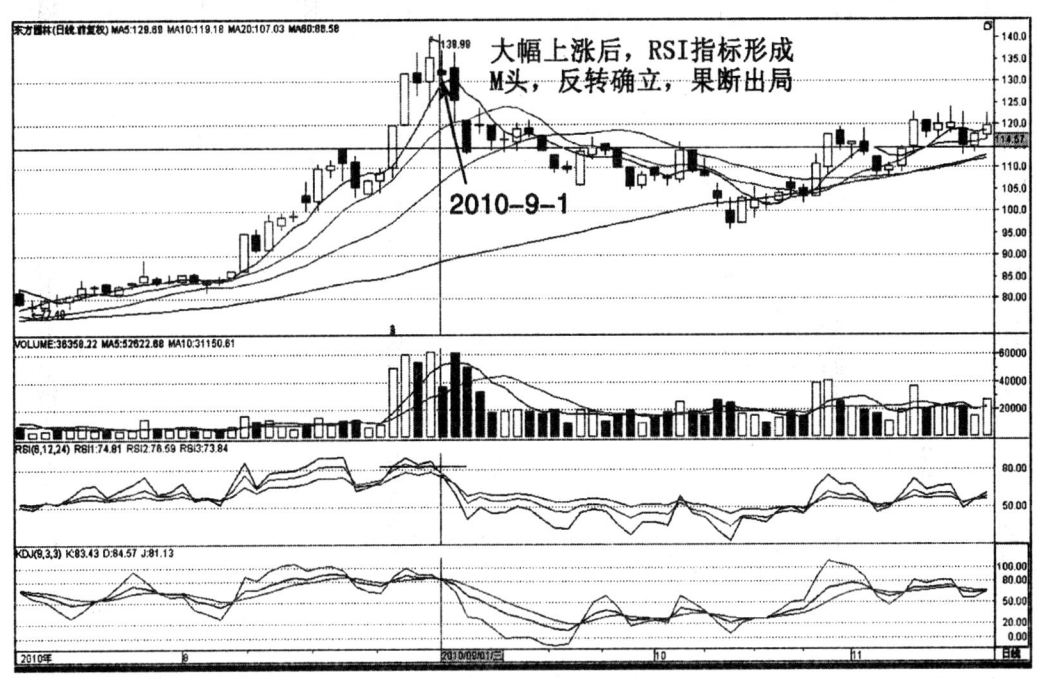

图 4-48　东方园林　002310

六、RSI 指标楔形、三角形等

◎ 卖出信号

RSI 指标在运行过程中也会形成各种如 K 线般的形态，比如楔形和三角形等。这些形态都属于整理形态，一旦整理结束，将进入新的走势中。如果 RSI 指标线向下突破楔形或者三角形等的下边线，说明后市进入下跌趋势中，投资者应该及时卖出股票。

如图 4-49 所示，铜陵有色 2010 年 6 月 28 日小幅下跌，股价已经跌到所有短期平均线之下了，走势有变坏的迹象，只是还没有确认。此前该股的 RSI 指标随着股价的震荡走出一个楔形模样，这是变盘的前奏，只是方向暂时不明。6 月 28 日股价小幅下跌后，RSI 指标已经明确下行，突破楔形的下边线，走势进入下跌趋势中，后市继续下跌几乎没什么疑问了，投资者应该卖出规避风险。本例该股虽然此前跌幅较大，也有筑底的迹象，但很难保证不是下跌的中继平台，而一旦向下破位，必定有较大跌幅，投资者需理性看待。

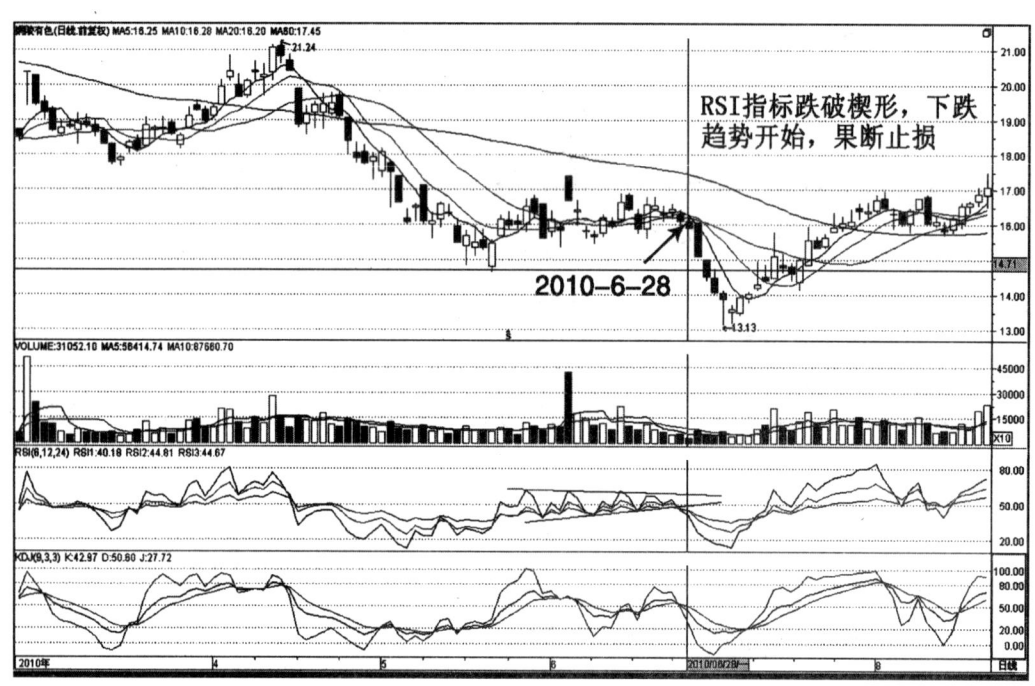

图 4-49　铜陵有色　000630

如图 4-50 所示，ST 合金 2010 年 11 月 29 日小幅下跌，整体的上升趋势没有被破坏，看似可以继续持股，但是此时的 RSI 指标却发出了卖出信号。此前股价震荡上行，RSI 指标走出一个三角形模样，这是变盘的前奏。如今 RSI 指标已经明确跌破三角形的下边线，三角形确立，也就是下跌走势形成，投资者应该卖出规避风险。该股次日果然加快了跌速，反转明确形成，后市更是绵绵下跌。

如图 4-51 所示，风华高科 2011 年 3 月 24 日收出小阴线，短线走势开始变坏，投资者需减仓。从 RSI 指标看，该股的 RSI 指标此前形成一个楔形模样，如今已经跌破楔形的下边线，楔形正式成立，后市将进

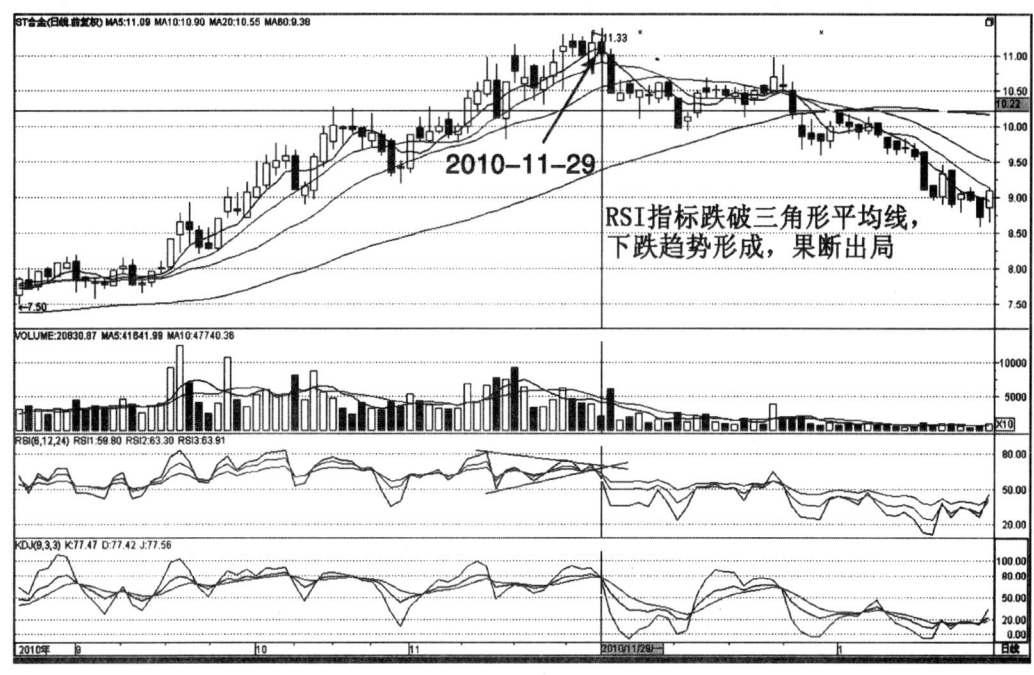

图 4-50　ST 合金　000633

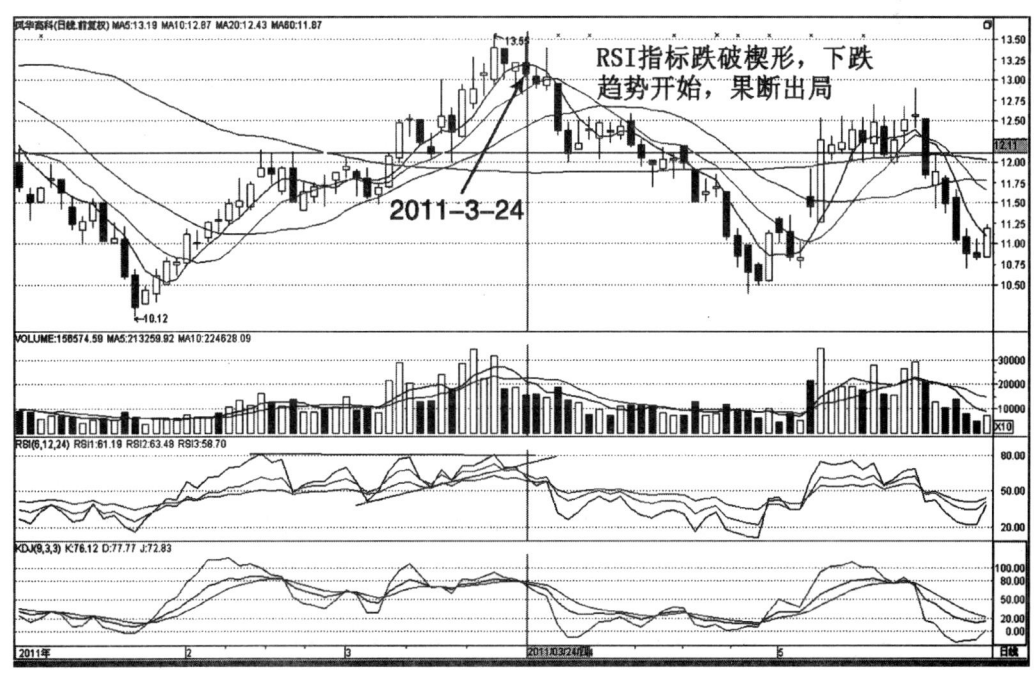

图 4-51　风华高科　000636

入空头走势中,投资者应该先行出局。该股此后果然如期下跌,且跌幅巨大,几乎把这个上升波段全部吞没。

七、RSI 指标顶背离

◯ 卖出信号

顶背离向来是比较准确的卖出信号。RSI 指标与股价走势也会产生顶背离现象。当股价不断创出新高,而 RSI 指标却没有跟随创出新高,反而一浪比一浪低,顶背离现象就产生了。这说明股价的上升缺乏实战的支撑,很可能是主力最后拉高股价出货的行为,后市反转在即,投资者应该逢高卖出股票,锁定利润,如果此后明确反转则可以轻松出局。

如图 4-52 所示,中钢吉炭 2010 年 11 月 2 日收出跳空的十字星,成交量大幅放大,主力有出逃迹象,通常投资者需要减仓了。从 RSI 指标看,该股的走势也不容乐观,因为该指标并没有跟随股价的上涨而上扬,形成典型的顶背离,这说明股价走势反转在即,投资者应该逢高卖出,规避风险。RSI 指标与股价形成顶背离说明股价的上升没有实质的支撑,多是主力拉高出货,一旦形成反转就是一个大顶。该股前期涨幅巨大,在高位形成顶背离后形成大顶的可能性很大,后市该股的走势也证明了这一点。

如图 4-53 所示,精诚铜业前期大幅上涨,然后在高位有滞涨迹象。2011 年 3 月 25 日该股收出小阳线,上升减缓。而此时的 RSI 指标则明显走低,与股价走势形成明显的顶背离,说明股价走势已经是强弩之末,后市反转在即,投资者应该逢高卖出。虽然该股此后还在高位盘桓了多日,但疲态尽显,此后形成大顶也是顺理成章了。

如图 4-54 所示,濮耐股份 2011 年 4 月 18 日收出长阳线,涨势看似还非常凶悍,但是我们此时要有足够的清醒,因为股价与 RSI 指标形

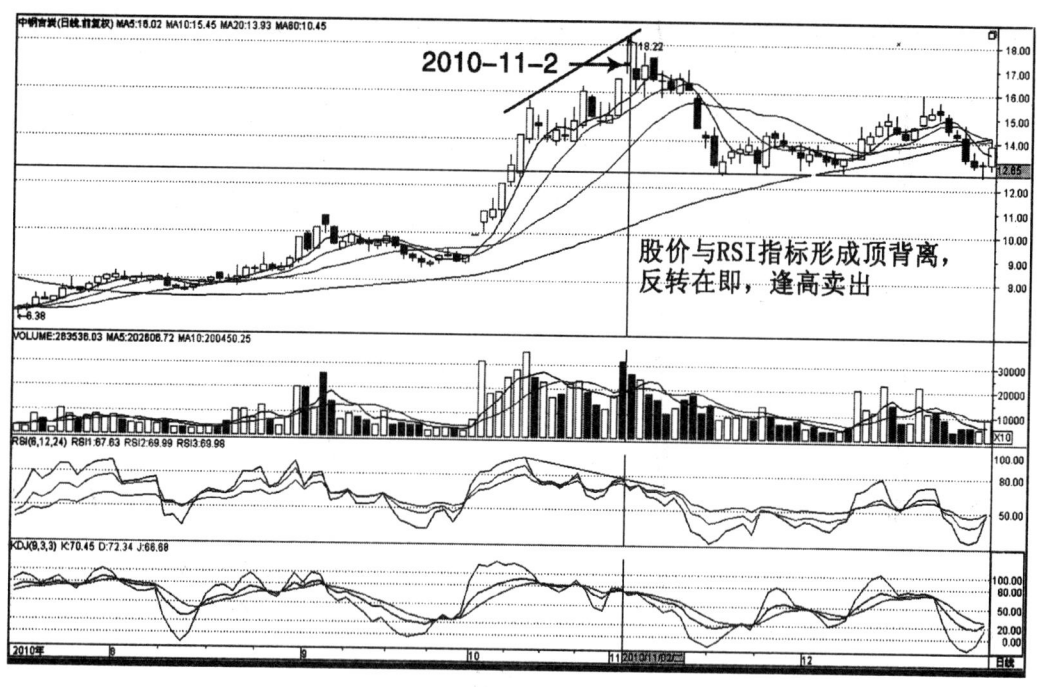

图4-52　中钢吉炭　000928

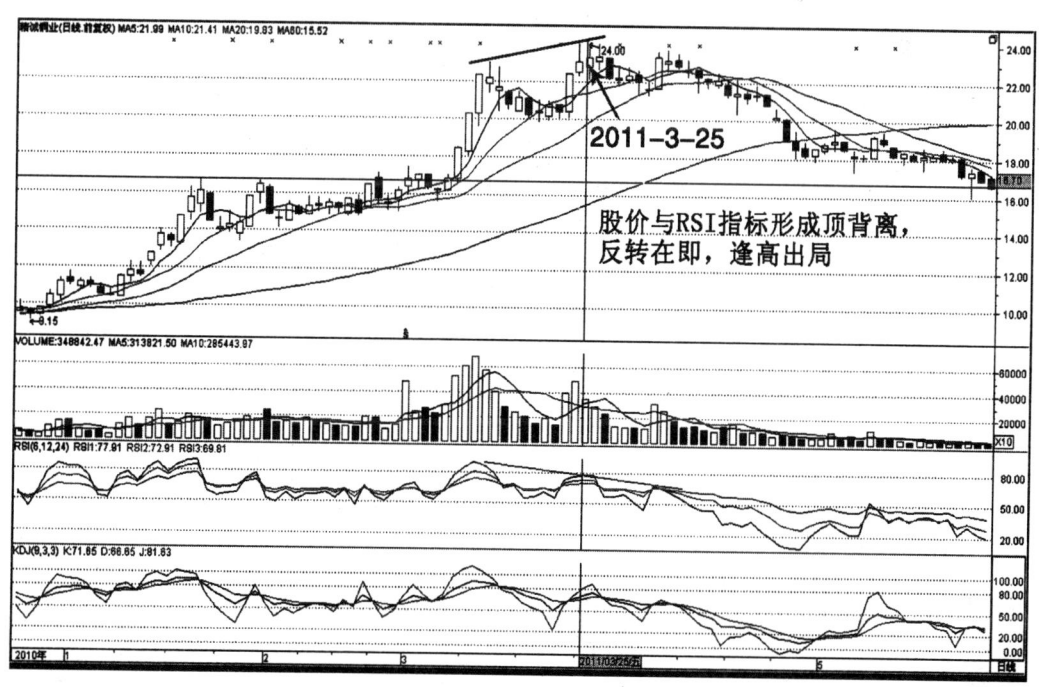

图4-53　精诚铜业　002171

成明显的顶背离了。事实上在此之前该股就形成了顶背离,但因为牛股走势实在太强悍,以致较长时间股价都能维持在高位,甚至创出新高。但无论如何这种走势是难以为继的,反转只是时间问题,投资者最好逢高减仓,锁定利润。次日该股即低开低走,反转态势形成,投资者需要清仓了。

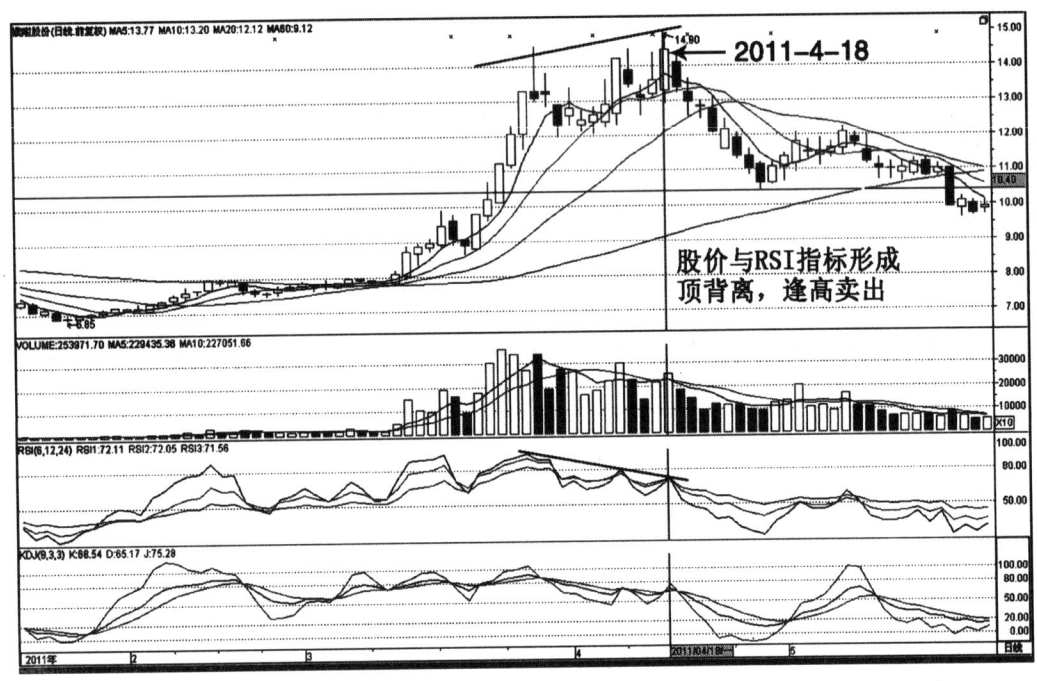

图4-54 濮耐股份 002225

第四节 布林线指标卖点

一、股价突破布林线上轨3天

卖出信号

布林线的上轨通常被认为是上升的压力线，股价触碰到上轨就会形成较大的压力，但是也有强势的股票能突破布林线的上轨。如果一只股票连续三天收于上轨之上，或者冲出上轨距离较远，这只股票就进入到严重超买的状态，很可能回到布林线轨道之内，由超买回归正常。因此，如果股价连续三天突破布林线上轨，那么一旦股价滞涨就是短线卖点，特别是在上升没有得到成交量的配合的情况下，回到通道内是大概率事件。当然这只是短线超买的特征，未必会改变整体的上升趋势，投资者还需结合股价的整体位置等来研判。

如图4-55所示，成霖股份2010年8月3日开始加速上涨，当日股价突破布林线上轨，且成交量明显放大，主力加强了攻势，使股价走势脱离了常态范围，进入到了强势状态。此后两天该股继续上涨，股价也保持在布林线的上轨之上。通常这种强势状态是难以维持多久的，一般能在布林线外待个三天就非常好了，第四天就是回落的时候。果然，第四天该股在前日长阳线内部收出孕线，空头已经初现，短线投资者最好卖出锁定利润。此后该股见顶回落。当然这不是说到了第四天就非得出局，还要看看K线有没有反转态势，成交量是否有异常。

如图4-56所示，中银绒业2010年10月8日突破布林线上轨，股价有加速上升的趋势。由于该股此前的布林线呈收缩状态，如今才开始

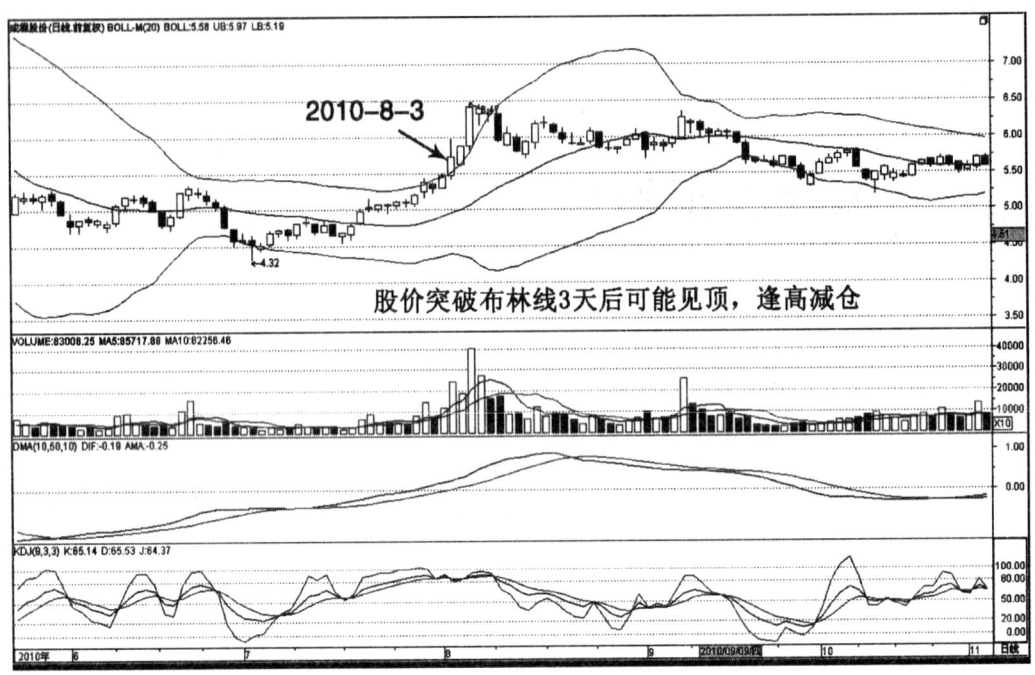

图4-55 成霖股份 002047

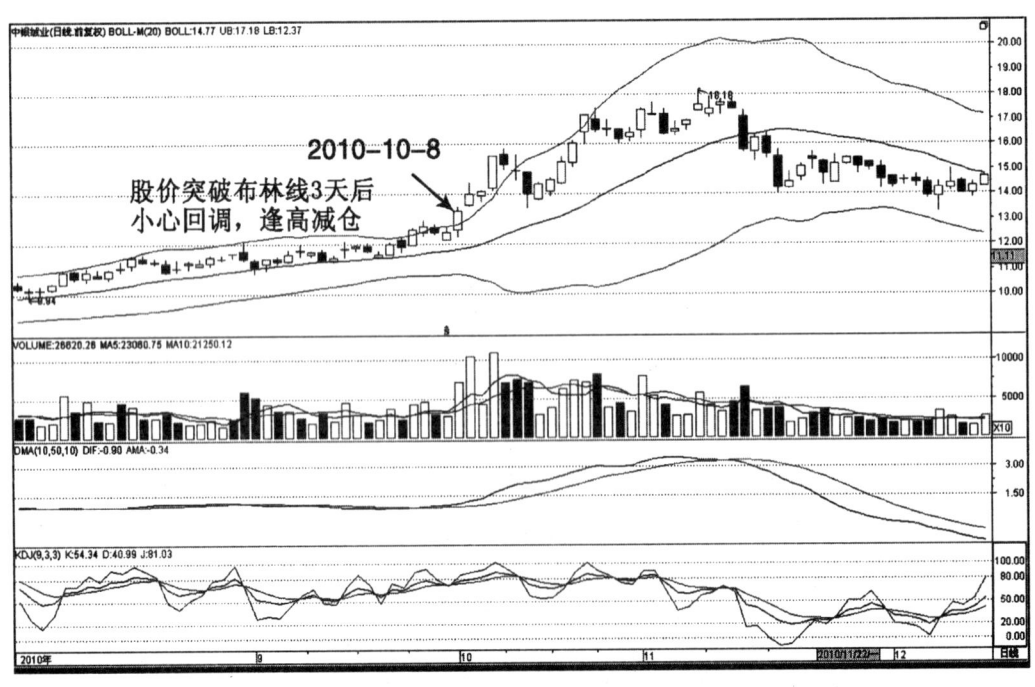

图4-56 中银绒业 000982

向外扩张，通常短线投资者可以加仓。此后该股连续上涨4天，股价均站在布林线上轨之上。第五天该股高开低走，收出小阴线，虽然当日跌幅不大，但我们要意识到该股连续拉升已经消耗了众多的能量，短线有回调的需要，因此短线投资者应该暂时出来休息一下。该股此后连续回调了3天才重新回到上升趋势中。

本例中银绒业突破布林线上轨后在上轨之上待了5天，比我们的预期要长，这说明做股票不能完全按教条来操作，还得根据实际的走势来研判。K线和成交量等同步产生转势信号的时候，才可能是股价回归布林线轨道的时候。

如图4-57所示，湘潭电化2010年9月1日强势涨停，同时股价突破布林线上轨，布林线也开始向外扩张，这是股价加速运行的信号，短线投资者可以快速抢进。此后该股再拉2个涨停，牛股风范尽显。第四天该股大幅低开，按照我们前面提到的布林线操作规律，短线投资者可以暂时出局了，锁定利润是比较明智的选择。不过本例该股后市的表现令人咋舌，股价并没有跌回布林线轨道内，只是回调1天便再拉2个涨

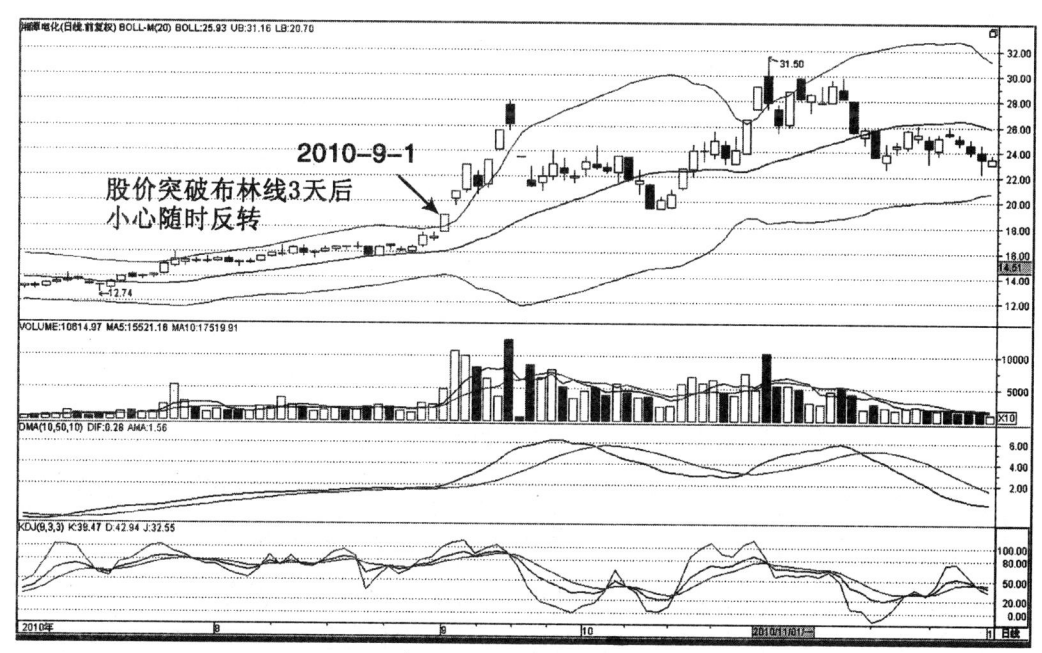

图4-57　湘潭电化　002125

停,后面收出伪阴线后才阶段见顶。

本例是不是说明这个技术方法不好使呢?也不能这么说,超级强势的股票毕竟是极少数。再说我们也需要随机应变,当股价短暂回调后再呈强势的时候可以返身杀入,短线投资者应该具备这种灵敏的嗅觉。

二、反弹到中轨

卖出信号

股价在下跌时,运行的区间通常是布林线的下轨到中轨,因此中轨往往被视为压力线,股价反弹到中轨就很可能见顶回落。布林线这种特性可以用来寻找抢反弹的卖出信号,即股价反弹到中轨附近滞涨时就需卖出,因为很可能股价的反弹到此结束,重归跌势。当股价大幅下跌后,经过筑底,布林线中轨走平,股价反弹到此则很可能向上突破布林线中轨,那就成为买进信号。对布林线中轨在不同走势阶段的作用我们要区别对待,关键是要对股价整体趋势进行研判。

如图4-58所示,巨星科技高位震荡后快速反转下跌,然后有一个反弹。2011年5月19日该股继续反弹,盘中股价也曾大幅拉高,但我们要注意,股价此时正好来到了布林线中轨位置。当时布林线整体呈下行趋势,也即股价的整体运行趋势是向下的,那么股价的反弹就很可能受到布林线中轨的压制,我们需要密切关注。当日股价大幅冲高又回落,说明布林线中轨的压制很明显,短线投资者可以卖出锁定利润了,别盲目自信。该股此后果然见顶,重归跌势,如果能在股价受到布林线中轨压制的时候出局,操作可以说恰到好处。当然这不是说股价整体呈下降趋势时任何的反弹都不可能突破布林线中轨。我们应结合K线和成交量等来综合研判股价是否反弹见顶,一根线打天下的可能性不大。

如图4-59所示,华侨城A自高位反转下跌,在某个位置止跌后开始反弹。2011年5月11日该股继续反弹,盘中股价也曾大幅拉高,但是我们也看到这个位置恰好是布林线中轨处,通常有较大的压力,需要

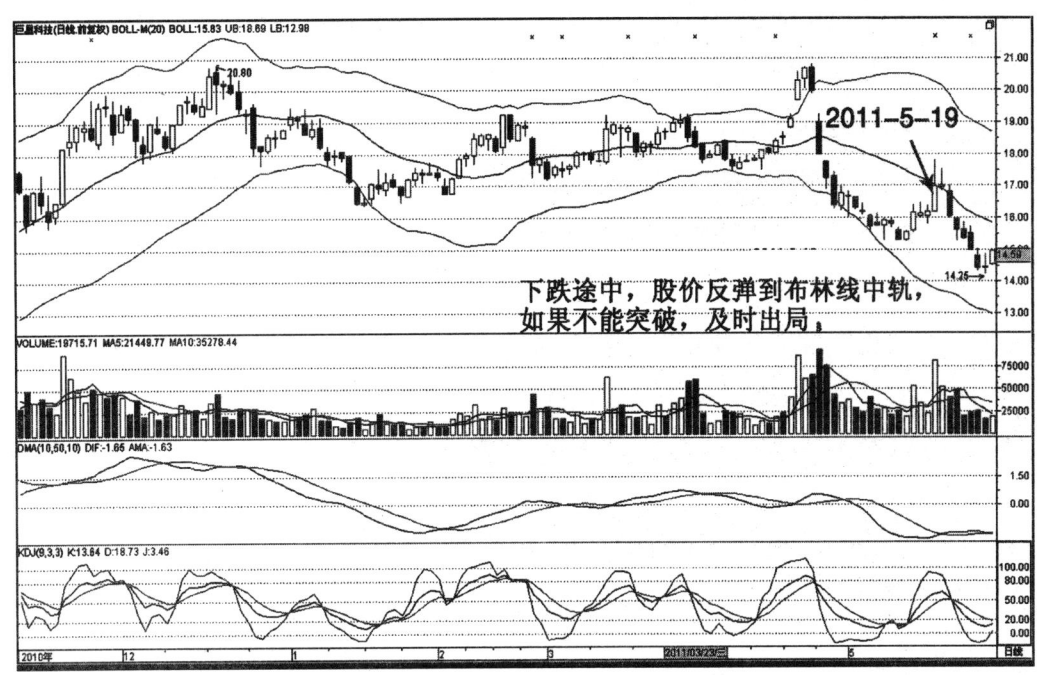

图4-58 巨星科技 002444

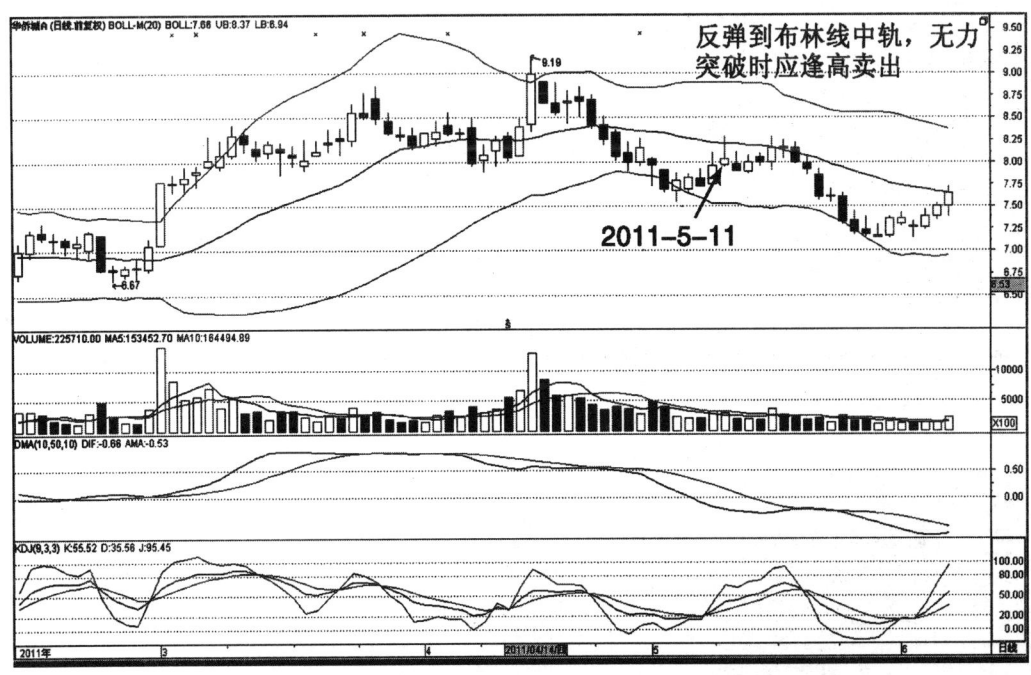

图4-59 华侨城A 000069

小心股价受到中轨的压制回落。果然该股当日就冲高回落，留下较长的上影线，短线投资者可以暂时出局了。该股此后始终无法突破布林线中轨，足见此处压力之大，更需要清仓出局。

如图4-60所示，模塑科技自高位反转后阴跌，这种走势非常具有迷惑性，是市场常说的"温水煮青蛙"走势。2011年4月22日该股小幅高开，盘中股价冲高，但受到布林线中轨的压制，股价冲高回落，短线投资者应该锁定利润出局了。对于这只股票的研判，我们要有大局观。当时该股重心下移，跌幅不大只是一种假象，布林线也呈明显的下线趋势，中轨的压力较为明显，因此股价一旦触碰到中轨回落，就是一个较好的卖点。对于中长线投资者而言，这种股票不应参与。

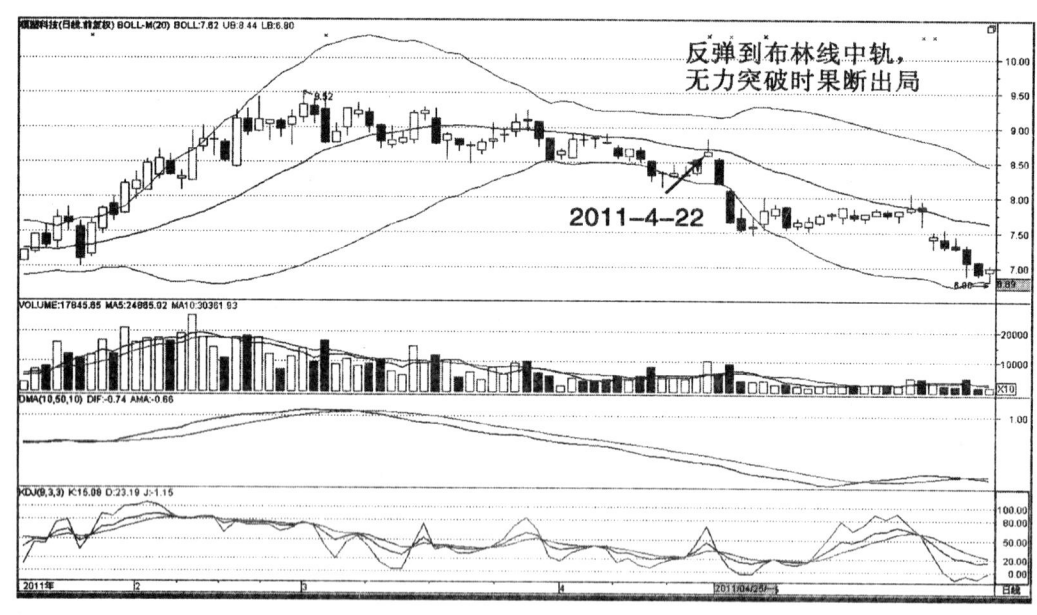

图4-60　模塑科技　000700

三、喇叭口向外扩张

卖出信号

股价前期横盘整理，布林线随着股价的震荡而收缩，上轨和下轨向中间靠拢，这是变盘的前兆，不过还不知道向上还是向下变盘。这就是我们关注的重点。盘整后股价加速向下跳水，连续突破布林线下轨，此时布林线会向外扩张，呈喇叭口状。这是空头越来越强，多头越来越弱的表现，后市将有较大跌幅，投资者应该及时止损出局。

如图4-61所示，汉王科技整体运行在下降趋势中，但是也会有反弹。我们看看2011年4月18日之前的走势。该股在一波反弹后陷入窄幅横盘中，但重心有所下移，这是一个不好的征兆。此时的布林线也逐渐向中轨靠拢，呈现收缩的态势。4月18日该股放量大跌，从量价都知道主力在杀跌。而此时的布林线也开始向外扩张。这表明股价走势结束了此前的横盘走势，开始进入加速下跌阶段。通常这样的布林线收缩后呈喇叭口扩张意味着新一轮下跌开始，跌幅不会小，为了避免更大损失，我们应该果断卖出休息。

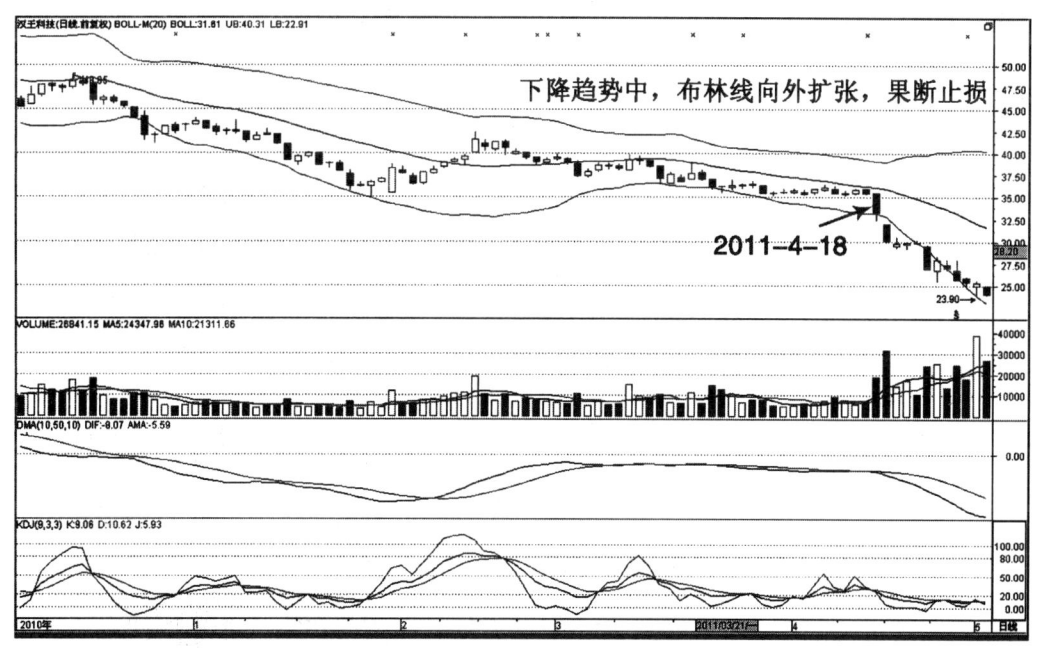

图4-61　汉王科技　002362

如图4-62所示，深南电A在相对高位横盘震荡，布林线逐渐收缩。2010年11月12日，该股暴跌，收出长阴线，破位很明显，投资者应止损出局。而此时的布林线也由原来的收缩状态开始向外扩张，呈喇叭口状。这是股价结束横盘后加速下跌的标志，后市应该还有更大跌幅。该股此后逐浪下跌，跌幅非常大。可见布林线喇叭口向外扩张，股价向下突破，是一个非常恶劣的下跌信号，投资者应该果断斩仓出局。

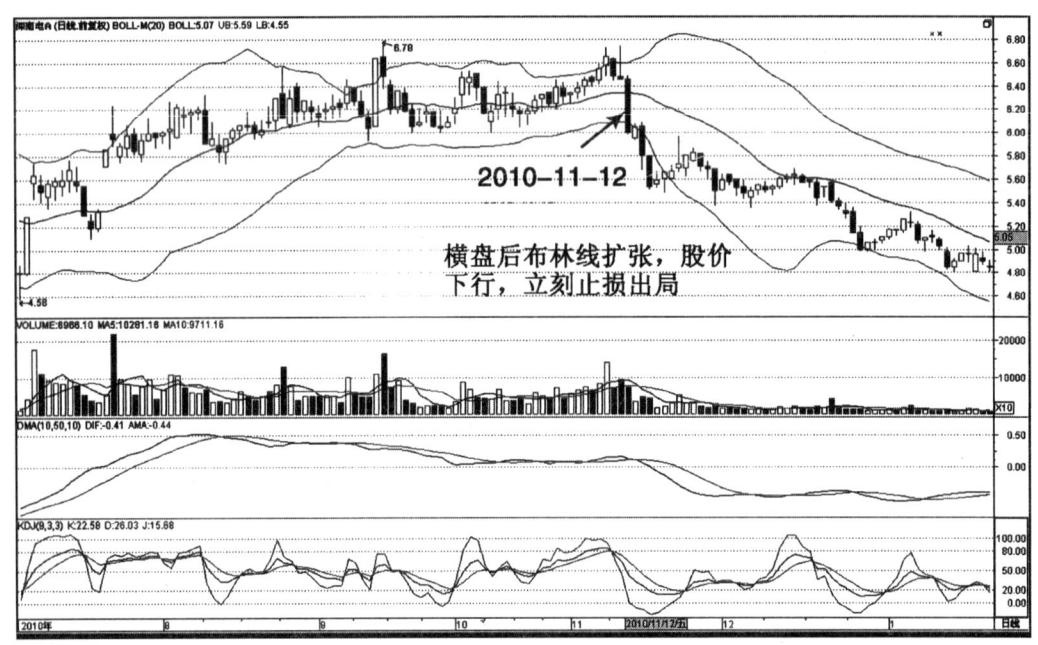

图 4－62　深南电 A　000037

如图 4－63 所示，路翔股份在一波反弹之后开始横盘震荡，此时的布林线开始收缩。2011 年 4 月 15 日该股收阴，虽然跌幅不大，但是股价已经跌破布林线下轨。这是一个加速下跌的信号，同时布林线也由原来的收缩状态进入喇叭口状的扩张态势，投资者只能趁早离场休息。本例该股虽然前期跌幅不小，但并不代表股价就没有了下跌空间。当布林线再度扩张，股价下行的时候，说明新一轮下跌开始，跌幅当不会小，投资者应该理性对待。

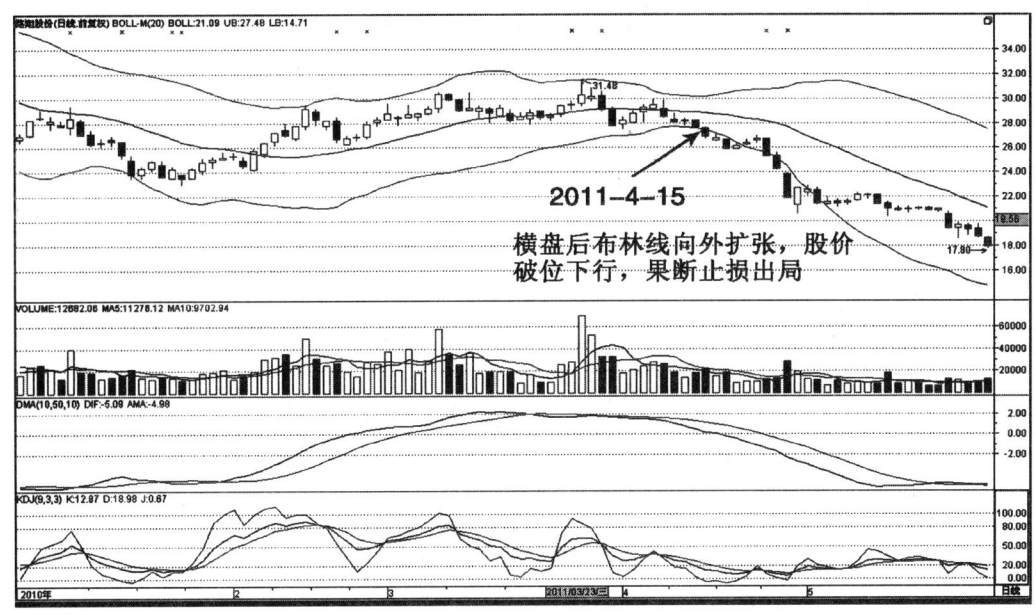

图 4-63　路翔股份　002192

四、喇叭口收缩

◎ 卖出信号

股价经过一段快速拉升后，开始趋于平稳，布林线由原来的喇叭口状向外扩张形态转为逐渐收缩，布林线上轨开始下降，而下轨仍在上行。布林线的这种形态变化预示着这波快速拉升行情即将结束，短线投资者可以卖出锁定利润了。

如图 4-64 所示，佛山照明 2010 年 10 月 26 日收出中阳线，股价创出新高，走势着实强劲。但是在乐观的情绪下我们要有风险意识。风险来自何处？来自布林线开始收缩。此前该股的布林线随着股价的上升而呈扩张态势，这是上升趋势保持良好的标志，但是如今开始收缩，即上轨开始下行，下轨依然保持上升，意味着上升行情即将结束，很可能形成反转，投资者应该逢高减仓。此后该股果然在高位滞涨，然后形成阶段性大顶，足见这个卖出信号还是非常准确的。

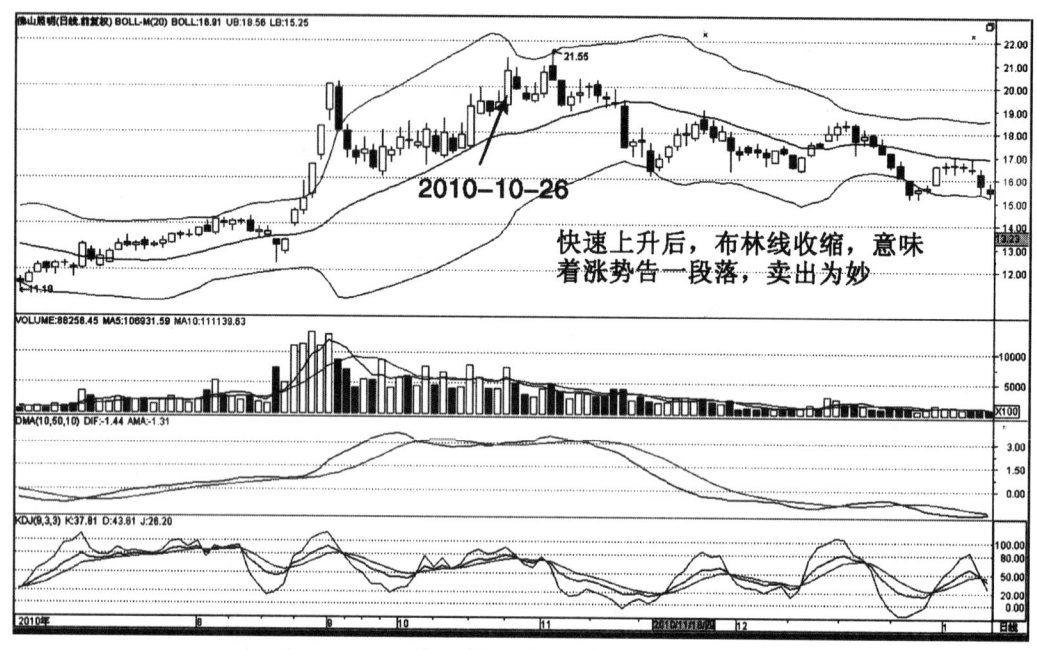

图 4-64　佛山照明　000541

如图 4-65 所示，海马汽车 2010 年 10 月 22 日收出一根穿头破脚的长阴线，一般可视为短线的卖出信号。从布林线看，此前该股的布林线跟随股价的逐浪上升而呈扩散状，这是股价保持上升趋势的表现，可以坚定持股。当布林线由扩散状态转变为收缩的时候就意味着上升趋势已经结束，后市股价可能就此反转。10 月 22 日长阴线下跌的时候，布林线明显开始收缩，即布林线上轨开始下行，下轨还保持上升趋势，这是变盘的表现，投资者应该逢高出局了。鉴于该股此前有较大涨幅，此时见顶也是顺理成章的事，后市反转下跌的可能性极大，因此投资者最好出局，回避风险。

如图 4-66 所示，同力水泥 2011 年 3 月 25 日小幅上升，股价创出新高，看似走势非常健康，很有可能还会有一波涨势。但是我们同时也发现布林线明显开始收缩，这是一个非常不妙的信号，说明上升趋势即将结束，后市很可能反转下行。投资者此时要做的就是逢高卖出股票，而不是因为股价创新高而追涨。次日该股就开始反转下跌，经过一段时间横盘之后破位下跌。如果我们能在布林线收缩的时候卖出股票，无疑是绝佳的选择。

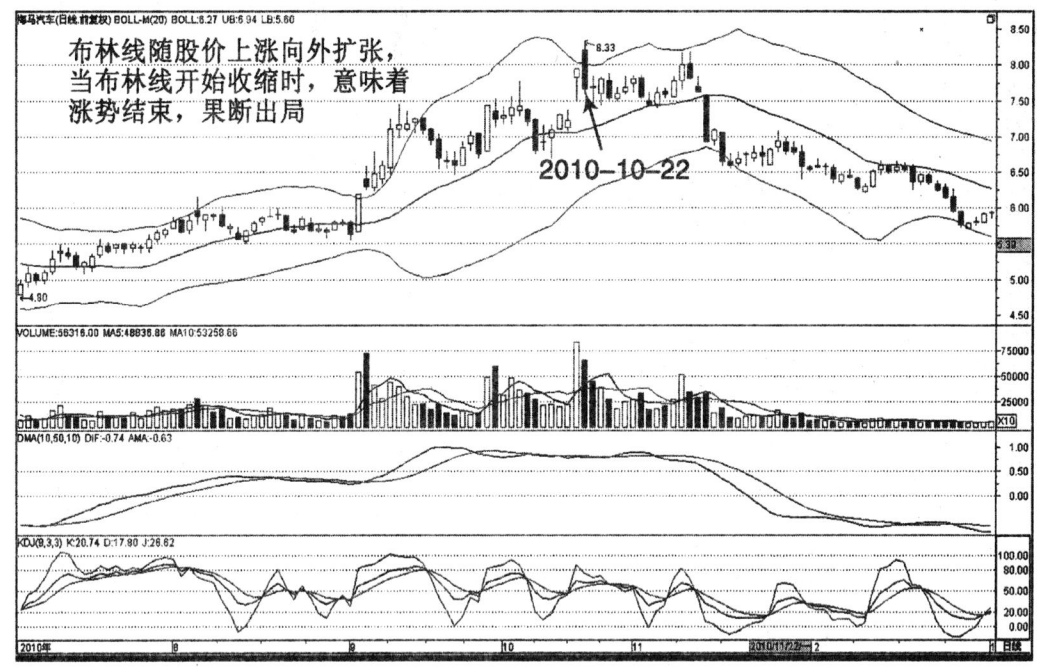

图 4-65　海马汽车　000572

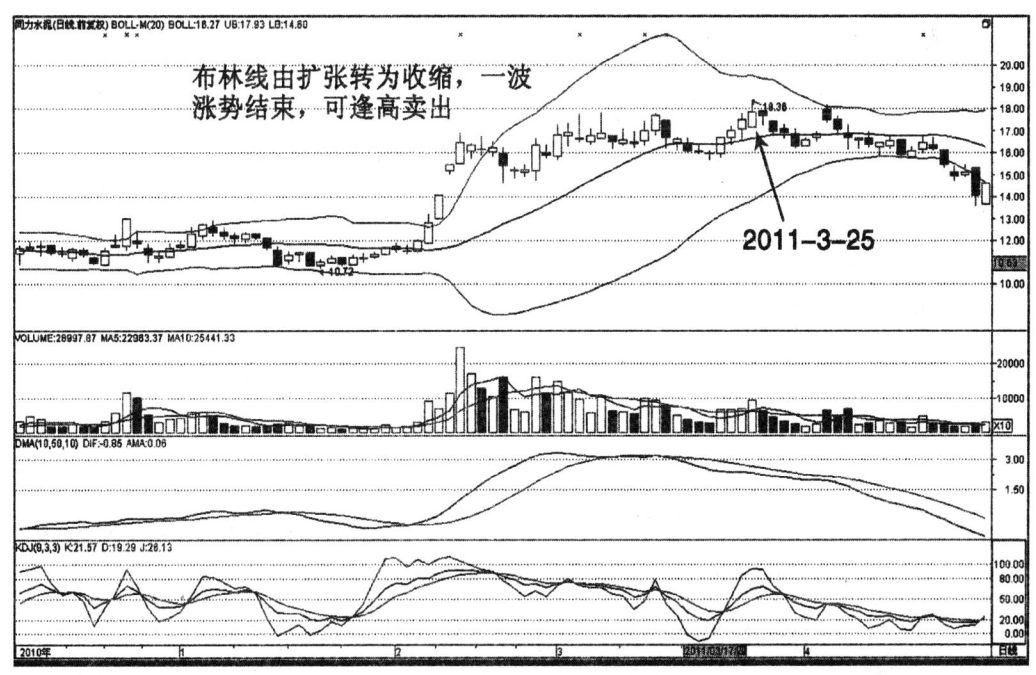

图 4-66　同力水泥　000885

第五节 EXPMA 指标卖点

一、EXPMA 指标死叉

◯ 卖出信号

EXPMA 指标的构造原理和使用原则近似于移动平均线。EXPMA 指标产生死叉说明多空的对决产生了变化，空头压倒多头占据优势，后市将进入空头走势中。因为 EXPMA 指标反映的周期比较长，是中长线指标，因此 EXPMA 指标死叉是中长线投资者卖出的时机，对于短线投资者来说可能并不太合适。

如图 4-67 所示，川大智胜 2010 年 12 月 6 日收出中阴线，对于中长线投资者来说这是一个明确的卖点。因为此时的 EXPMA 指标已经产生死叉，意味着空头开始明显占据优势，中长期走势已经彻底走坏，后市将进入明确的下跌趋势，投资者只能卖出休息了。

从整体看，这个卖出信号并不科学，因为等到 EXPMA 指标死叉的时候通常股价都已经跌去一大截，也就是说白白浪费了一大截的利润。这就是稳健和利润的矛盾之处。事实上，在股价大幅上涨后我们可以用 EXPMA 指标的 12 线是否拐头作为卖出信号，也是比较准的。这个卖出信号我们下面会具体讲。

如图 4-68 所示，柳工 2011 年 4 月 22 日收出小阴线，此时的 EXPMA 指标产生死叉，是一个明确的中长线卖出信号，也是非常稳健的信号。当然这个时候卖出会令大多数投资者感觉不爽，因为股价都已经跌去了一成了，但对于一些长线投资者来说，不能经常看盘，难以利用更短期的信号操作，EXPMA 指标这种比较简单的指标还是非常合适的。

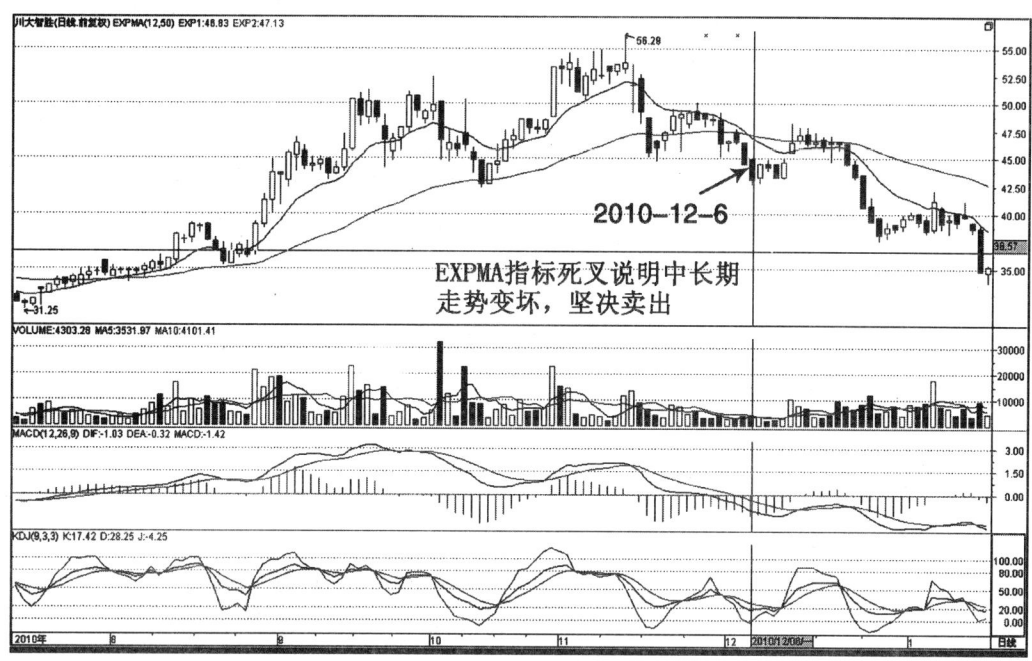

图4-67 川大智胜 002253

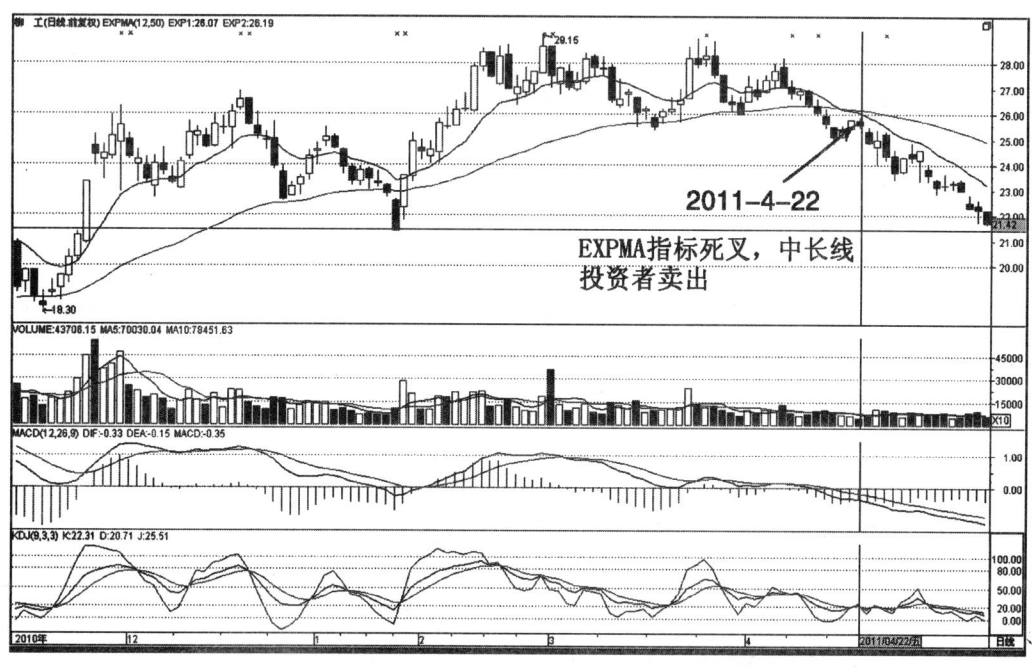

图4-68 柳工 000528

EXPMA指标金叉买进，死叉卖出，截取中间一段收益，赚得不是最多，但是最稳当，又何乐不为呢？

如图4-69所示，吉林化纤2011年4月22日结束此前的窄幅震荡走势，当日大幅下挫，最后收出中阴线，短线投资者毫无疑问应该及时离场。对于中长线投资者来说也是卖出的时候了，因为此时的EXPMA指标已明确产生了死叉，说明中长期走势开始进入空头走势中，后市将还有较大跌幅，趁早卖出是明智之举。该股此后果然加速下跌，走势低迷。EXPMA指标死叉很难产生，一旦产生则相当准确，此时卖出应该没有什么好犹豫的。

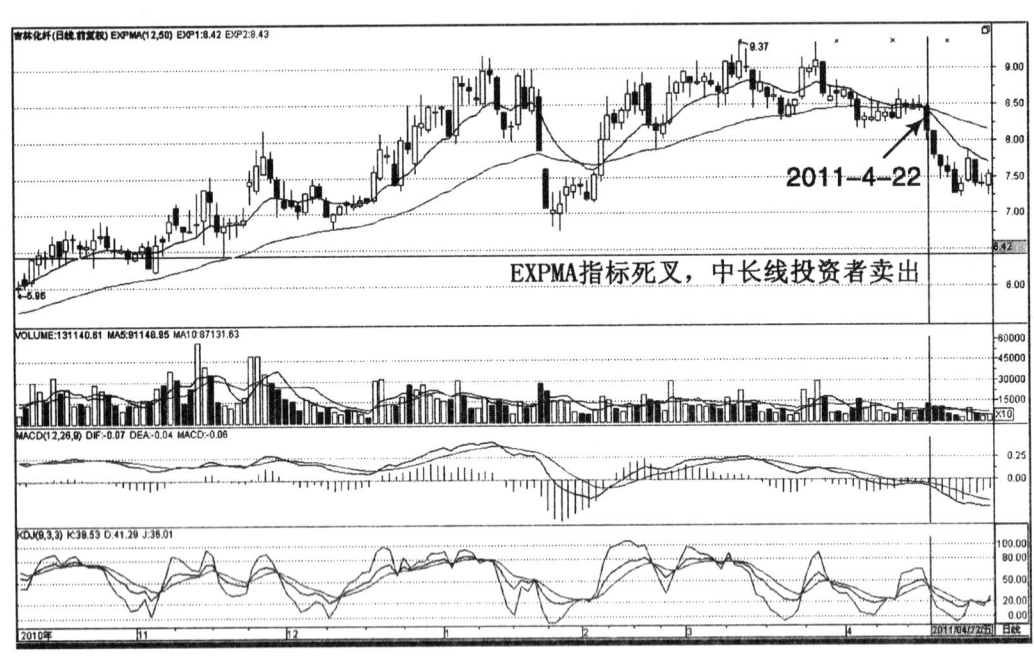

图4-69　吉林化纤　000420

二、EXPMA指标12线反弹到50线

○ 卖出信号

股价整体运行在下降趋势中，股价反弹，随着股价的反弹，EXPMA

指标的12线上行，当它运行到50线附近的时候，往往会遇到强大的压力而掉头，再度回到下跌趋势中。因此12线反弹到50线附近却无法形成金叉时，就意味着多头力竭，后市将重归跌势，是一个较好的卖出时机。这时候我们不能看股价是否突破了50日线，股价突破50线并不能代表趋势走好，而是要看12线能否突破50线，这才是关键。

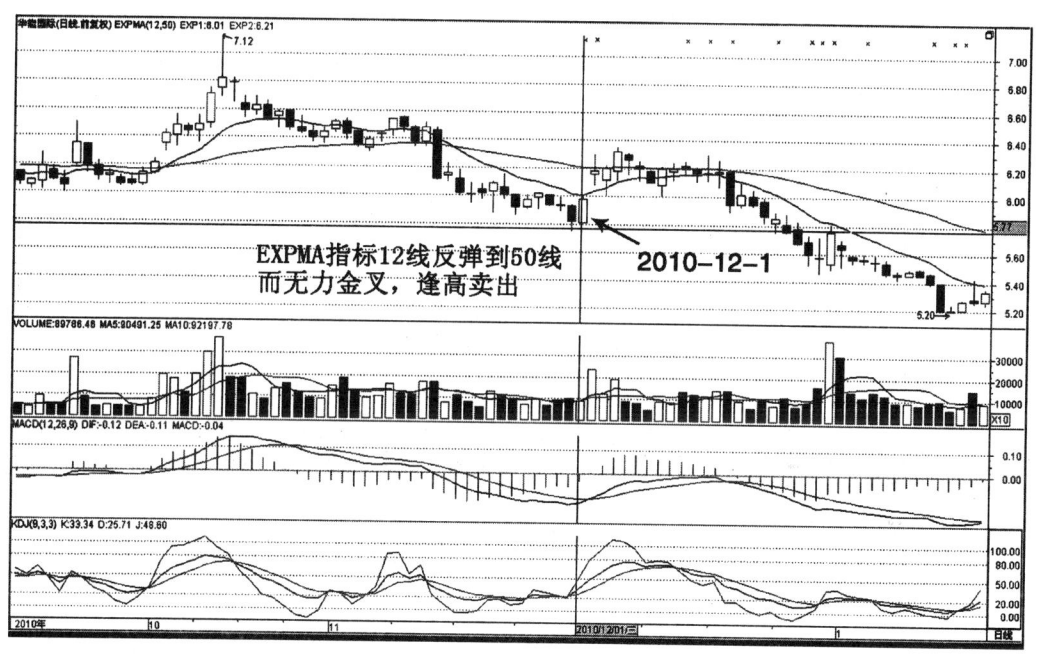

图4-70　华能国际　600011

如图4-70所示，华能国际自高位反转下跌，经过较长的阴跌后终于在2010年12月1日开始反弹，股价连续上升，突破EXPMA指标的12线后来到50线附近。此时股价再也难以向上拉升，12线向50线靠拢，却始终无法产生金叉。这说明反弹已经力竭，后市再度下跌的可能性很大，投资者还是逢高出局为妙。该股后市果然再度急剧下挫，不及时出来损失可就大了。这个信号在一般情况下还是比较准确的，特别是在股价自高位第一次下跌后的反弹中。

如图4-71所示，西安民生在EXPMA指标产生死叉后不久止跌企稳，收出众多的小阳线，但是实际上股价没怎么涨。2011年5月19日股价小幅上涨，突破 EXPMA 指标 12 线，但千万别以为这样走势就变好了。次日该股收出小阴线，EXPMA 指标 12 线再无动力往 50 线靠近。其实即使股价上行推动 12 线往上走也不能改变反弹的格局，除非能产生金叉。本例该股的反弹则尤其虚弱，12 线远离 50 线，几乎让人绝望，投资者还是趁早离场，免得伤心。这种反弹都非常弱的股票说明下跌动能还非常足，趁早逃跑是明智的选择。

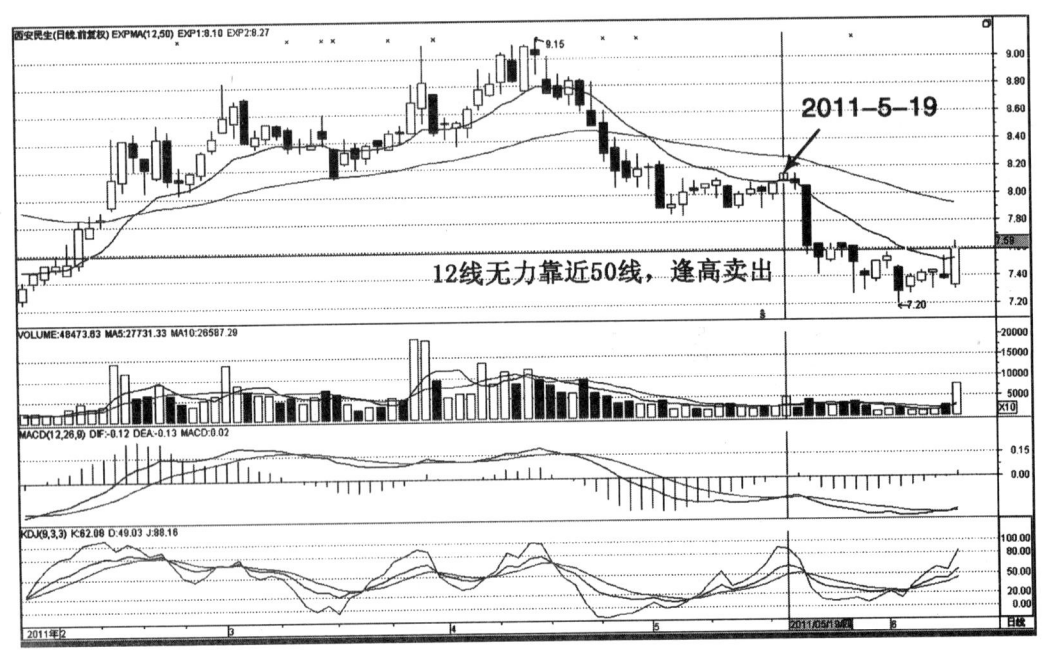

图 4-71　西安民生　000564

如图 4-72 所示，新嘉联自相对高位下跌后于 2011 年 4 月 29 日止跌，此后一路反弹，看似走势还非常不错。可是我们也看到 EXPMA 指标的 12 线在上行过程中，怎么也不肯与 50 线产生金叉，这说明反弹已经穷途末路了，后市继续下跌的可能性很大。短线玩家此时应趁早锁定利润出局，在前面 EXPMA 指标死叉的时候没有卖出的中长线投资者，也应离场了，千万别抱有太多的幻想。

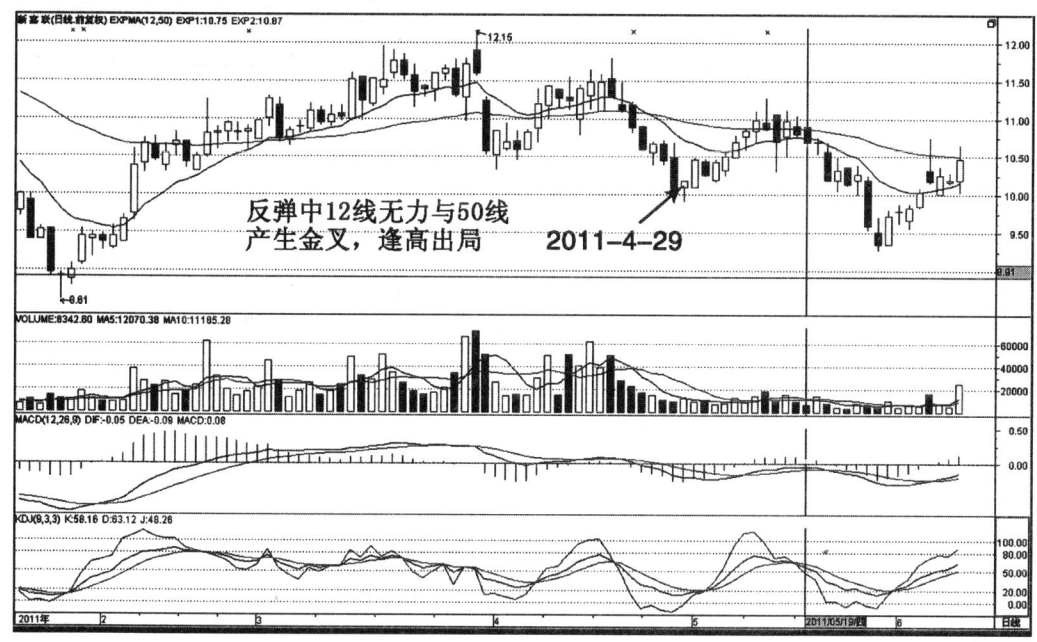

图 4-72　新嘉联　002188

三、EXPMA 指标走平后下行

卖出信号

股价大幅上升后开始滞涨或者回落，同时 EXPMA 指标的 12 线开始走平甚至下行，短线投资者不必等股价跌破该线就可以先行卖出了，因为这意味着此时的空头开始走强，多头逐渐退缩。当 50 线开始走平甚至下行的时候，中长线投资者也需要清仓出局了。

如图 4-73 所示，中航黑豹 2010 年 11 月 12 日跟随大盘暴跌，收出长阴线，股价跌破 EXPMA 指标的 12 线，显然股价走势走坏，投资者应该出局了。其实等到此时再出逃已经有点晚，我们完全可以在此前的走势发生改变的时候就提前判断。该股此前在高位滞涨，然后缓慢下跌，EXPMA 指标的 12 线开始走平，甚至略微有下弯的趋势，这就是转势的信号，顶部已经初现端倪，投资者应该先行减仓锁定利润。

鉴于该股前期涨幅巨大，短线也快速拉升过，随后见顶的可能性非常大，一旦股价滞涨即可出局，不必等到跌破 EXPMA 指标，更不需要等到死叉才出逃。

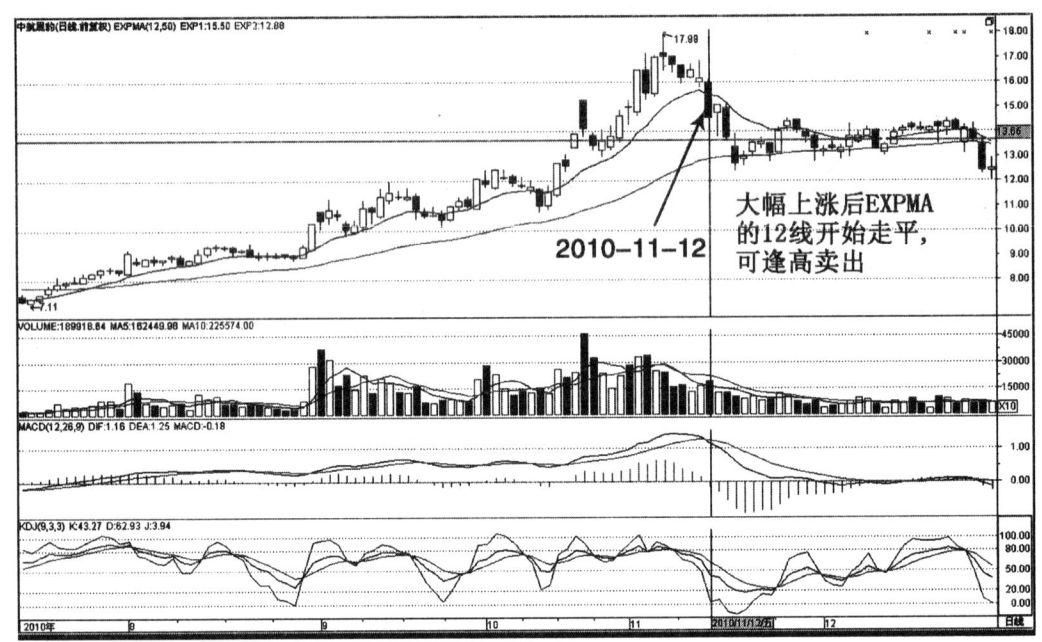

图 4-73　中航黑豹　600760

如图 4-74 所示，西安旅游 2011 年 3 月 11 日小幅下跌，股价已经跌破 EXPMA 指标的 12 线，走势开始变坏，投资者可以先行撤离。从 EXPMA 指标 12 线本身走势看，该线此前随股价上升而攀升，然后股价高位横盘震荡，该股 EXPMA 指标 12 线也开始走平，然后下弯。这是股价走势变坏的标志，很可能就此反转下行，投资者就不必再等到 EXPMA 指标死叉再出局。从股价的整体位置也看得出见顶的可能性很大，因为该股此前的涨幅非常大，短线更是快速拉高过，股价的泡沫已经非常大了。

如图 4-75 所示，中信海直 2010 年 11 月 17 日大幅低开收跌，从 K 线看已经是明显的空头凶悍杀跌的走势，短线投资者可以趁早出局了。我们再看看 EXPMA 指标，经过这一跌，EXPMA 指标的 12 线也开始掉

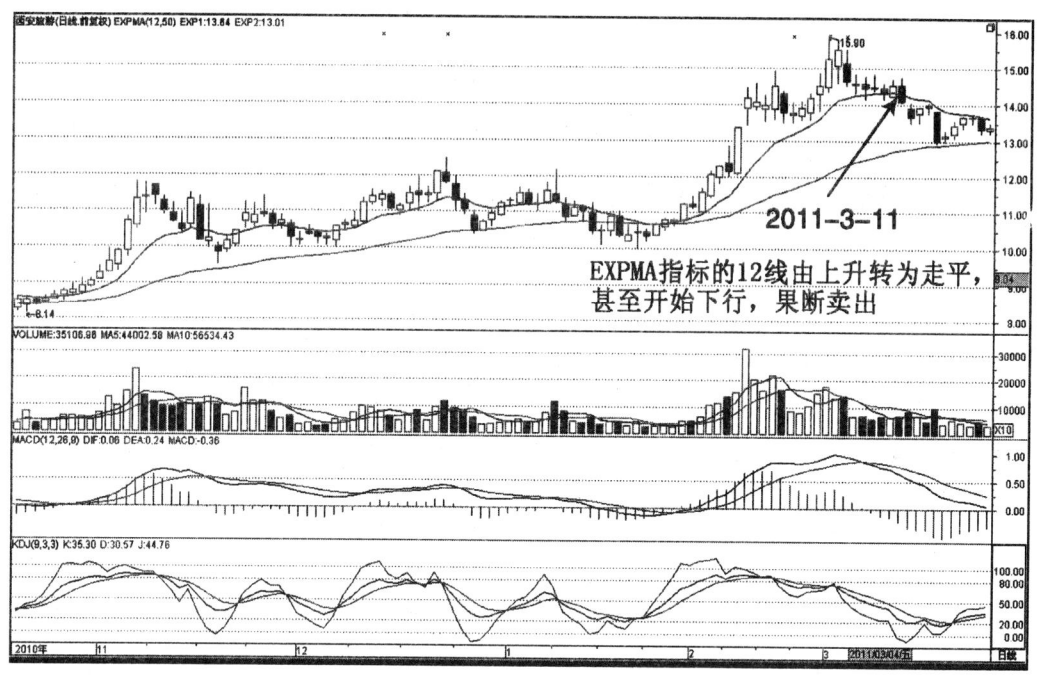

图4-74 西安旅游 000610

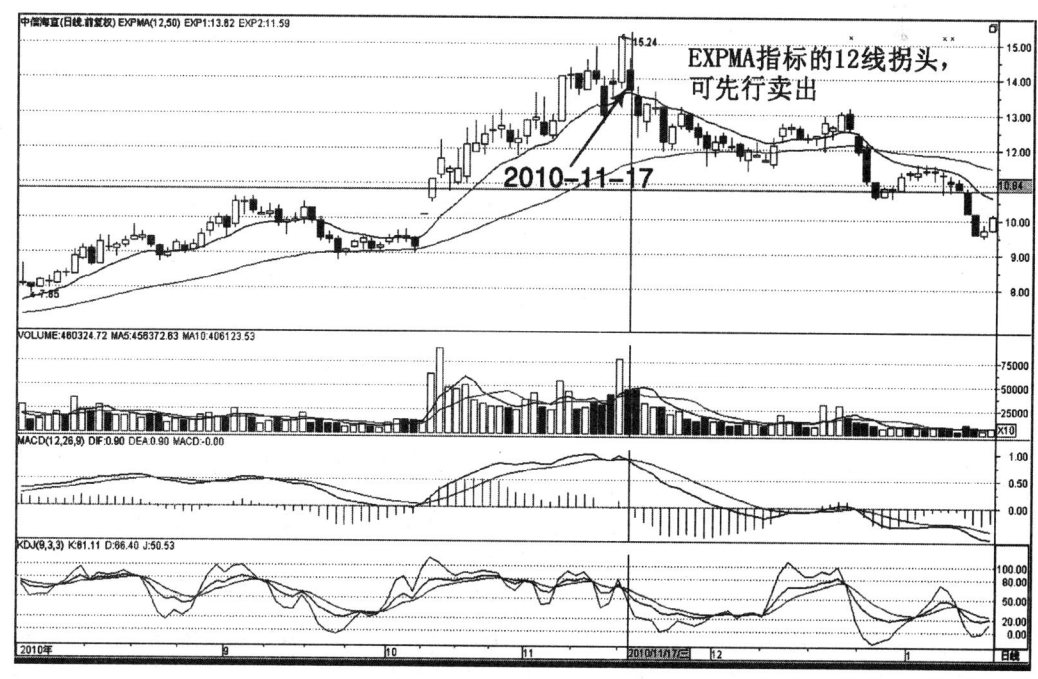

图4-75 中信海直 000099

头下行了，这说明短期的股价走势已经变坏，开始进入下跌走势中，投资者离开是明智的选择。从股价的整体位置看，该股前期的涨幅比较大，随时有反转的危险，而一旦EXPMA指标12线开始走平甚至下行，则意味着趋势开始逆转，投资者此时就可以出局了，不必等待明确的死叉信号出现。

四、EXPMA指标黏合后向下发散

卖出信号

股价进入横盘震荡状态后，EXPMA指标两线会逐渐靠拢，甚至黏合在一起。这是变盘的前兆，投资者需要密切关注。如果此后EXPMA指标开始向下发散，则说明盘整结束，后市将进入下降趋势中，投资者需果断清仓出局。EXPMA指标黏合后一旦向下发散，意味着很可能有较大跌幅。横盘蓄势后的下跌动能往往非常充足，我们需万分小心。

如图4-76所示，美尔雅2010年12月23日收出中阴线，跌幅超过3%但收盘价还在前期的窄幅横盘区间，按常规可以继续持股。可是此时的EXPMA指标已经发出了卖出信号。此前该指标两线紧紧黏合，但暂时还看不清方向，经过12月23日这么一跌，本来黏合的两根线开始向下发散，说明横盘震荡已经结束，走势选择了向下的方向，也就是开始进入下行趋势中。该股后市果然逐浪下跌，跌幅不小。

如图4-77所示，中航精机自高位大幅下挫后终于止跌回升，当股价反弹到EXPMA指标两线的时候，股价陷入横盘震荡中，然后该指标的两线逐渐靠拢，直至黏合在一起。此时就不好判断方向了，上下都有可能。2011年3月17日该股跳空下跌，虽然当日股价跌幅并不大，但是此时的EXPMA指标两线开始向下发散。这说明横盘终于有了方向选择，那就是向下发散，也就是说新一轮下跌开始了，投资者只能趁早离场休息。该股后市如期下跌，开始了二次寻底之旅。

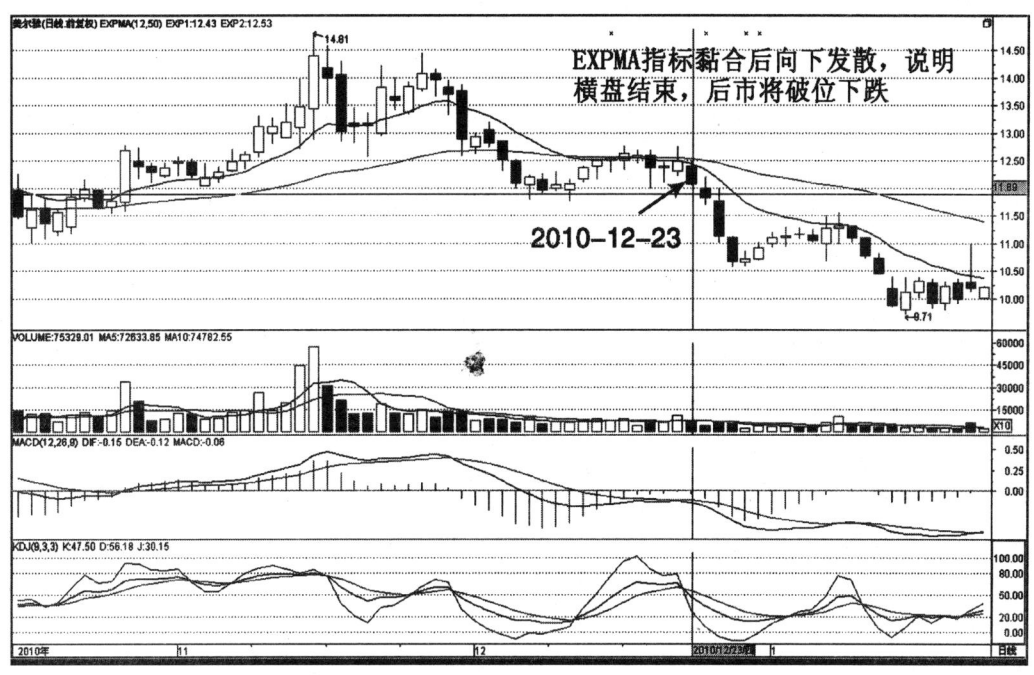

图4-76 美尔雅 600107

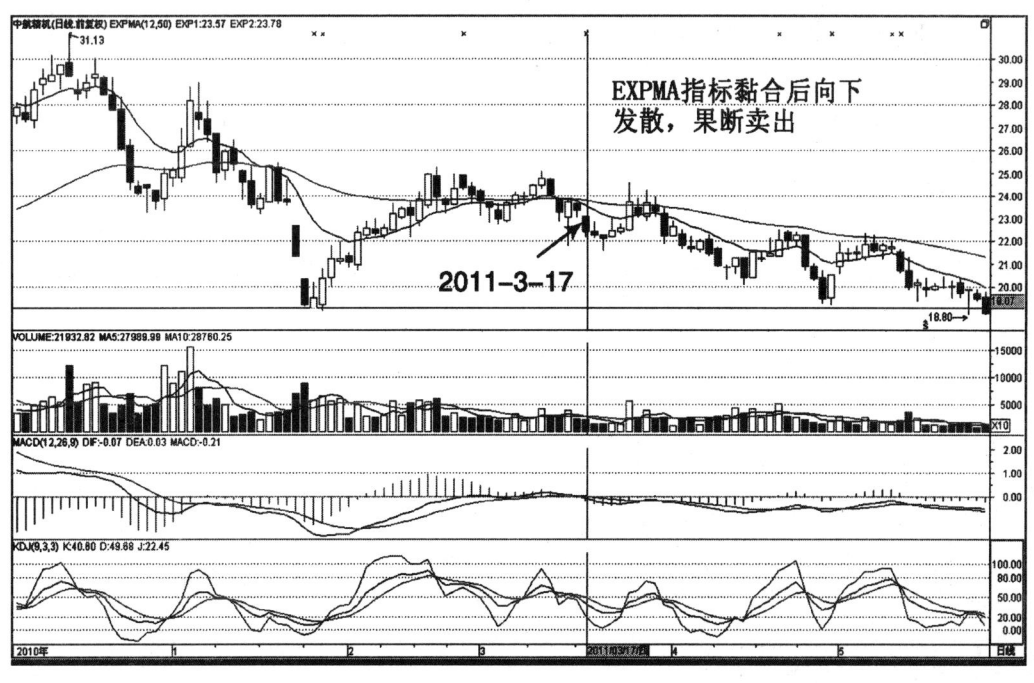

图4-77 中航精机 002013

如图4-78所示，力合股份2011年1月11日跳空下跌，当日收出中阴线，股价还没有跌破原来箱体的下边线，看似还可以继续持股观望，但是看EXPMA指标就知道此时需要卖出了，因为此前该指标两线跟随股价横盘震荡而黏合在一起，此时已经开始向下发散了。这说明前期的横盘走势已经结束，开始进入空头走势中，后市继续下跌的可能性很大，投资者只能趁早离场。该股此后也如期大幅下挫，可见EXPMA指标还是比较稳健的。

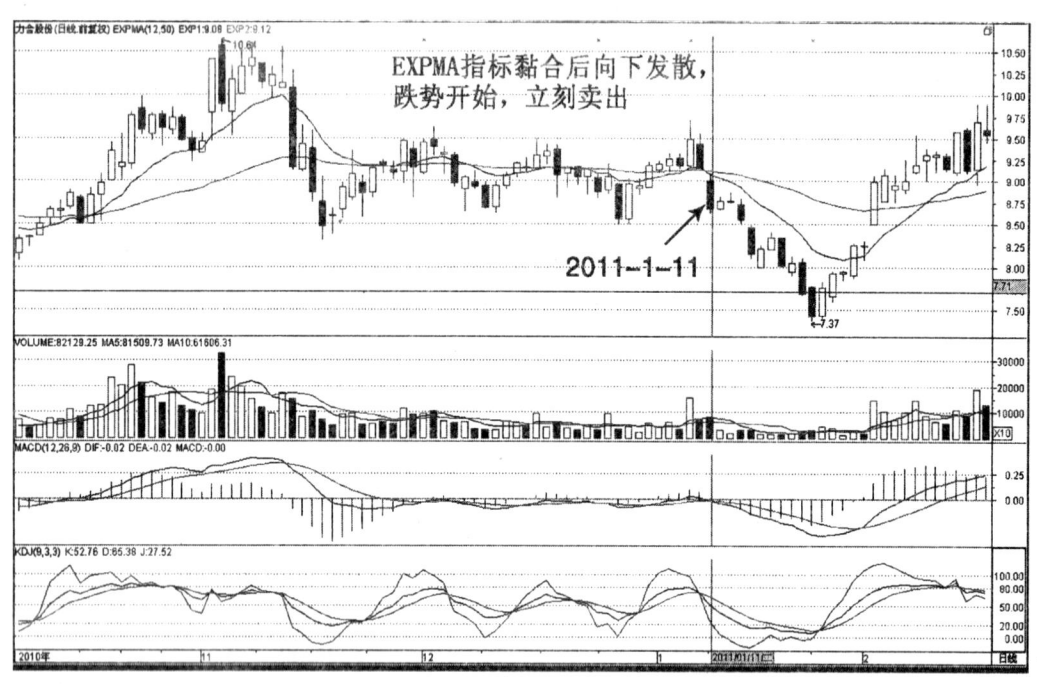

图4-78　力合股份　000532

第六节 BBI 指标卖点

一、股价跌破 BBI 指标

卖出信号

BBI 线是多空分界线，股价在该线之上说明股价走势处于多头走势中，如果股价在该线之下则说明处于空头走势中。因此当股价跌破 BBI 线就意味着股价进入空头走势中，投资者应该及时卖出股票。为了提高这个卖出信号的准确性，需要结合股价的整体位置来研判。如果前期股价已经大幅上涨，处于明显的高位，这个信号的准确性就比较高。另外股价跌破 BBI 线的时候，BBI 线本身已经走平甚至开始下行，这个信号的准确性无疑更高。

如图 4-79 所示，大连控股 2011 年 5 月 23 日收阴，跌幅不是很大，但是股价此时已经跌破 BBI 线，说明空头开始占据上风，股价走势进入空头走势，后市继续下跌的可能性比较大。既然股价已经走弱，那自然应该卖出。从股价的整体位置看，形成反转也是大有可能，因为该股前期的涨幅确实比较大，获利盘众多，反转也只是时间问题，而一旦股价跌破 BBI 线，且该线本身也开始下行，就是一个明确的下跌信号，投资者不能再犹豫不决，需果断卖出休息了。

如图 4-80 所示，南通科技 2011 年 4 月 25 日股价大跌，走出倾盆大雨的组合图形，发出明确的卖出信号。结合 BBI 指标看，此时的股价也跌破 BBI 线，且该线有拐头趋势，这说明股价的走势已经进入空头市场，后市看空，投资者需及时卖出股票。从该股的整体位置看，前期整

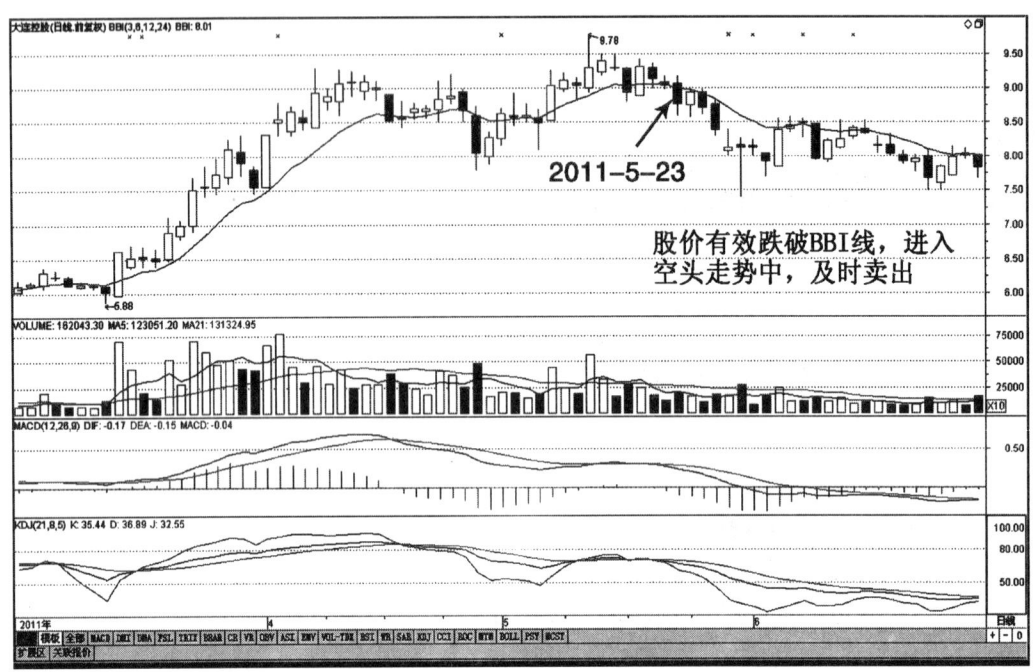

图 4-79　大连控股　600747

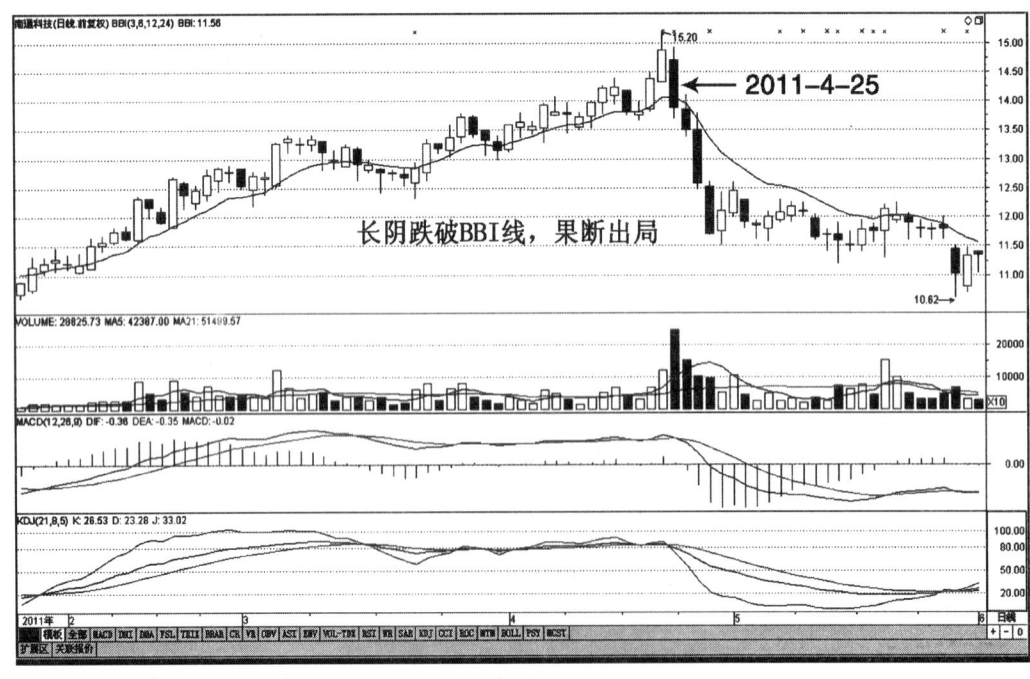

图 4-80　南通科技　600862

体涨幅巨大，主力有随时逃跑的冲动。现在股价跌破 BBI 线明确告诉我们空头已经掌控局势，此时不走人还更待何时？该股此后连续暴跌，短线跌幅较大。

如图 4-81 所示，西王食品 2011 年 2 月 25 日小幅跳空下跌，全天跌幅还不是很大，看似没什么危险。但是我们应注意到股价已经跌破 BBI 线，这是一个不好的信号，说明此时空头力量已经压过多头，开始进入空头走势中，投资者应该卖出股票了。从整体看我们的判断可能比较纠结，难以决断，因为当时股价刚突破盘整区域，按道理会有一波像样的上升。再看成交量又是另一番景象，当时的成交量持续低迷，可见做多力度较弱，后市并不乐观。而后股价跌破 BBI 线，且该线也开始下行，已经明确进入下跌走势中，我们只能选择出局了。

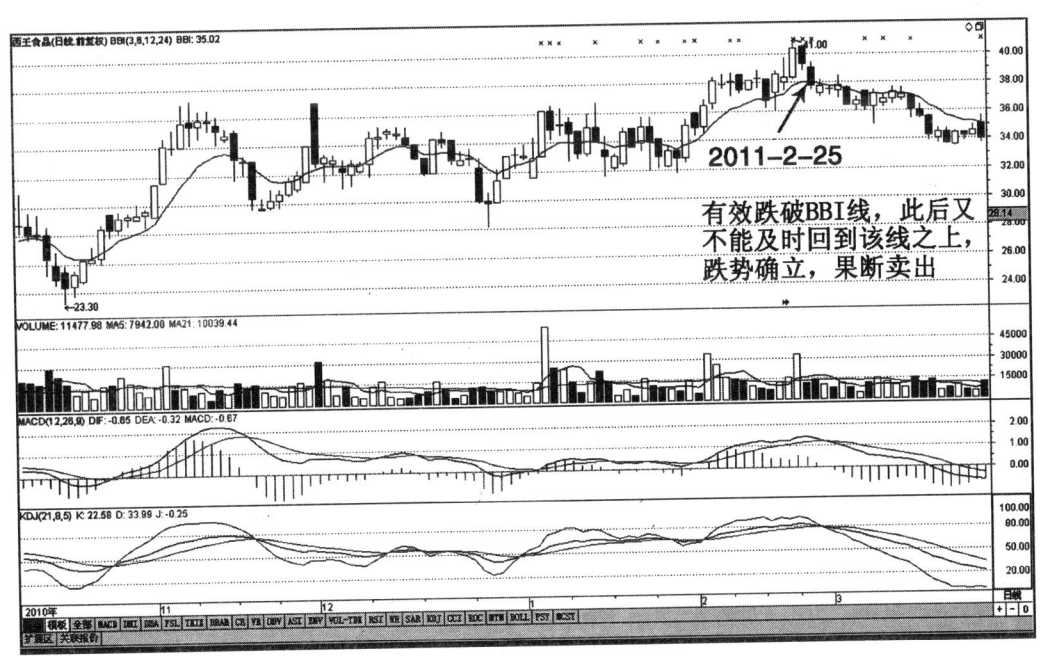

图 4-81　西王食品　000639

二、BBI 指标掉头下行

> **卖出信号**

BBI 指标属于较长周期的指标，有时候等股价跌破 BBI 线再卖出，股价已跌去不少，因此我们可以把信号提前一点。在股价整体涨幅已经比较大的背景下，有些股票缓慢下跌，一时半会儿不会跌破 BBI 线，这时候只要 BBI 线开始掉头下行，就说明股价走势已经开始转向了，我们可以先行减仓，不必等股价跌破 BBI 线再操作。

如图 4-82 所示，正邦科技 2010 年 11 月 11 日小幅下跌，看似走势还没有明显变坏，但是此时的 BBI 指标却发出了警示信号。此前 BBI 指标跟随股价上升而上扬，此时已经掉头下行了，这是趋势改变的信号，意味着股价走势开始进入空头走势中了，投资者可以先行离开，不必等到股价跌破 BBI 指标再卖出。鉴于该股前期涨幅比较大，短期又快速拉

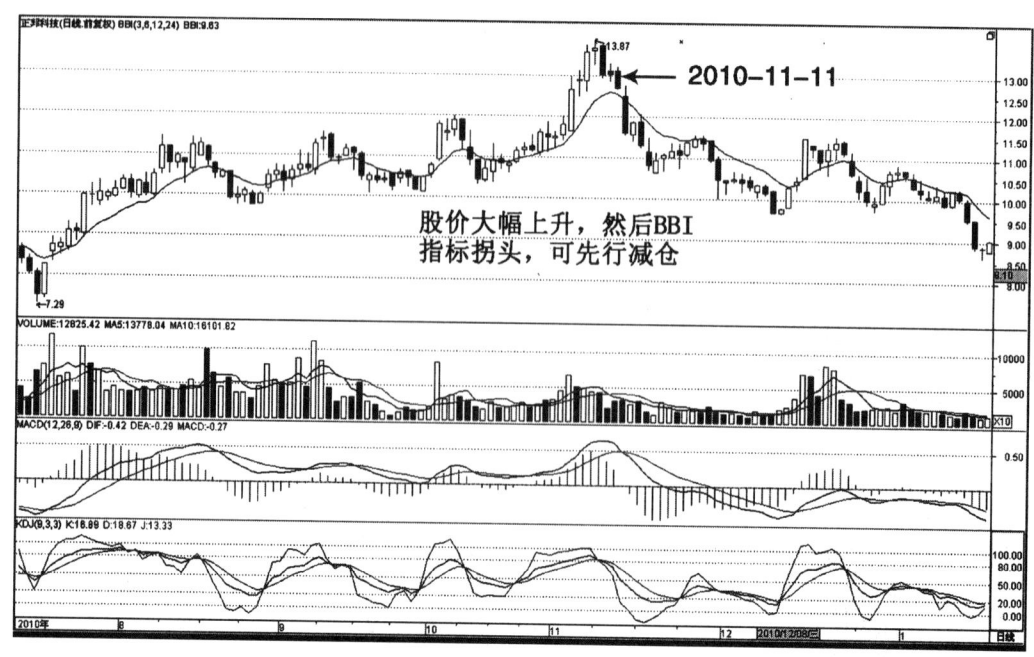

图 4-82　正邦科技　002157

升过，见顶的可能性比较大，此时卖出应是比较正确的。

如图4-83所示，科华生物2010年12月3日收出小阴线，跌势还比较缓，整体看起来还没完全走坏，但是此时的BBI指标却明显走坏了。虽然此时股价还没有跌破BBI指标，但股价趋势已经开始进入下跌趋势了，投资者可以先行出局，不必等到股价跌破指标。从股价的整体位置看，该股前期累积的涨幅不小，有反转的动力。该股此后果然逐浪下跌，形成长期的大顶。

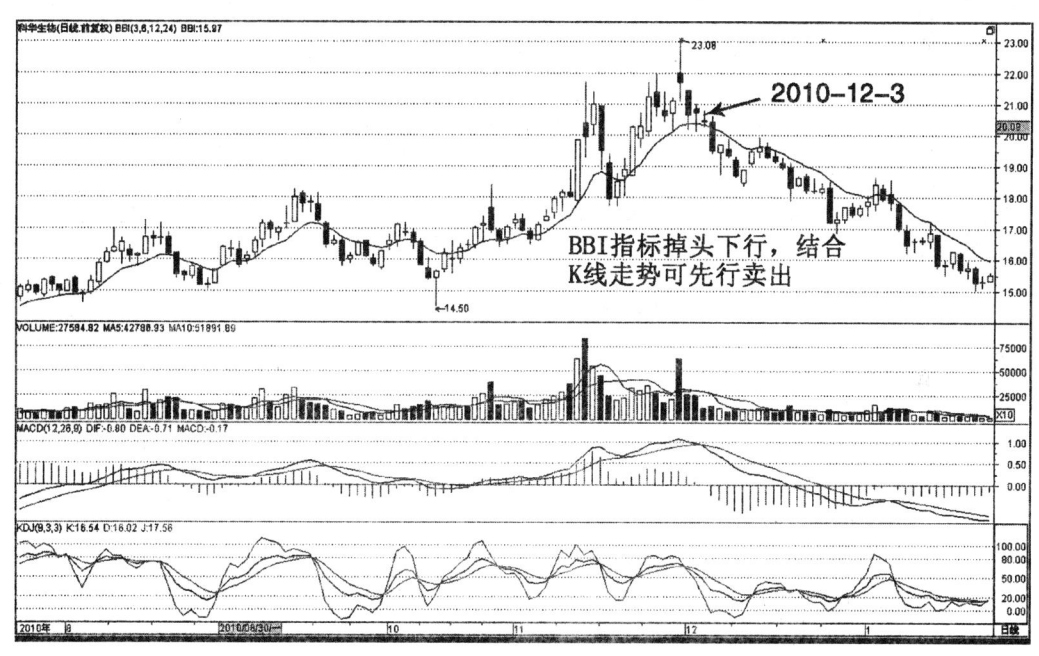

图4-83　科华生物　002022

如图4-84所示，力合股份2011年4月18日跳空下跌，但是当日跌幅不大，看似走势还没有完全变坏，但是此时的BBI指标却发出了卖出信号。这时候的BBI指标开始下行，说明股价走势已经拐头，由原来的上升趋势转为了下跌趋势，后市应该还有更大跌幅，投资者应该趁早卖出股票，而不必等到股价跌破BBI指标才卖出。该股前期的涨幅较大，然后有很明显的滞涨迹象，这个转势信号应该比较准确，投资者至少应该减仓规避风险。

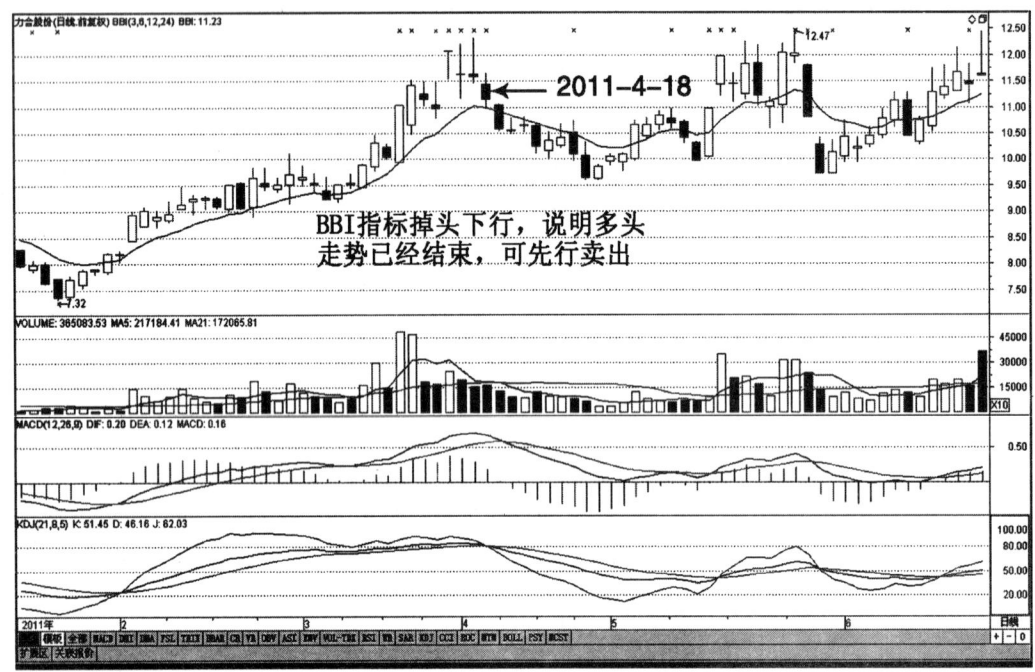

图4-84　力合股份　000532

三、BBI指标M头

◯ 卖出信号

BBI线也经常走出各种形态，据此也可以判断走势。股价前期大幅上涨，然后在高位震荡，这时候如果BBI线形成一个M头，后市反转大跌的可能性很大，投资者需要在M头形成的时候果断清仓出局。M头的形成通常需要等待跌破颈线才能确认，BBI线的M头只要在第二个高点掉头的时候就可以基本判定了，这时候可以卖在一个相对的高点。

如图4-85所示，国腾电子2011年1月6日小幅收跌，K线走势有形成双头的架势，只是离跌破颈线还远，因此这个信号不能使用。BBI指标也同步形成一个双头，第二个头部已经初具形态。BBI指标再度下弯，说明股价走势再次走弱，后市形成双头已经没有多少悬念了，投资者应该先行出局，不必等待股价跌破 BBI 指标了。该股次日跳空下跌，双头明确形成，此时才走已白损失了一截利润。

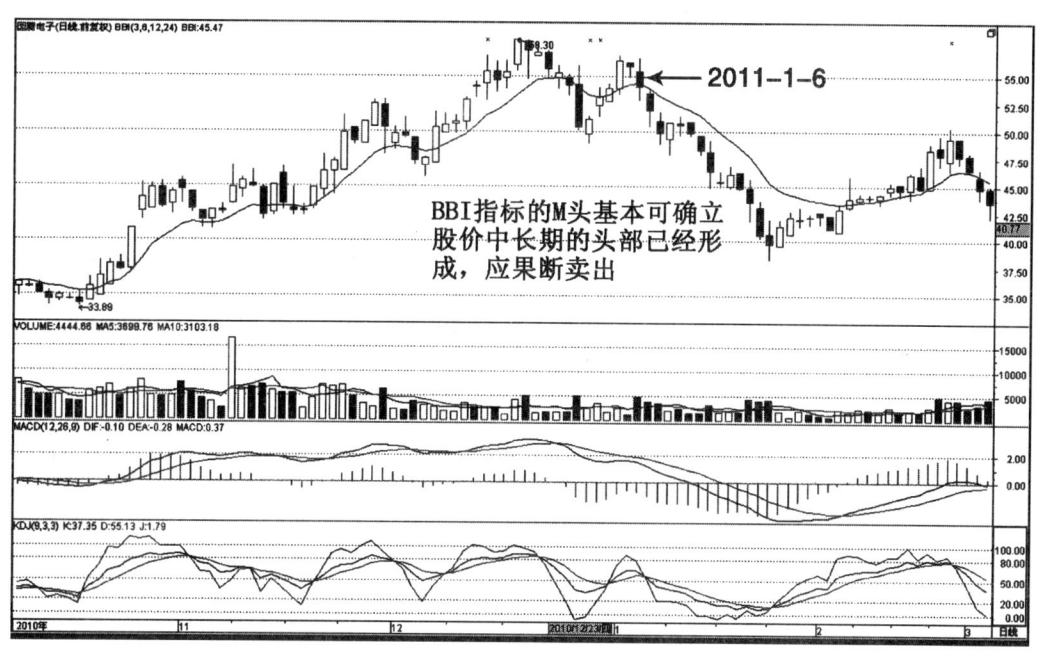

图 4-85　国腾电子　300101

如图 4-86 所示，中弘地产 2011 年 1 月 24 日以长阴线下跌，跌势凶猛。由于股价不能突破前高，形成双头的可能性极大，投资者需要先行出局。从 BBI 指标看，该指标线也同步形成一个双头模样，经过 1 月 24 日这一跌，BBI 指标线再度下行，双头已经基本形成，投资者只能趁早离场，避免后市更大的跌幅。

如图 4-87 所示，综艺股份 2011 年 3 月 29 日收出小阴线，股价还没有跌破此前的横盘区间，看似还可以继续持股观望一下。但是此时的 BBI 指标却发生了变化，有形成双头的趋势。经过 3 月 29 日的下跌，该指标又开始下弯了。虽然当时股价还没有跌破 BBI 指标，但是投资者可以先行减仓了。次日该股跳空下跌，双头明确形成，同时股价也跌破了 BBI 指标，这时候则需清仓出局了。

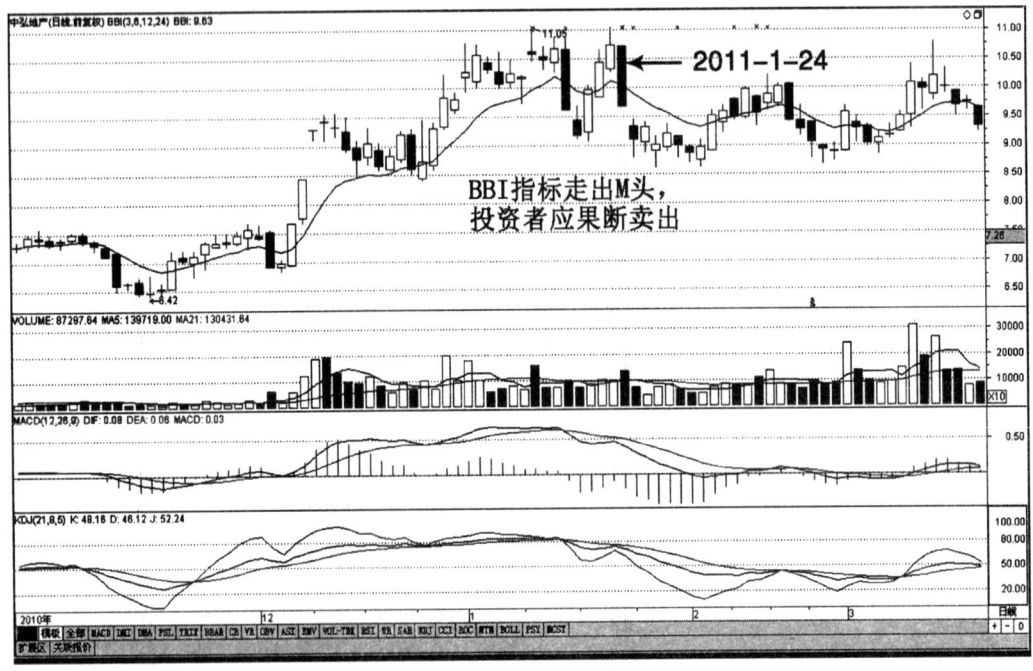

图4-86 中弘地产 000979

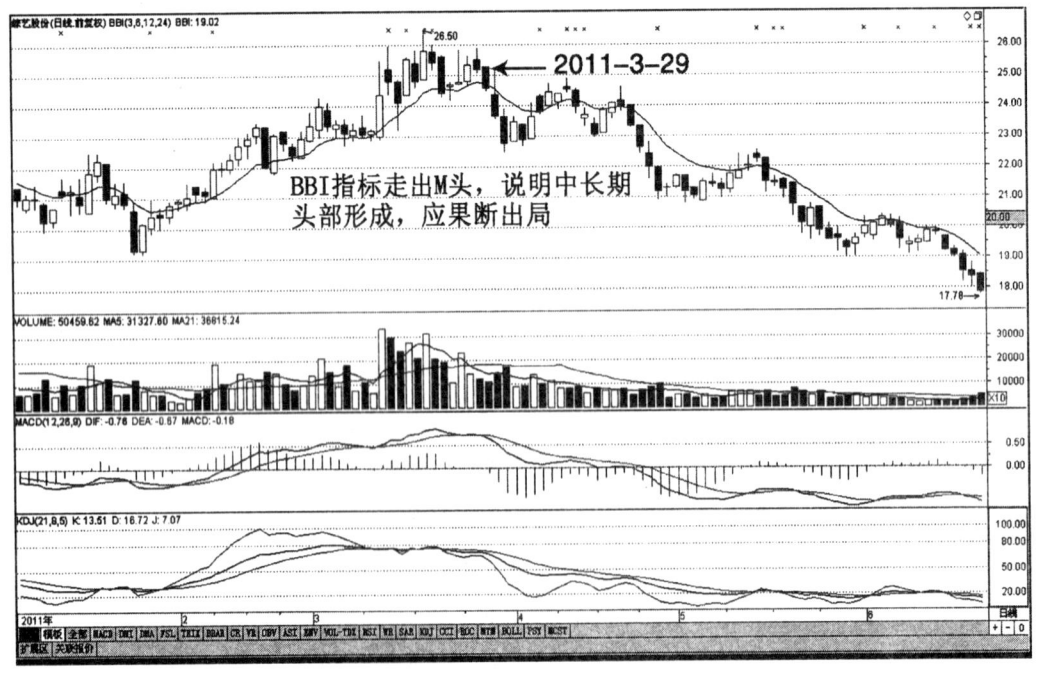

图4-87 综艺股份 600770

第七节 DMA 指标卖点

一、DMA 指标死叉

卖出信号

股价前期涨幅较大，处于相对高位，然后 DMA 指标随股价的下跌而产生死叉，说明上升趋势已经结束，后市将进入下跌趋势中，投资者应该清仓出局。有时候个股在高位有反复走势，如果 DMA 指标产生二次死叉则是下跌趋势的确认，更需果断清仓出局。

如图 4-88 所示，紫光古汉前期大幅上升，然后在高位滞涨。2010 年 12 月 9 日该股冲高回落，留下较长的上影线，这是空头现身的信号。从 K 线看还没有发出见顶信号，但是此时的 DMA 指标却已经产生了死叉，这是一个明确的空头信号，说明股价走势将进入下跌趋势中，投资者应该逢高卖出。此后该股虽然还勉强维持了几天，但已经是末日夕阳，最后破位下跌，正式进入下跌趋势。12 月 9 日 DMA 指标死叉当日的最高价成为阶段性的最高价，在那天卖出恰到好处。

如图 4-89 所示，中科三环 2010 年 11 月 19 日收出小阳线，股价回补前面的跳空缺口。股价虽然上涨，可是这时候 DMA 指标却产生死叉，发出了卖出信号。DMA 指标死叉说明上升趋势已经结束，后市将进入下跌趋势中，投资者应该卖出为妙。不过这个卖出信号来得有点迟，该股自高位反转后已经有一段不小的跌幅了，此后才产生死叉。这并非信号失误，而是股价急涨急跌，指标反应难免有点迟钝。这种现象也是合理的，我们不必吹毛求疵。

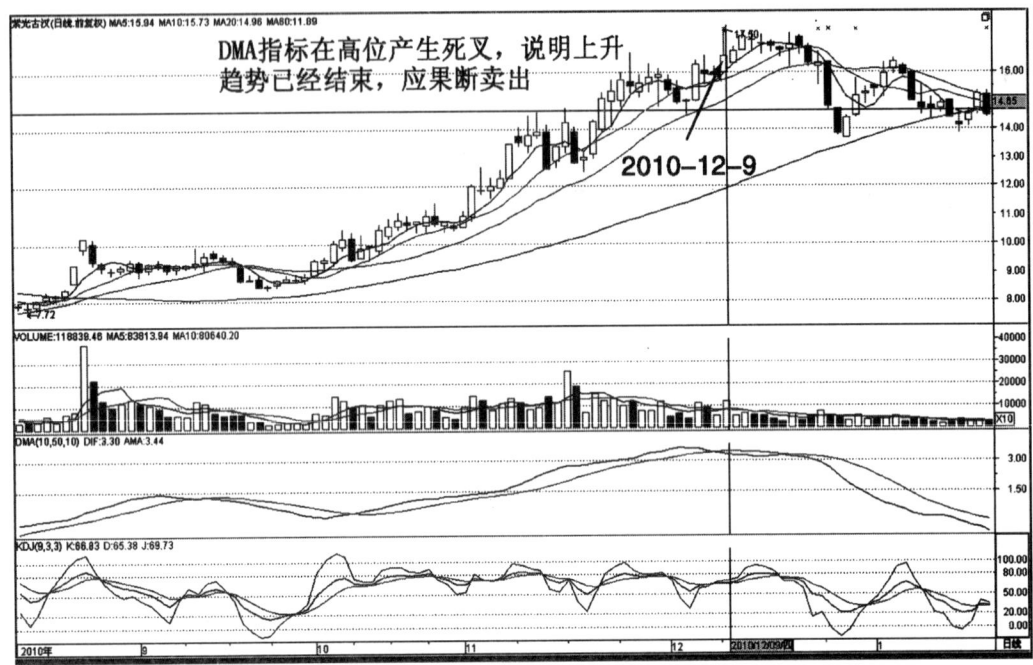

图4-88 紫光古汉 000590

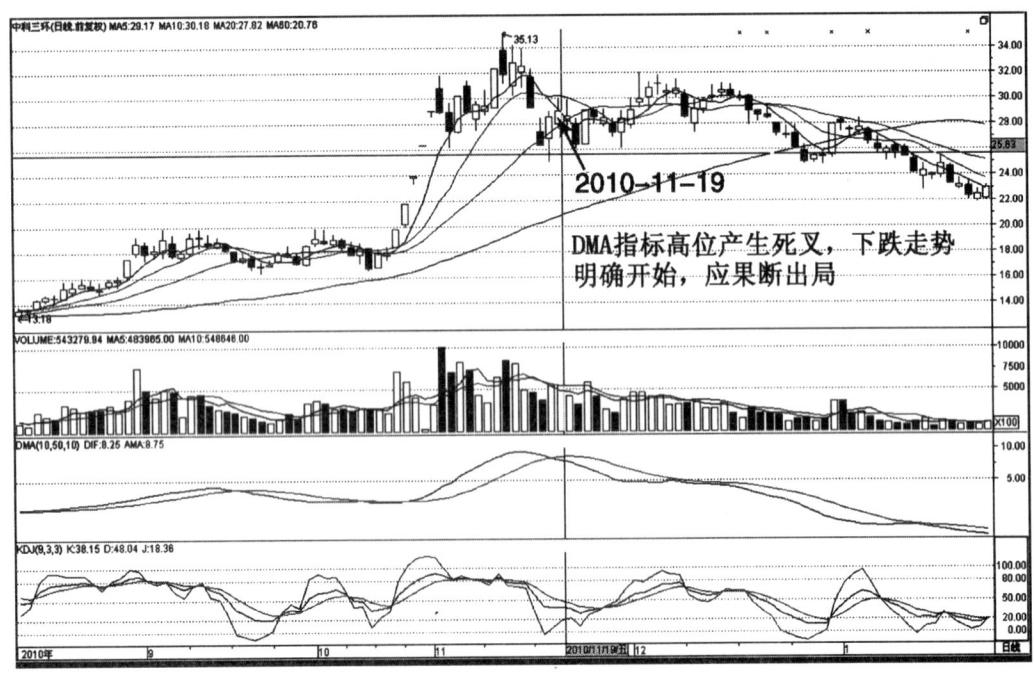

图4-89 中科三环 000970

如图4-90所示，ST汇通2011年3月24日收出小阳线，但是此时的DMA指标已经产生死叉了，这是一个明确的卖出信号。DMA指标死叉说明上升趋势已经结束，后市将反转下跌。该股在此前已经有较大涨幅，此时DMA指标产生死叉应该是一个比较可靠的卖出信号。该股此后果然进入下跌趋势，股价大幅回调。

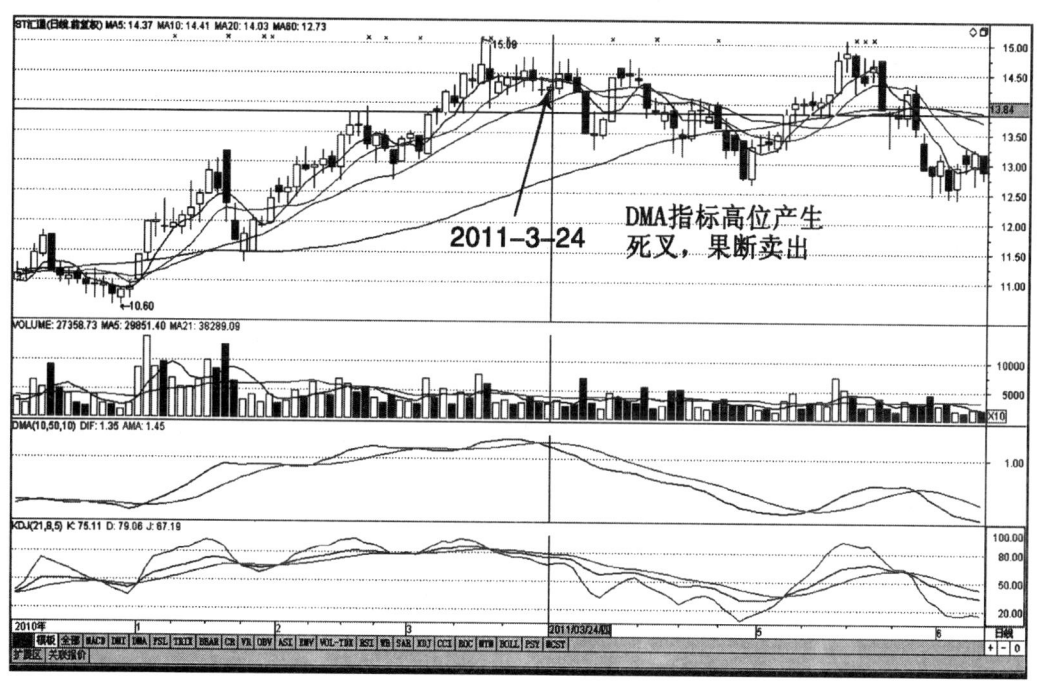

图4-90　ST汇通　000415

二、DMA 指标黏合后向下发散

◯ 卖出信号

股价大幅上涨后在高位滞涨，进入横盘震荡走势中，DMA指标两线会跟随股价的震荡而逐渐靠拢，最后黏合在一起。这是变盘的前兆，一旦指标两线开始向下发散，说明主力已经出货完毕，后市很可能大跌，

219

投资者应该及时清仓出局。在股价的下跌途中DMA指标也可能黏合，如果向下发散则说明下跌中继平台告破，后市继续下跌，投资者也需要止损出局。

如图4-91所示，华帝股份大幅上升后开始滞涨，股价陷入窄幅震荡中。此时的DMA指标也随之黏合在一起，这是变盘的前兆，我们要密切关注。2010年12月17日该股小幅下跌，看似还没什么凶险，但是此时的DMA指标却开始向下发散了，这说明主力已经出货完毕，暂时的多空平衡已经打破，股价走势开始进入空头走势中，后市继续下跌已经没有多少疑问了。既然变盘已经开始，不管是小阴线还是大阴线，都是一个危险的信号，投资者只能趁早出局。该股此后也果然如期反转下跌，跌幅巨大。

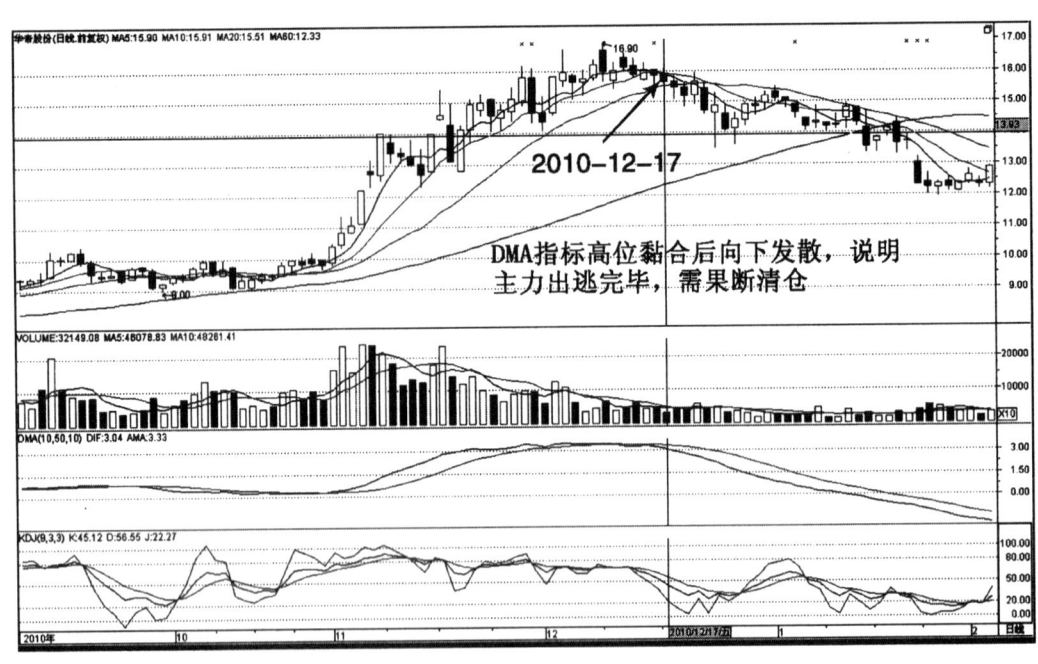

图4-91　华帝股份　002035

如图4-92所示，泰胜风能自高位反转下跌后有一波强劲的反弹，然后在一个位置横盘震荡，此时的DMA指标也跟随黏合在一起，方向暂时不明。2011年3月28日该股跌破横盘区间破位下行，同时DMA指标也开始向下发散。这说明横盘已经结束，后市将进入下跌趋势中，投资者只能果断出局，避免后市更大的损失。

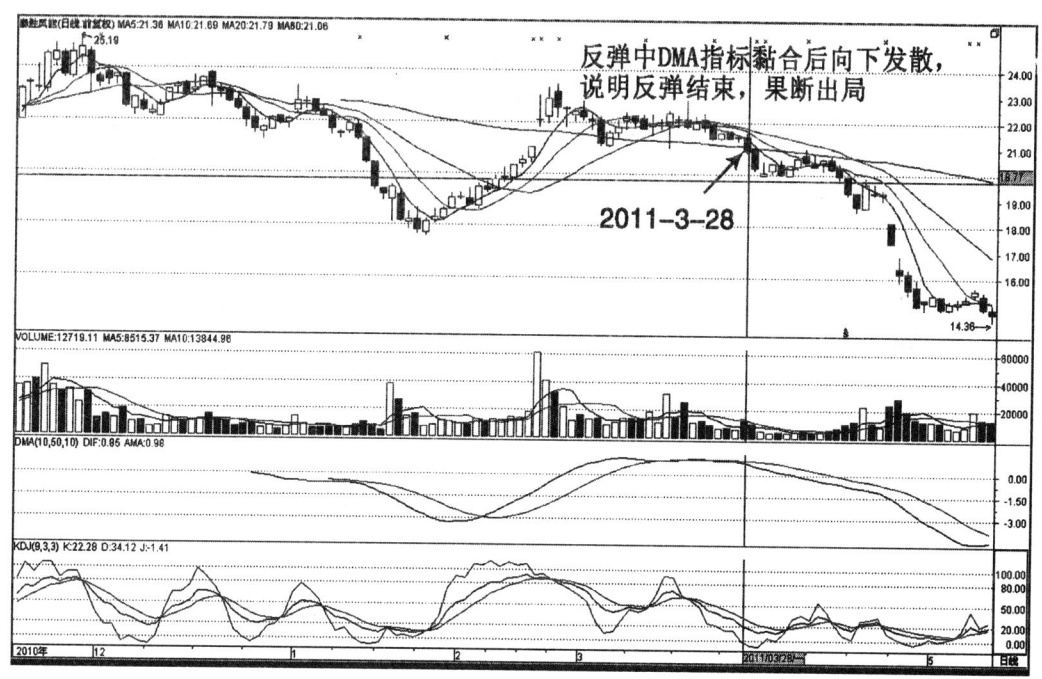

图4-92　泰胜风能　300129

本例泰胜风能的DMA指标黏合在发生在股价反弹的高位，跟前面的例子有所不同，但是性质是一样的，都是横盘结束，进入下跌趋势中，都只能选择卖出观望。

如图4-93所示，滨江集团2010年8月31日收出小阴线，跌势还不是很凶猛，但是此时的DMA指标却发出了警示信号。此前DMA指标由于股价的窄幅震荡而黏合在一起，说明多空暂时取得了平衡。当指标的两线开始向下发散，就意味着股价开始进入下跌趋势中，投资者应该及时出逃。8月31日的小幅下跌后，该股的DMA指标明确开始向下发散，下跌走势形成，投资者应该及时出逃。

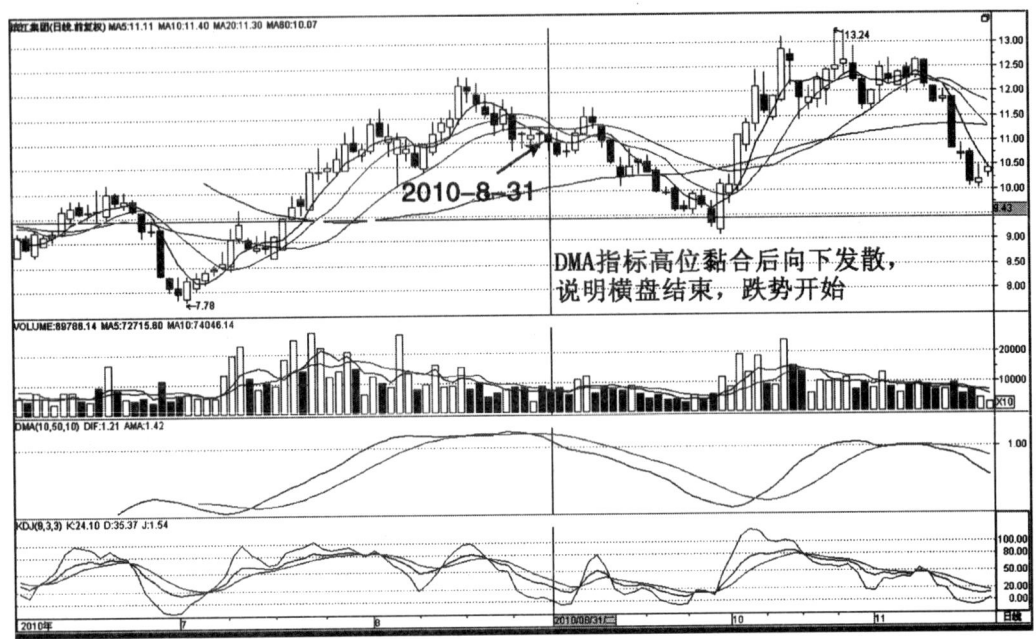

图4-93 滨江集团 002244

三、DMA指标顶背离

◯ 卖出信号

顶背离向来是比较准确的卖出信号，DMA指标的顶背离也是如此。当股价不断创出新高的时候，DMA指标并没有跟随股价创出新高，反而高点越来越低，这就是顶背离现象。DMA指标顶背离说明股价的上涨已经是强弩之末，缺乏实质的支持，很可能是主力强力拉高诱多出货，后市反转在即，投资者应该逢高减仓。一旦明确反转就需要清仓出局了。

如图4-94所示，北海港2010年11月8日创出新高，只是最后收出小阴线。这是一个不祥之兆，因为此时的股价与DMA指标产生了明显的顶背离。该股此后果然见顶回落，后市更是加速下跌，跌幅不小，可见DMA指标顶背离是一个不错的卖出信号。

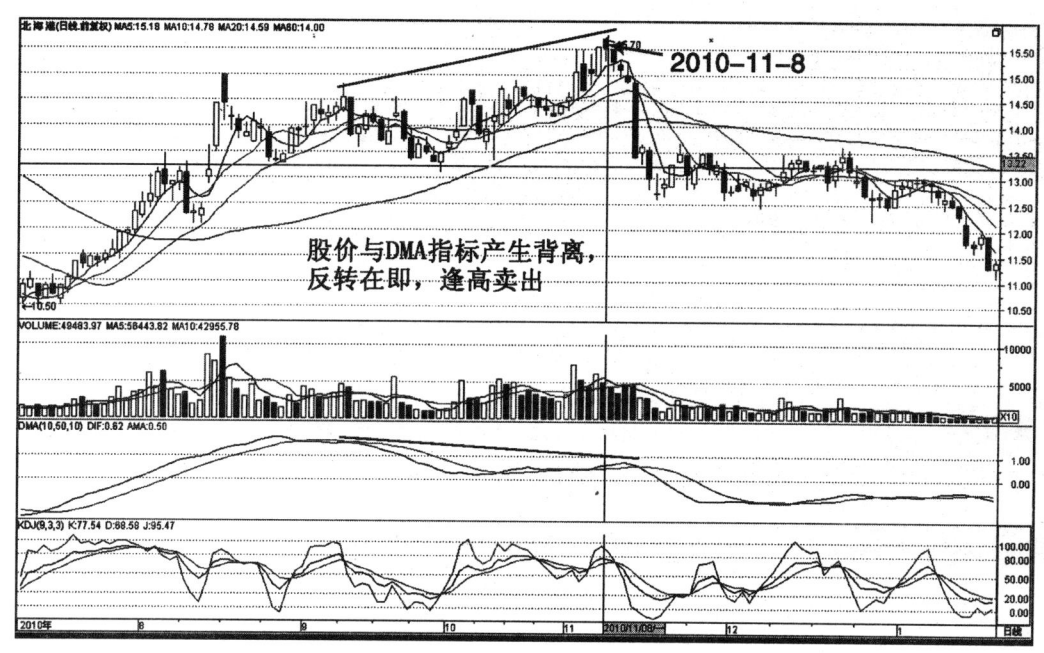

图4-94　北海港　000582

如图4-95所示，巨星科技2010年12月17日收出中阳线，股价创出新高，但是成交量明显萎缩，这是一个不祥的信号。当然据此还不能判断股价已经见顶。再关注一下DMA指标，股价虽然创出新高，但是该指标却明显低于前一波的高点，也就是说股价与指标产生了顶背离，意味着股价的上涨已经到了末期，后市随时反转，投资者应该逢高出局。后市该股果然很快反转下跌，形成阶段性大顶。

如图4-96所示，天润曲轴前期逐浪上升，整体涨幅惊人。2011年2月17日该股继续收阳，但已经有滞涨迹象了，特别是DMA指标没有跟随创出新高，高点比前波高点明显要低，股价与指标产生明显的背离，预示着股价即将见顶，投资者应该逢高卖出。不过本例该股此后还勉强冲高了一次才形成阶段性大顶，这并不妨碍背离信号的有效性，只是略微有点差异。

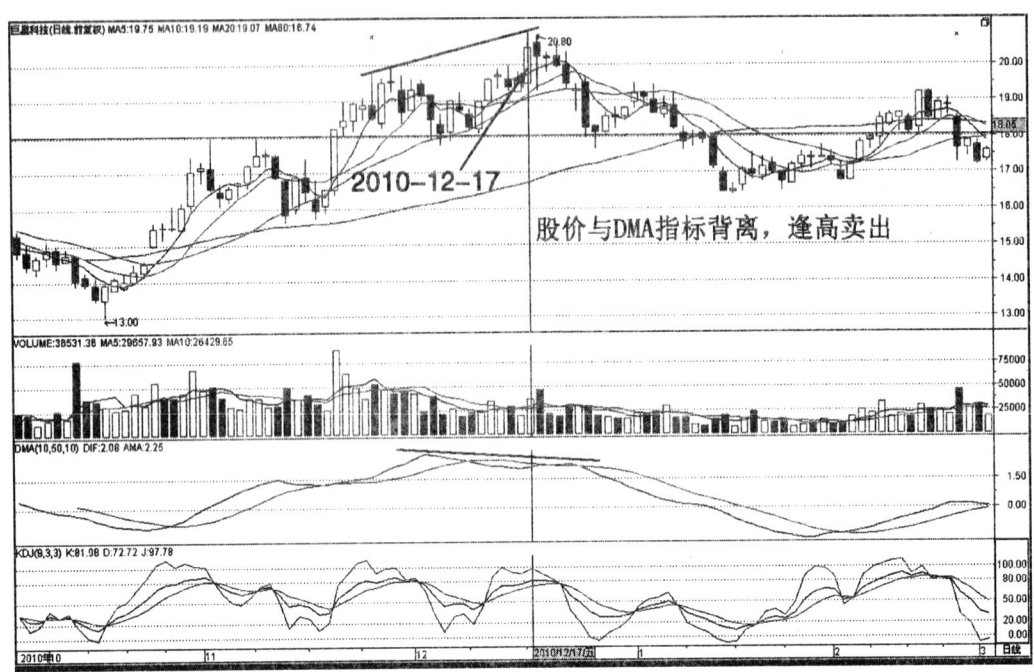

图4-95 巨星科技 002444

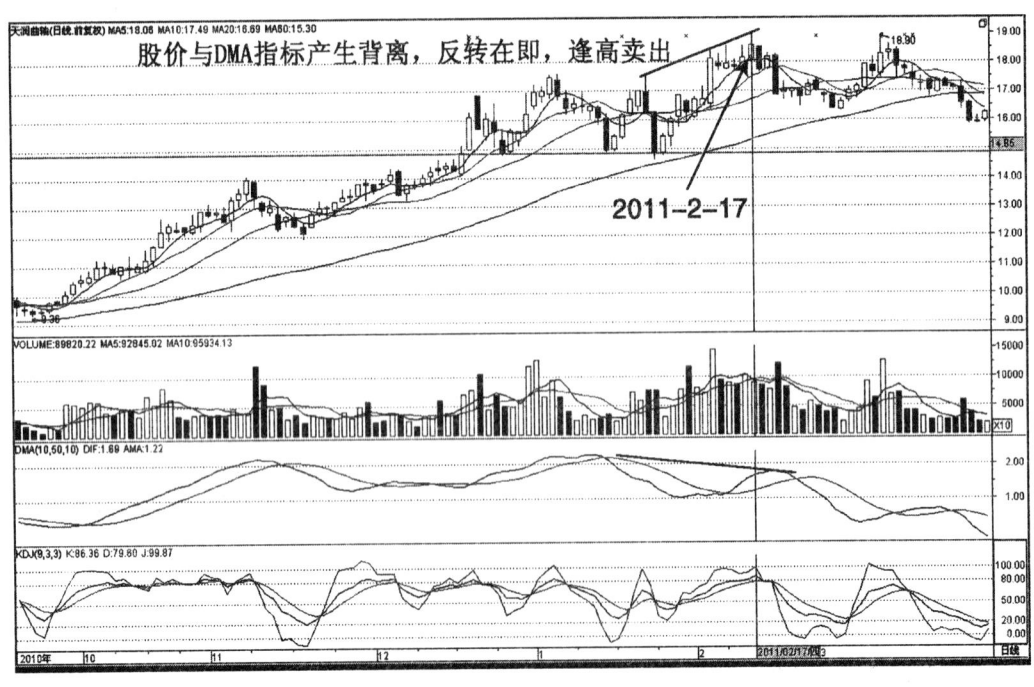

图4-96 天润曲轴 002283

第八节 TRIX 指标卖点

一、TRIX 指标死叉

卖出信号

TRIX 指标是长线指标，反应有点迟钝，投资者可以把参数稍微缩小。TRIX 指标产生死叉说明长期的上升趋势已经逆转，开始进入下降趋势中。既然长期趋势都已经走坏，投资者只能清仓出局，别无选择。

如图 4-97 所示，漳泽电力前期大幅上涨，然后在高位横盘震荡，有出货的嫌疑，但走势还没变坏，也难保不出现新一波拉升，因此暂时可以继续持股。2011 年 4 月 21 日该股小幅收涨，走势看似依然风平浪静，可是此时的 TRIX 指标却发出了卖出信号。该指标当日已经明确产生死叉，说明股价走势已经变坏，开始进入空头走势中，后市继续下跌的可能性极大，投资者应该及时卖出股票。虽然此后该股还在高位维持了较长时间，但大势已去，反转已经在所难免了，下跌只是时间问题。

如图 4-98 所示，威尔泰前期快速拉升，然后在相对高位反转回落，不过幅度不大。2011 年 3 月 21 日该股收出小阴线，此时的 TRIX 指标发出了卖出信号。该指标当日产生死叉，预示着股价走势已经变坏，后市很可能就此进入下跌趋势中，投资者应该及时卖出休息。只是本例该股此后并没有真正下跌，横盘震荡之后再度放量拉升，然后才见顶回落。这是不是说明该指标信号失效了呢？也可以这么说，因为没有一个指标

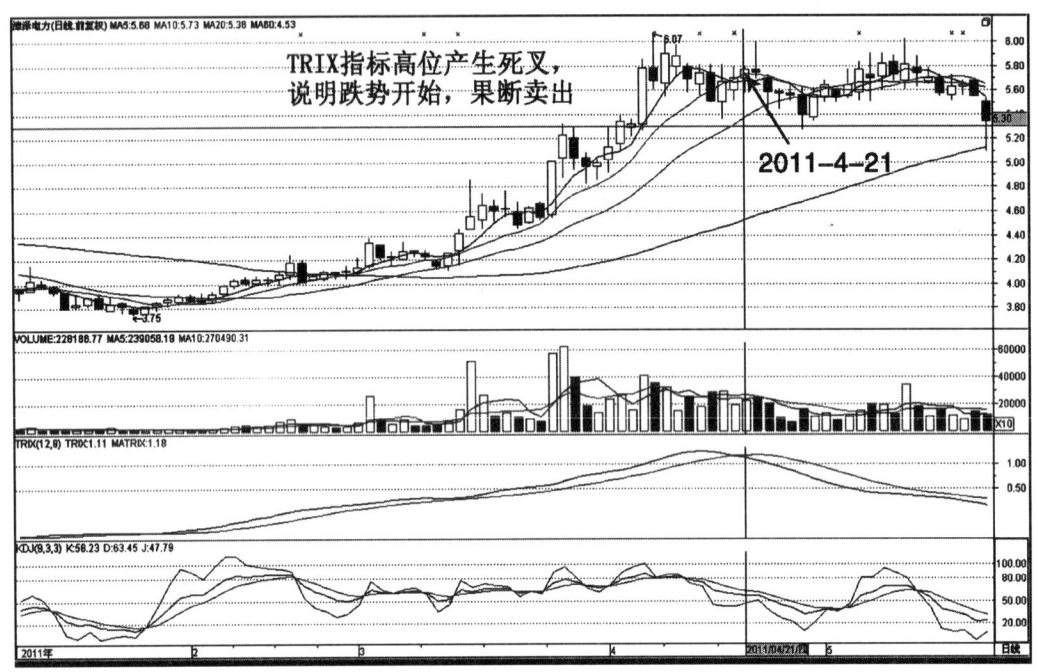

图4-97　漳泽电力　000767

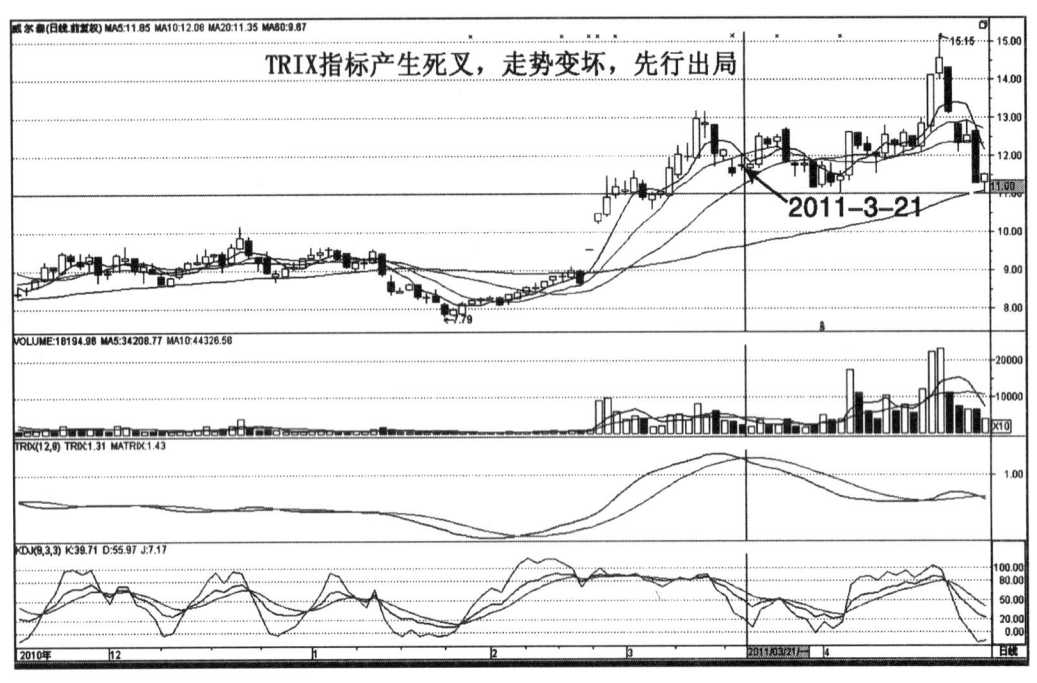

图4-98　威尔泰　002058

能保证百分之百准确。但是卖出的行为本身并没有错，我们应遵守纪律。当整理结束，股价再度拉升，TRIX指标产生金叉的时候可以再进场做短线波段，不过这已经是下一波段的事了。我们可以根据指标清晰地完成各个波段的操作。

如图4-99所示，精诚铜业2011年2月9日小幅下跌，TRIX指标随之产生死叉，鉴于该股前期涨幅较大，此时根据信号卖出应该是合理的。但是此后该股并没有下跌，经过一段时间横盘整理后继续飙升，这个卖出信号是个较为典型的虚假信号。这样的虚假信号还是比较少见的，一般只在特别牛的股票上可见。该股这段时期的走势就是超级牛股的走势。当然卖出后我们也可以修正错误。当股价突破横盘区间，TRIX指标再度产生金叉的时候，我们可以返身杀入。其实这样也不算完全的操作错误，只能说是波段操作。

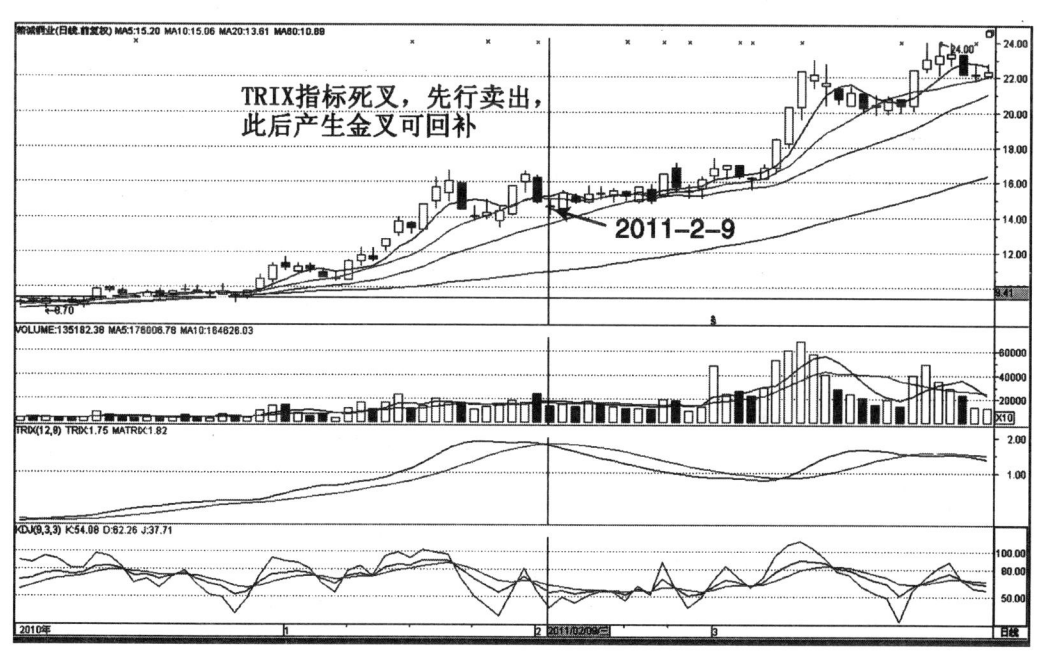

图4-99　精诚铜业　002171

二、TRIX指标黏合后向下发散

卖出信号

股价前期大幅上涨后开始滞涨,进入盘头走势中,此时TRIX指标两线会逐渐靠拢,然后黏合在一起。这是变盘的前奏,我们需密切关注变盘的方向。如果后市股价向下运行,TRIX指标就会向下发散,这意味着主力已经成功出逃,后市将进入下跌趋势中。由于此前经过高位的盘整,主力都已经逃得一干二净了,后市很可能有较大跌幅,投资者需果断卖出。

如图4-100所示,三元达2011年3月21日以大阴线下跌,股价跌破短期的横盘区间,且一阴穿多线,是明确的卖出时机,同时TRIX指标也发出了卖出信号。该指标此前黏合在一起,这是股价横盘震荡的结果,方向难以判明。当TRIX指标由黏合转变为向下发散的时候,说明方向已经明确选择了下行。既然方向已经明确,后市继续下跌已没有计

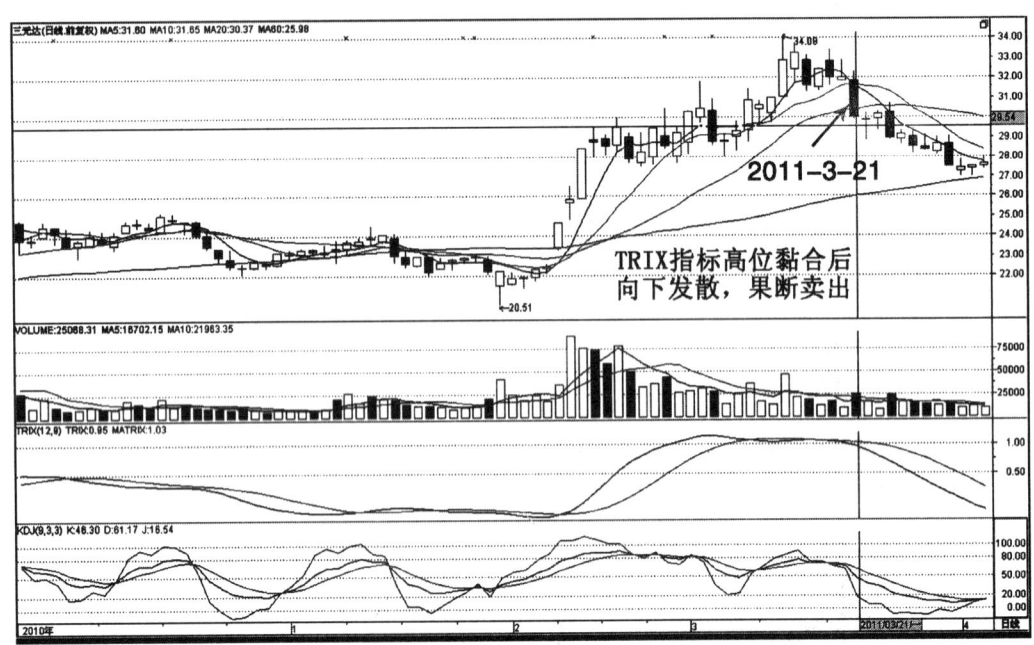

图4-100 三元达 002417

么疑问了，投资者最好果断卖出。TRIX指标属于中长线指标，一旦信号发出，应该及时做出选择。

如图4-101所示，华意压缩2011年3月28日收出中阴线，股价还没有跌破前期的横盘区间，看似可以继续持股。但是此时的TRIX指标已经发出明确的卖出信号——该指标的两根线由此前的黏合状态变成了向下发散。这说明横盘震荡走势已经结束，后市将进入下跌趋势中。当信号发出的时候，投资者应该果断卖出。不过本例该股的后市走势比较倔强，还创出了新高，但终究跌了下去，回过头来看，还算是卖得不错的。

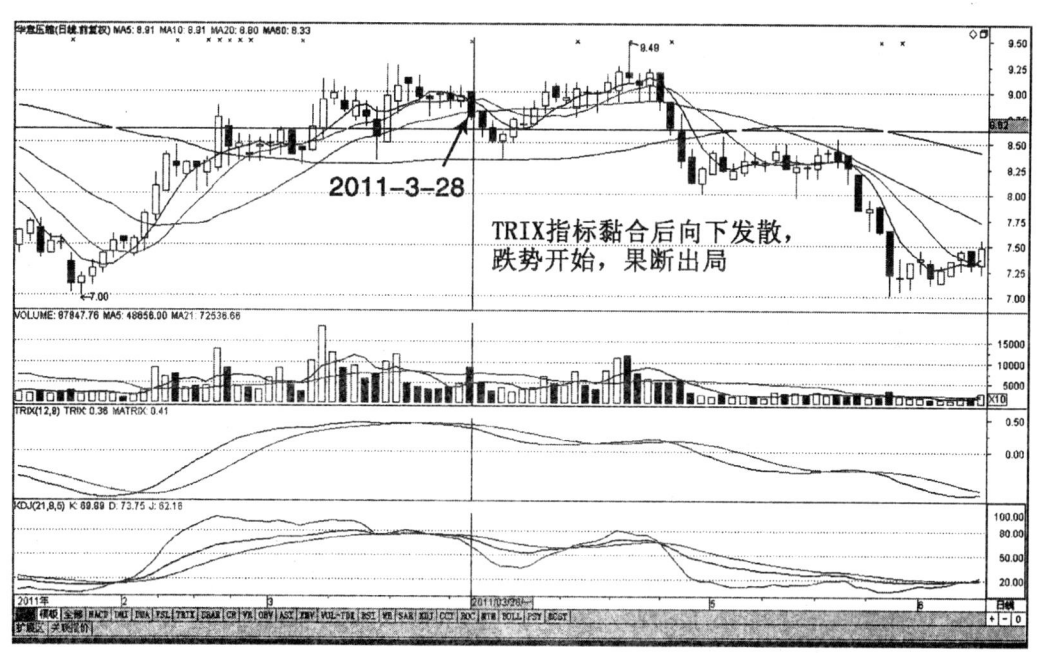

图4-101　华意压缩　000404

如图4-102所示，粤高速A 2010年8月20日收出小阴线，走势还没完全走坏，看似还可以继续持股，但是此时的TRIX指标已经发出了卖出信号。此前该股缓慢爬升，TRIX指标两线黏合在一起，此时开始向下发散了，说明股价走势已经开始进入下跌趋势了。由于TRIX指标是中长期指标，因此空头信号一旦发出就需要及时果断出局。本例该股随后形成一个双头才下跌，不过这并不妨碍信号的有效性。

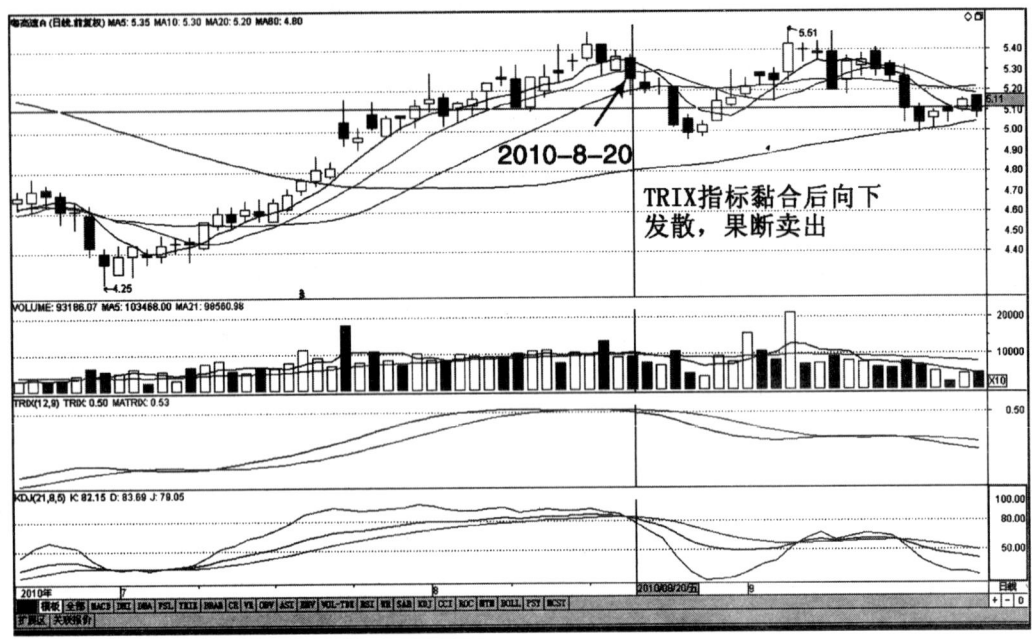

图 4-102 粤高速A 000429

三、TRIX指标两线高位靠拢

🅞 卖出信号

前面说过TRIX指标属于中长线指标，反应比较迟钝，往往等到死叉的时候股价都已经跌去一大截，因此需要寻找更为敏感快捷的信号。

股价前期大幅上升后开始趋于平衡，股价滞涨或进入盘整，TRIX指标两线开始缩小距离，逐渐靠拢，这是上升走势疲软的表现，投资者可以先行减仓，不必等到指标产生死叉再操作。

如图4-103所示，濮耐股份2011年4月11日大幅飙升，当日收出长阳线，走势非常强劲，也许没有多少人意识到风险已经悄悄来临。我们根据什么判断风险真正来临呢？看TRIX指标就可以了。此前股价上升，TRIX指标两线平行向上，走势完好，可以放心持股。然后该股在高位震荡，TRIX指标两线开始靠拢，说明上升趋势已经接近尾声，投资者

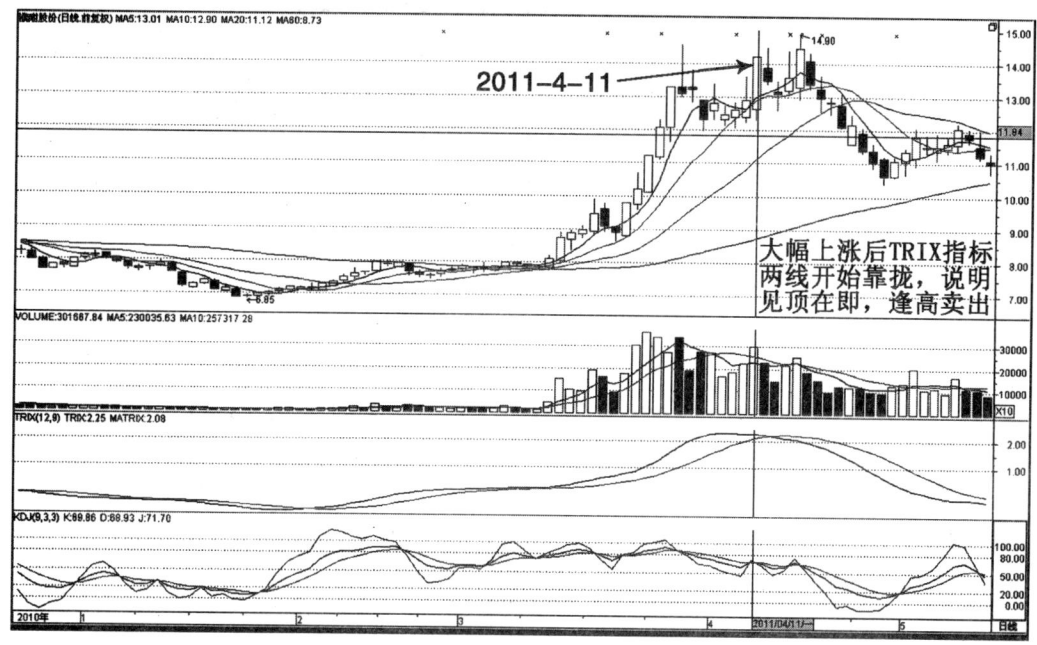

图4-103　濮耐股份　002225

可以先行减仓，不必等到指标产生死叉了。有时候等到指标死叉才卖出已经有点晚了，我们不必那么拘泥。该股此后虽然继续冲高，但已经是虚张声势，很快便进入下跌走势。

如图4-104所示，中色股份2010年11月2日创出新高，看似牛股本色不改，但是不能否认风险已经越来越大了。风险的信号来自TRIX指标。该指标两线此前跟随股价上升而平行上移，此时则明显开始靠拢，这是上升趋势快要结束的信号，投资者可以先行减仓锁定利润，一旦股价反转，同时TRIX指标产生死叉，应坚决清仓出局。该股次日即收出穿头破脚的大阴线，TRIX指标也随着产生死叉，反转走势正式成立。

如图4-105所示，新和成2010年11月9日收出小阳线，走势还不错，但是我们此时要意识到风险越来越大。为什么这么说呢？因为该股前期快速飙升，TRIX指标两线平行向上，走势非常优美，可以放心持股，之后股价在高位震荡，虽然涨跌都不大，但是此时的TRIX指标两线已经开始靠拢，这是一个不祥之兆，说明上升趋势已经接近尾声。此时我们不必等到该指标产生死叉就可以先行减仓了，一旦产生死叉则应清仓出局。

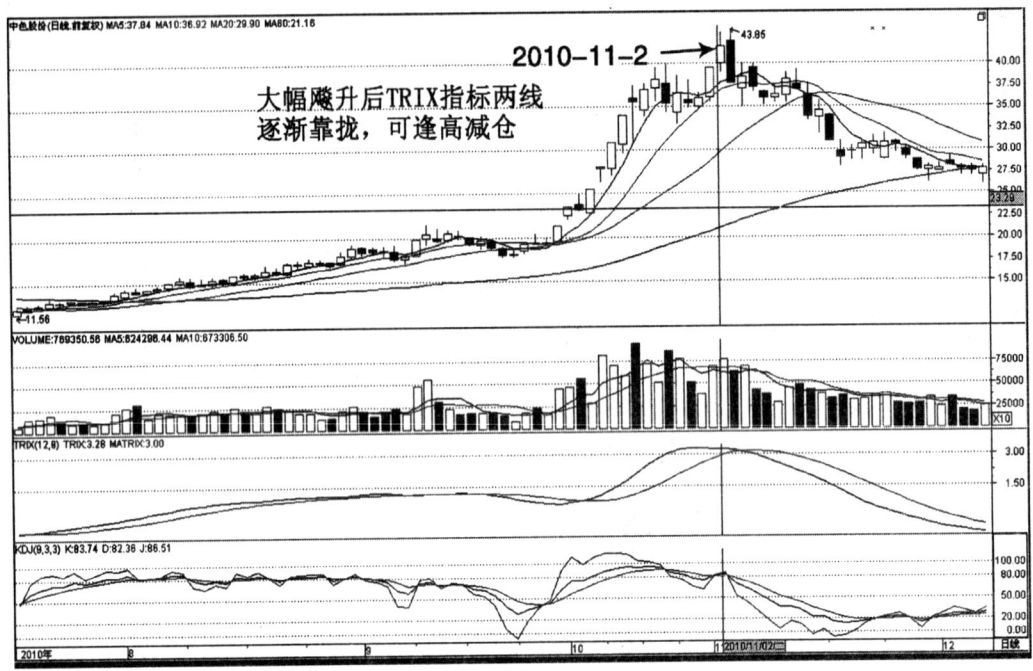

图 4-104　中色股份　000758

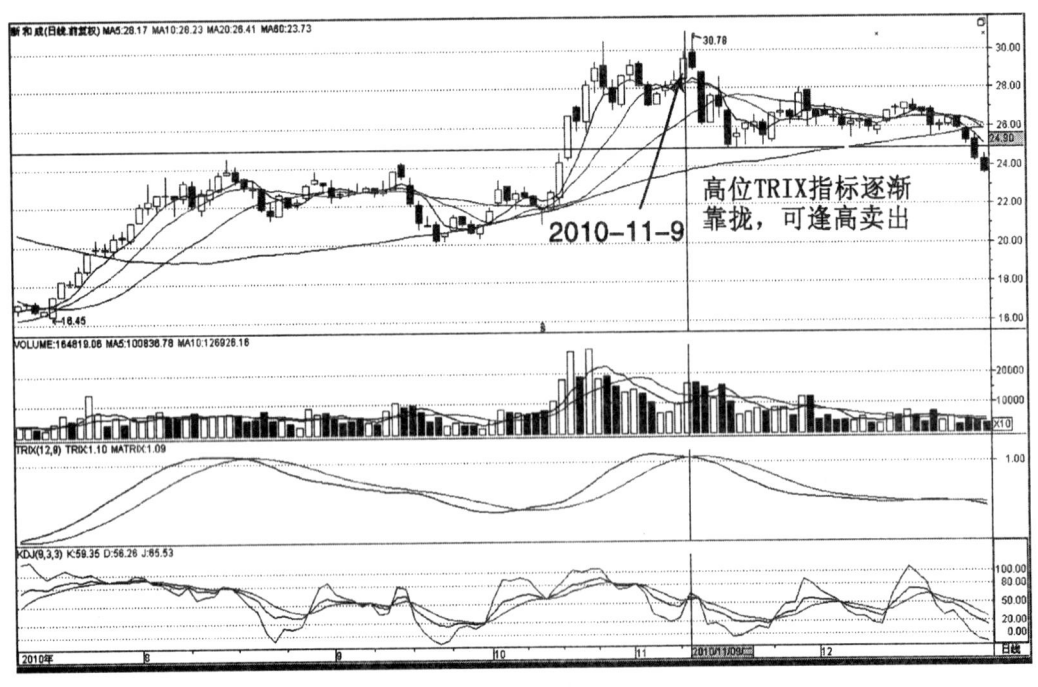

图 4-105　新和成　002001

第九节　EMV 指标卖点

一、EMV 指标下穿 0 轴

◉ **卖出信号**

EMV 指标的 0 轴是多空分界线。当股价自高位反转开始下跌后，EMV 指标的 EMV 线也会跟随下行，如果跌破 0 轴则意味着走势开始进入下跌趋势，投资者需及时卖出股票回避风险。此后如果 EMV 指标的 MAEMV 也跟随跌破 0 轴，则是对下跌趋势的确认，中长期投资者都需卖出休息了。

如图 4-106 所示，国际实业 2010 年 11 月 3 日收出长阴线，虽然还没有跌破前低的支撑，但是双头已经初具雏形，走势已经进入危险阶段。从 EMV 指标看，该指标此时已经跌破 0 轴。我们都知道 EMV 指标的 0 轴是多空分界线，既然已经跌破 0 轴，说明空头已经占据优势了，走势开始进入空头走势了。卖出信号此时已经比较明确，投资者可以不必等到双头正式形成就可以先行卖出。本例这个 EMV 指标发生在股价短线大幅飙升的背景下，就此见顶的可能性极大，先行卖出是明智之举。

如图 4-107 所示，安凯客车 2010 年 9 月 17 日高开低走，当日收出中阴线，这已经是连续第三天收阴了，大有形成尖顶的趋势。事实上 EMV 指标此时也发出了卖出信号。当时的 EMV 指标已经跌破 0 轴，说明股价走势开始进入空头走势中，投资者应该及时离场休息了。本例该

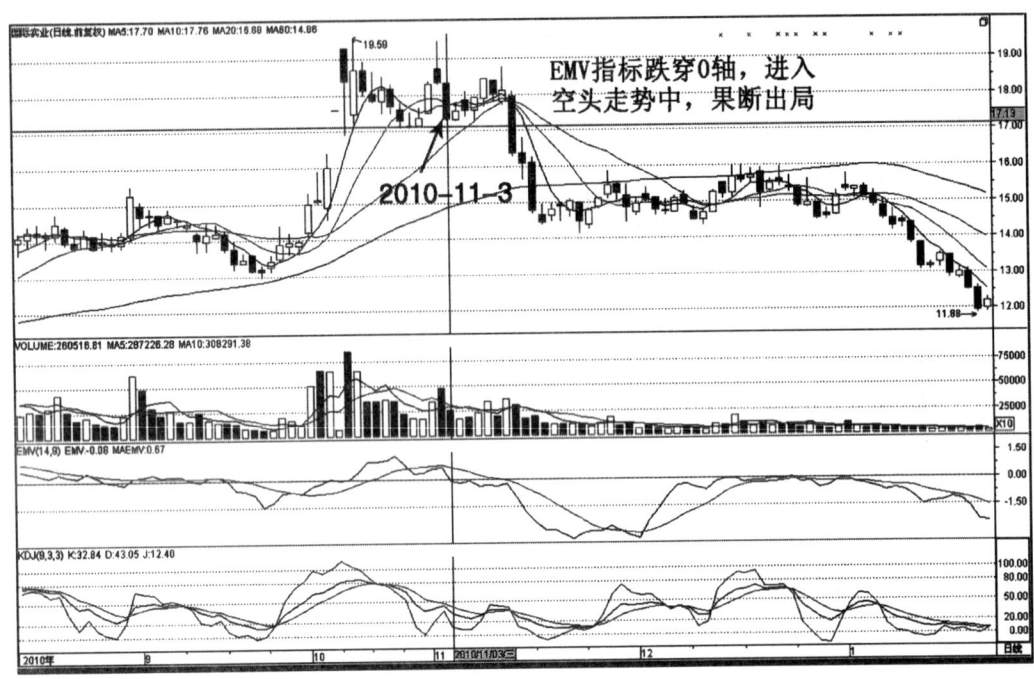

图 4-106　国际实业　000159

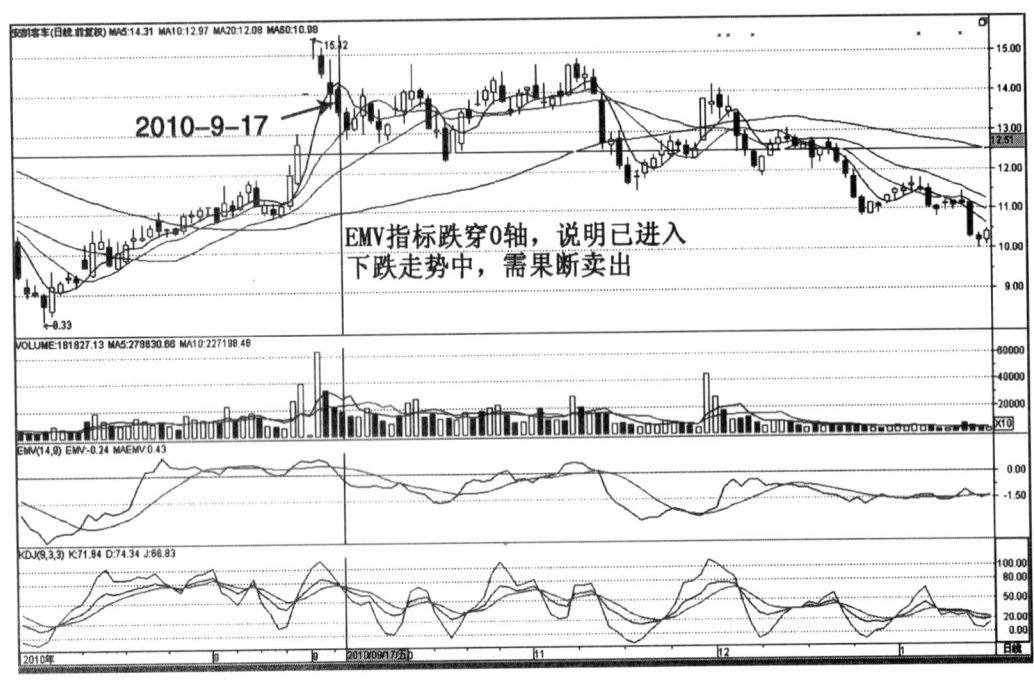

图 4-107　安凯客车　000868

股此前短线飙升,连续2个强势涨停,如今反转,形成大顶的可能性极大,因此我们需要及时止盈锁定利润。

如图4-108所示,鼎龙股份前期大幅上涨,然后自高位缓慢回落。2010年12月6日该股继续收出小阴线,此时的EMV指标明确跌破0轴,这说明空头开始占据优势,后市将进入空头走势中,投资者应该趁早离场。本例该股此后还有一个较大幅度的反弹,那么在12月6日卖出是否划算?这个反弹是无法预料的,而股价走势进入空头走势却是明显的,后市即使反弹,EMV指标也没有回到0轴之上,更加证实了股价已经明确进入下跌趋势中。虽然短线卖点值得商榷,但是整体的下降趋势已经是非常明确了,投资者应该能明白这个判断的意义。

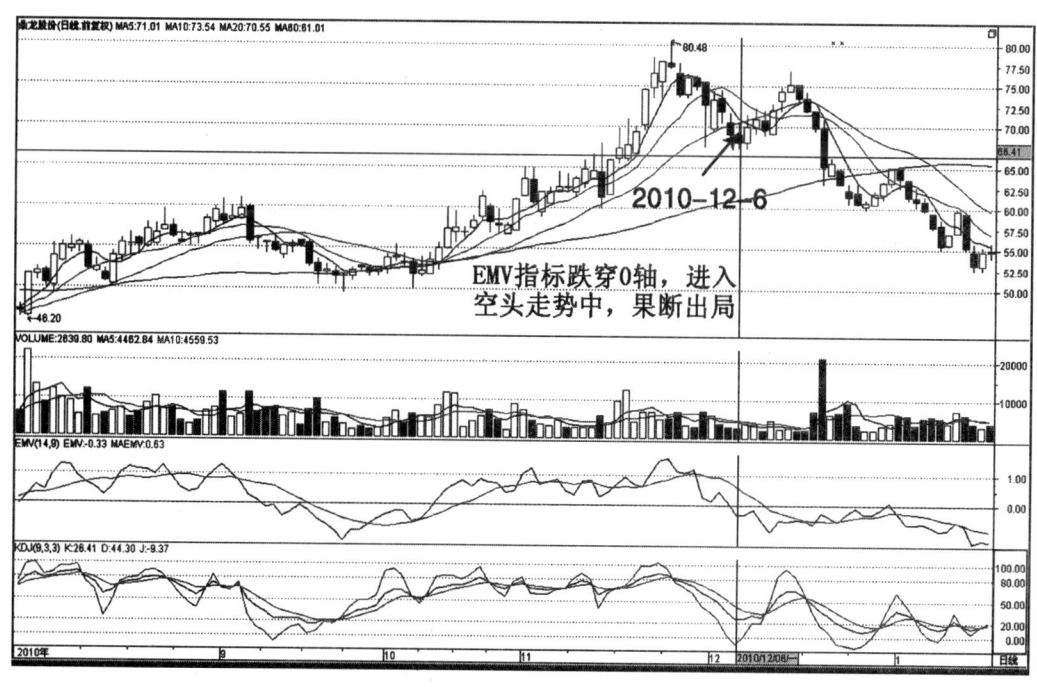

图4-108　鼎龙股份　300054

二、EMV 指标死叉

◎ 卖出信号

EMV 指标的金叉和死叉也可以作为买卖信号。当股价自高位反转下行，EMV 指标在 0 轴上方产生死叉时，说明股价走势变弱，投资者可以卖出股票休息了。

如图 4-109 所示，三全食品 2010 年 11 月 12 日收出小阴线，在当日大盘暴跌的背景下，该股的走势应该算是非常坚挺。可惜即便如此，该股的走势也已明显进入空头走势中。我们看 EMV 指标，该股已经产生明确的死叉，这说明空头开始占据优势，后市将进入下跌趋势中，投资者应该暂时出局。该股出现 EMV 指标死叉时处于明显的高位，因此可靠性比较高。结合 K 线形态，当时的小双顶也已经形成，多个信号共振，基本可以确认顶部形成，投资者还是先行出逃为妙。

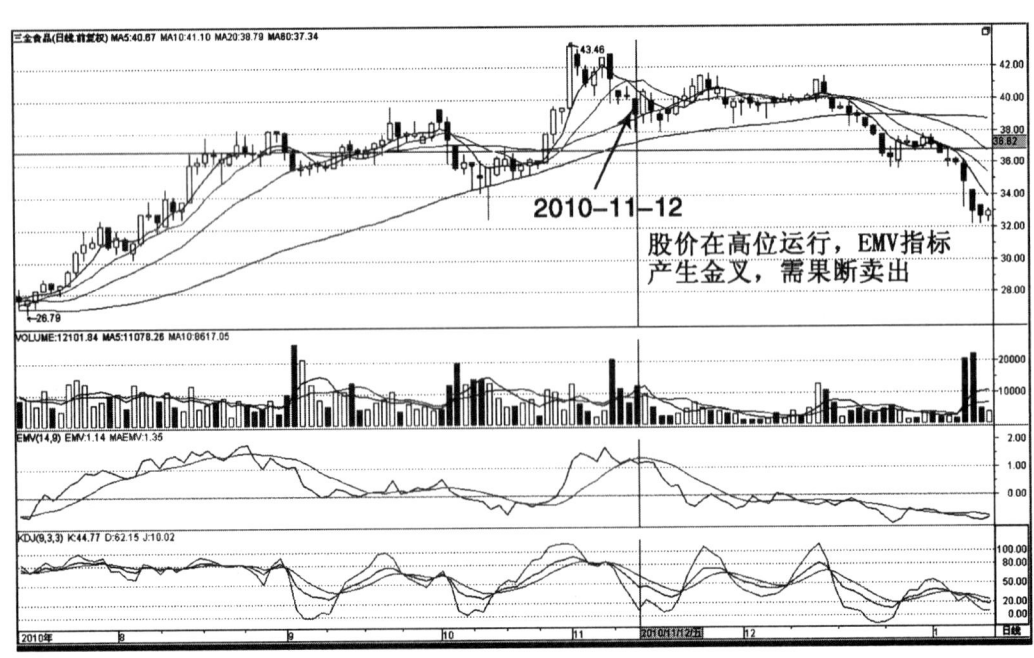

图 4-109 三全食品 002216

如图4-110所示，金通灵2011年2月28日收出小阴线，跌势不算很明显，但是此时的EMV指标已经变坏，即该指标产生了明确的死叉。这说明空头开始压倒多头，后市将进入下跌趋势中，投资者应该及时卖出。事实上该股此前的巨量上影线就发出了见顶信号，这时候的EMV指标死叉只是进一步确认了顶部的形成。此后该股果然就此见顶，再也没有创出新高，后市更是大幅下挫。

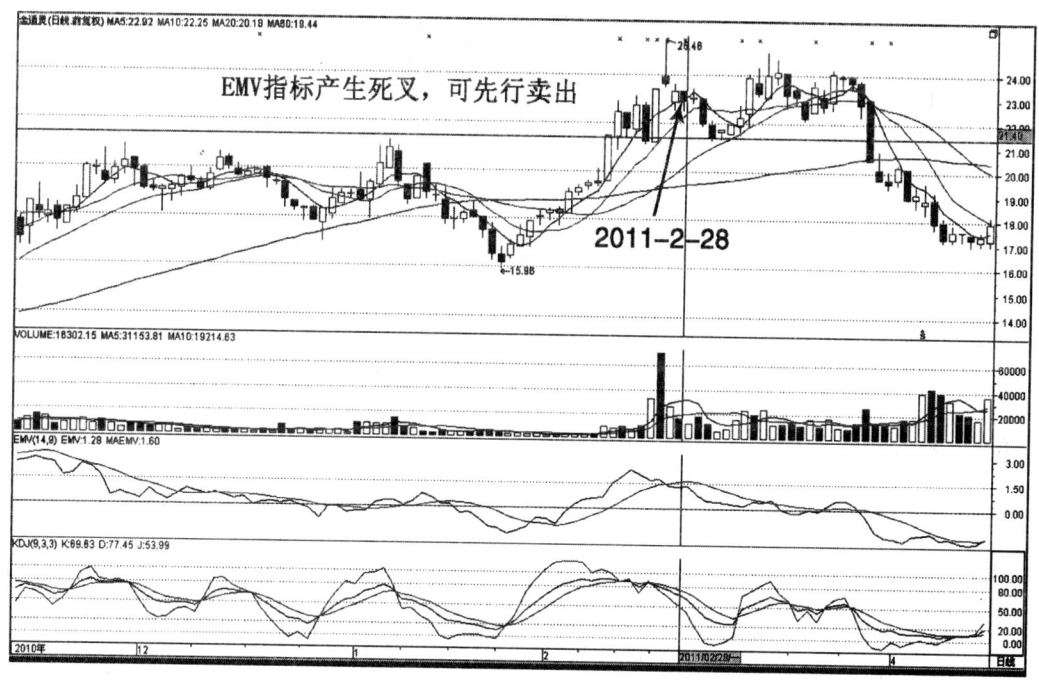

图4-110　金通灵　300091

如图4-111所示，石油济柴2010年11月12日收出一根穿头破脚的长阴线，K线形态形成反转之势，同时EMV指标产生死叉，确认了股价走势发生了逆转，后市将进入下跌趋势中，投资者应该及时卖出。这个EMV指标发生在股价的明显高位，就此形成顶部的概率无疑很高，再加上其他信号共振，反转已经在所难免。

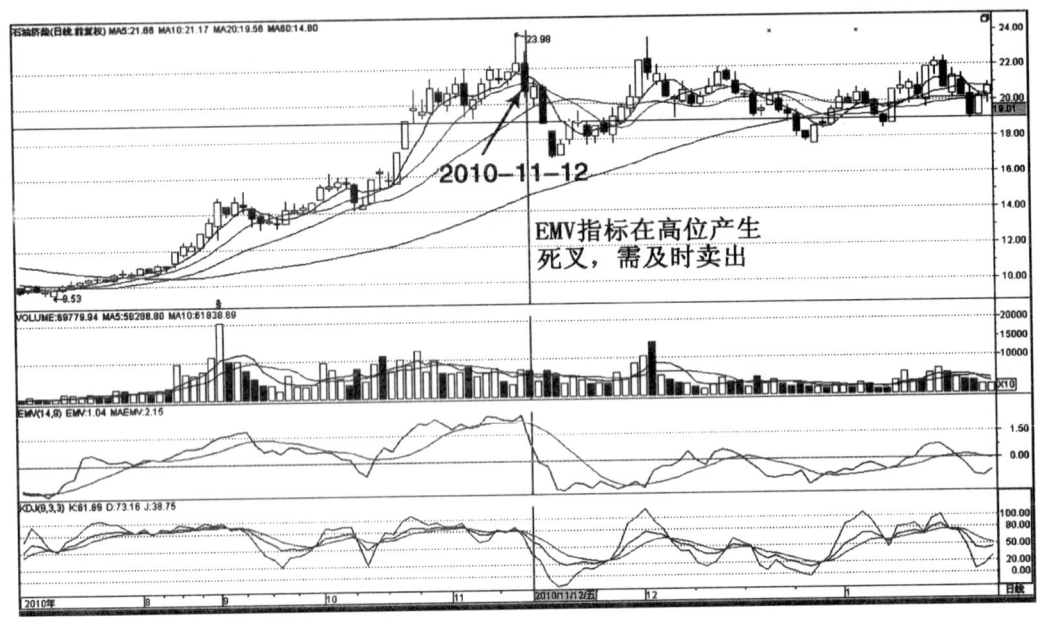

图 4-111　石油济柴　000617

三、反弹到 EMV 指标

卖出信号

股价整体处于下降趋势中，但期间也不乏反弹。随着股价的反弹，EMV 指标的 EMV 线上升到 MAEMV 线附近，但无法形成金叉。这说明空头压力巨大，后市可能就此掉头重归跌势，抢反弹的投资者需要先行出局，锁定利润。

如图 4-112 所示，搜于特 2011 年 3 月 11 日冲高回落，最后收出小阳线，加上前两根 K 线，该股已是连续三天反弹，走出一个红三兵的形态，看似还不错。但是此时的风险也在悄悄来临，因为 EMV 指标的 EMV 线逐渐反弹到 MAEMV 线了。通常下行的 MAEMV 线有较强的压制作用，如果不能有效突破，后市将重归跌势。本例该股就是如此，3 月 11 日反弹无力突破，次日再度无功而返，此后就只能重归跌势了。做反弹的投资者在这样的走势背景下只能暂时先出局。

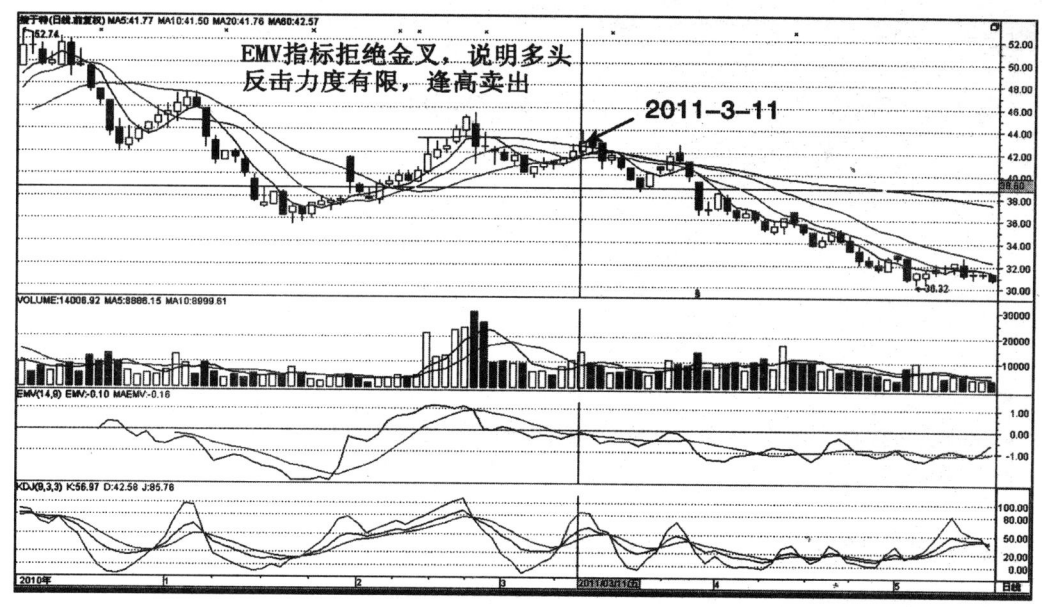

图 4-112 搜于特 002503

如图 4-113 所示，蓝色光标 2011 年 3 月 11 日小幅上涨，股价来到前高之下，我们要提高警惕了，因为冲不过前高就会形成又一个平行的高点。我们这里来关注一下 EMV 指标的情况。随着股价的反弹，EMV 指标的 EMV 线开始靠近 MAEMV 线。3 月 11 日虽然收涨，但是 EMV 指标两线仍然没有产生金叉，此后股价回落，金叉的梦想也成为了泡影。这种反弹之后的 EMV 指标拒绝金叉说明反弹就此结束，短线抢反弹的投资者应该果断出局。后市该股果然重归跌势，EMV 指标拒绝金叉的信号还是比较有效的。

如图 4-114 所示，科学城 2010 年 12 月 21 日收出小阴线，走势比较疲软，但是股价还没有跌破 60 日平均线，看似还可以继续持股。但是此时持股有点危险，因为除了整体走势有下降的嫌疑，EMV 指标也已发出了警示信号。当时的 EMV 指标已经跌到 0 轴之下，说明已经进入空头走势中。此时的反弹并没有带来 EMV 指标的金叉，这种拒绝金叉的现象说明反弹无力，基本就此结束了，后市将重归跌势。该股后市进入主跌浪，跌幅巨大。

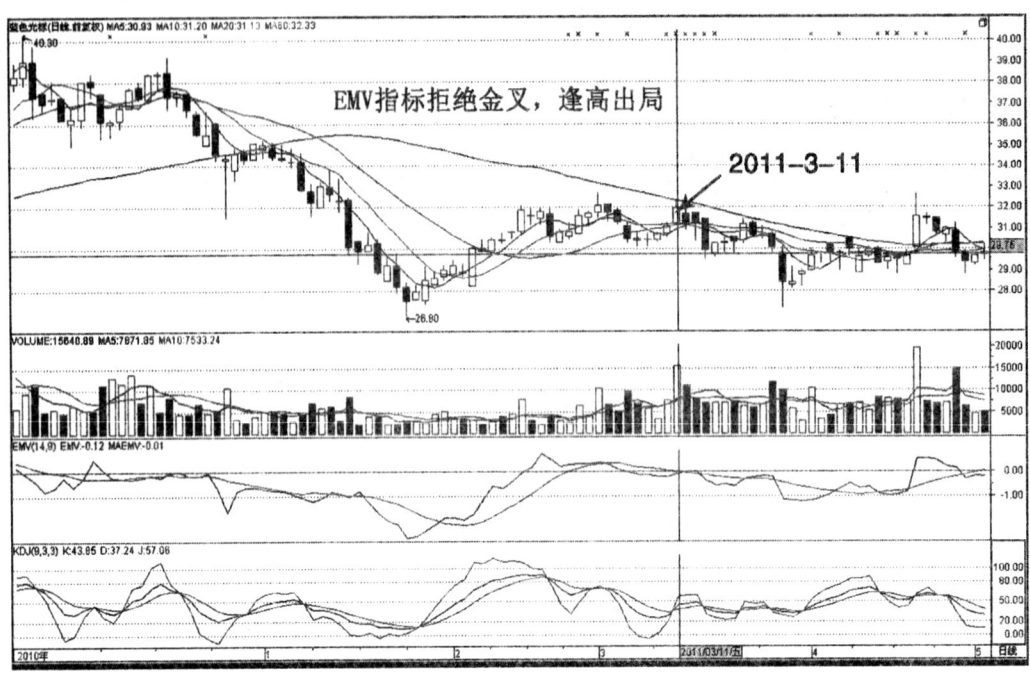

图4-113　蓝色光标　300058

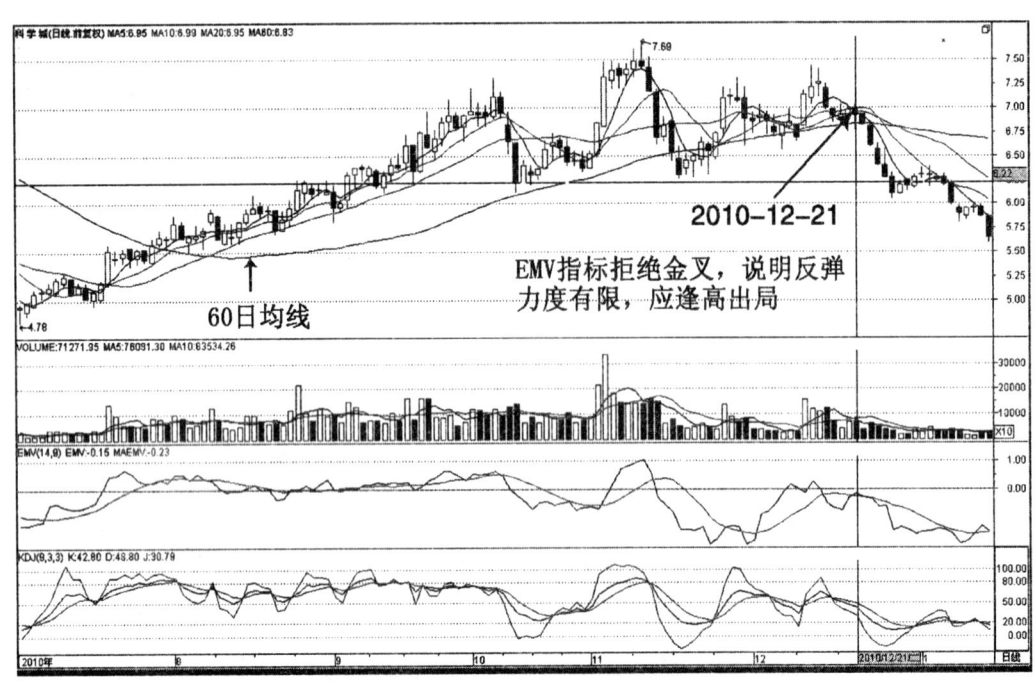

图4-114　科学城　000975

第十节 SAR 指标卖点

一、跌破 SAR 线

卖出信号

当股价从 SAR 线上方开始向下突破 SAR 线时，红圆圈变成绿圆圈，为卖出信号，预示着新一轮下跌行情可能就此展开，投资者应果断及时地卖出股票。这个卖出信号比较傻瓜，只要严格执行就可以了。不过是信号就难免有虚假的，需要结合股价的整体位置和成交量等来综合研判。

如图 4-115 所示，海印股份 2011 年 4 月 20 日收出小阴线，跌势不算

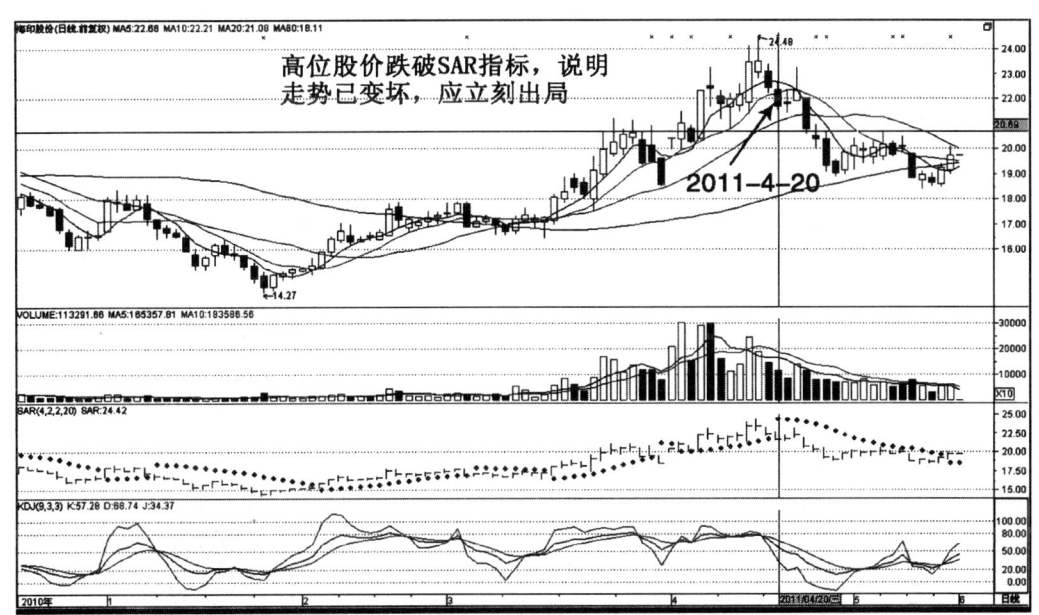

图 4-115　海印股份　000861

凶猛，看似还可以继续持股观望一下，但是此时的SAR指标却发出了明确的卖出信号。此时的股价已经跌破SAR指标，红圆圈变成了绿圆圈。这说明空头开始压倒多头，后市将进入空头走势中。投资者见此信号应该果断卖出以锁定利润。该股此后果然就此形成反转，后市跌幅不小。

如图4-116所示，湘邮科技2011年4月25日暴跌，当日收出大阴线。该大阴线形成一阴穿多线的形态，是个比较明确的卖出信号。为了稳妥起见，我们再从SAR指标看看究竟。当日股价明确跌破SAR指标，红圆圈转换为绿圆圈，说明空头力量强大，走势已经变成了空头趋势，投资者可以当机立断止盈出局。回过头看，依照这个方法买卖，基本能把握住大的上升波段，虽然不是卖在最高点，但也足以让人满意。

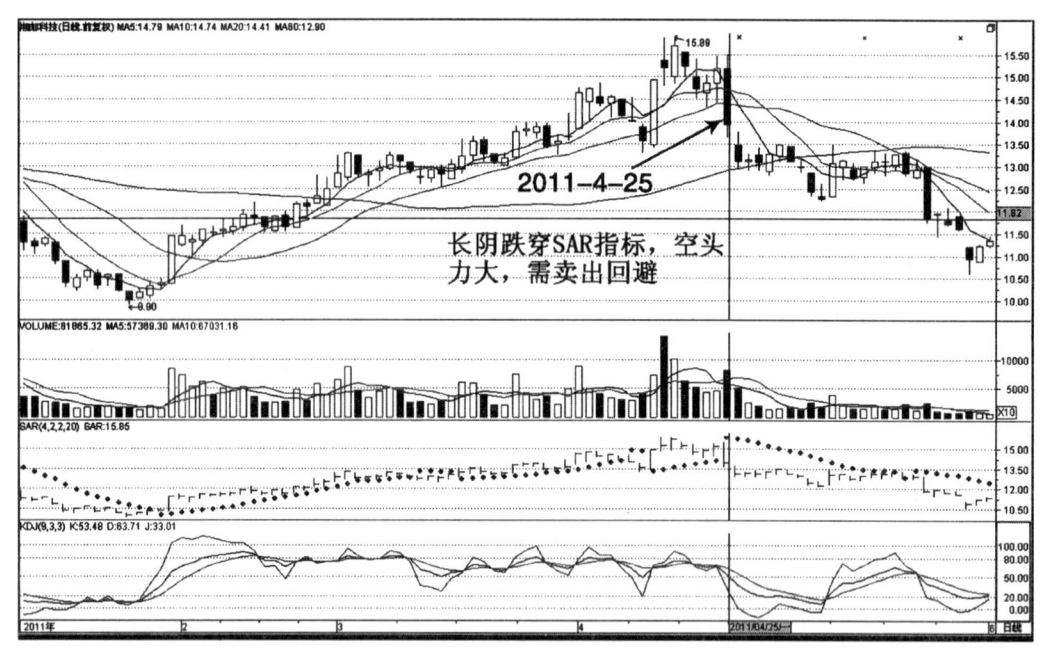

图4-116　湘邮科技　600476

如图4-117所示，德美化工2010年4月30日跳空下跌，股价跌破此前的短期横盘区间，发出明确的卖出信号。这个卖出信号也得到了SAR指标的佐证，当时股价已经明确跌破该指标，红圈变成了绿圈，说明股价走势进入空头走势中，后市继续下跌已经没有多少悬念，投资者应该及时出局为妙。该股此后虽然反弹了两天，但是股价无法回到 SAR 指标之上，跌势明确形成。

图 4-117　德美化工　002054

二、反弹受到 SAR 线压制

卖出信号

股价整体运行在下降趋势中，SAR 指标呈抛物线下行，这种走势通常我们不建议参与。可是这市场从来不乏热衷于抄底抢反弹的投资者，因此这里我们介绍一种抢反弹后卖出的招法：股价快速下跌后与 SAR 指标的距离越来越远，此后止跌反弹，股价越来越靠近 SAR 指标，但是始终难以逾越该指标，即受到该指标线的强力压制，此时抢反弹的投资者需要离场了，后市很可能再度掉头下行。

如图 4-118 所示，黑猫股份自高位反转下跌，股价快速下挫后有一个反弹。2011 年 5 月 10 日该股延续此前的反弹走势，当日收出小阳线，看似很正常。但是看一下 SAR 指标的位置，我们需要提高警惕了，因为股价已经来到了 SAR 指标的下方。如果次日能有效突破 SAR 指标，绿圈变成红圈，那反弹就演变成了反转，股价将进入上升趋势，投资者可以加码介入。可惜次日该股收阴，显然受制于下降的 SAR 线，这也意味着反弹结束，短线参与者需要及时出局了。该股后市也如期继续下跌，参照 SAR 指标让我们做出了正确的选择。

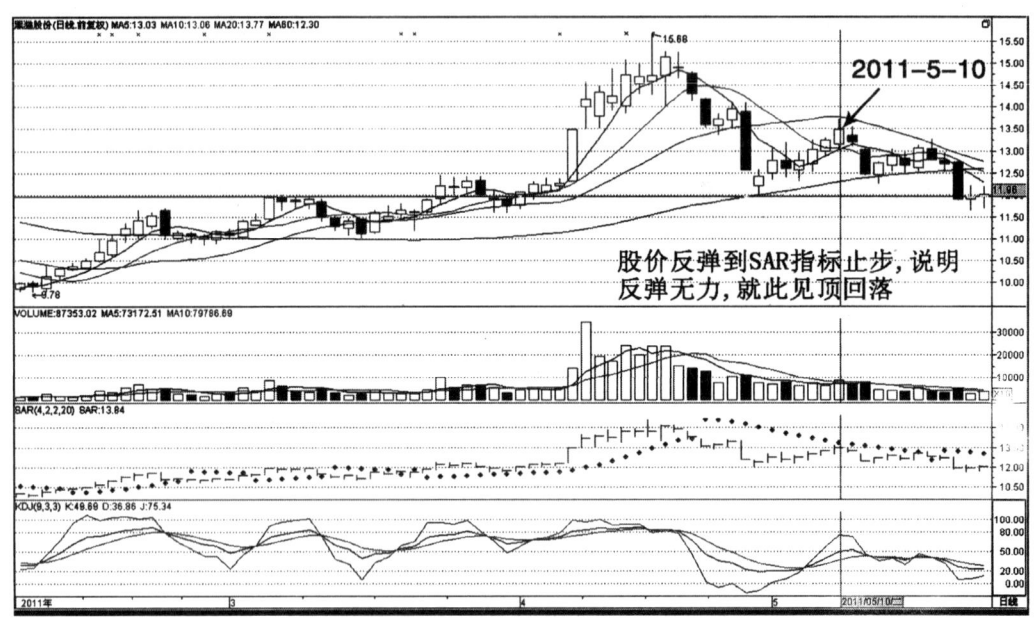

图 4-118　黑猫股份　002068

如图 4-119 所示，太原重工 2011 年 3 月 8 日延续此前的小幅反弹格局，当日收出小阳线。观察 SAR 指标，我们发现风险已经悄悄来临。因为当日股价已经触碰到了 SAR 线，是突破还是再次见顶很快就会见分晓了。次日该股低开低走，走出倾盆大雨的 K 线组合形态，下跌趋势已然形成。这说明 SAR 指标的压制作用非常明显，反弹显然已经结束，短线参与的投资者只能选择离场休息了。

从股价的整体位置看，太原重工前期涨幅较大，反转后跌幅还小，仍有很大的下跌空间，反弹随时可能夭折，投资者应该小心应对。

如图 4-120 所示，湘邮科技 2011 年 5 月 10 日大幅反弹，当日收出

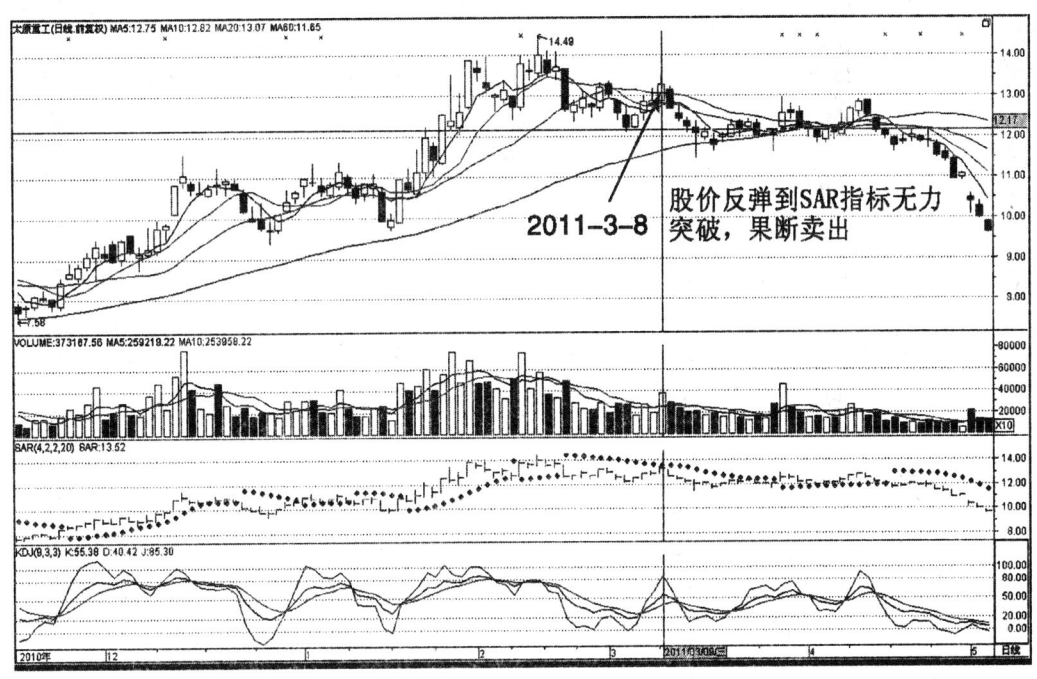

图4-119　太原重工　600169

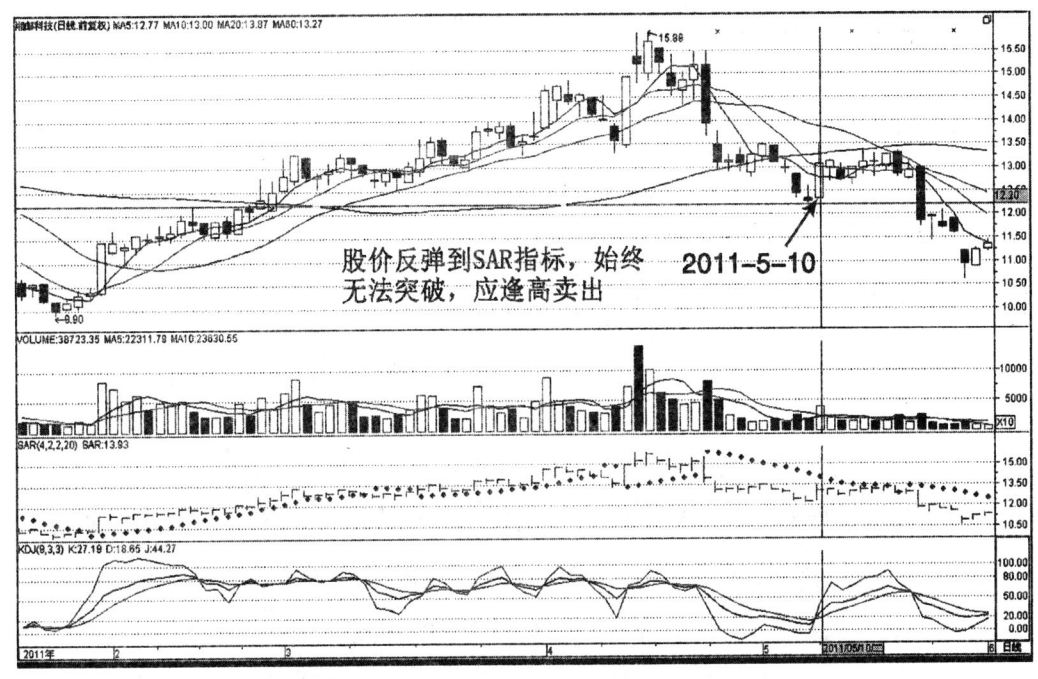

图4-120　湘邮科技　600476

带有较长上影线的大阳线，上影线说明空头反击力度不小，投资者应该小心。再看一下 SAR 指标就能感觉到压力重重。此时股价刚好反弹到该指标下方，压力显现。此后该股横盘震荡，股价始终难以突破 SAR 指标，这说明股价整体仍处于空头走势中。除非股价能突破 SAR 指标，否则依然是反弹的格局。而长久难以突破 SAR 指标更说明多头反击无力，后市可能重归跌势。为了避免风险，投资者应趁反弹的高点先行出局。从股价的整体位置看，该股刚从高点反转下跌，跌幅不大，下跌动能显然没有释放干净，因此反弹就是出逃的机会，别抱有太多幻想。

三、SAR 线由上升转为走平

卖出信号

前面我们介绍了股价跌破 SAR 指标的卖出方法，不过这个信号有点迟钝，往往等股价跌破 SAR 指标时股价已经跌去一截了，因此我们可以进一步观察 SAR 指标的走势来决定买卖。股价前期大幅上涨后开始滞涨，或者陷入盘整状态，此时 SAR 指标的抛物线上扬状态也会跟随变化，开始走平，此时我们就可以先行减仓了，不必等到股价跌破指标线再操作。SAR 指标由抛物线上扬转为走平说明上升趋势接近结束，我们可以先行一步。

如图 4-121 所示，三川股份 2010 年 11 月 29 日以大阳线上涨，涨势凶悍，可能会吸引众多追涨者，但是当日成交量大幅低于前面的量能，这种背离现象是一个危险的信号，说明做多的力量并不够，市场参与的热度有限。随后该股回落，虽然回落的幅度并不大，但我们看此时的 SAR 指标已经由原来的抛物线上扬变成了走平，这说明升势受阻，很可能就此见顶，投资者应该先行卖出，不必等到股价跌破 SAR 指标。从整体看，该股此前有一波强劲的上升，短线涨幅不小，如今滞涨很可能形成阶段性头部，短线投资者可以先行出局观望。

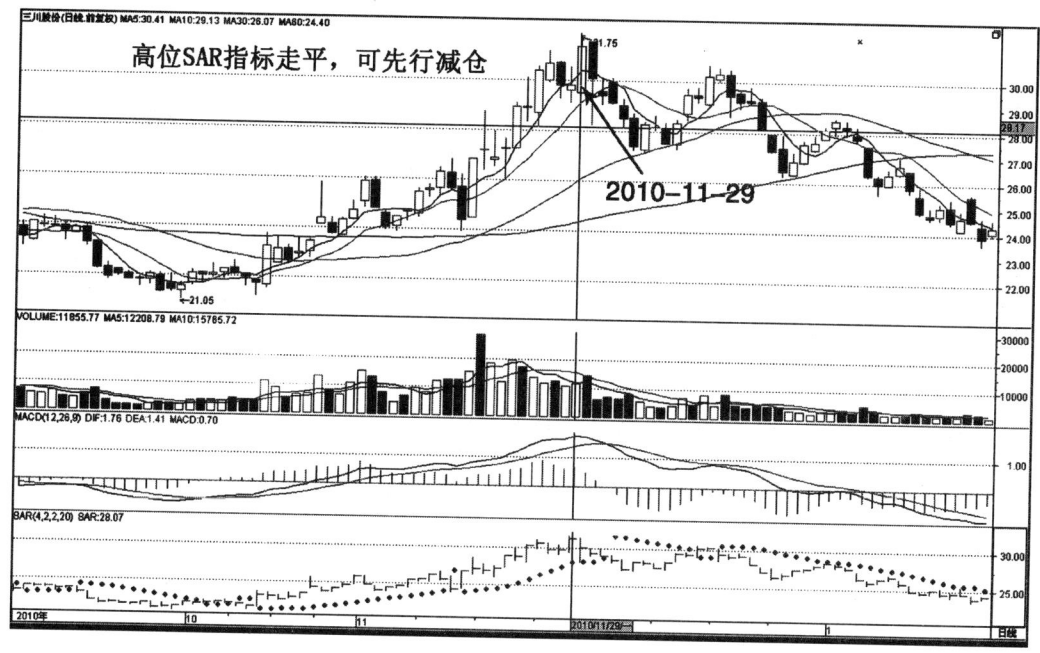

图 4-121　三川股份　300066

如图 4-122 所示，上海凯宝 2010 年 10 月 8 日收出中阳线，走势非常稳健，只是成交量明显萎缩，有背离的嫌疑。此后该股窄幅横盘震荡，股价回落的幅度非常小，但是此时的 SAR 指标却开始走平，说明原来的上升走势明显受阻，后市可能变盘，投资者应该先行逢高减仓，如果此后股价跌破 SAR 指标则需清仓出局。只是本例该股后市并没有下跌多少，经整理后再创新高。但是这不能说明这个卖出信号就是虚假信号，对于短线投资者来说，卖出非常及时，且节约了时间成本，后市股价突破整理区间可再进场。

如图 4-123 所示，新宙邦 2010 年 4 月 6 日收出中阳线，此后则陷入横盘整理之中。我们看 SAR 指标的走势：原来该指标跟随股价的上涨而呈现抛物线上扬，此时则开始走平。这是转势的信号，上升趋势很可能就此结束，投资者应该先行减仓，一旦股价跌破 SAR 指标则应该清仓出局。此后不久该股以长阴线破位下跌，此时把剩余的股份全部卖出，损失就没有全仓那么多。

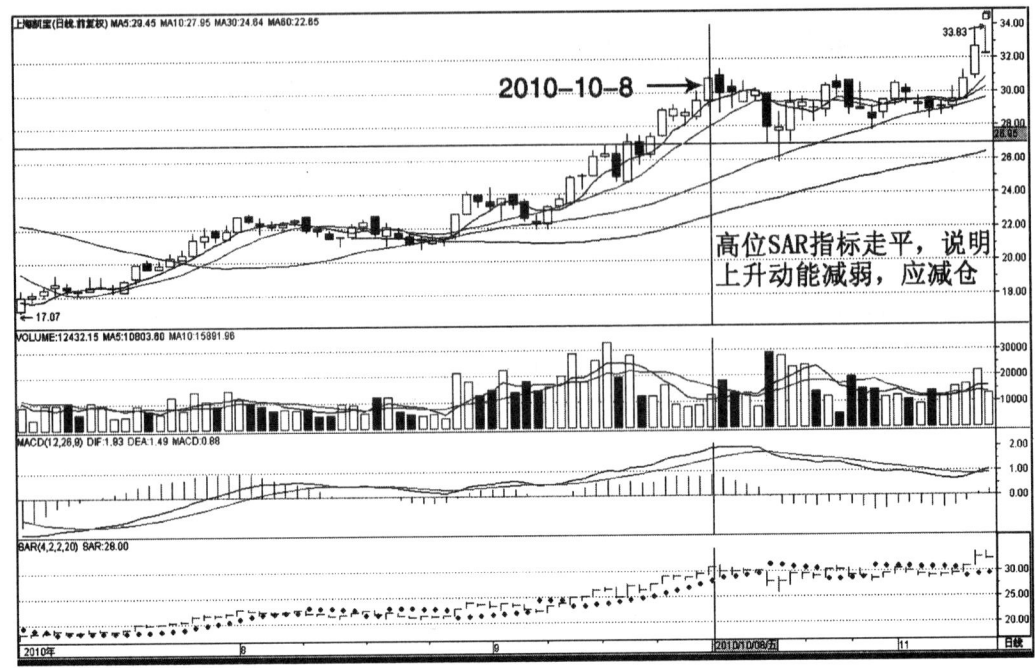

图4-122　上海凯宝　300039

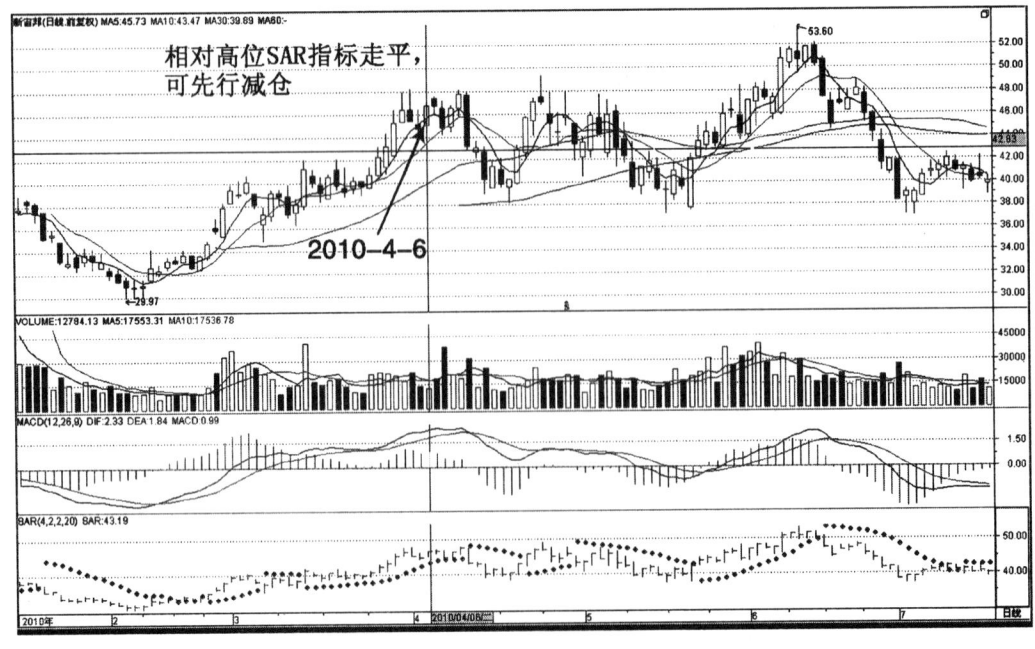

图4-123　新宙邦　300037

第十一节 ROC 指标

一、ROC 指标快速上升后掉头下行

卖出信号

股价快速拉升，ROC 指标也会跟随陡直上升，离 0 轴越来越远。但是这种强势拉升走势往往不会持续很久，一旦股价滞涨或者掉头下行，ROC 指标也会跟随掉头下坠，形成尖顶状。这说明短线的快速拉升已经结束，投资者需立刻卖出锁定利润。

如图 4-124 所示，深桑达 A 2010 年 9 月 3 日大涨收出大阳线，股价加速上行的趋势大家看得很明白，连续三天收阳线，一根阳线比一根阳线长，看似牛股现身。这种走势都是令股民欢呼雀跃的，但是往往会有乐极生悲的时候。该股次日即高开低走，掉头直下。我们看一下 ROC 指标：此前该指标跟随股价陡直拉升，此时也跟随股价快速反转下跌，这说明短线的快速拉升已经结束，我们应该在第一时间果断卖出股票。陡直拉升股价消耗的能量非常大，一旦难以为继则容易形成反转，这个道理我们都懂，因此 ROC 指标快速拉高后一旦掉头就是卖出的时机。后市该股的走势也证明了这个方法比较管用。

如图 4-125 所示，华联控股 2010 年 3 月 10 日延续前日的飙升走势，再度收出大阳线，此时的 ROC 指标也跟随陡直拉高。这种走势当然大家都喜欢，不过我们也应该明白物极必反的道理。陡直快速拉高是最消耗能量的，通常都难以为继，我们要小心股价随时反转。次日该股收出十字线，股价走势显出疲态，同时 ROC 指标也明确掉头下行。这说明

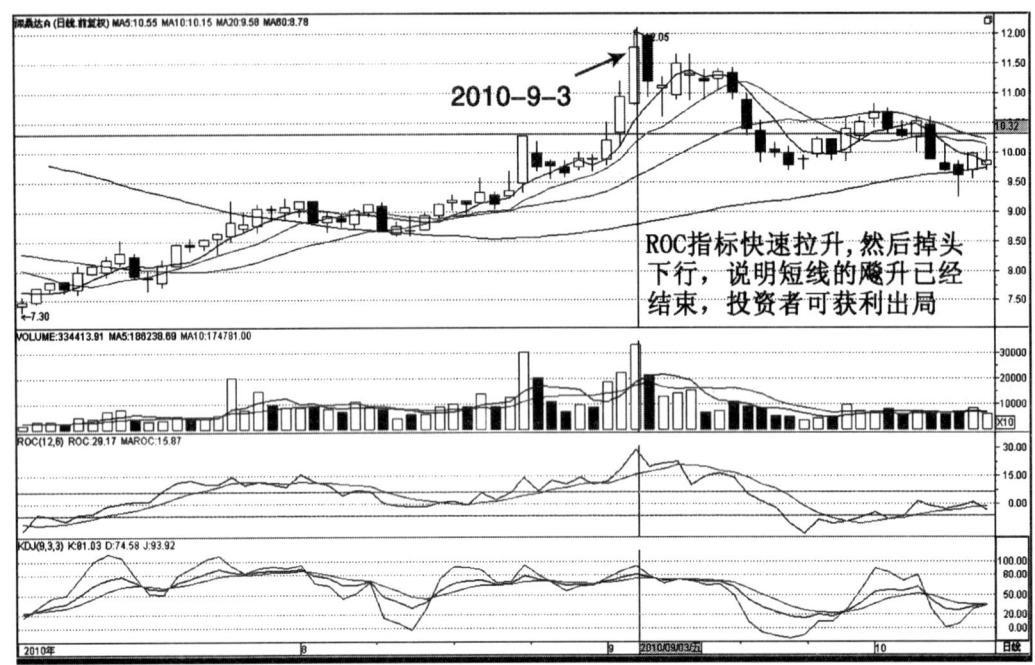

图 4-124　深桑达 A　000032

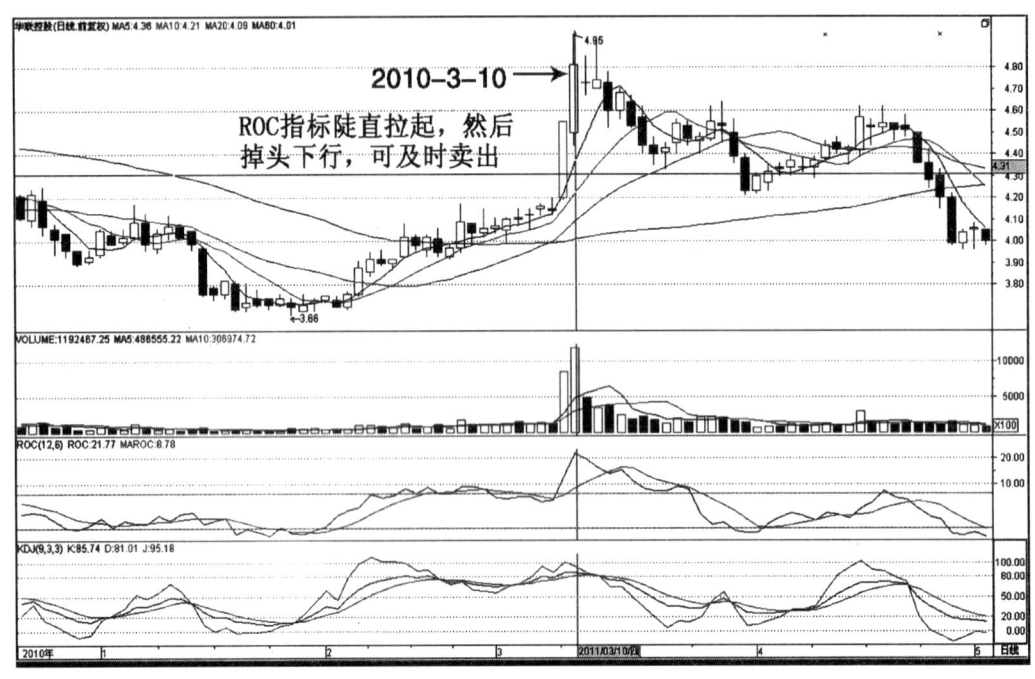

图 4-125　华联控股　000036

快速拉升阶段已经结束，后市很可能反转下跌，我们应该果断卖出股票。该股此后果然如期逐浪下跌，整体跌幅巨大。如果我们能在 ROC 指标掉头的第一时间卖出股票，无疑避免了这后市巨大的跌幅。

如图 4-126 所示，中粮地产在 2009 年 5 月至 7 月间有一波较大的涨幅，走势非常稳健。但是再稳健的走势也有到顶的时候。7 月 16 日该股收出小阴线，成交量大幅萎缩，看不出顶部意思，通常还可以继续持股。不过凶险已悄悄来临了。我们看 ROC 指标。此前几天 ROC 指标跟随股价的快速拉升而陡直拉起，这也意味着做多的动能在快速消耗，股价反转在即。7 月 16 日的小阴线看似无关痛痒，但是此时的 ROC 指标已经由此前的陡直拉高变成了下行，这是股价转势的信号，短线回调开始，我们需要暂时出局。本例该股虽然此后还挣扎了一周多，但也只不过是拖延时间而已，后面的跌势更猛，跌幅更大。

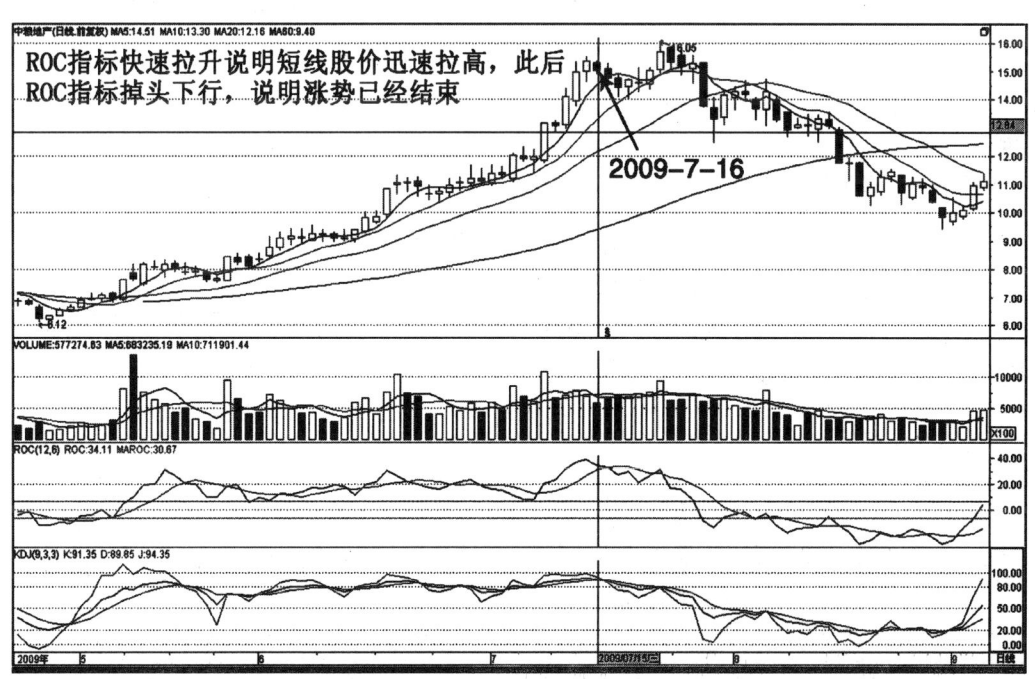

图 4-126　中粮地产　000031

二、股价与ROC指标顶背离

卖出信号

股价大幅上升，不断创出新高，但是此时的ROC指标却没有跟随上升，反而一峰比一峰低，这就是典型的顶背离现象。顶背离说明股价的上升缺乏实质的支撑，很可能是主力强行拉高股价以便于出货，后市反转在即，投资者应该逢高出局。

如图4-127所示，中兴通讯2011年3月16日股价创出新高，但是我们看到ROC指标却在持续走低，这是典型的股价与指标的顶背离现象，说明股价的上升已经是强弩之末了，后市随时可能反转下跌，投资者应该先行减仓。顶背离的时间越久，后市的跌势越猛。该股次日冲高回落，反转态势明显，投资者可以清仓出局了。该股后市的表现完全在预料之中，不得不承认顶背离的提前预警作用确实有用。

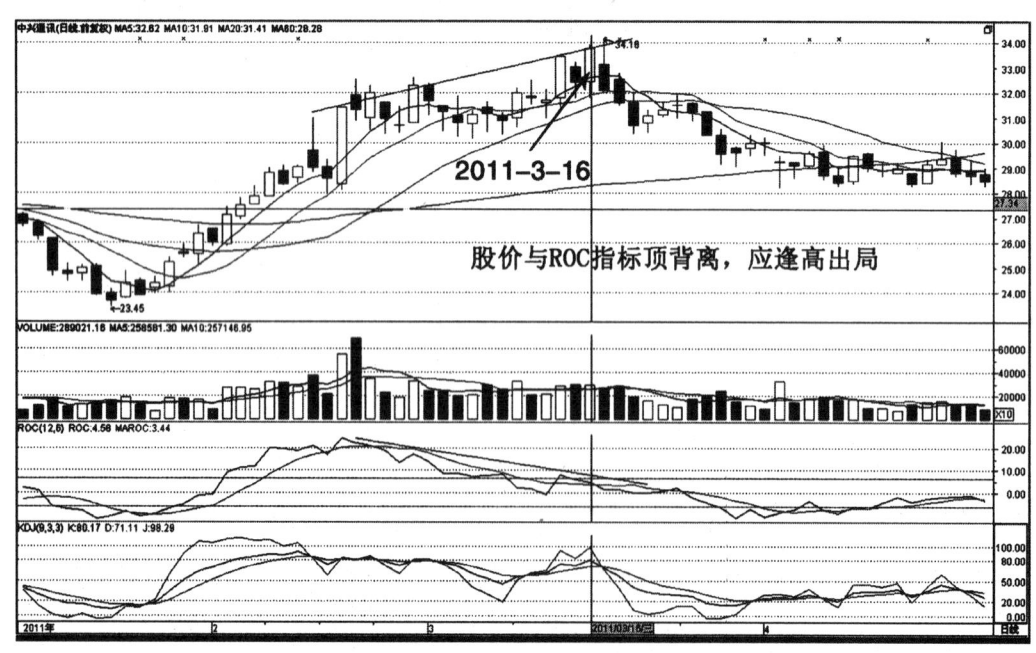

图4-127 中兴通讯 000063

如图4-128所示，中金岭南2010年11月11日大幅冲高后回落，最后收出小阴线，虽然股价跌幅不大，但我们发现此时股价与ROC指标已经发生严重的背离，也就是股价一直在创出新高，但ROC指标早就开始下行，这是典型的顶背离，说明股价的上涨没有实质的支撑，后市反转在即，投资者应该在顶背离过程中逢高减仓，一旦股价明确反转则应该及时清仓出局。

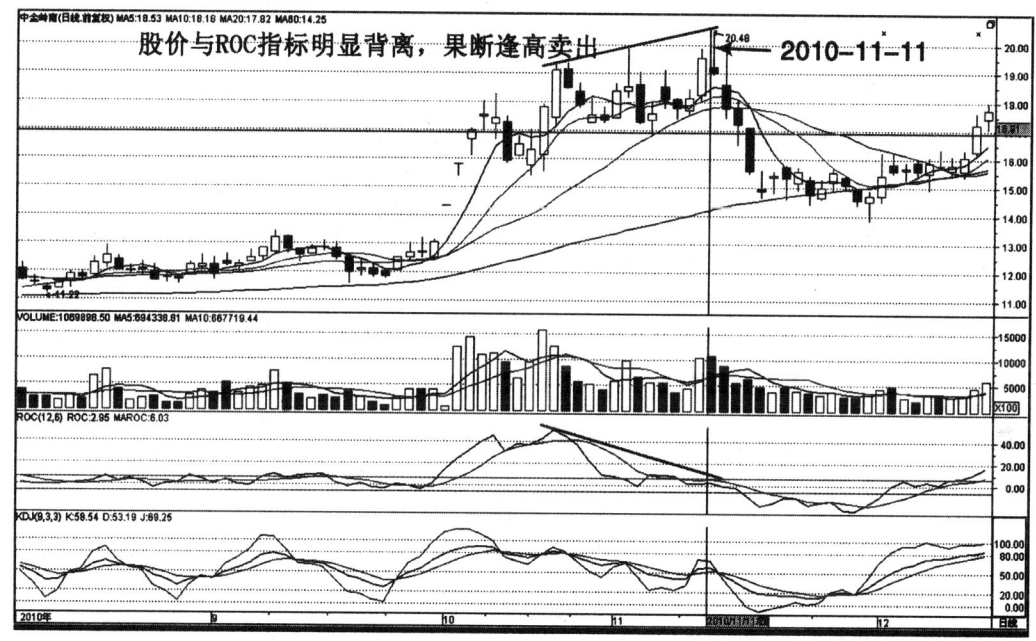

图4-128　中金岭南　000060

本例中金岭南在发生顶背离前涨幅已经很大，后市股价惯性冲高，很可能是主力拉高出货，缺乏实质的支撑，这从ROC指标的背离就可以明确知道。顶背离的时间越久，后市跌势越猛，该股后市的走势也证明确实如此。

如图4-129所示，华侨城A 2010年4月18日放量大幅飙升，股价突破前高，创出阶段新高，可能投资者都在窃喜，但是看一下ROC指标你就该明白风险就在眼前：当股价创出新高的时候，ROC指标也跟随上升，但是我们看到该指标的高点明显比前期的高点要低，也就是说股价与指标产生了明显的背离,这说明股价上涨缺乏应有的内在支撑,属于虚涨拉高,后市反转在即。因此在出现顶背离的时候我们应该逢高减仓。次日该股低开低走,反转信号出现,此时我们应该果断清仓了。

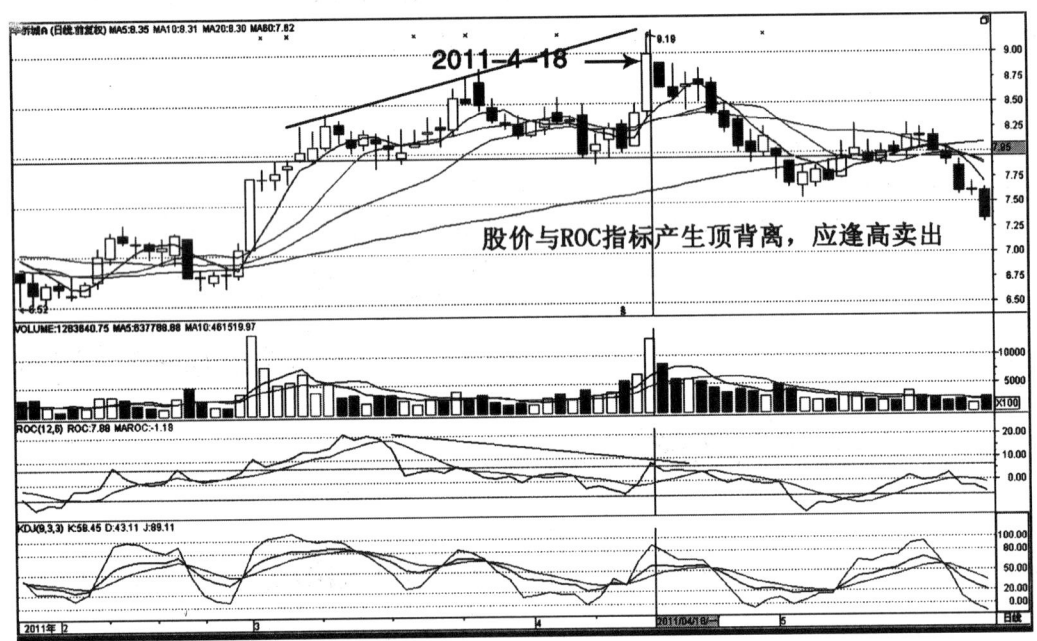

图 4-129　华侨城 A　000069

三、ROC 指标形成双头、头肩顶或三重顶等

◎ 卖出信号

ROC 指标也有形态信号。当股价大幅上升后进入盘整状态时,ROC 指标可能会走出双头、头肩顶等形态,一旦形态成立,就说明股价的上升趋势已经结束,后市将进入下跌趋势中,投资者应该果断卖出股票,锁定利润。

如图 4-130 所示,苏常柴 A 2010 年 9 月 9 日小幅下跌,跌势不明显,没有脱离此前的横盘震荡格局。但是此时的 ROC 指标却发出了卖出信号,就是此前 ROC 指标走出一个双头模样,如今双头已经明确形成,说明涨势结束，股价开始进入下行趋势，投资者应该及时卖出股票了。该股此后也如期下跌，短期跌幅不小。这个 ROC 指标的双头发生在股价快速拉升过的背景下，因此可靠性比较高，我们应该果断出局。

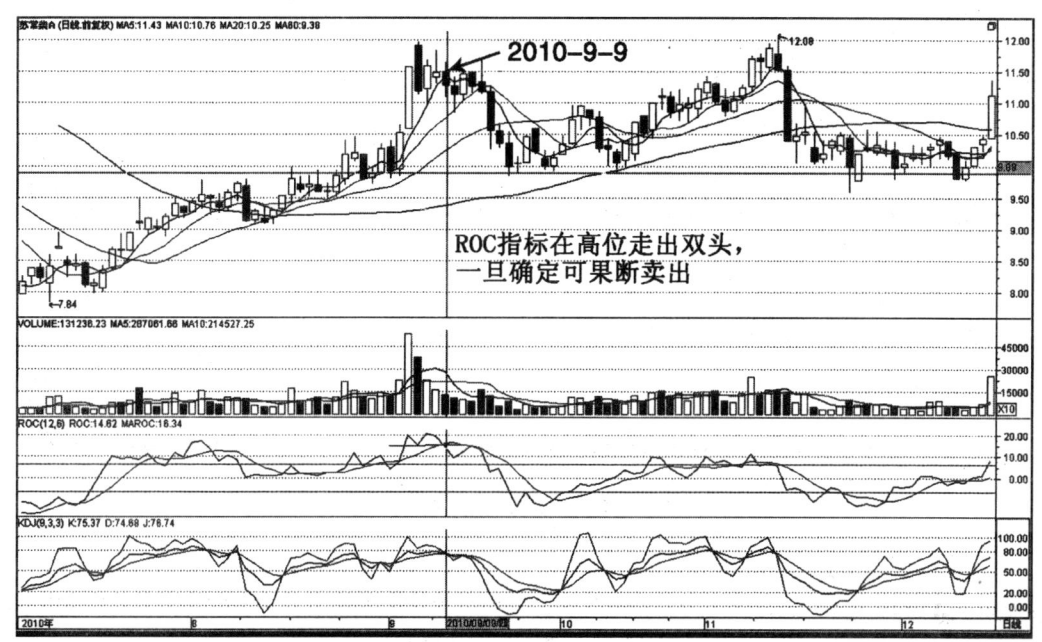

图 4-130　苏常柴 A　000570

如图 4-131 所示，粤宏远 A 2011 年 3 月 1 日收出小阴线，跌幅不大，几乎可以忽略不计，也许大部分投资者会选择继续持股。可是我们如果看一下 ROC 指标就明白股价走势开始走弱，可以先行卖出。因为此时的 ROC 指标形成了一个双头，ROC 指标线明确开始下行。本例该股后市还有一个震荡走高的过程，但那只是一个鸡肋行情，风险远大于收益，且时间成本比较高。

如图 4-132 所示，阳光城 2011 年 3 月 9 日小幅下跌，跌势不太明确，可能投资者还对后市抱有较大的希望，但是此时的 ROC 指标却发出了明确的卖出信号：ROC 指标在快速拉高后形成了一个双头，如今双头正式成立，后市下跌的可能性极大，投资者只能选择出局了。该股此后持续下跌，跌幅巨大，ROC 指标的卖出信号在此发挥了巨大的作用。

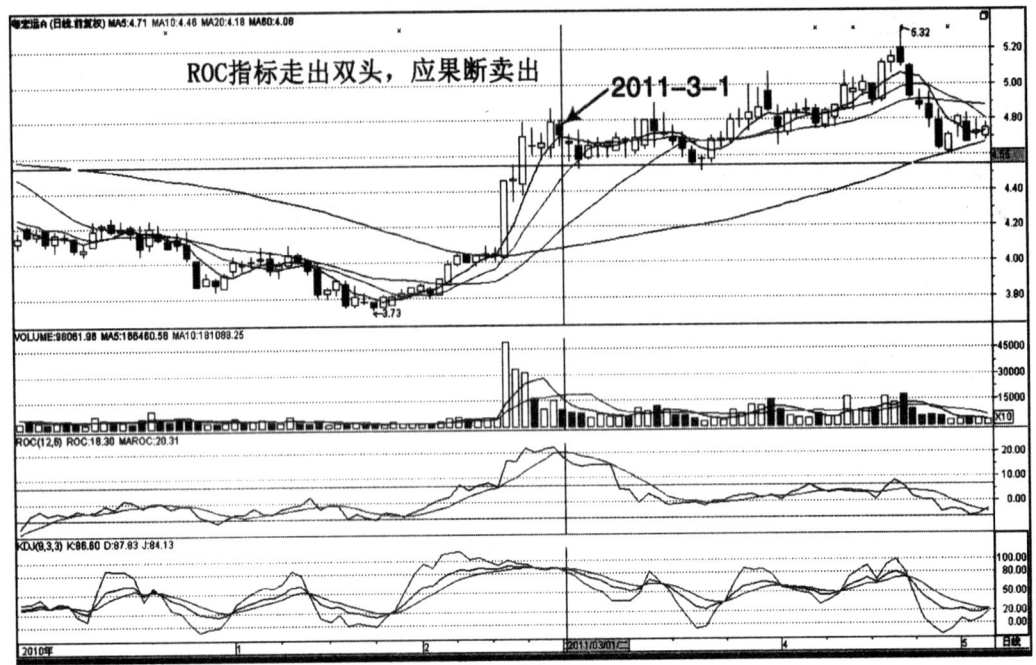

图 4-131 粤宏远 A 000573

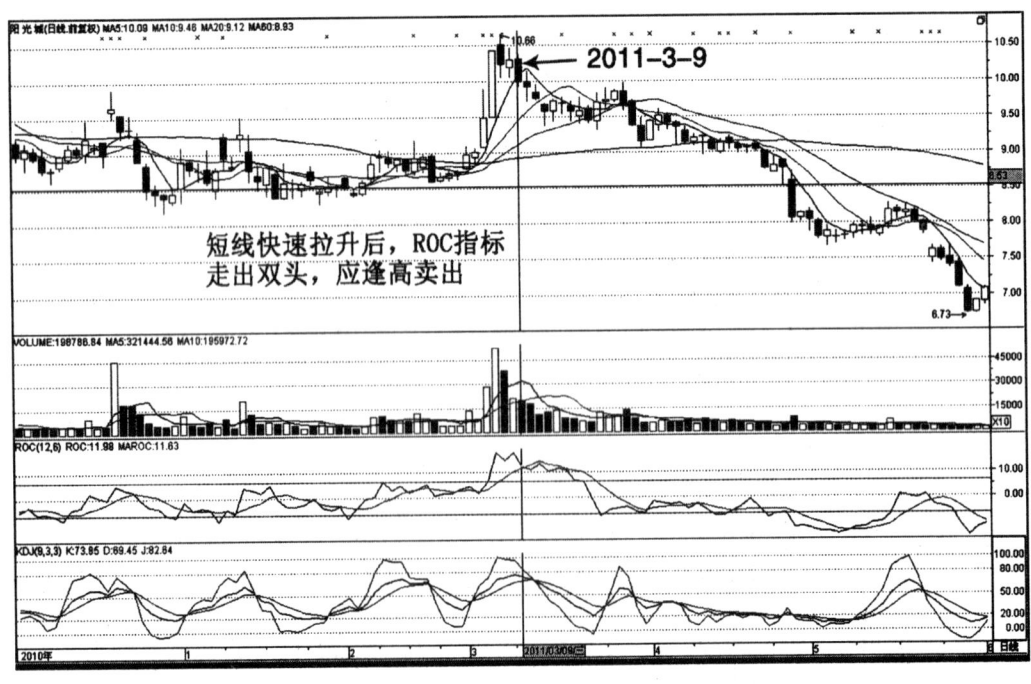

图 4-132 阳光城 000671

地震出版社股票、期货类系列图书推荐　　销售电话：68423031

《日本蜡烛图技术》
史蒂夫·尼森 著　丁圣元 译

本书中文版是1998年首次由地震出版社出版发行的，经过10多年的畅销，变成了国内最权威的K线技术与基础入门教材。对于严肃的股票和期货交易者来说，本书是一本必读书。它是对技术分析书面资料的一项激动人心的、价值不菲的充实。它以翔实、流畅、精辟易懂的语言，有史以来第一次将这门古老的日本技术介绍到投资者面前。对于现有技术分析体系，不仅具有高度的"增加价值"，而且引入了全新的视角。

定价：60元　开本：16开　页码：352页

《期货市场技术分析》
约翰·墨菲 著　丁圣元 译

本书中文版自1994年首次出版以来已经连续畅销近20年，是国内目前最权威的技术分析教材，该书原版书两次获得美国市场技术分析协会的年度大奖。

全书内容循序渐进地从入门知识讲到复杂应用，逐步引导读者学会把技术分析的各种技能应用到期货、股票市场上去。全书的前面部分，作者花了相当的篇幅讲述图表理论的基本知识。因为绝大多数成功的技术分析归根结底是由于基础知识应用得法。中后半部分内容便进入到更高级的领域。

定价：80元　开本：16开　页码：551页

《何氏交易法》　　何君 著

何氏交易法主要操作周线的波段行情。之所以选择周线波段行情，是因为绝大多数周线波段的幅度都在50%以上。将实战操作总结为6个程序、一周看盘4个小时、每年交易1～3次。并坚持"用简单实用的交易技术，做最熟悉的股票"的原则，简单实用、不复杂，无论有无交易知识基础，都能很快理解掌握。

定价：40元　开本：16开　页码：225页

《关键蜡烛图》　韦铭锋　何君 著

关键一：用"单一关键蜡烛图"跟踪行情发展；关键二：识别趋势反转的"决定性蜡烛图"。

当发现形态与趋势可能处于"反转的临界点"，本书的"关键性蜡烛图"技术能帮助投资者判这些经典的蜡烛线是否为促使形态反转的"决定性蜡烛图"。

定价：50元　开本：16开　页码：334页

《K线+形态=买卖点》　龚莞煜 著

K线是东方智慧的蜡烛图；形态是西方技术分析中的重要技术。买点就是阶段性底部，卖点就是阶段性顶部，k线与形态双剑合璧在实战中能够有效的把握买卖点。

定价：40元　开本：16开　页码：246页

《新股民入市精讲1+5》李典泰 著

本书针对新股民，系统、全面、针对性地提供给大家"安全入市，稳妥盈利"的有益信息。总结起来就是如何成为一个合格的股民，在技术分析领域中学会最有价值的5门功课：实战选股术、K线看盘术、抄底逃顶术、买卖点指标盘别术和资金管理术。

定价：35元　开本：16开　页码：253页

《强势股操作技术精要》　一舟 著

本书从研判强势股的独特角度出发，通过分类列举各种经典的短线、波段以及中长线强势股在即时图、各种周期K线图走势中的主要技术特征，借助于大量图文并茂与通俗易懂的图解来剖析点评，辅助于各种强势股实战战法的其他限定条件，使广大股民朋友能够有效识别和及时捕捉到所谓大牛股、领涨龙头股。

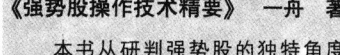

定价：42元　开本：16开　页码：284页

《黄金趋势追踪交易》　刘小铭 著

本书是一本国内目前比较权威的、详细介绍国内外黄金市场、黄金投资与投机交易的专业图书。分别从黄金的价值、趋势交易中的技术分析系统与指标、风险控制、进出场信号、交易心理和交易计划的因素等方面出发，翔实地讲解了如何做黄金投资，如何操盘黄金趋势行情的投机交易。

定价：48元　开本：16开　页码：328页

地震出版社股票、期货类系列图书推荐　销售电话：68423031

《找准买卖点》　戈岩 著

本书作者通过多年潜心研究总结了一套简单、实用、有效的方法，让读者能够准确判断多低算是低点，多高算是高点，进而有效地把握住买卖时机。书中通过介绍分时图、切线、K线、均线、形态、指标、波浪理论、背离等的综合运用，使读者全面掌握找准买卖点的实战技巧。

定价：32元　开本：16开　页码：220页

《一把直尺闯天下》　戈岩 著

在金融市场的实际操作中，看形态、看趋势、看指标……是很重要的，但如何对其进行有效、精准的分析才是真正实用的技术。作者通过潜心研究及实际操作，总结出了如何画趋势线、水平线、平行线等的实用技巧，同时还归纳了黄金分割线、百分比线、大势线等的实用意义，以及在指标中如何画线。

定价：32元　开本：16开　页码：225页

《四大天王技术指标必胜术揭秘》　戈岩 著

与其花许多时间与精力去凿许多浅井，不如花同样多的时间与精力去凿一口深井。

十八般武艺不必样样精通，能精通这"四大天王"技术指标足够让你赚得盆满钵溢。有看趋势的、有看强弱的、看股价高低的、有找买卖点的，样样都有绝招与秘籍。

定价：34元　开本：16开　页码：240页

《选出大牛股》　戈岩 著

股市的走势告诉我们，无论是牛市还是熊市，有主力就有涨停板，有主力就有主升浪，有主力就有大牛股，有主力行情就会一波未平一波又起。如果不熟悉波浪理论，不知道主力会在什么时候、什么地方设下什么陷阱，会以什么样的花招进行骗线，那么，想赚钱谈何容易……本书着重于对波浪理论的运用，而不是说明。

定价：36元　开本：16开　页码：256页

《移动平均线》　刘国栋 著

本书对移动平均线的运作周期和波动形态进行了全景式扫描和切片式解析。介绍了"1260"均线的使用方法，提出股市五线谱的概念，介绍了K线和均线组合形态分析的基本方法，深入进行了均线与技术图形分析、均线与量能分析，以及趋势性指标和摆动性指标的综合分析等。

定价：36元　开本：16开　页码：276页

《点数图交易法》　于明 著

点数图是一种价格记录的方法，它的强大在于早期在国外应用极其广泛，可以说只要有价格的波动就可以绘制出一张点数图。大到各国的股市指数、全球黄金白银、石油天然气，小到一个社区市场的萝卜白菜、鸡蛋牛奶的价格。

定价：28元　开本：16开　页码：176页

《买在起涨点》　李郑伟 著

本书介绍的是如何运用各种技术分析手段寻找股价的底部确认信号或者突破信号，以期买在股价的上涨的起点。内容包括K线形态中的见底、反转、突破信号，移动平均线的筑底、反转、突破信号，常见技术指标的突破信号。

定价：39.80元　开本：16开　页码：274页

《卖在最高点》　李郑伟 著

本书介绍的是如何运用各种技术分析手段寻找股价的顶部确认信号或者下杀信号，以期卖在股价的上涨的终点。内容包括K线形态中的见顶、反转、突破信号，移动平均线的筑顶、反转、突破信号，常见技术指标的突破信号。

定价：38元　开本：16开　页码：266页